제천 관련 고문헌 해제집

박 인 호 지음

어회

　필자는 1998년 제천 세명대학교에 내려와 2004년 구미 금오공과대학교로 자리를 옮기기까지 만 6년 동안 지역의 대학에 근무하면서 그 동안 나름대로 지역문화 발전에 미력한 힘이나마 기여하려고 노력했다.

　그런데 돌이켜보면 노력에 비해 산출된 내용이 미비하다. 그것은 필자의 능력 부족에 기인한 바도 있지만 무엇보다 지역과 관련된 문헌이 집성된 곳이 없어서 어떠한 인물이나 사건을 연구하려고 할 때마다 기본 자료를 찾는 데 많은 시간이 필요했기 때문이다. 그래서 제천과 관련된 자료의 성격과 내용에 대해 개괄적으로나마 파악할 수 있는 책이 있었으면 했다.

　필자는 지역의 역사에 대해 조사하던 중 제천과 관련된 내용이 수록된 문헌들이 있으면 관심을 가지고 메모를 해 두었다. 이 책은 제천과 관련된 내용이 있는 고문헌을 중심으로 제천 관련 사항들에 대해 소개한 것이다. 꼭 제천에 있거나 제천에서 만들어진 자료에 국한하지 않고 비록 다른 곳에서 간행되었다고 하더라도 제천과 관련된 내용이 있으면 같이 다루었다. 해제는 전체 책의 내용을 목차를 통해 간략히 소개한 다음, 그 가운데 제천과 관련된 내용을 중점적으로 다루었다.

　다만 한벽루, 의림지와 같은 지역 명소에 대한 시를 수록한 정도는 이 책에서 대상으로 삼지 않았다. 이는 민족문화추진회에서 운용하는 '한국문집총간DB'를 이용하면 간단히 파악할 수 있으므로 이를 참고하기 바란다.

필자는 이러한 작업을 통해 현재 각 지역에서 활발하게 진행되고 있는 지역사 연구의 한 모델을 제시할 수 있었으면 한다. 사실 지역사 연구에서 가장 큰 문제점은 전해 내려오는 내용을 자료에 의한 사실 검증 없이 맹목적으로 따르거나, 이전에 나온 2차 문건을 가지고 연구하는 것이라고 생각한다. 필자는 지역사 연구에서 가장 시급하면서도 중요한 것은 오히려 지역에 있는 1차 자료를 착실하게 조사해 이를 일정한 공공장소에 모아 이에 입각한 연구를 추진하는 데 있다고 본다. 앞으로 이 책에서 소개된 자료들을 지역에서 잘 수집하여 모아두면 지역연구에 어느 정도 도움이 있을 것으로 기대한다.

이 책은 2003년 간행된『충청북도의 고서(제천시편)』(충청북도·충북향토문화연구소)와 자매편을 이룬다.『충청북도의 고서(제천시편)』는 필자가 지역문화를 연구하는 분들과 같이 제천시 관내에 현재 남아 있는 고문헌을 조사해 해제한 것이다. 이 두 책이 앞으로 제천지역과 관련된 연구를 진행하는 데 있어 좋은 길잡이가 되었으면 한다.

고문헌의 소장자에 대해서는 중복되는 경우도 있고, 또한 이미『충청북도의 고서(제천시편)』에 구체적으로 소개했으므로『충청북도의 고서(제천시편)』에 소개된 소장자의 고문헌은 별도로 소장자를 명기하지 않았다. 그 책에 소개되지 않은 고문헌의 경우에는 가능하면 원소장처나 소장자를 밝혔다.

이 책이 나오기까지 많은 분들의 도움이 있었다. 연구 자금을 지원해주신 제천시 엄태영 시장님과 문화관광과 직원 여러분, 그리고 내제문화연구회 박상수 회장님과 고 김학영 선생님께 감사드린다. 또한『충청북도의 고서』를 만들기 위한 조사과정에서 내제문화연구회 회원들의 도움이 있었으며, 그때 조사했던 고문헌들이 일부 이 책에서도 해제 대상이 되었다. 당시 그러한 조사과정을 거치지 않았다면 이 책은 제 모습을 갖추지 못했을 것이다.

그리고 『충청북도의 고서(제천시편)』 조사과정에서 만들었던 사진자료의 게재를 허락해 주신 홍창식, 김연호 선생님께도 감사드린다. 이 책은 지역문화 창달에 노력하고 있는 내제문화연구회 여러 회원들에게 바친다.

2005년 2월 1일

박인호

차 례

고문서류

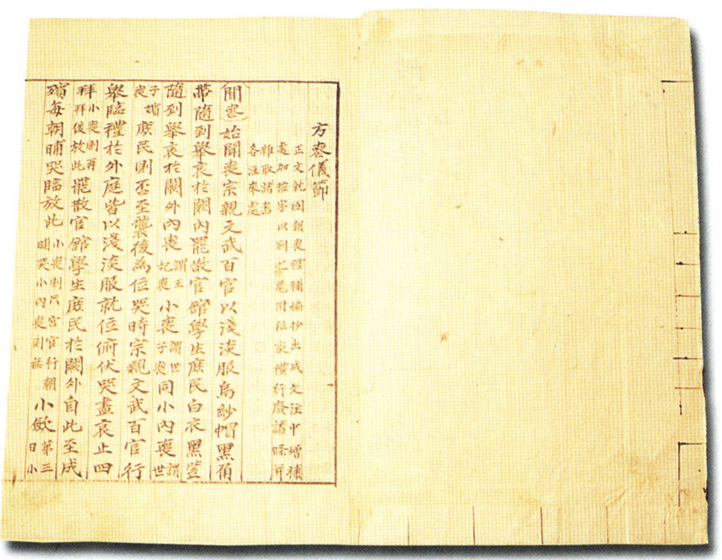

【사진1】『방상의절方喪儀節』, 필사본, 18.0×25.2㎝

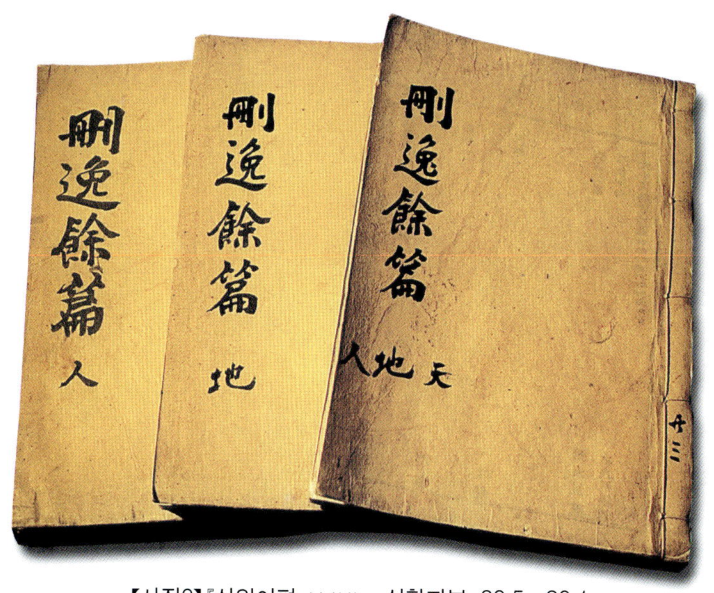

【사진2】『산일여편刪逸餘篇』, 신활자본, 20.5×30.1㎝

【사진3】『절위여편絕韋餘編』, 신활자본, 21.9×31.7㎝

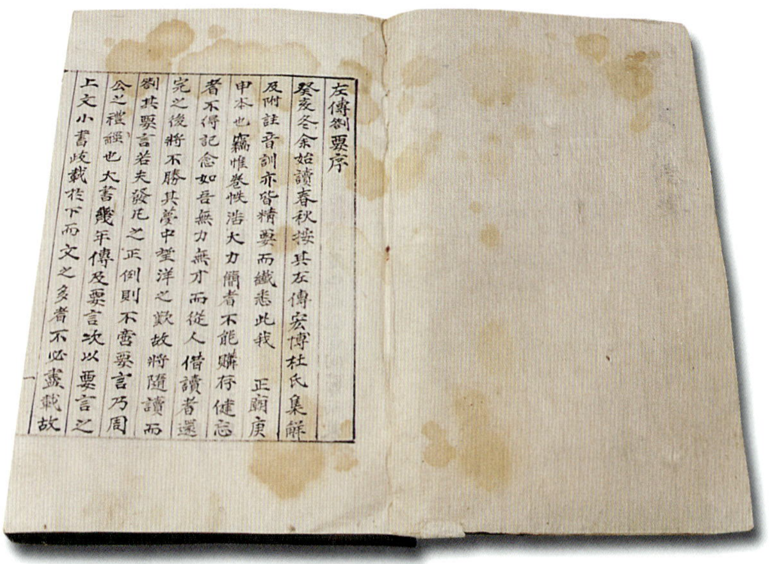

【사진4】『좌전차요左傳箚要』, 필사본, 20.3×30.0㎝

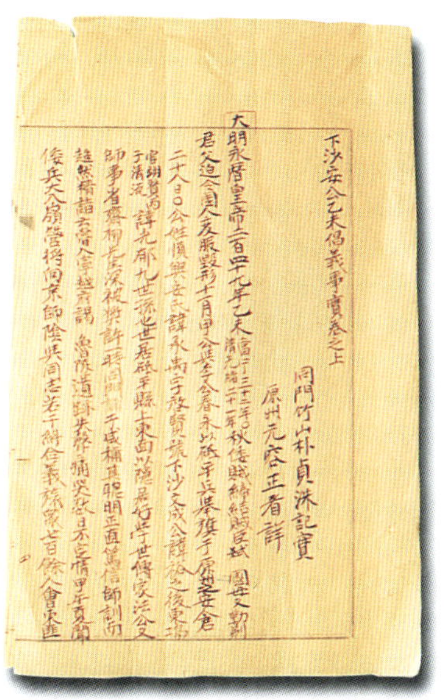

【사진5】『하사안공을미창의사실下沙安公乙未倡義事實』, 필사본, 14.5×22.5㎝

【사진6】『일기日記-김인수』, 필사본, 18.0×16.5㎝

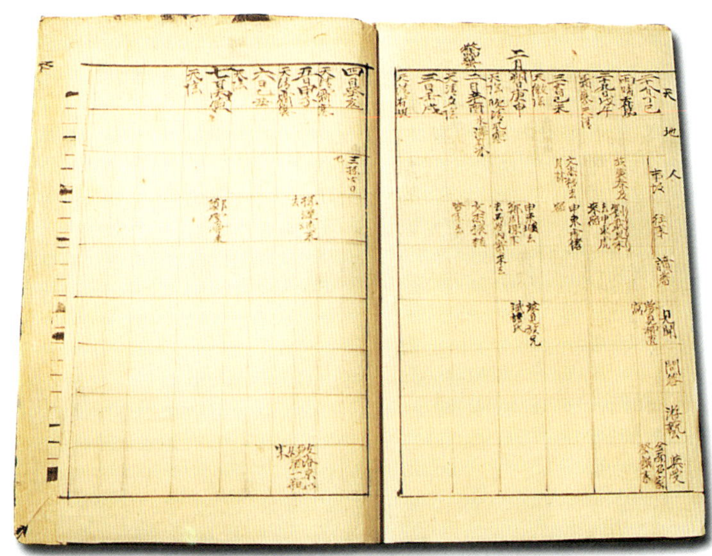

【사진7】『일기日記-유지혁』, 필사본, 21.0×31.6㎝

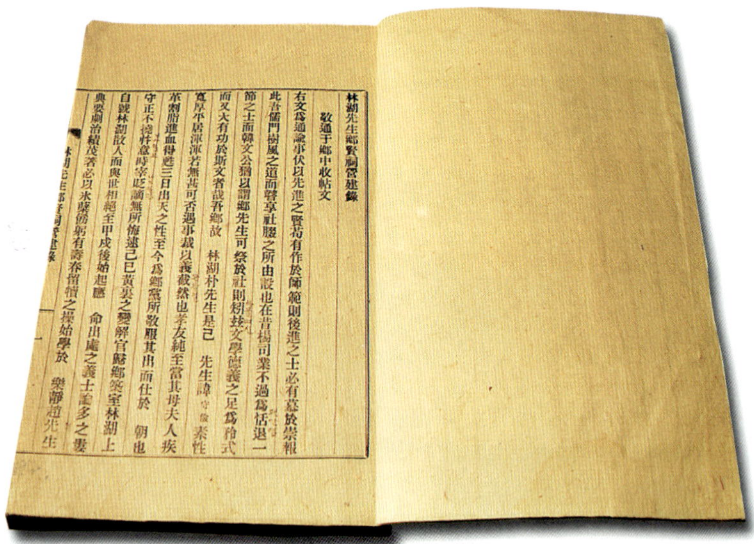

【사진8】『임호선생향현사영건록林湖先生鄉賢祠營建錄』, 신활자본, 21.6×30.1㎝

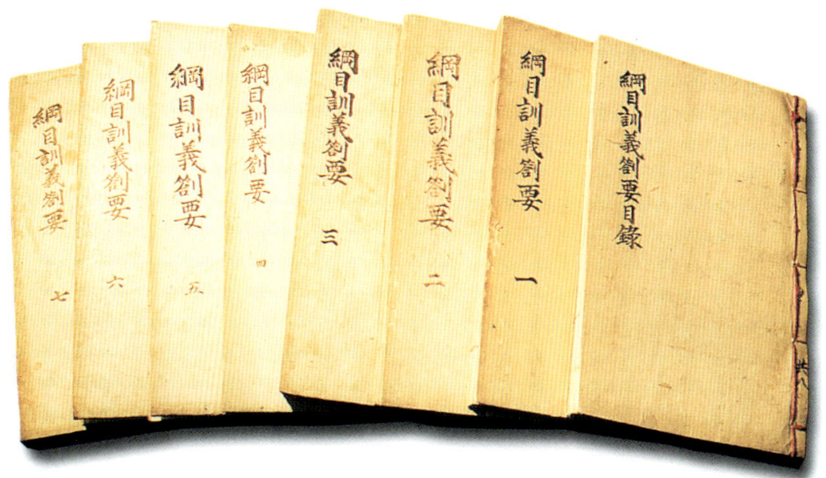

【사진9】『강목훈의차요綱目訓義劄要』, 필사본, 20.2×29.7㎝

【사진10】『송원화동사합편강목宋元華東史合編綱目』, 목판본, 20.5×31.3㎝

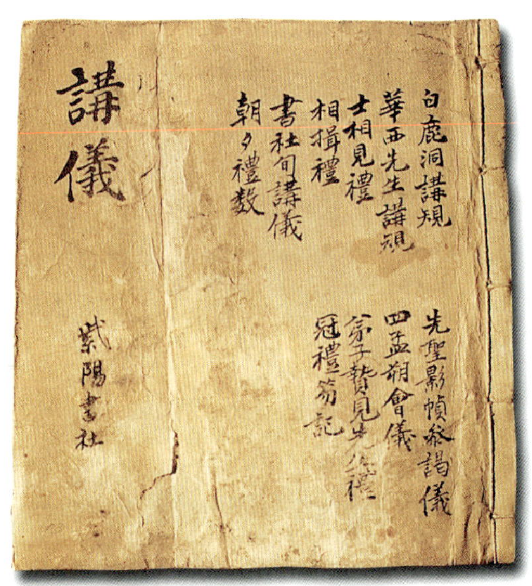

【사진11】『강의講儀』, 필사본, 22.0×23.5㎝

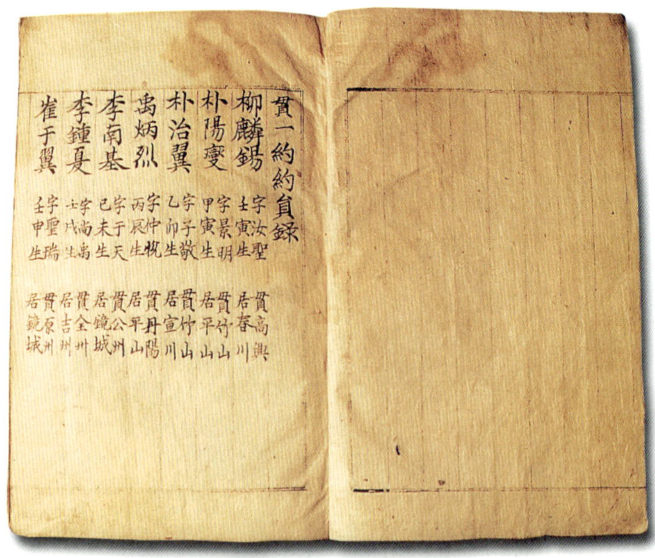

【사진12】『관일약약원록貫—約約員錄』, 필사본, 19.8×28.9㎝

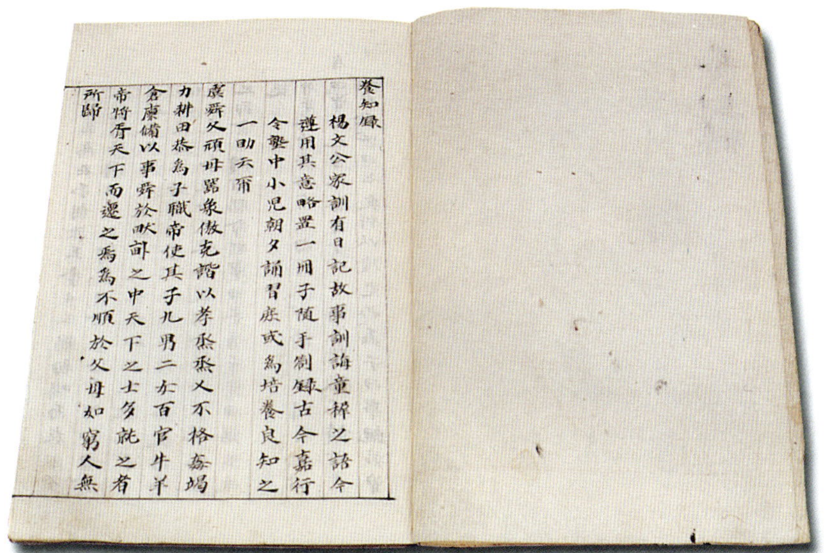

【사진13】『양지록養知錄』, 필사본, 22.3×30.7㎝

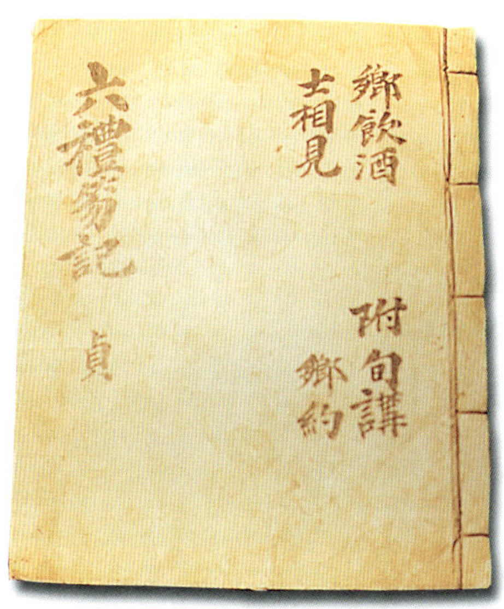

【사진14】『육례홀기六禮笏記』, 필사본, 17.8×22.4㎝

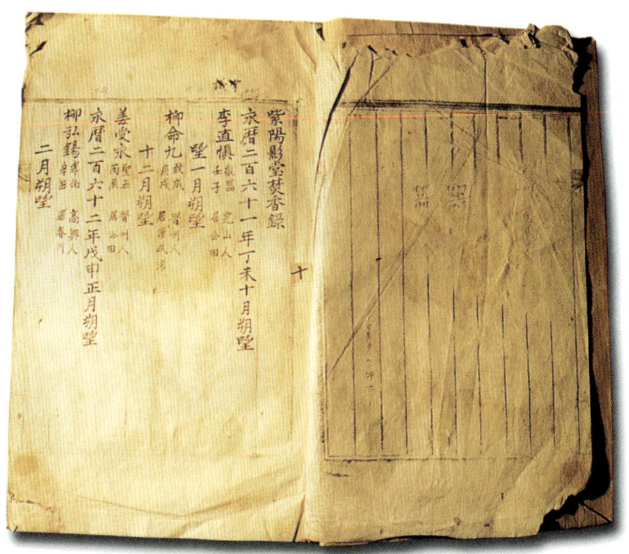

【사진15】『자양영당분향록紫陽影堂焚香錄』, 필사본, 18.5×31.0㎝

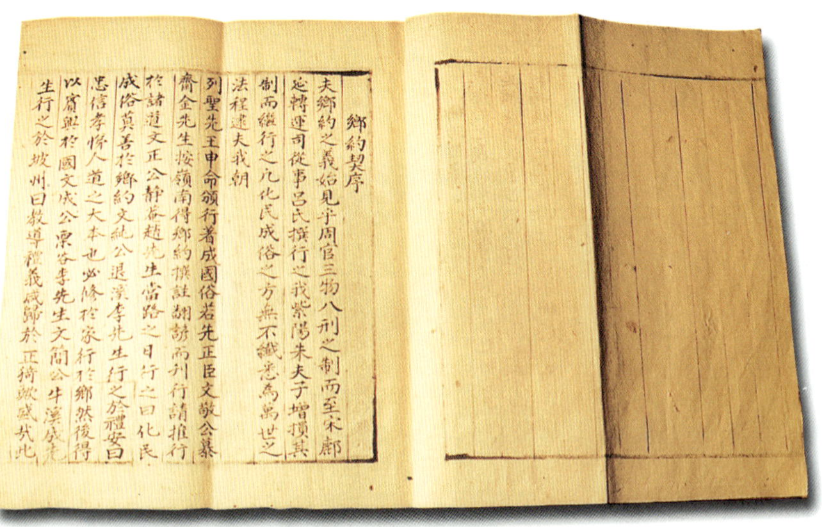

【사진16】『향약鄕約』, 필사본, 27.5×31.0㎝

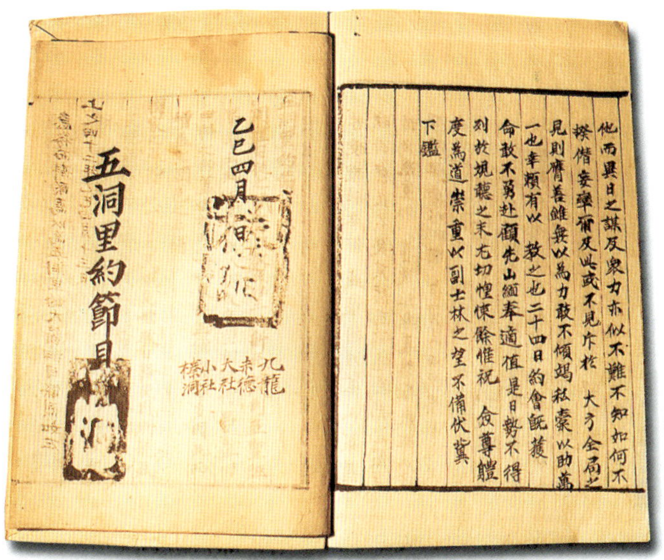

【사진17】『청풍향약좌목첩淸風鄕約座目帖』, 필사본, 20.5×30.5㎝

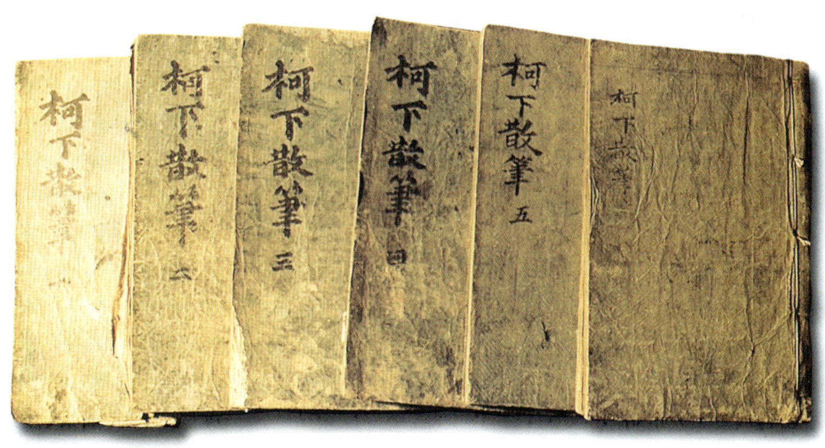

【사진18】『가하산필柯下散筆』, 필사본, 16.8×25.2㎝

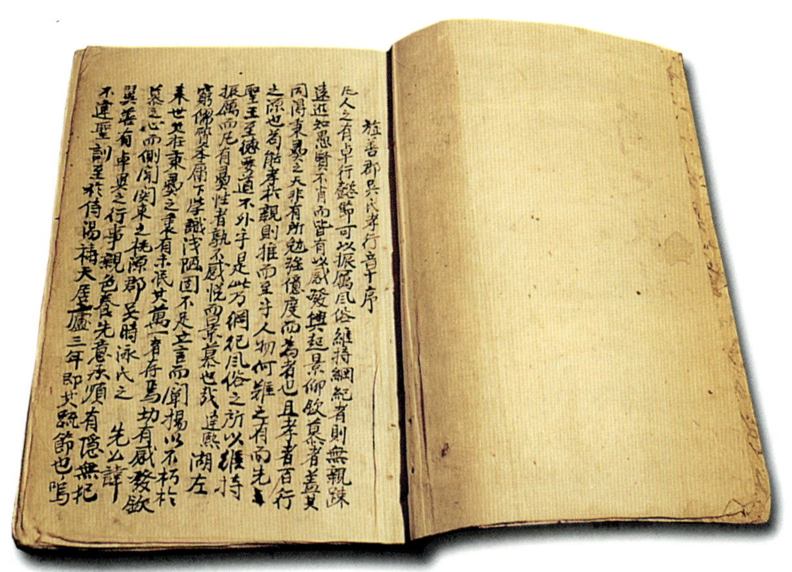

【사진19】『국사산록菊史散錄』, 필사본, 25.0×30.5㎝ 외

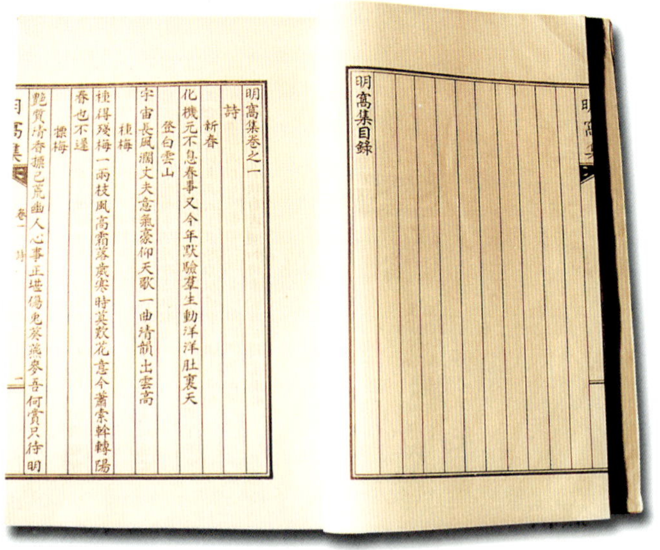

【사진20】『명와집明窩集』, 석인본, 19.5×28.0㎝

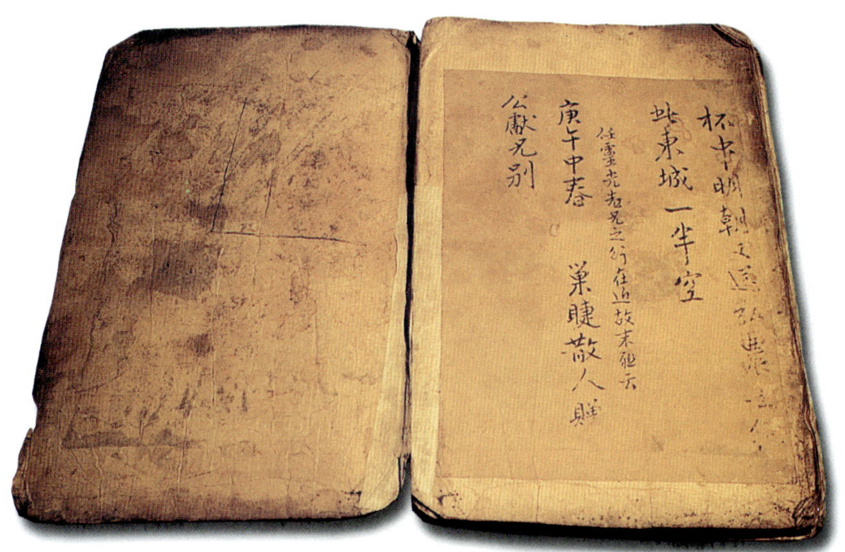

【사진21】『호막별첩湖幕別帖』, 필사본, 25.0×36.0㎝

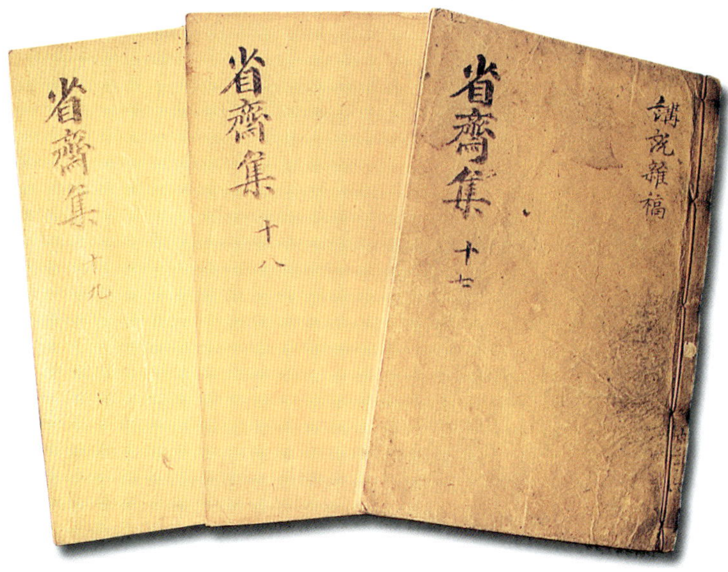

【사진22】『성재집省齋集』, 목활자본, 20.2×29.5㎝

【사진23】『강극당시초剛克堂詩草』, 필사본, 17.3×26.0㎝

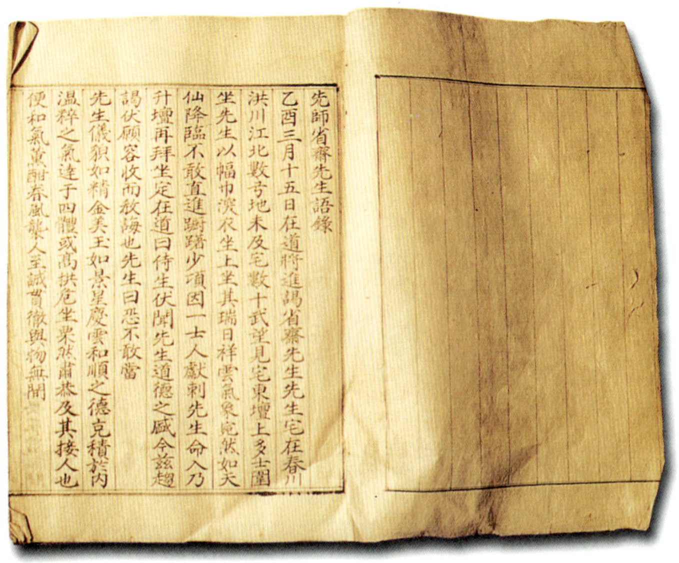

【사진24】『선사성재선생어록先師省齋先生語錄』, 필사본, 19.0×24.5㎝

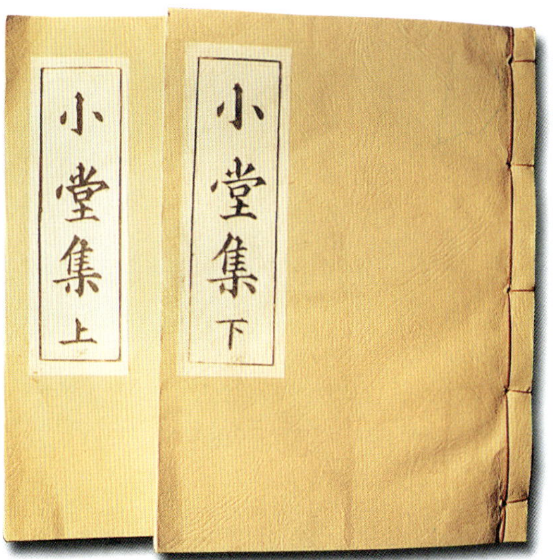

【사진25】『소당집小堂集』, 석인본, 17.6×23.9㎝

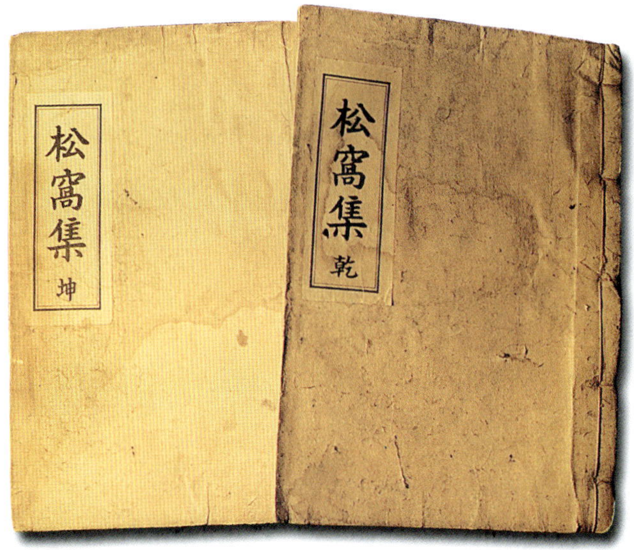

【사진26】『송와집松窩集』, 석인본, 20.5×29.0㎝

【사진27】『술헌유고述軒遺稿』, 석인본, 19.9×27.6㎝

【사진28】『신우집信宇集』, 석인본, 20.1×27.2㎝

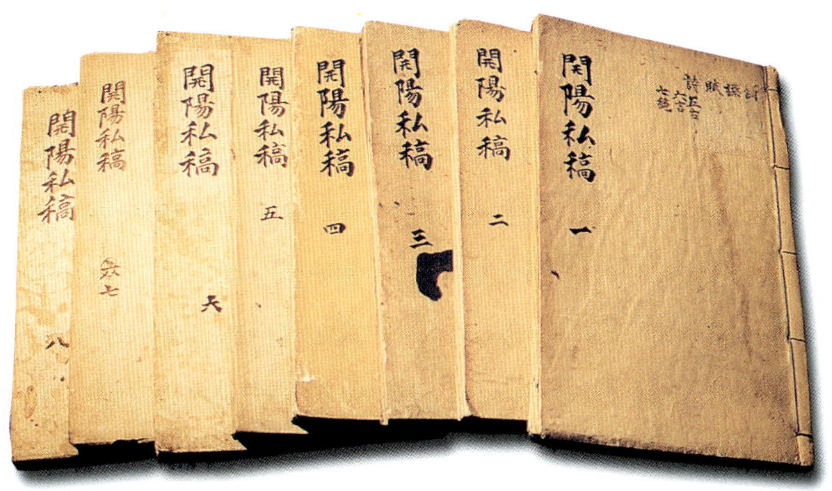

【사진29】『개양사고開陽私稿』, 필사본, 19.5×28.7㎝

【사진30】『옥소집玉所集』, 석인본, 18.2×28.5㎝

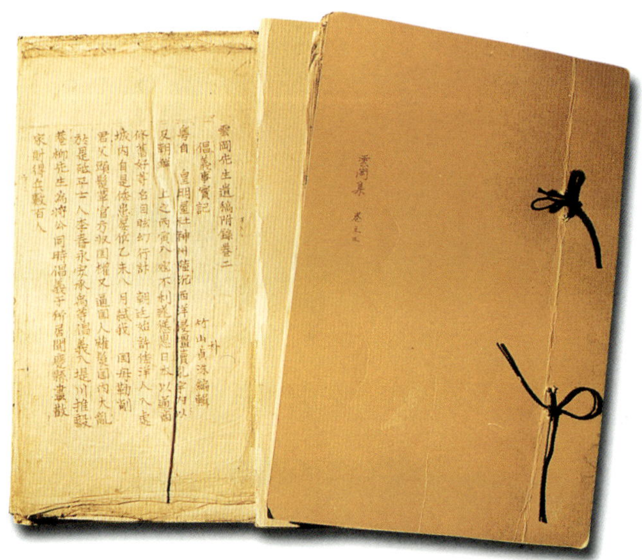

【사진31】『운강선생유고雲岡先生遺稿』, 필사본, 23.4×35.0㎝

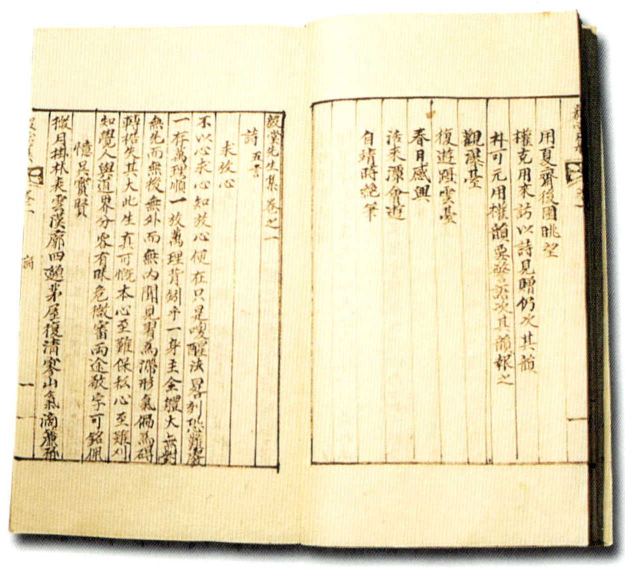

【사진32】『의당집毅堂集』, 필사본, 18.3×28.7㎝

【사진33】『의암집毅菴集』, 목활자본, 18.1×28.0㎝

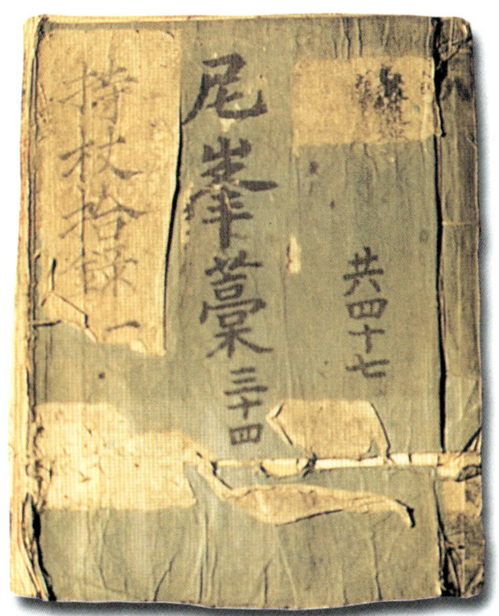

【사진34】『니봉고尼峰稿』, 필사본, 20.0×30.0㎝ 외

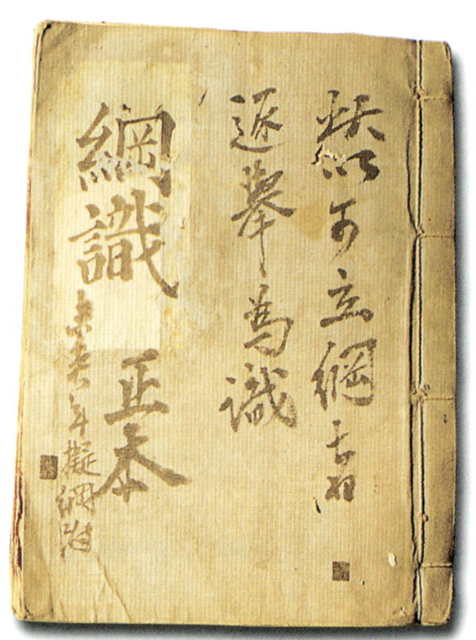

【사진35】『강지綱識』, 필사본, 17.0×22.5㎝

【사진36】『초의抄擬』, 필사본, 17.7×22.0㎝

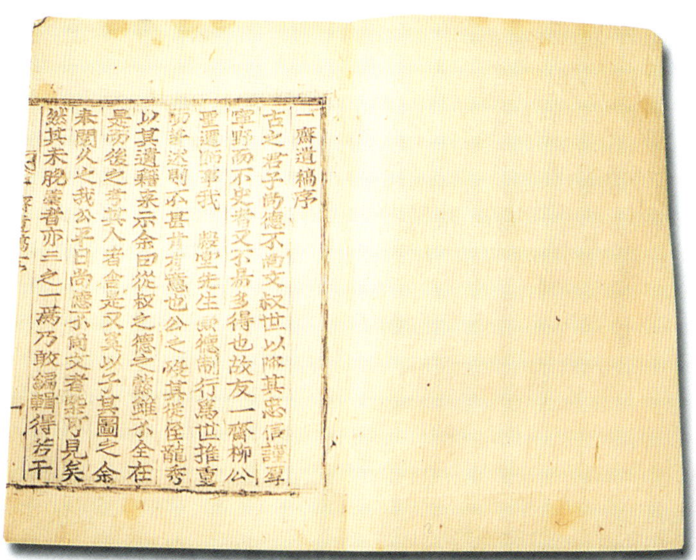

【사진37】『일재유고一齋遺稿』, 목판본, 19.1×28.0㎝

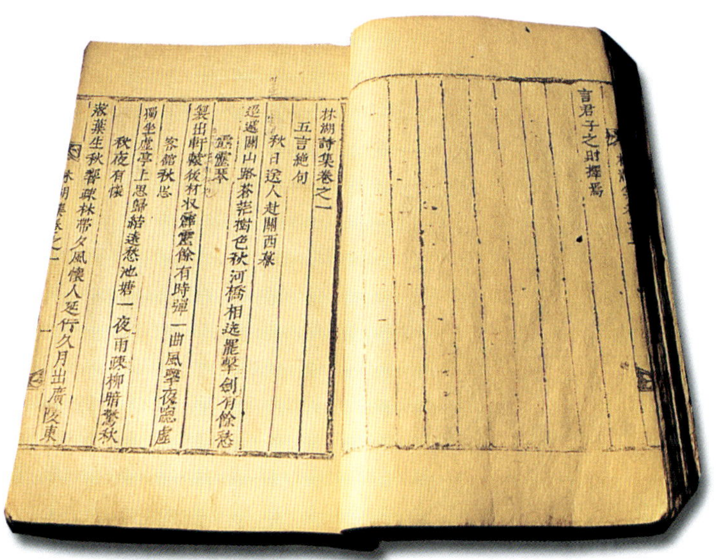

【사진38】『임호집林湖集』, 목활자본, 19.8×30.0㎝

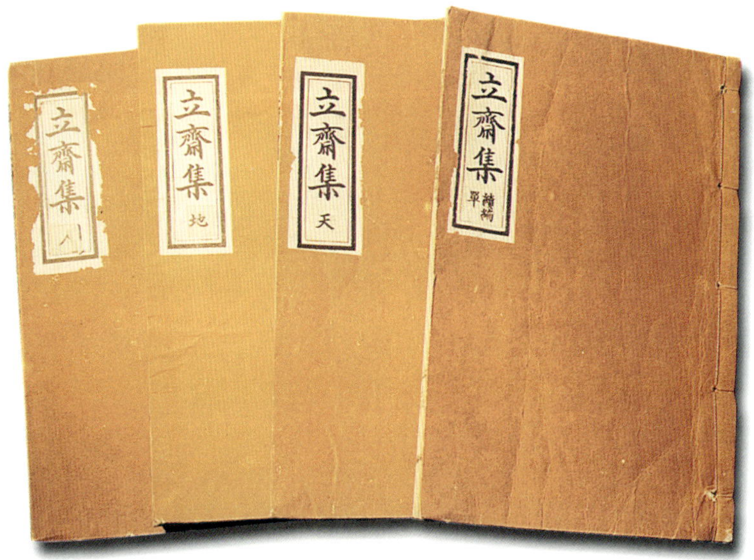

【사진39】『입재집立齋集』, 석인본, 19.4×28.2㎝

【사진40】『정와집貞窩集』, 석인본, 18.5×27.0㎝

【사진41】『중암선생문집重菴先生文集』, 목활자본, 19.0×29.0㎝

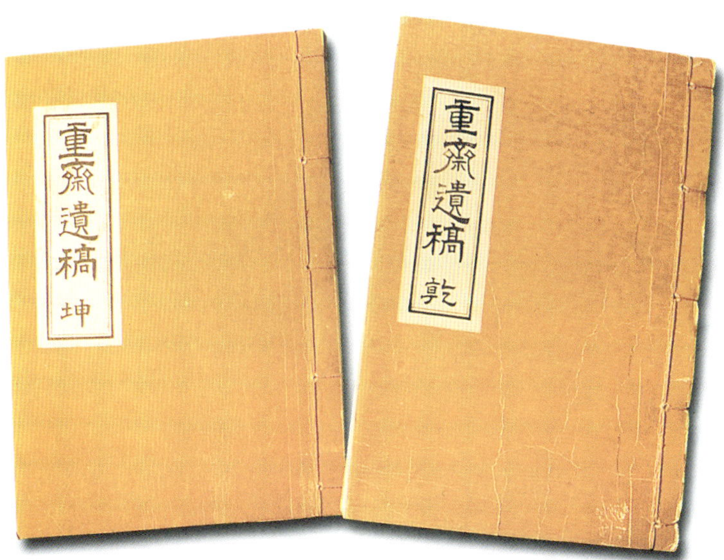

【사진42】『중재유고重齋遺稿』, 석인본, 19.2×28.1㎝

【사진43】『중재유고中齋遺稿』, 목활자본, 21.0×32.0㎝

【사진44】『직당집直堂集』, 석인본, 19.6×29.2㎝

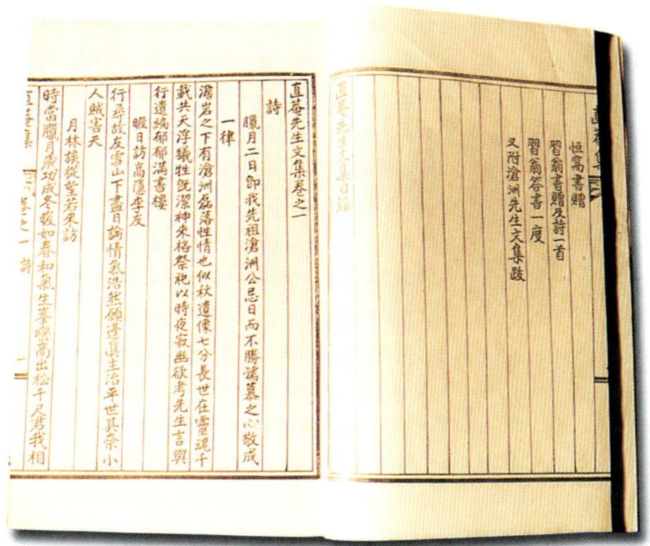

【사진45】『직암집直庵集』, 석인본, 18.2×26.2㎝

【사진46】『청담집清潭集』, 석인본, 17.2×25.5㎝

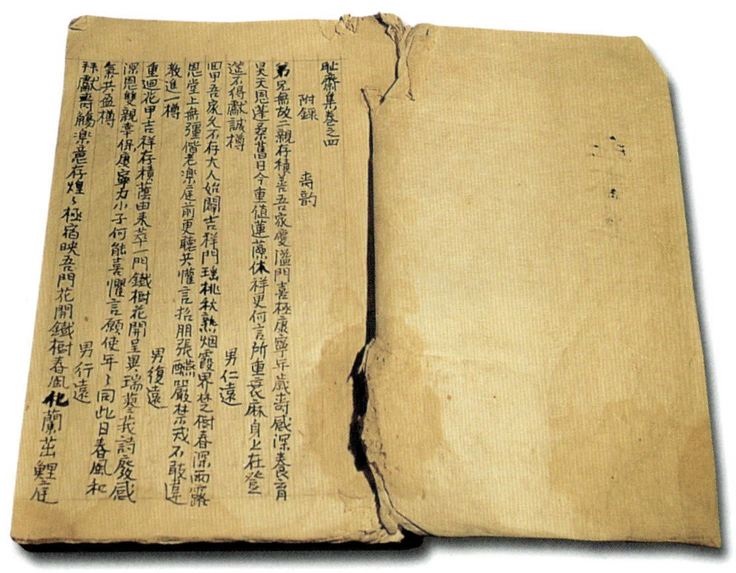

【사진47】『치재집恥齋集』, 필사본, 23.5×33.5㎝

【사진48】『학습재잡저學習齋雜著』, 필사본, 20.9×32.8㎝

【사진49】『항재집恒齋集』, 석인본, 18.9×28.5㎝

【사진50】『확암집確庵集』, 석인본, 19.2×26.0㎝

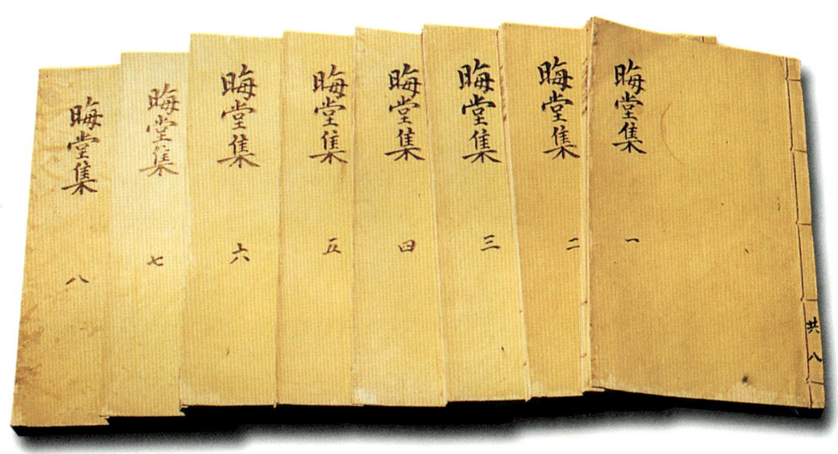

【사진51】『회당집晦堂集』, 석인본, 19.4×28.7㎝

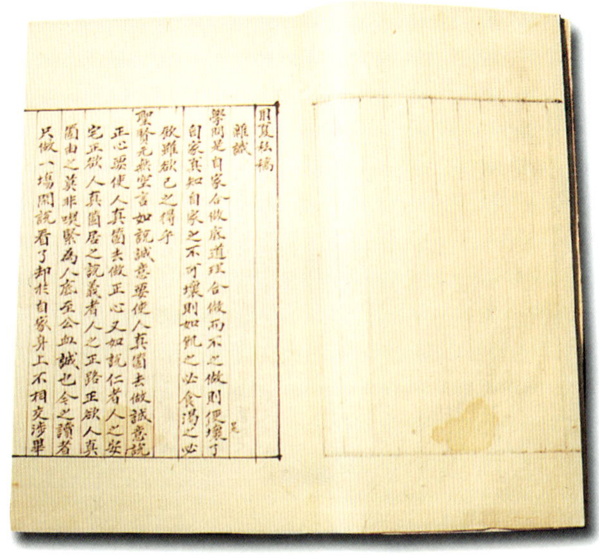

【사진52】『용하사고用夏私稿』, 필사본, 18.2×29.0㎝

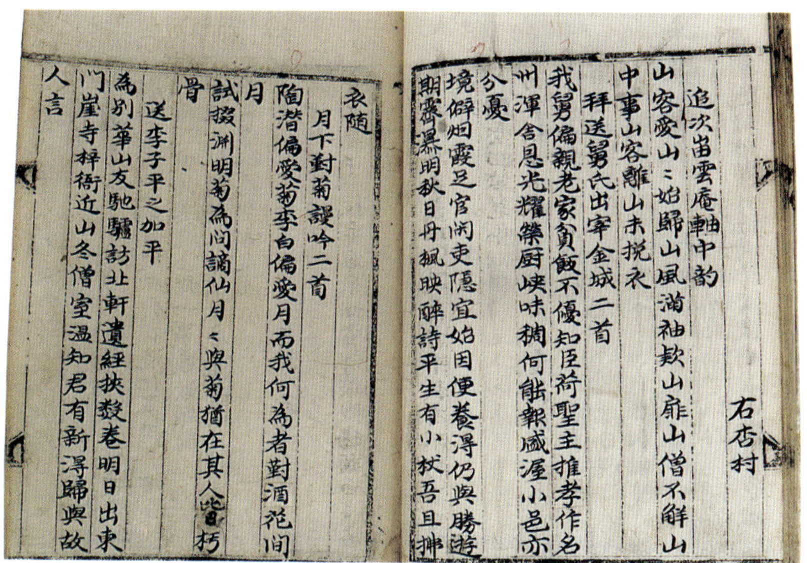

右杏村

追次出雲庵軸中韵
山容愛山二姑歸山風滿袖欸山扉山僧不解山
中事山容離山未挍衣
拜送舅氏出宰金城二首
我舅偏親老家貧飯不優知臣荷聖主推孝作名
州渾舍恩光耀榮厨峽味稠何能報箴渥小邑亦
分憂
境僻烟霞足官閑吏隱宜始因便養得仍與勝遊
期霽瀑明秋日丹楓映醉詩平生有小杖吾且扶

衣随
月下對菊諛吟二首
陶潜偏愛菊李白偏愛月而我何為者對酒花間
月
試掇淵明菊為問謫仙月~與菊摘在其人皆
骨、
送李子平之加平
為別華山友馳驢訪北軒遺経挾數卷明日出東
門崖寺梓衙近山冬僧室溫知君有新得歸興故
人言

【사진53】『옥소고玉所稿』, 필사본, 19.0×27.0㎝

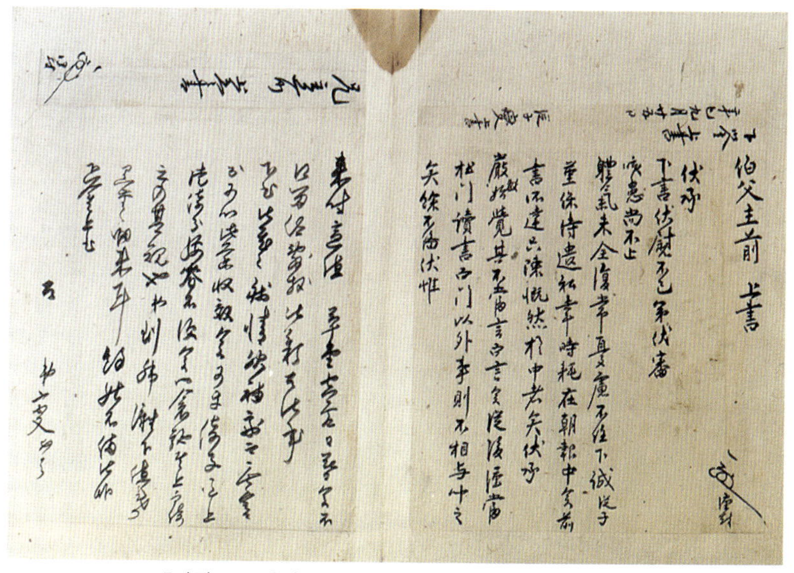

伯父主前 上書

【사진54】『선대유찰先代遺札』, 필사본, 27.0×40.0㎝

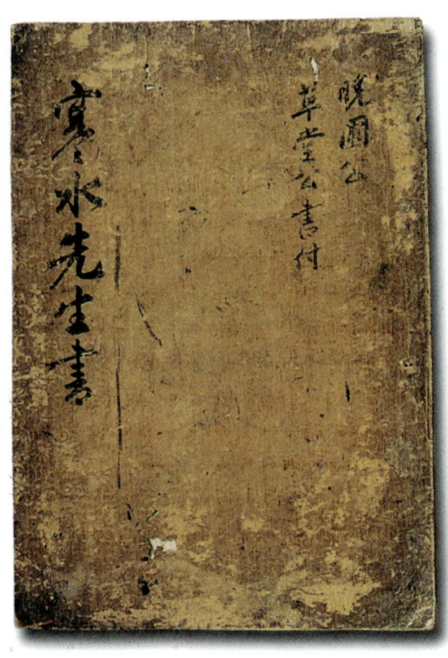

【사진55】『한수선생서寒水先生書』, 필사본, 26.5×39.0㎝

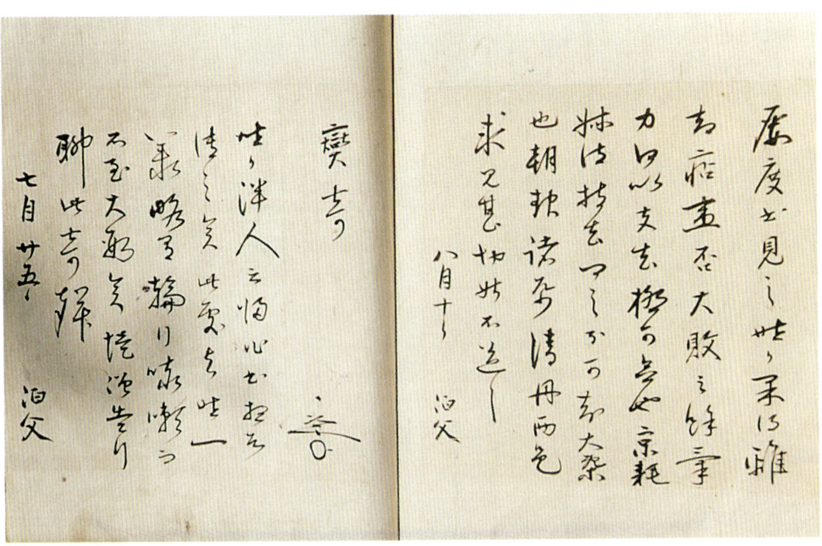

【사진56】『강상찰江上札』, 필사본, 28.5×43.0㎝

【사진57】『의당선생필적毅堂先生筆蹟』, 필사본, 20.5×29.0㎝

【사진58】『의회양선생필적毅晦兩先生筆蹟』, 필사본, 31.1×30.0㎝

【사진59】『지구왕복첩知舊往復帖』, 필사본, 30.0×31.5㎝ 외

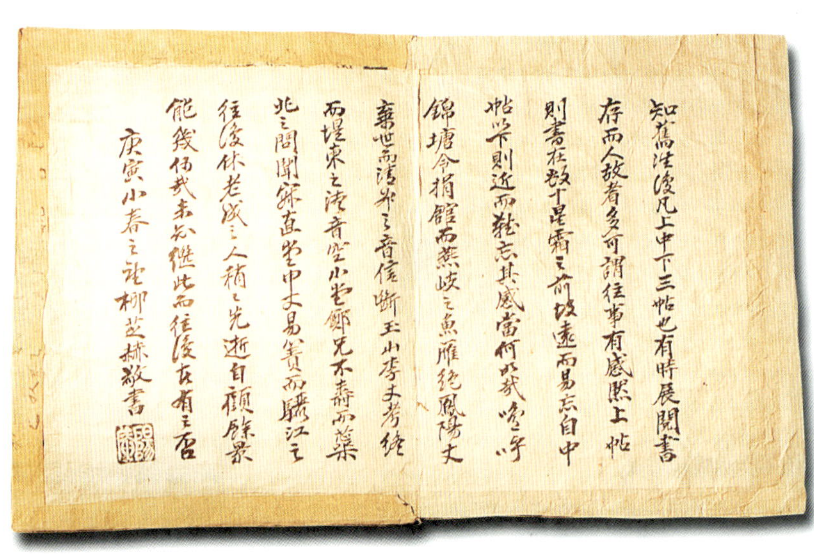

【사진60】『지구왕복첩知舊往復帖』, 필사본, 30.0×31.5㎝

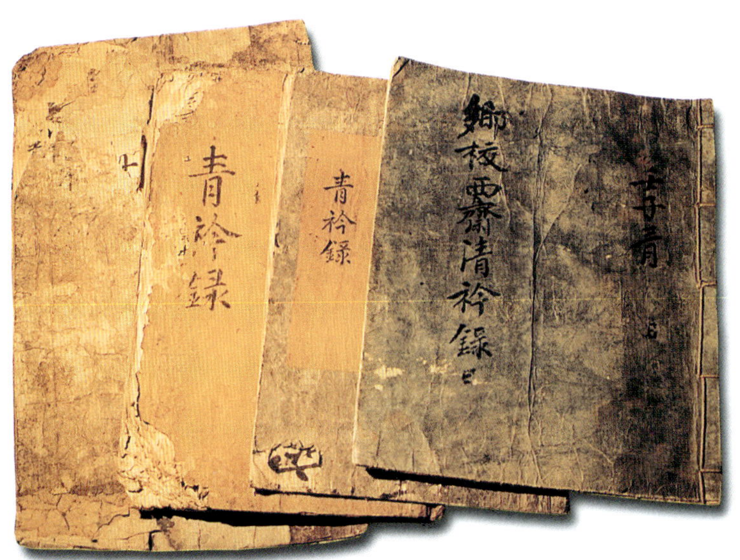

【사진61】『청금록靑衿錄』, 필사본, 28.5×47.0㎝ 외

【사진62】『운금회록雲襟會錄』, 필사본, 22.3×32.7㎝

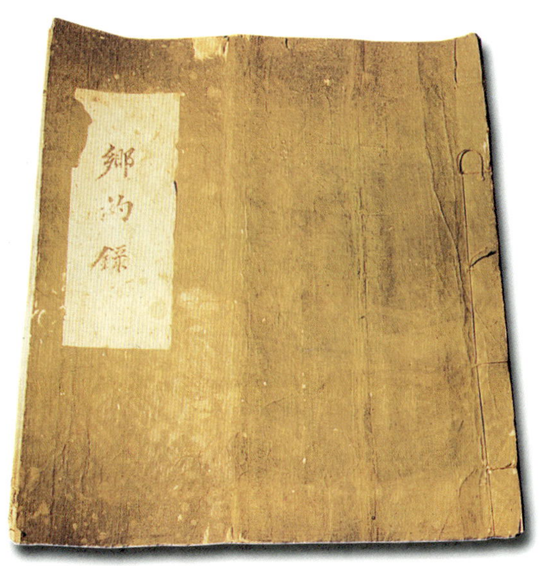

【사진63】『향약록鄕約錄』, 필사본, 40.0×45.0㎝

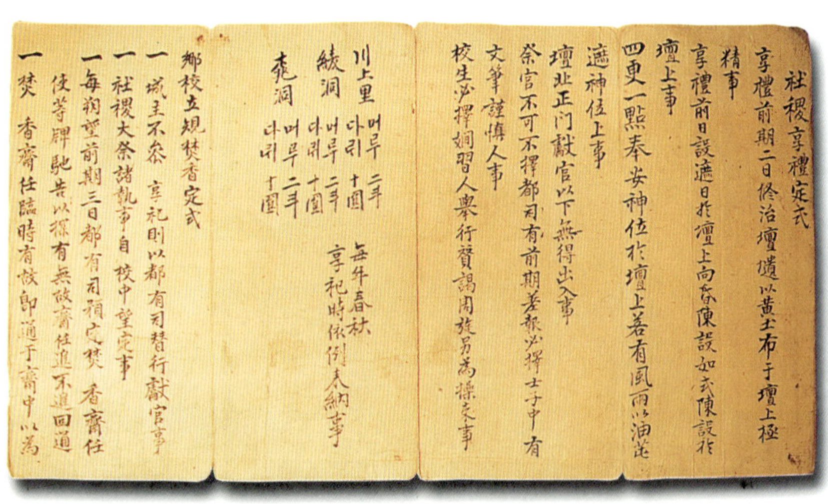

【사진64】「홀기笏記」, 필사본, 12.5×23.2㎝

完

右完文爲成置事　校位之州府乙結郡縣五結卽法典所載
也本邑旣已以郡陞府位結之加減何不較正是加隱喩陞府之
校位尚在於郡縣之例而當受五結猶不能准劃每年所受只
爲二結八十三卜則法典之意安在我革考其由則緊狀中校位
名色懸頭報勘冒稱縮結之故也以此多士之呈營邑稱寃
積成卷軸而至今日未推是如乎要不出吏輩之售奸故同五
結內未推條二結十七卜段論報營門後以其都吏剩結中使之
劃付充數以爲息訟之地是遣且其保奴四十名內時存不過爲
二十三名而當此軍政極艱之時填代末由可謂名存而實無卄三
名時存者移充於上納軍虛額之代同保錢段結餘中每年
以伍拾兩酌定給代之意亦爲報營完文成置爲去乎永久
遵行宜當者

行府使

右下　鄕校齋任準山

壬寅正月　日

【사진65】「완문完文」(부사→청풍향교 재임), 필사본, 68.0×91.0㎝

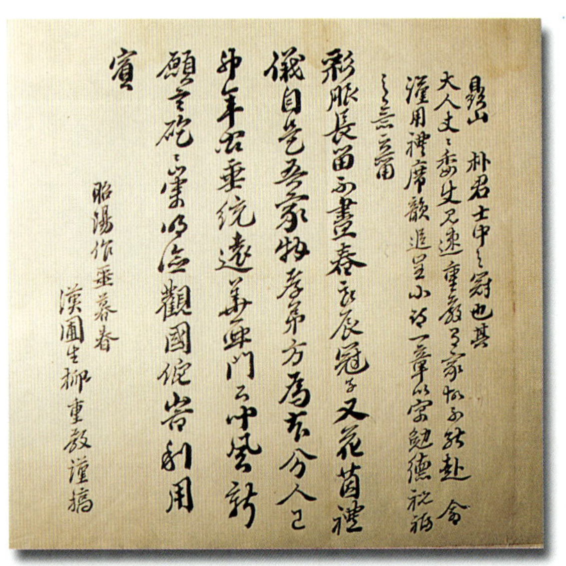

【사진66】「시문詩文」(유중교→박사중), 필사본, 33.0×31.5㎝

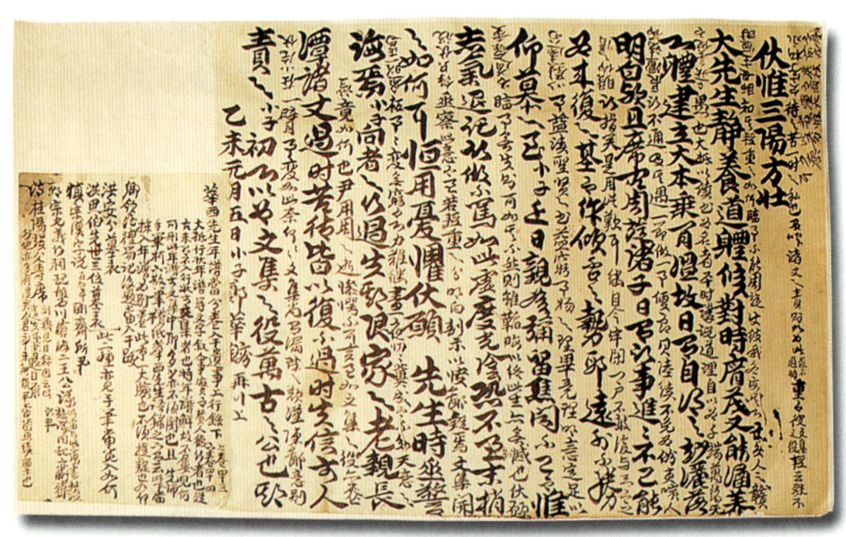

【사진67】「서간書簡」(정화용→영당 삼유사), 필사본, 40.0×30.5㎝

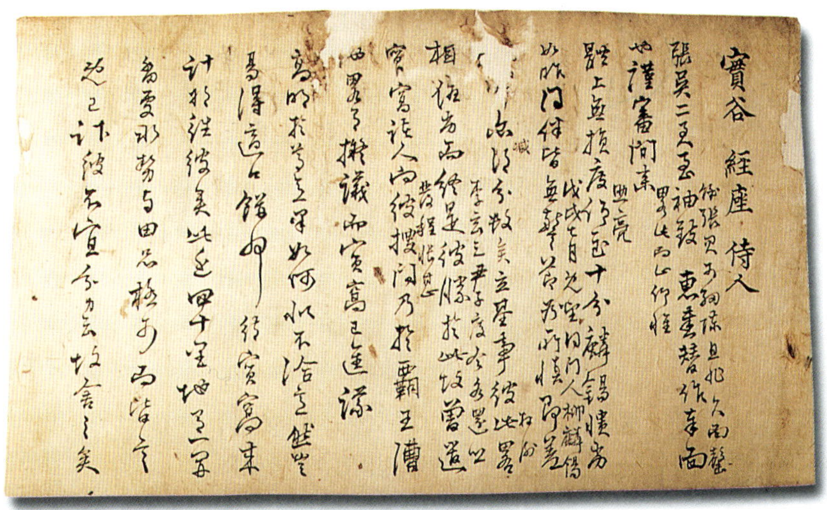

【사진68】「서간書簡」(유인석→이필희), 필사본, 42.0×24.5㎝

【사진69】「서간書簡」(유인석→부인), 필사본, 62.5×21.5㎝

【사진70】「의암선생어록毅菴先生語錄」(안승우), 필사본, 40.5×30.5㎝

【사진71】「서간書簡」(정운경→유인석), 필사본, 55.5×20.0㎝

제 1 장

제천 관련 고문헌

1) 제천에서의 출판

충청도는 일찍부터 인쇄문화가 발전했다. 세계에서 가장 오래된 주자 인쇄물을 간행한 곳이 바로 충청도이다. 특히 청주와 충주는 목관(牧官)이었으므로 지방 문화의 중심지였고 또한 지역의 사원은 인쇄를 할 수 있는 거점의 역할을 했다.

이러한 선진적인 인쇄문화의 발전에 영향을 받은 제천과 청풍에서는 일찍부터 책의 간행이 있었으며, 조선시기에는 각각 3건과 6건 총 9건의 출판이 있었다. 청풍은 모두 관아에서 발간한 것이지만 제천은 특이하게도 사가 발행이 1건 있다. 발행시기를 보면 제천의 경우 임진왜란 이전부터 이미 책을 발간하고 있어 출판의 역사가 오래되었음을 알 수 있다.

제천에서 발행한 것으로 관판으로는 1488년(성종 19)경 간행된 『동문수(東文粹)』와 1554년 이전 간행된 『시인옥설(詩人玉屑)』[1]이 있다. 그러나 『시인옥설』은 원래 1439년(세종 21) 청주에서 판각해 간행했는데, 제천에서 다시 판각을 했는지, 혹은 청주판을 가져다 인쇄했는지는 확실하지 않다.[2] 사가판으로는 1821년 간행된 박수검(朴守儉)의 『임호집(林湖集)』이 있다. 『임호집』은 후손인 박상순(朴尙淳)이 제천 북광암(北廣巖)[3]에서 간행했다.

---

1) 『시인옥설』은 세종 18년 세종이 경연에서 소장하고 있던 책 한 벌을 충청 감사였던 정인지(鄭麟趾)에게 주어서 청주목에서 찍도록 했으며, 1439년(세종 21)이 되어서야 신임 감사인 윤형(尹炯)이 완성했다. 이것이 다시 일본에 전해져 1639년＝관영(寬永) 16년 일본에서 재간행되었다.

2) 윤병태, 「충청지방의 인쇄문화 -16세기까지-」, 『백제연구』 15, 충남대, 1984, 168면.

청풍에서 발행한 것은 모두 임진왜란 이후에 간행했다. 청풍은 모두 관판 6종류가 있는 것으로 알려지고 있는데, 1635년 간행된 김종필(金終弼)의 『풍암집(楓巖集)』, 1639년 간행된 이의건(李義健)의 『동은집(峒隱集)』, 1642년 간행된 서거정(徐居正)의 『필원잡기(筆苑雜記)』, 1648년 간행된 이춘영(李春英)의 『체소집(體素集)』, 1658년 간행된 김류(金瑬)의 『북저집(北渚集)』, 1759년 이전에 간행된 『병위삼(兵衛森)』 등이 있다.[4]

『풍암집』은 방손인 김육(金堉)이, 『동은집』은 후손인 이후원(李厚源)이, 『체소집』은 아들 이시재(李時材)와 이시해(李時楷)가, 『북저집』은 손자인 김진표(金震標)가 각각 간행을 주도했다.

청풍의 경우 17세기에 활발히 인쇄사업을 진행했다는 점, 후손들이 적극적으로 간여했다는 점, 후손이 지방관으로 부임하면서 청풍부의 인쇄문화를 바탕으로 선조의 문집을 간행했던 점[5] 등이 특이하다. 이는 재지사족이 지방에서의 지배권을 강화하던 시기와 일치하고 있다는 점에서 사족들의 동향과도 밀접하게 연관되어 있다. 후손이 선조의 문집을 간행한 것은 1914년 금성면 월림리 계산(桂山)에서 정양의 『포옹집』을 간행한 것과 같이 근현대 시기에 들어와서도 계속 이어진다.

판목으로는 유중교와 김평묵이 편찬한 『송원화동사합편강목(宋元華東史合編綱目)』과 김평묵 등이 편찬한 『화서아언(華西雅言)』을 들 수

---

3) 제천의 북면 도화동 서쪽에 있는 넓은 바위를 광암이라고 했으며 여기에 자연부락이 있었다. 현재 송학면 도화리 광암마을이다.

4) 박문열, 「충북 고인쇄출판문화론」, 『충북의 판목 특별전』, 청주고인쇄박물관, 2001, 107면.

5) 이희조도 1706년(숙종 32) 청풍부사로 재직할 때 아버지 이단상(李端相)의 문집 중 별집과 연보를 청풍에서 간행했다.

있다. 현재 자양영당 장판각에 소장되어 있다.『송원화동사합편강목』은 1907년 유인석의 주관에 의해 강원도 춘천 가정서사(柯亭書舍)에서 개간한 판목으로, 가정리와 벽계에 보관했다가 서울과 여주 등지로 유랑하던 것을 제천지역의 화서학파 인사들의 노력으로 제천 자양영당 장판각에 옮겨 보관 중이다. 벽계에 있던『화서아언』의 판목은『송원화동사합편강목』과 같이 유전하다가『화동강목』판목을 제천으로 옮겨 올 때 같이 가져와 보관하고 있다.

2) 기존의 고문헌 조사[6]

제천지역에 대한 근대적인 고서 조사는 1920년대 조선사편수회에서 실시한 충북지역 고서 조사사업의 일환으로 이루어졌다. 당시 민기(閔機) 자손, 정양(鄭養)·정보연(鄭普衍) 자손, 권상하(權尙夏) 자손, 한벽루(寒碧樓), 황강서원(黃江書院) 등에 대한 조사가 이루어졌으며, 제천은 5점이 조사되었다.[7]

다음으로는 1974년 국사편찬위원회에서 일부 지역에 대한 지방 사료를 조사해 보고하면서 그 중 제천지역에 대한 사료조사가 이루어졌다. 이때 이 지역 출신이었던 윤병석이 담당하면서 15곳의 소장처로부터 153점의 많은 고서를 조사해 보고했다.[8] 조사결과는 1974년『지방사료

---

6) 각 시기 조사의 경과와 조사사항은『충청북도의 고서』1(총괄·진천편), 충청북도, 1997 및『충청북도의 고서』8(제천시편), 충청북도·충북향토문화연구소, 2003 참조.
7) 당시 한수면 한수리의 권익상(權益相)과 금성면 월림리의 정구택(鄭九澤), 제천군청(堤川郡廳)에 소장된 것이 보고되었다.
8) 조사 당시 소장자와 종수는 한수면 북노리의 이칠영(李七榮) 111점, 봉양

조사보고서』(한국사학회)로 간행되어 본격적인 제천의 고문헌에 대한 파악이 가능해졌다.

다음으로 충주댐 건설계획에 따라 1979년의 청풍향교에 대한 조사와 1980년의 이구영, 김용숙 소장본에 대한 조사가 있었다. 당시 조사는 역사조사반이 담당했으며 책임자는 최영희 국편위원장을 중심으로 구성되었다. 1979년에는 청풍향교에 소장된 18종 37점과 중원군 살미면 무릉리 최씨사당(崔氏祠堂)에 소장된 31종 65점 등 모두 49종 102점이 조사되었다. 조사결과는 1980년『충주댐수몰지역문화재지표조사보고서』(충북대박물관)에 수록되어 간행되었다. 1980년에는 당시 제원군 한수면 북노리의 이구영(李九榮) 소장본 25점과 중원군 동량면 조리의 김용숙(金容肅) 소장본 2점, 그리고 단양향교 소장본 17점 등 모두 44점이 조사되었다.

1984년에는 각 문화공보실을 통해 고서의 수량에 대한 파악 작업이 있었으며, 당시 제천시는 전적 3점, 서적 4점, 고문서 35점 등 모두 27점이 조사되었고, 제원군은 전적 17점, 서적 12점 등 모두 29점이 조사되었다.

이어 1997년에는 충북향토사연구협의회에서 조사단을 구성해 제천지역에 대한 총괄적인 현황 조사를 실시했다. 당시 충청북도 내에서는 전

면 신리의 권익중(權益重) 12점, 금성면 월림리의 정인태(鄭麟泰) 11점, 덕산면 도전리의 김영진(金永鎭) 1점, 봉양면 원박리의 김창진(金昌鎭) 3점, 봉양면 천남리의 이시용(李始鎔) 2점, 읍내 명동의 권태원(權泰元) 2점, 청풍면 읍하리의 이남석(李南石) 1점, 장담 자양영당(紫陽影堂)의 3점, 읍내 교동의 안영덕(安永德) 1점, 읍내 의림동의 박창수 2점, 봉양면 구곡리의 이상일(李相一) 3점, 남천동 남천천주교회의 1점, 한수면 황강리의 한수재(寒水齋) 4점 등이었다(『충청북도의 고서』1, 충청북도, 1997, 36~45면).

적 634점, 고문서 82점 등 도합 716점이 조사되었으며, 제천시는 그 가운데 전적 27점, 고문서 6점 등 모두 33점이 조사되었다.9)

2001년에는 국편 사료조사위원 충북지회의 주관 하에 충북도내 각 향교의 고문서에 대한 조사가 있었으며, 당시 청풍향교 소장의 문서 34건 759매가 보고되었다.10)

2003년에는 충북향토문화연구소, 충청북도, 제천시 등의 지원을 받아 지역 문화연구 단체인 내제문화연구회가 주관해 전적 조사를 실시했다. 당시 총 조사 전적의 종수는 935종이며, 그 가운데 고서는 843종, 고문서는 90종, 판목은 2종이 조사되었다. 게다가 당시 조사지만 작성하고 정밀 조사가 미진행되었던 별도의 487종을 합하면 조사 종 수만도 1,472종에 달했다.

이 조사에서는 이제까지 제천에서 행해진 자료 조사 가운데 가장 광범위하고 정밀하게 진행되었다. 그것은 각 회원들이 자료 조사를 철저히 했던 점, 제천시 관내에 상대적으로 보관 양이 많은 기관이 있었던 점, 지역 소장자들의 협조가 원활했던 점 등에 기인한 것으로 판단된다.

그 동안 이루어진 전적 조사의 결과를 보면 지역 출신이면서 전문적인 연구기관 종사자가 일을 집행했을 때는 상대적으로 자세한 조사 보고가 이루어진 반면에 행정기관을 통해 진행되거나 외부에서 연구자들이 투입되어 집행했을 때는 기존의 조사 내용을 크게 뛰어넘지 못하고 있음을 볼 수 있다. 이는 지역 전적 조사의 경우 지역 문화단체의 적극적인 역할과 전문 연구가의 결합에 의한 사업 집행이 가장 합리적임을

---

9) 당시 내제문화연구회, 제천향교 등 기관과 최병찬(崔秉贊), 이해권(李海權), 강성열(姜聲烈) 등의 소장본이 주 조사대상이었다.
10) 박종대, 「충북 향교의 고문서와 향유의 발자취」, 『충북향토문화』 13, 2002.

보여주고 있다.

3) 제천지역 고문헌 현황[11]

현재 제천 지역에 남아 있는 고문헌의 현황을 살펴보면, 고서의 경우 상대적으로 전체 고문헌에서 차지하는 비중이 압도적으로 크며, 고문서는 그 종 수가 다른 시·군에 비해 적다. 그것은 고문서를 가진 거족 집안의 후손들이 외부로 이사를 나가 현재 제천에 남아 있지 않은 점, 상대적으로 고문서류가 남아 있는 집안이 제천에는 희소했던 점 등에 기인한다.

먼저 제천 관내에 남아 있는 고서류의 경우 현재 가장 많은 수량을 보유한 곳은 제천 의병전시관이다. 의병전시관에는 약 320종의 고서를 소장하고 있다. 그리고 병산영당, 안동 권씨 연잠공파, 유광열, 신항선 댁에도 많은 고서를 보유하고 있다. 이 고서들은 앞으로 제천지역의 역사와 문화를 연구하는 데 좋은 자료가 될 수 있을 것이다.

기관 소장처별 도서의 특징을 약기하면 의병전시관은 유중교와 유인석 관련 초고본 자료와 제천과 충주 일대에 거주했던 화서학파의 동향을 알 수 있는 문집류가 집중적으로 소장되어 있다. 일부 의병 거의와 관련된 기사류의 저술도 기증이나 기탁을 통해 수집되어 있다.

병산영당 소장본은 대부분 유지혁(柳芝赫)의 수택본이다. 이곳에는 의당학파 관련 서적이 많이 소장되어 있어, 향후 의당학파 연구의 중심 역할을 담당할 수 있을 것이다.

---

11) 박인호 대표집필, 『충청북도의 고서』 8, 제천시·충북향토문화연구소, 2003, 29~37, 335~340면 참조.

청풍향교의 고서에는『재임록』,『청금록』,『허유록』,『운금회록』,『향약록』등 당시 청풍지역 사족들의 인명을 파악할 수 있는 책이 소장되어 있다. 봉강서원을 첨배한 기록인『심원록(尋院錄)』은 서원을 방문했던 인사의 명단을 볼 수 있는 자료이다.

안동 권씨 후손가에는 옥소(玉所) 권섭(權燮)의 문집과 여러 필사본 초고들이 소장되어 있으며, 문집류는 대체로 권섭과 친우 관계를 유지했던 서인계 인사들의 문집이 소장되어 있다.

지역 소재 지적박물관에는 기독교 서적과 지적관련 서적이 다수 소장되어 있다.

2003년 전적 조사의 판종별 조사 결과를 보면 활자본이 177종 21.0%, 목판본이 153종 18.1%, 필사본이 415종 49.2%, 기타 98종 11.6%로 나타나 필사본의 비중이 압도적이다. 이는 궁벽한 지역 현실에서 고가의 목판본이나 활자본을 구입해 소장하기 어려웠던 사정에 기인한 것으로 보인다. 일부 활자본이 많이 조사된 것은 근대기 신활자로 찍은 책들이 같이 조사되었기 때문이다. 목판본은 경전류와 문집류에서 많이 보이고 있다.

2003년 전적 조사의 내용별 조사결과를 보면 경부가 149종 17.7%, 사부가 201종 23.8%, 자부가 137종 16.3%, 집부가 356종 42.2%로 나타나 전체적으로 경·사·자·집부의 비중이 고른 편이다. 다른 지역에서는 높게 나타나는 경부의 비중이 그다지 높지 않은 것은 실제 조사시 사서오경의 경우 판본의 측면에서 가치가 있는 것만을 대상으로 하고 근대기 재출판된 것은 제외했기 때문에 다른 지역보다 수치가 낮은 것으로 생각된다.

다른 지역에 비해 상대적으로 집부의 비중이 높다. 그것은 병산영당,

의병전시관, 안동 권씨 연잠공파 문중 등에서 문집류를 많이 소장하고 있었기 때문으로 생각된다. 실제적으로도 문집류가 전체 권수에서 가장 많은 수를 차지하고 있다.

다음 제천 관내에 남아있는 고문서의 경우 가장 많은 수량을 보유한 곳으로 의병전시관을 들 수 있다. 미조사분을 포함해 약 1,500여 점을 소장하고 있다. 이곳에서는 유중교·유인석 집안의 문서를 주로 소장해 향후 의병사 연구에 많은 도움이 있을 것으로 기대된다. 유중교-의석-제항 후손가에서 기증한 고문서는 입헌 유의석(柳毅錫)이 주고 받은 서간류가 대부분을 차지하며 제문·만사·조장류는 유의석 사망 후 유제항(柳濟恒)이 받은 것이다. 유인석-제함 후손가에서 기증한 고문서는 의암 유인석 자료가 대부분을 차지한다. 그 가운데 유인석(柳麟錫)이 받은 서간은 시기적으로 1890년대까지 올라가며, 또한 한글 서간도 포함되어 있다. 특히 유인석이 부인에게 준 한글 서간도 있어 사료적 가치가 크다.

한계공 이공기 영당 소장의 고문서는 옥축, 고신, 차정첩, 소지 등으로 구성되어 있어 상대적으로 다양한 모습을 보여주고 있다. 3등 공신으로 책봉되면서 받은 대나무실로 만든 옥축(玉軸)은 특이한 자료라고 할 수 있다.

안동 권씨 후손가에는 옥소 권섭이 그 선대의 서찰류를 충실하게 서첩으로 정리해 두었다. 이는 안동 권씨 일족의 학문과 동향을 이해하는 기초 자료가 된다.

병산영당의 경우 고문서는 7종에 불과하나 내용면에서는 충실하다고 하겠다. 그것은 유지혁이 스승인 박세화와 윤응선, 그리고 여러 동학들과 교환한 서간을 첩으로 만들어 두었으며, 이 서간들은 의당학파의 교유관계와 사상적 동향을 이해하는 중요한 자료가 되기 때문이다.

청풍향교의 고문서는 향교 예식에 사용된 홀기류와 각종 향교 관련 서류철이 남아 있어 지방 향교의 운영과 관련된 중요한 자료라고 할 수 있다.

다만 다른 지역에서 흔히 발견되는 호구단자류나 분재기류가 발견되지 않은 것은 연안 이씨, 영일 정씨, 안동 권씨 등 지역 거족들의 문서가 대부분 다른 지역으로 이전되었기 때문이다.

한편 제천 관내 고문헌 소장자의 경우 2003년도 전적 조사에서는 총 29곳을 찾았으며, 『충청북도의 고서』(제천시편)와 이 책의 발간으로 앞으로 더욱 많은 소장자와 소장처를 찾아낼 수 있을 것으로 기대된다.12)

그 외 소장처에 대해서는 지역문화연구단체인 내제문화연구회 주관으로 향토인사소장 전시회를 1988년~1994년까지 매년 개최했는데, 그 가운데 1회, 2회, 4회, 6회는 전적이 중심이 되었다.13) 출품목록을 보면 각 소장자가 표시되어 있어 당시 전적의 소장자를 대체로 파악할 수 있다.

한편 제천시 관내 보유하고 있는 목판은 2종이 있으며, 모두 자양영당의 장판각에 소장되어 있다. 소장된 수량을 살펴보면 『화동합편』 판목 1,380매, 『화서아언』 판목 133매, 총 1,513매가 보존되어 있다.

시립도서관 의병자료실은 여러 기관과 개인들의 협조를 얻어서 제천

---

12) 각 소장처의 소재지와 소장 고문헌의 내용적 특징은 박인호 대표집필, 『충청북도의 고서』 8, 2003, 33면, 335~340면 참조.

13) 제1회 향토인사소장 고서화전적전시회, 1988년 10월.
제2회 향토인사소장 고서화전적전시회, 1989년 10월.
제4회 제천지방 문화재 사진·탁본 전시회, 1991년 11월.
제6회 향토인사소장 전적전시회, 1993년 10월.

지역에서 소장하고 있는 문서류 자료들을 실물 크기로 복사 제작해 비치해 나가고 있다. 일부 의병관련 자료들은 마이크로 필름으로 제작해 열람할 수 있도록 했다.14) 그 가운데 개인 소장의 것으로는 지역 출신의 연안 이(李)씨, 경주 이(李)씨의 문서를 마이크로 필름을 통해 볼 수 있도록 했다.15)

끝으로 제천과 관련된 저술 가운데 외부로 나가 행방을 알 수 없어 아직 살펴보지 못한 문헌이 있다. 이는 차후 보충하고자 한다.

---

14) 강원대 박물관에 소장된 4,446건의 유인석관련 고문서와 제천 의병전시관 소장 의병관련 자료들은 모두 마이크로 필림으로 열람할 수 있도록 했다.
15) 현재 이 마이크로 필림도 정문연의 협조를 얻어 제천시립도서관에 복사 비치해 지역에서도 열람이 가능하도록 했다. 그 가운데 연안 이씨편은 일부 자료들을 편집해 『고문서집성』(55, 한국정신문화연구원, 2001)으로 간행되었다.

제 2 장

해 제

1. 전국에 있는 분포되어 있는 고문헌을 대상으로 제천·청풍과 관련된 자료를 찾아 그 내용을 소개한 것이다. 이 해제는 지역 연구의 기초자료를 제공하는 데 목적이 있다.

2. 대상은 제천·청풍과 관련된 자료를 수록하고 있는 고문헌으로 1945년 이전에 편찬된 것을 원칙으로 한다. 해제에서는 고문헌의 전체 내용을 모두 소개하기보다 제천·청풍과 관련된 사항을 중점적으로 소개했다. 대략적인 형태를 보여주기 위해 사진과 그림을 넣었다.

3. 문집의 경우에는 거주자나 역관자를 중심으로 제천 관련 글이 다수 남아 있을 경우로 한정했다. 한수재와 성재 문하의 경우 황강과 장담에서 일정 기간 수학했을 경우에 소개하는 것을 원칙으로 했다.

4. 출판지가 제천·청풍일 경우에는 간략히 출판사항을 정리해 수록했다.

5. 순서는 크게 고서와 고문서로 나누고, 고서는 다시 경부, 사부, 자부, 집부로 나누되, 사부는 다시 기사류, 전기류, 성책문서류, 지도류, 지지류로 나누어 가나다 순으로 기술했다. 고문서는 현 제천 관내 소장된 것을 먼저 소개하고, 이어 외부 소장 자료를 소개했다. 말미에는 책명별·인명별 색인을 덧붙여 놓았다.

6. 일반 독자를 위해 각 고문헌의 작자에 대한 소개를 각주로 간략히 덧붙였다. 지역 출신 인물의 경우 인적사항을 자세히 정리했다.

7. 소장처는 밝히되 『충청북도의 고서』(제천시편)에 이미 소개된 개인 소장자는 별도로 표시하지 않았다. 이 책을 같이 참고하기 바란다. 집부의 문집은 여러 곳에 소장된 경우가 많아 필자가 열람한 곳을 표시했다.

8. 대상으로는 열람 가능한 자료를 모두 싣는 것을 원칙으로 하나 일부 고서는 누락되었다. 각 집안에 소장되어 있는 낱장의 고문서류도 적지 않게 누락되었다. 이는 다음 기회에 보충하고자 한다.

고서류

1) 경부

*** 『방상의절(方喪儀節)』**

임금에게는 아버지 상에 준하는 상례로서 방상(方喪) 3년을 지내도록 되어 있으며, 이 책은 방상 상례의 절차를 정리한 것이다. 유중교(柳重教, 1832~1893)가 1878년(고종 15) 옥계정사(玉溪精舍)에서 초고를 만들었으며, 1884년 가정(柯亭)에서 완성했다. 정문은 『국조상례보편』에서 취하고, 주 가운데 증보한 것은 '안(按)'으로 구별했으며, 끝에는 사가례로서 행할 것과 폐할 것을 여러 책에서 인용해 수록했다. 인용한 곳은 출처를 표시했는데 주로 송시열과 권상하의 주장을 따르고 있다.

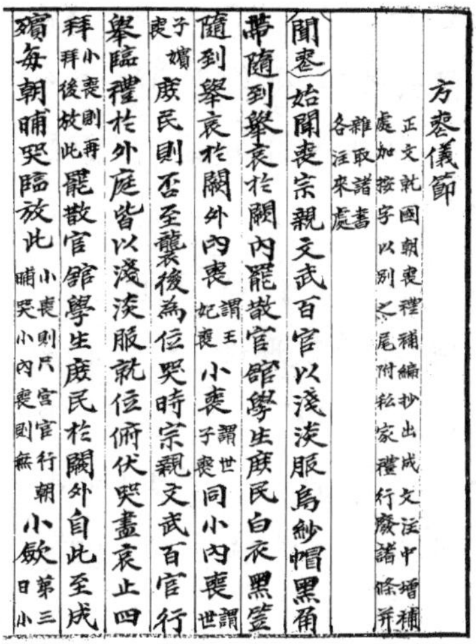
方喪儀節
正文就國朝喪禮補編抄出成文注中增補處加按字以別之尾附私家禮行廢諸條并
雜取諸書各注來處
聞喪 始聞喪宗親文武百官以淺淡服烏紗帽黑角
帶隨到擧哀於闕內罷散官館學生庶民白衣黑笠
隨到擧哀於闕外內喪 謂王妃喪 小喪 謂世子喪 同小內喪 謂世
子嬪 庶民則否至襲後爲位哭時宗親文武百官行
擧臨禮於外庭皆以淺淡服就位俯伏哭盡哀止四
拜 小喪則再拜後放此 罷散官館學生庶民於闕外自此至成
殯每朝晡哭臨放此 小喪則只宮官行朝晡哭小內喪則無 小歛 第三日小

〈그림 1〉 『방상의절』(병산영당 소장)

제천에는 여러 필사본이 개인 소장으로 남아 있다. 병산영당 소장, 20.5×21.7cm 외. 유지혁 필사본 『방상의절』에는 유중교의 〈양복통해

〈兩服通解〉〉와 〈관해(冠解)〉가 추가되어 있다(〈사진 1〉).

* 『산일여편(刪逸餘篇)』

目錄 卷 1. 卷 2. 卷 3. 跋. 後識.

박수검(朴守儉, 1629~1698)이 편찬한 문장집. 신활자본, 3권 3책. 개인 소장, 20.5×30.1cm. 1924년 후손인 박우선(朴禹善)·박영구(朴永求)·박영석(朴永錫)이 간행했으며, 책의 끝에는 이들이 쓴 발문과 후지(後識)가 있다. 위로 헌탕(軒湯)에서 아래로 당송에 이르기까지 나온 여러 문장 가운데 천리(天理)를 밝히고 인심(人心)을 맑게 할 만한 것을 뽑아 편집했다. 권 1에는 황제에서 한

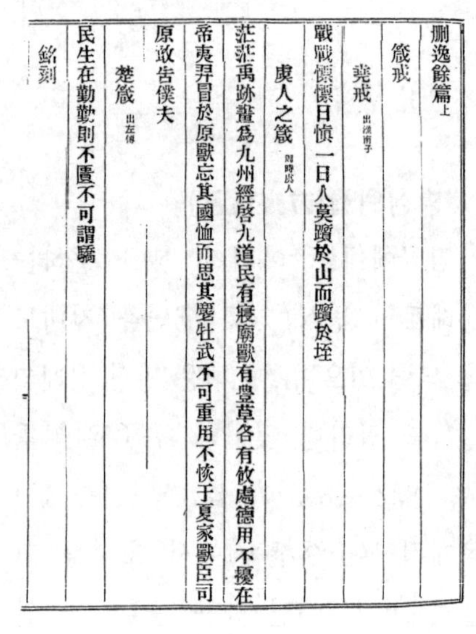

〈그림 2〉 『산일여편』(개인 소장)

나라까지 잠계 3편, 명각 27편, 찬송 2편, 방송 6편, 운어 13편, 일시 7편, 구가 114편, 사 32편, 요 24편, 조 5편, 탄 2편, 음 2편, 행 23편, 편 4편, 악부 32편, 잡체시 4언 13편, 5언 14편, 7언 6편, 권 2에는 위나라에서 수나라까지 가사 13편, 요 8편, 행 16편, 음영 11편, 곡 2편, 인 1편, 탄 3편, 편 9편, 악부 3편, 송별 401편, 증 14편, 주화 9편, 유조 32편, 잡체시 4언 4편, 5언 42편을 모았다. 권 3에는 여러 책에서 나오는 문장을 모았는데, 각 문장에는 그 출처를 모두 밝혔다. 박수검이 유가뿐만 아니

라 다른 부류의 사상에 이르기까지 매우 다양한 독서력을 가지고 있었음을 보여준다(〈사진 2〉).

***『역설집요(易說輯要)』**

이용응(李龍應)[1]이 편찬한 주역 해설서. 필사본, 3권 3책. 권 1은 일실, 권 2는 32장, 권 3은 63장. 일실된 권 1은 건위천(乾爲天)에서 화풍정(火風鼎)까지, 권 2는 진위뇌(震爲雷) 이하 『주역』 경문의 괘효(卦爻)를 해석한 것이며, 권 3은 「계몽연도(啓蒙衍圖)」 이하 하도낙서(河圖洛書)의 원리를 해명한 것이다. 자신의 생각은 안(按)으로 첨가했다. 이용응, 이재범(李載範), 이태용(李泰鎔), 이해원(李海元) 4대의 관련 자료를 모은 『주포흔적(周浦痕蹟)』(이회문화사, 2003)에 원문과 번역문이 수록되어 있다.

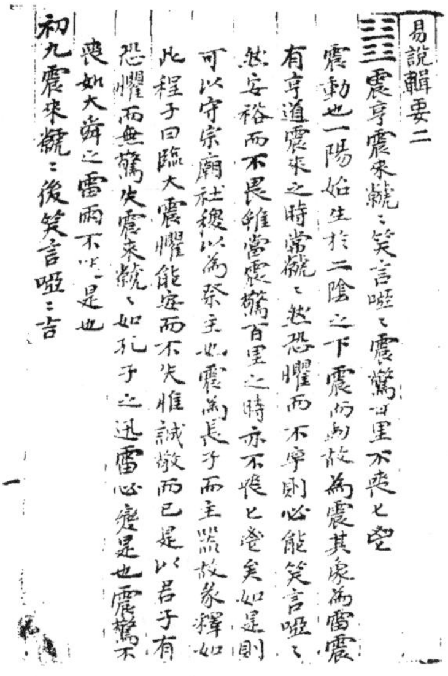
易說輯要二
䷲震亨震來虩虩笑言啞啞震驚百里不喪匕鬯
震動也一陽始生於二陰之下震而動故爲震其象爲雷震
有亨道震來之時當虩虩然恐懼而不寧則必能笑言啞啞
然安裕而不畏雖當震驚百里之時亦不喪匕鬯矣如是則
可以守宗廟社稷以爲祭主也震爲長子而主器故彖釋如
此程子曰臨大震懼能安而不失惟誠敬而已是以君子有
恐懼而無驚失震來虩虩如孔子之迅雷必變是也震驚不
喪如大舜之雷雨不迷是也
初九震來虩虩後笑言啞啞吉

〈그림 3〉『역설집요』(이회문화사, 2003)

---

1) 이용응(李龍應) 1844(헌종 10)~1908 : 자는 성노(聖老), 호는 호서(湖西), 초명은 몽룡(夢龍), 본관은 전주이다. 경창군(慶昌君)의 후손이며, 이도하(李道夏)의 아들이다. 제천 봉양읍 주포리에서 태어났다. 연재 송병선을 스승으로 모셨다. 평생 제천 구학산 산중에서 학문에 정진했으며, 장담의 유중교·유인석 등과 교유했다. 저서로는 주역 해설서인 『역설집요(易說輯要)』와 『연역원수(衍易原數)』 등이 있다. 〈참고문헌 『주포흔적(周浦痕蹟)』, 『습재집』〉

***『절위여편(絶韋餘編)』**

目錄 序. 卷 1 : 總目 ; 易統聖賢 附註解先儒姓氏, 註解引用書冊, 註解引用先賢先儒姓氏. 卷 2 : 總目 上, 中, 下. 卷 3. 卷 4. 卷 5. 卷 6. 卷 7. 卷 8. 卷 9. 卷 10. 跋. 後識.

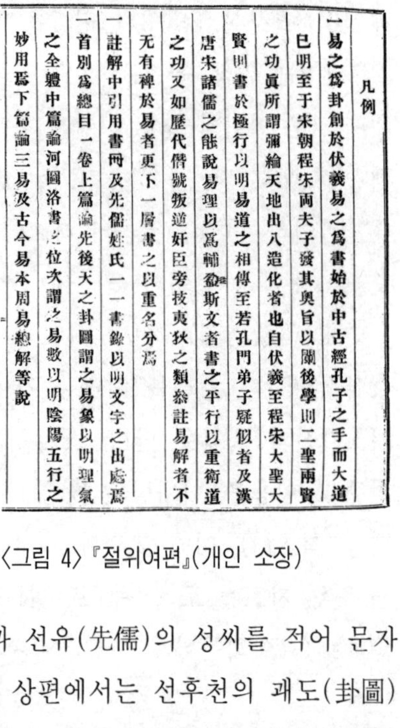
凡例

一易之爲卦創於伏羲易之爲書始於中古經孔子之手而大道已明至于宋朝程朱兩夫子發其奥旨以闡後學則二聖兩賢之功眞所謂彌綸天地出入造化者也自伏羲至程朱大聖大賢則書於極行以明易道之相傳至若孔門弟子疑似者及漢唐宋諸儒之能說易理以爲輔翼斯文者書之平行以重衛道之功又如歷代僭號叛逆奸臣旁技夷狄之類忝註易解者不无有裨於易者更下一層書之以重名分焉

一註解中引用書冊及先儒姓氏一一書錄以明文字之出處焉

一首別爲總目一卷上篇論先後天之卦圖謂之易象以明理氣之全體中篇論河圖洛書之位次謂之易數以明陰陽五行之妙用焉下篇論三易及古今易本周易總解等說

〈그림 4〉『절위여편』(개인 소장)

박수검(朴守儉)의 『주역』 해석서. 신활자본, 10권 10책. 개인 소장, 21.9×31.7cm. 박수검이 39년 동안 『주역』에 정진한 결과를 기술한 책. 1698년에 쓴 박수검의 서문, 김선(金銑)의 서문, 1868년에 쓴 신응조(申應朝)의 서문, 1921에 쓴 윤명섭(尹命燮)의 서문과 범례 11조가 있으며, 책의 끝에는 출판을 담당했던 박영구(朴永求)·박영석(朴永錫)이 1924년 쓴 발문과 후지(後識)가 있다. 권 1에는 별도로 총목을 두었으며, 인용 서책과 선유(先儒)의 성씨를 적어 문자의 출처를 명확히 했다. 권 2의 총목 상편에서는 선후천의 괘도(卦圖)을 논해 이기(理氣)의 전체를 설명했다. 중편에서는 하도낙서(河圖洛書)의 위차(位次)를 논해 음양오행의 운행을 설명했다. 하편에서는 삼역(三易)과 고금역(古今易)을 논하면서 『주역』을 바탕으로 해설했다. 이하 권 3~10에서는 『주역』 십익(十翼)의 각 구절을 자세히 해석했다. 권 3은 설괘전(說卦傳)·서괘전(序卦傳)·잡괘전(雜卦傳), 권 4는 대상경전(大象經傳), 권 5는 단경전(象經傳), 권 6~9는 소상경전(小象經傳), 권 10은 문언전(文言傳)·계사전(繫辭傳)을 다루었다(〈사진 3〉).

* 『제례통고(祭禮通攷)』

유중교(柳重教)가 제례와 관련해 요람을 위해 편찬한 책. 1930년 평북 정주군 갈산면에 살았던 백운혁(白雲爀)이 신안인쇄소를 통해 간행했다. 고목활자본, 1책 22장. 국립중앙도서관 소장, 20.8×31.3cm. 『사례편람』을 위주로 제례의 각 절차와 의절을 정리했으며, 다른 설을 참조하여 활용했을 경우에는 주를 달았다. 뒤편에는 『복제총요(服制總要)』가 별도로 수록되어 있다. 책의 끝에는 유인석(柳麟錫)이 1906년에 쓴 발문이 있다.

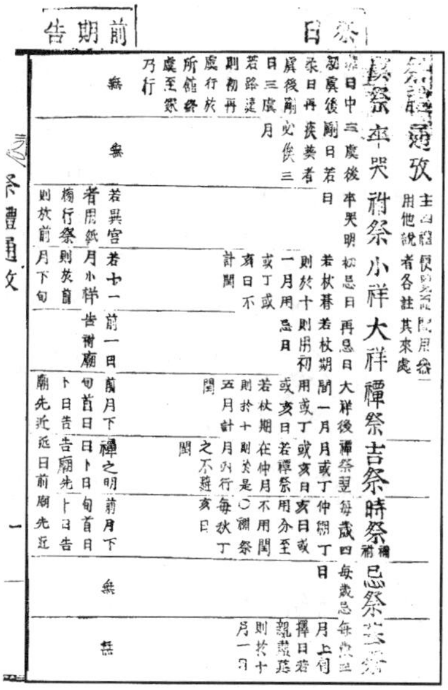

〈그림 5〉 『제례통고』(국립중앙도서관 소장)

제천에는 여러 필사본이 강성열, 신항선, 이성희, 유명걸 등 소장으로 남아 있다. 그 가운데 병산영당 소장본(유지혁 필사본, 1책 13장. 22.2×31.6cm)은 유인석의 발문이 없는 대신 끝에 〈매산의례문답(梅山疑禮問答)〉이 추가되어 있다.

* 『좌전차요(左傳箚要)』

유지혁(柳芝赫, 1886~1954)이 『춘추좌씨전』에 대해 주석한 책. 필사본, 3책. 병산영당 소장, 20.3×30.0cm. 유지혁이 1923년부터 『춘추』를 읽으면서 그 요점을 정리하여 1928년 완성했다. 상권은 노은공(魯隱公) 궐지급천수이상견(闕地及泉隧而相見)~노선공상(魯宣公上) 취제기회이여지야(取諸其懷而與之也), 중권은 노선공하(魯宣公下) 재사지림(在師之臨)~노소공일(魯昭公一) 예기인지급야호(禮其人之急也乎), 하권 노소공이(魯昭公二) 특험여마불가이위고야(特險與馬不可以爲固也)~노애공하(魯哀公下) 인손우주내수여월(因孫于邾乃遂如越)으로 구성되어 있다(〈사진 4〉).

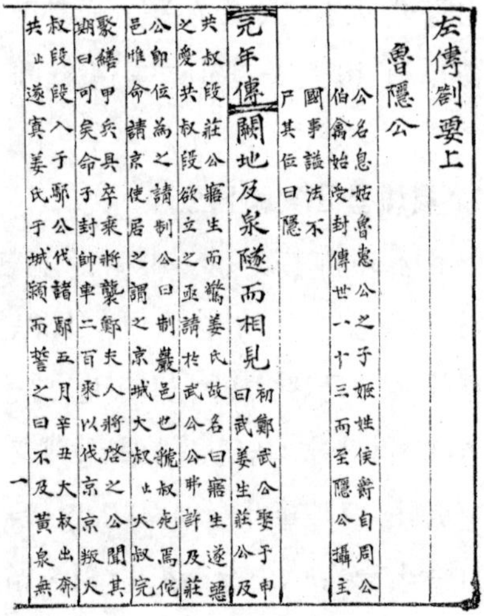
左傳劄要上
魯隱公
公名息姑魯惠公之子姬姓侯爵自周公伯禽始受封傳世一十三而至隱公攝主
國事謚法不尸其位曰隱
元年傳 闕地及泉隧而相見 初鄭武公娶于申曰武姜生莊公及
共叔段莊公寤生而驚姜氏故名曰寤生遂惡
之愛共叔段欲立之亟請於武公公弗許及莊
公卽位爲之請制公曰制巖邑也虢叔死焉佗
邑唯命請京使居之謂之京城大叔止大叔完
聚繕甲兵具卒乘將襲鄭夫人將啓之公聞其
期曰可矣命子封帥車二百乘以伐京京叛大
叔段段入于鄢公伐諸鄢五月辛丑大叔出奔
共止遂寘姜氏于城潁而誓之曰不及黃泉無
一

〈그림 6〉『좌전차요』(병산영당 소장)

* 『**학례유범(學禮遺範)**』

目錄 卷 1 : 學宮儀節. 권 2 : 居家儀節. 권 3 : 居鄕儀節, 居官儀節, 致喪儀節, 方喪儀節, 心喪儀節.

예제 관련 규약을 신현국(申鉉國, 1869~1949)이 모아 정리한 책. 석인본, 3권 1책. 의병전시관 소장, 19.0×28.5cm. 손자인 신동호(申東瑚), 신동희(申東熙) 등의 노력에 의해 간행되었다. 책의 첫머리에는 1964년 정규해(鄭糺海)가 쓴 서문이 있다. 당시 제천의 화서학파와 의당학파에서는 각종 의례절차에 대해 구체적인 규약을 정해 시행했다. 신현국은 당시 의당학파에서 수행했던 예제 절차를 학궁(學宮), 거가(居家), 거향(居鄕), 거관(居官), 치상(致喪), 방상(方喪), 심상(心喪)으로 나누어 정리했으며, 이에는 장담에서 시행했던 각종 의절이 참고되었다.

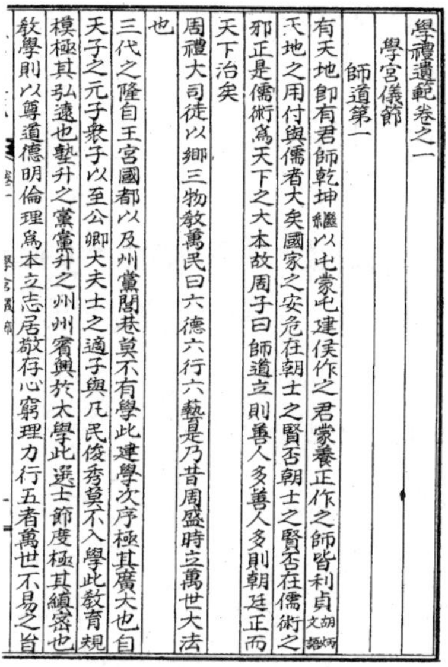

學禮遺範卷之一

學宮儀節

師道第一

有天地卽有君師乾坤繼以屯蒙屯建侯作之君蒙養正作之師皆利貞胡文炳語
天地之用付與儒者大矣國家之安危在朝士之賢否朝士之賢否在儒術之
邪正是儒術爲天下之大本故周子曰師道立則善人多善人多則朝廷正而
天下治矣
周禮大司徒以鄉三物敎萬民曰六德六行六藝是乃昔周盛時立萬世大法
也
三代之隆自王宮國都以及州黨閭巷莫不有學此建學次序極其廣大也自
天子之元子衆子以至公卿大夫士之適子與凡民俊秀莫不入學此敎育規
模極其弘遠也塾升之黨黨升之州州賓興於太學此選士節度極其縝密也
敎學則以尊道德明倫理爲本立志居敬存心窮理力行五者萬世不易之旨

〈그림 7〉『학례유범』(의병전시관 소장)

2) 사부

(1) 기사류

＊『강와선생병의록(剛窩先生秉義錄)』

송은헌(宋殷憲)[2]이 평생동안 토적하고 복수하려는 의리를 적은 기록. 석인본, 1책 26장. 의병전시관 소장, 17.6×25.2cm. 책의 첫머리에는 제자들이 보낸 〈통문〉이 있으며, 「강와선생병의록」 본문과 약간의 시문을 수록했다. 병의록 본문에서는 1919년 유인석을 기리는 문구로 인해 일제의 의해 체포된 후에도 당당했던 행적과 유인석을 기리는 옥중시를 소개하고 있다.

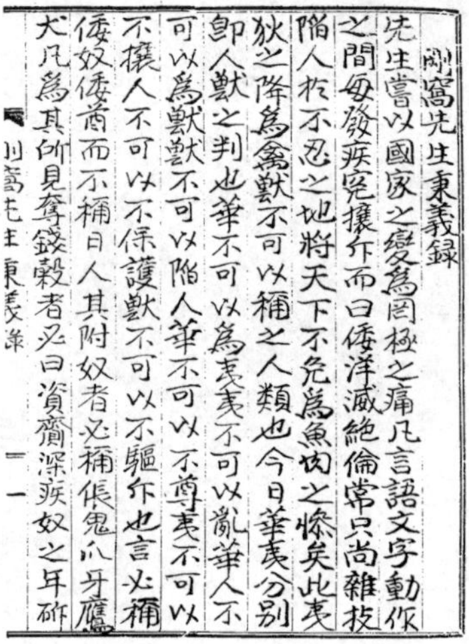
剛窩先生秉義錄
先生嘗以國家之變爲罔極之痛凡言語文字動作
之間每發疾究攘斥而曰倭洋滅絕倫常只尚雜技
陷人於不忍之地將天下不免爲魚肉之慘矣此夷
狄之降爲禽獸不可以稱之人類也今日華夷分別
卽人獸之判也華不可以爲夷夷不可以亂華人不
可以爲獸獸不可以陷人華不可以不尊夷不可以
不攘人不可以不保護獸不可以不驅斥也言必稱
倭奴倭酋而不稱日人其附奴者必稱倀鬼爪牙鷹
犬凡爲其所見奪鏹穀者必曰資齎深疾奴之年研
剛窩先生秉義錄 一一

〈그림 8〉『강와선생병의록』(의병전시관 소장)

＊『도담행정기(島潭行程記)』

한진호(韓鎭戽)[3]가 1823년(순조 23) 단양 팔경을 탐방했을 때 남긴

2) 송은헌(宋殷憲) 1876(고종 13)～1946 : 자는 경식(敬植), 호는 강와(剛窩), 초휘는 면헌(勉憲), 본관은 은진(恩津). 거주지는 보은이다. 학문 연원은 화서 이항로이며, 유인석·이근원·박주순에게서 수학했다. 을미의병 때 호서의진에 군자금을 지원했다. 보은에 이열재(怡悅齋)를 개설해 후학을 양성했다. 문집으로『강와집』(6권 3책, 1947년 연활자본, 1980년 정문사 영인)이 있다. 〈참고문헌『강와집』,『충의효열록』〉

여행기. 내제는 『입협기(入峽記)』. 1823년 4월 12일에서 5월 13일까지 1개월에 걸쳐 친우들과 남한강을 따라 배를 타고 가면서 도중의 명소와 단양 8경을 탐방한 기행문이다. 청풍과 제천의 경관에 대한 서술이 있으며, 특히 한벽루와 의림지에 대한 소개가 자세하다. 지역 탐방은 4월 23일 조돈리 → 황강, 24일 열락재(悅樂齋) → 경심령(驚心嶺) → 청풍 한벽루, 25일 도화동 → 능강동 → 옥순봉 → 구담 → 창하정(蒼霞亭) → 단양 이락루(二樂樓) → 장림(長林), 26일 운선동 → 사인암 → 괴평(槐平), 27일 학주암 → 중선암 → 상선암 → 삼선암 → 괴평, 28일 장림, 29일 서골벽(栖鶻壁) → 도담 → 은주암(隱舟巖), 5월 1일 제천 → 의림지, 5월 2일 박달재 → 도덕암 → 영금리(零金里)를 돌아보는 노정을 밟았다. 지역의 유래에 대한 고변(考辨)이 별도로 수록되어 있으며, 그 가운데 〈단구협소고(丹丘峽小考)〉(4월 25일), 〈구담옥순봉고(龜潭玉筍峰考)〉(25일), 〈사인암별기(舍人巖別記)〉(26일), 〈삼선암고(三仙巖考)〉(27일), 〈도담소고(島潭小考)〉(29일), 〈의림지소고

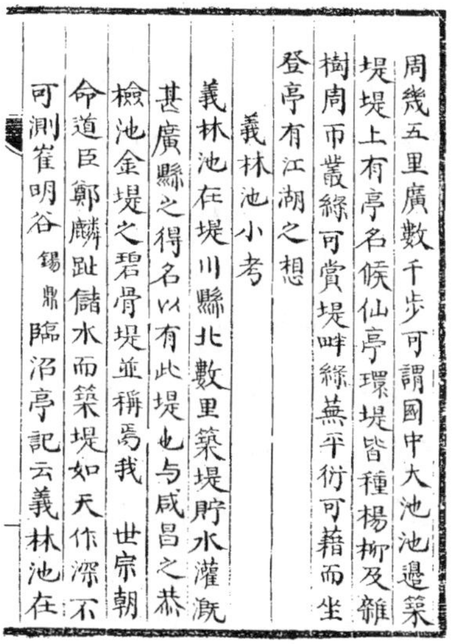

周幾五里廣數千步可謂國中大池池邊築
堤堤上有亭名候仙亭環堤皆種楊柳及雜
樹周市叢綠可賞堤畔綠蕪平衍可藉而坐
登亭有江湖之想
義林池小考
義林池在堤川縣北數里築堤貯水灌溉
甚廣縣之得名以有此堤也与咸昌之恭
檢池金堤之碧骨堤並稱焉我 世宗朝
命道臣鄭麟趾儲水而築堤如天作深不
可測崔明谷錫鼎臨沼亭記云義林池在

〈그림 9〉『도담행정기』(일조각, 1993)

---

3) 한진호(韓鎭屎) 1792(정조 16)~1844(헌종 10) : 자는 대유(大迪), 호는 도촌(陶村), 본관은 청주(淸州). 한치형(韓致泂)의 아들이며, 한치구(韓致九)에게 입양되었다. 1823년(순조 23) 정시문과에 급제했으며, 관은 참판에 이르렀다. 〈참고문헌 『문과방목』, 『도담행정기』〉

(義林池小考)〉(5월 1일)에는 청풍·단양·제천 지역의 지명 유래와 전설 등을 적고 있다. 특히 〈의림지소고〉에서는 의림지의 유래와 최석정(崔錫鼎)의 〈임소정기(臨沼亭記)〉, 특산물인 순채를 소개하고 있다. 이민수의 번역으로 1993년 일조각에서 간행했다.

*『동유록(同遊錄)』

의병을 일으켰다가 황해도 황주로 유배갔던 이들에 대한 행적 기록. 필사본, 1책 15장. 개인 소장, 19.5×29.0cm. 구성은 〈황강동유록기(黃崗同遊錄記)〉, 〈국헌행적(菊軒行蹟)〉, 〈고광행적(古狂行蹟)〉, 〈소성행적(小醒行蹟)〉, 〈송운행적(松雲行蹟)〉으로 되어 있다. 국헌 황청일(黃淸一), 고광 이세영(李世永), 소성 전덕원(全德元) 등이 유배지에서 1907년 6월 26일 진위대 해산때 예비 검속으로 일본군에 의해 수비대 영창에 잡혀가자 정운경(鄭雲慶)이 그 행적을 남기기 위해 1907년 7월 10~16일 집필했다. 〈송운행적〉은 풀려 나온 이세영이 7월 16일 집필해 덧붙였다. 먼저 세계를 적고 행적과 언행을 기술했으며, 끝에는 자손들의 일을 기록했다. 『독립운동사자료집』 1(독립운동사편찬위원회, 1971)에 번역문이 수록되어 있다. 정운경의 문집인 『송운집』에는 동일한 내용이 기와 행적에 각각 나누어 수록되어 있다.

*『사군유산기(四郡遊山記)』

目錄　四郡日記幷付

서문택(徐文澤)4)이 청풍부사 이희조(李喜朝) 등과 함께 1705년 윤 4

---

4) 서문택(徐文澤) 1657(효종 8)~1706(숙종 32) : 자는 윤장(潤章), 본관

월 1일부터 37일 동안 관동, 금강산, 설악산을 유람하고 이어 6월 23일부터 27일까지 호서 사군을 유람하고서 기록한 기행록. 필사본, 1책 72장. 역천(櫟泉) 송명흠 후손 소장, 16.0×28.0cm. 제천·청풍과 관련해서는 23일 의림지를 거쳐 24일 흑석동·어상천·영춘·미촌서원을 구경하고 25일 배를 타고 북벽에서 시작해 남한강 줄기를 따라 석문·도담·수일암 등을 구경했다. 26일에는 사인암·상선암·중선암·하선암·봉서정을 돌아보고 27일에는 구담·옥순봉·도화동·명월정에 이르는 일정을 소개했다. 뒤이어 260구의 기행가사인 〈사군별록(四郡別錄)〉이 수록되어 있다. 박종익의 『금강산 사군유산기 역주·연구』(민속원, 2001)에 영인본이 수록되어 있다.

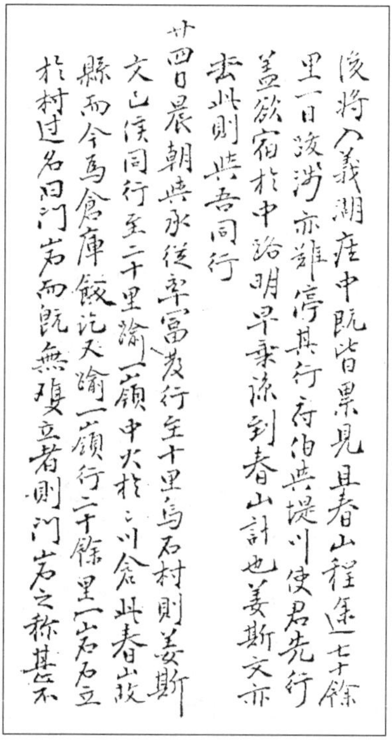
後將入義湖莊中既皆果見且春山程集近七十餘
里一日難涉亦非停其行府伯與提川使君先行
盖欲宿於中路明早來添到春山計也姜斯文亦
出此則與吾同行
廿四日晨朝與承從率富發行至十里烏石村則姜斯
文山侯同行至二十里踰一嶺中火於川倉此春山放
縣而今為倉庫飯訖又踰一嶺行二十餘里山岩石立
於村過名曰門岩而既無復立者則門岩之稱甚不

〈그림 10〉『사군유산기』(민속원, 2001)

*『산거만록(山居漫錄)』

장충식(張忠植)이 편찬한 제천의병 참전기록. 필사본, 1책 36장. 개인 소장, 16.0×25.0cm. 1895년 장충식은 거의 당시 가장 연장자에게 임명

은 달성. 아버지는 서진리(徐晉履). 〈참고문헌『금강산 사군유산기 역주·연구』〉

되었던 사객(司客)으로 참여했다. 구성은 〈처의록(處義錄)〉과 〈부일기(附日記)〉로 이루어져 있다. 〈처의록〉에서는 거의의 당위성을 적고, 이어 갑신정변, 갑오개혁, 을미사변 등 의병 거의의 시대적 배경과 초기 창의과정을 정리했다. 이어 1896년 3월 당시 선유사 장기렴(張基濂)이 내려와 장충식을 회유하기 위해 몰래 보낸 서신, 여러 사람의 인편을 통해 유인석에게 전달한 서신, 서상열과 이필희를 위한 제문 등이 수록되어 있다. 〈부일기〉에서는 1895년 제천의병 거의 후 한 무리가 12월 6일 단양으로 내려와 이에 참여한 이후 영월, 평창 등지를 거쳐 1896년 5월 17일 집으로 돌아오기까지의 과정을 상세히 적었다. 단양 출신 의병의 참여 과정과 동향을 알 수 있는 자료이다. 『한국독립운동사자료집-의병편-』(한국정신문화연구원, 1993)에 영인 수록되어 있다.

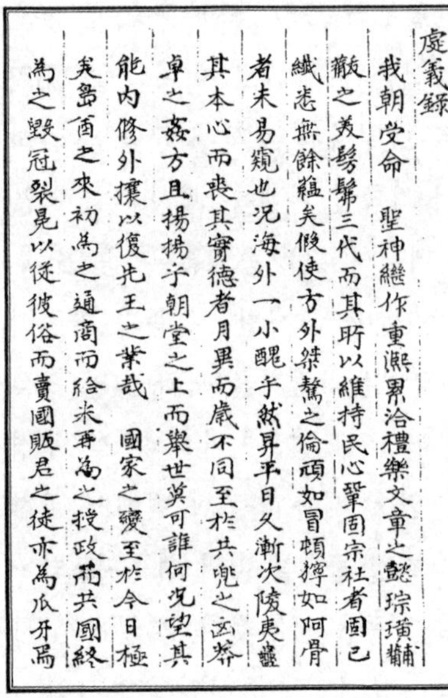
處義錄
我朝受命　聖神繼作重熙累洽禮樂文章之懿琮璜黼
黻之美髣髴三代而其所以維持民心鞏固宗社者固已
纖悉無餘蘊矣假使方外桀驁之倫頑如冒頓獰如阿骨
者未易窺也況海外一小醜乎然昇平日久漸次陵夷蠱
其本心而喪其實德者月異而歲不同至於共兜之凶莽
卓之姦方且揚揚乎朝堂之上而舉世莫可誰何況望其
能內修外攘以復先王之業哉　國家之變至於今日極
矣島酋之來初爲之通商而給米再爲之授政而共國終
爲之毀冠裂冕以從彼俗而賣國賊君之徒亦爲爪牙爲

〈그림 11〉『산거만록』(정문연, 1993)

* 『산재창의록(汕齋倡義錄)』

이만원(李萬源)[5]의 의병 참전 기록. 1982년 필사 후 영인. 2권 1책.

5) 이만원(李萬源) 1867(고종 4)~1943 : 자는 해수(海水), 호는 산재(汕齋), 본관은 진성. 제천시 덕산면 출신. 박세화의 문인이다. 유인석 의병부터 참

개인 소장. 의병 거의 관련 부분은 〈창의의 동기〉, 〈전투일기〉로 나누어 수록했다. 〈창의의 동기〉에 따르면 이만원은 1897년 유인석 부대에 독전장 겸 유격장참모로 참여했으며, 1906년에는 배양산(培陽山)에 숨겨둔 탄환을 운반해 오는 공을 세웠다. 1907년 이후의 행적을 적은 〈전투일기〉는 후대에 기술한 것이므로 시간이나 내용에 적지 않은 오류가 있으나, 당시 이강년 의병부대의 동향에 대한 자료로 중요하다. 그 외 이만원의 시와 격문 등이 수록되어 있다. 부록으로는 재종질 이성(李棫)이 쓴 유사, 여러 지인들이 쓴 추모시, 이원희(李元熙)가 쓴 발문이 있다. 책의 앞에는 1981년 배찬수(裵纘洙)가 쓴 서문이 있으며, 끝에는 이주희(李周熙)가 쓴 비문이 수록되어 있다.

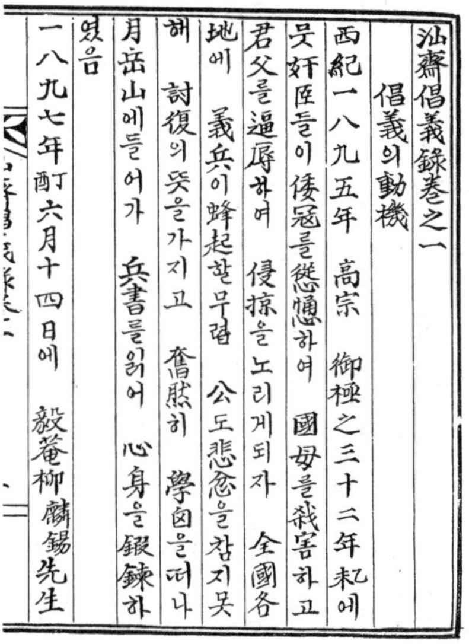
汕齋倡義錄卷之一
倡義의動機
西紀一八九五年 高宗 御極之三十二年秋에
뭇奸臣들이倭寇를慫慂하여 國母를弑害하고
君父를逼辱하여 侵掠을노리게되자 全國各
地에 義兵이蜂起할무렵 公도悲忿을참지못
해 討復의뜻을가지고 奮然히 學업을떠나
月岳山에들어가 兵書를읽어 心身을鍛鍊하
였음
一八九七年 丁酉 六月十四日에 毅菴柳麟錫先生

〈그림 12〉『산재창의록』(개인 소장)

여해 이강년 의진에서는 독전장(督戰將), 도총독장(都總督將)을 역임했다. 이강년이 체포된 후에도 의병활동을 지속하다가 1909년 체포되어 종신형을 선고받았으나 고종의 특명으로 석방되었다. 1990년에 건국훈장 애국장이 추서되었다. 〈참고문헌 『산재창의록』, 『운강선생창의일록』, 『한말의 제천의병』〉

*『서행일기(西行日記)』

이조승(李肇承)6)이 기록한 1895~1897년 제천의병 참전 기록. 필사본, 1책. 개인 소장, 20.0×25.0cm. 단발령 이후 장담에서의 집회에서 시작하여 1896년 6월 25일 고향을 떠나 스승인 유인석을 찾아 만주에 이르렀다가 다음해 1월 23일 고향 노촌으로 돌아오기까지 175일 간의 행적을 기록한 일기이다. 연안 이씨 가문과 의병과의 관계를 보여주는 자료로, 일부 내용에서는 당시 의병부대의 동향을 전하고 있다. 이 자료를 통해 보면 이조승이 7월에는 서울에서 보수 관료들과 접촉하고 있으며, 10월 4일 육도구(六道溝)에서 유인석을 만난 후 유인석의 명에 따라 심양을 다녀오면서 중국과 접촉하려고 시도하고 있음을 알 수 있다. 후손인 이구영이 편집한 『호서의병사적』(제천문화원, 1994)에 번역문이 수록되어 있다.

*『신의관창의가』

신태식(申泰植)7)이 지은 한글 전용의 의병 창의가. 필사본, 1책. 독립기념관 소장. 신태식은 이강년 부대의 후군장을 역임했으며, 이인영

---

6) 이조승(李肇承) 1873(고종 10)~1900 : 자는 기중(紀中), 호는 관의재(寬毅齋), 본관은 연안. 이인구·지운상 등 단양에서 활동했던 인사들에게서 배웠으며, 장담으로 유중교가 내려오자 유중교의 문하에 들어갔다. 유인석 의병부대에서는 대장 종사로 참여했다. 1990년 건국훈장 애족장이 추서되었다. 〈참고문헌『취정록』,『호서의병사적』〉

7) 신태식(申泰植) 1864(고종 1)~1932 : 자는 열향(悅鄕), 본관은 평산. 경북 문경 출신. 1907년 소백산에서 의병을 일으켰으며, 이강년 부대와 합세해 후군장을 역임했다. 1908년 영평 이동(裡洞) 전투에서 총상을 입고 체포되었다가 1918년 출옥했다. 이후 독립운동에 가담해 많은 공을 세웠다. 〈참고문헌『한말의 제천의병』,『운강선생창의일록』〉

부대의 지휘를 받고 있었다. 이 시가는 1905년 을사조약 체결 이후 1907년 의병활동과 이후 체포되어 수감된 후 고향에 오기까지를 노래한 것으로 진중일기적 성격을 가지고 있다. 강원도 지역에서의 이강년 부대의 동향이나 인적구성, 이인영 부대와의 결합을 보여주는 중요한 자료이다.

이와 내용상 동일하면서 국한문으로 기술된 것으로 『창의가(倡義歌)』(부제명 『정미년창의가』)가 있다. 모두 『한말의병자료집』(독립기념관 한국독립운동사연구소, 1989)에 영인되어 있다.

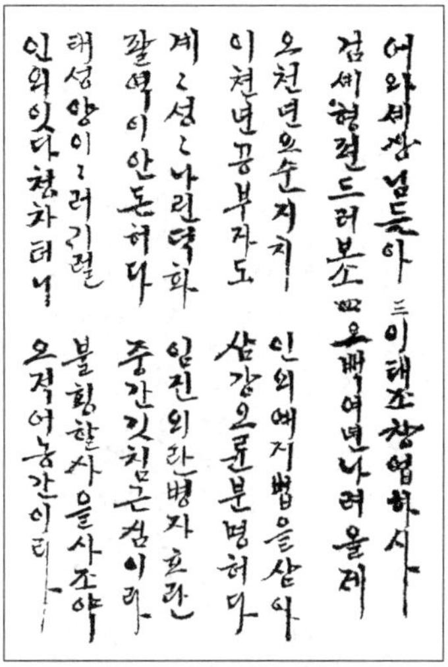
어와세상 남듯아 三이태조창업하시니
검세형편드러보소 四오백여년나려올제
오천년오순지키 인의예지법을삼아
이천년공부자도 삼강오륜분명허다
계〃성〃나린덕화 임진외란병자호란
팔역이안돈허다 중간잇친근심이라
태성양이〃러기렬 불행한사을사조약
인외잇다침자터니 오적어농간이라

〈그림 13〉 『신의관창의가』(한국독립운동사연구소, 1989)

* 『안공하사실기대략(安公下沙實記大略)』·『하사안공을미창의사실(下沙安公乙未倡義事實)』

박정수(朴貞洙)[8]가 편찬했으며, 제천의병이 거병한 이후 전개과정을

---

8) 박정수(朴貞洙) 1859(철종 10)~1917 : 자는 관여(觀汝), 호는 회당(悔堂)·학림(鶴林), 본관은 죽산(竹山). 강원도 영월군 주천면 금마(金馬)에 거주했다. 학문은 유중교(柳重敎)와 유인석(柳麟錫)에게서 수학했으며, 유인석의 아들인 유제함(柳濟咸)은 박정수에게서 수학했다. 장담마을에서의 강학활동에 주도적 역할을 담당했으며, 의병전쟁기간에는 주로 연락과 기록 임무를 담당했다. 유인석, 원용팔, 이강년 의병부대의 활동상을 기록으로 남겼다. 만년에는 10여년 병을 앓다가 제천 오산서실(烏山書室)에서 사망했다. 문집으로 『회당집(悔堂集)』이 있었다. 〈참고문헌 『종의록』, 『취정록』〉

安公下沙實記大畧（洙山朴貞記聞）
諭吏氏父老来見者
其辭略曰華夷人獸之判是乃古聖賢最所兢兢
不可一刻洩忽濡滯致昧怛物向背之分（此先師許衛正師）
語法論且曰寧華而亡不可夷而存寧人而死不可
獸而生盖者人耶不免故聖賢論說死字慶甚多
如曰得正而斃是也若身為夷狄則蕩然無復人
理是較之禽獸反不若也更無可救地可解說彼
其所宜得者攘介也攻討也不亦可食我然禽獸
為禽獸非其罪也夷狄為庚狄亦本色也若人面

〈그림 14〉 『안공하사실기대략』(의병전시관 소장)

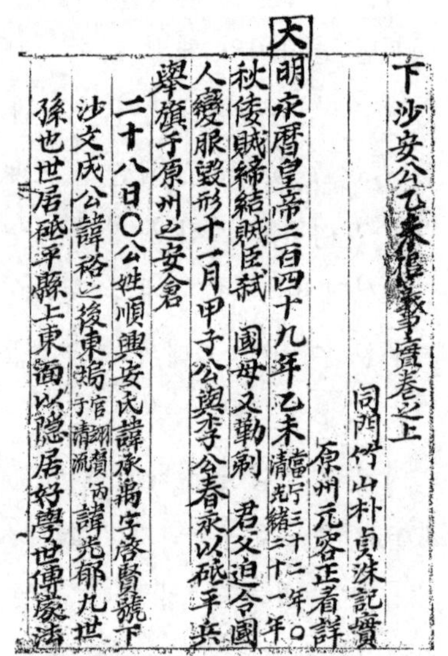

下沙安公乙未倡義事實卷之上
同閈竹山朴貞洙記實
原州元容正着詳
大明永曆皇帝二百四十九年乙未（清當宁光緒二十一年○）
秋倭賊締結賊臣弑 國母又勒剃 君父迫令國
人變服毀形十一月甲子公與李令春永以砥平兵
擧旗于原州之安倉
二十八日○公姓順興安氏諱承禹字啓賢號下
沙文成公諱裕之後東鵄（官翮贊丙諱光郁九世）于淸流
孫也世居砥平縣上東面以隱居好學世傳家法

〈그림 15〉 『하사안공을미창의사실』(의병전시관 소장)

중군장이었던 안승우의 행적을 중심으로 기술한 책. 『안공하사실기대략』은 필사본, 1책. 의병전시관 소장, 20.7×30.0cm. 『안공하사실기대략』은 당시 중군참모였던 박정수가 만든 안승우 실기 초본으로 보인다.

　『하사안공을미창의사실』은 『안공하사실기대략』을 바탕으로 원용정(元容正)의 교열과 유흥문(柳興文)9)의 참고를 거친 후 유흥문이 필사한 것으로 추정된다. 『하사안공을미창의사실』은 필사본, 2권 1책. 의병

---

9) 유흥문(柳興文) 1859(철종 10)~1922 : 자는 목여(穆汝), 호는 숙재(肅齋), 본관은 문화. 초명은 병문(秉文), 초자는 창여(昌汝). 이근원과 유인석의 문인. 제천 신월리 상진리(上陳里)에서 태어나 살았으며, 이강년 부대에 참여했다. 문집으로 『숙재유고』가 있었다. 〈참고문헌 『항와집』, 『취정록』, 『향약』, 『의조』〉

전시관 소장, 21.5×31.0cm(의병전시관에는 상권 일부를 필사한 별도의 것이 소장되어 있다. 필사본, 1책 9장. 14.5×22.5cm, 〈사진 5〉).『하사안공을미창의사실』에는 1906년(병오) 10월 28일 박정수의 발문이 있으므로 이 때 완성했을 것이나, 초본을 수년래 여러 번 손을 보았다고 했으므로 박정수가 안승우에 대한 기록을 남기려고 했던 최초의 집필은 이보다 수년 앞서 정리되었을 것으로 추정된다. 상권은 1895년(을미) 안승우의 창의에서부터 1896년(병신) 2월 14일 김백선 처형까지, 하권은 2월 15일 엄문환 처형에서 4월 13일 안승우와 종사 홍사구의 전사까지 기술하고 있으며, 말미에 박정수의 발문이 있다. 이 두 책은 제천 을미의병의 행적을 시간 단위로 세밀히 기록함으로써 제천의병의 발단과 초기 진행과정에 대한 상황까지도 파악할 수 있도록 했다. 모두『독립운동사자료집』1(독립운동사편찬위원회, 1971)에 번역 수록되어 있다.

*『을미십월정의사실기(乙未十月正義事實記)』

이도철(李道徹)[10]의 창의 기록. 필사본, 1책 7장. 개인 소장, 21.5×23.4cm. 참령 이도철은 1895년 8월 20일 민비 시해 이후 고종의 밀지를 받들어 그 복수를 위해 궁궐에 들어가 흉역(凶逆)을 제거하려다 사전에

---

10) 이도철(李道徹) 1852(철종 3)~1895(고종 32) : 자는 성관(聖寬), 호는 두남(斗南), 본관은 전주. 제천 천남 출신. 행장에는 1853년 생으로 기록되어 있다. 제천향교 교장을 역임했으며, 1893년 음서로 의금부도사에 임명되었다. 1895년(고종 32) 관직이 참령으로 훈련 3대대 대대장에 이르렀다. 1895년 을미사변 때 민비가 일본 낭인들에 의해 화를 당하자 10월 11일 창의해 복수하고자 했으나 모의가 사전에 누설되어 뜻을 이루지 못하고 체포되었다. 여러 차례 형벌을 가했으나 끝내 굴하지 않고 11월 15일 교수형을 받고 순절했다. 1896년 신원되고 군부협판(軍部協辦)에 증직되었다. 시호는 충민(忠愍). 〈참고문헌『조선환여승람』,『고종시대사』,『명성황후』〉

비밀이 누설되어 10월 11일 시종 임최수(林㝡洙)와 체포된 후 11월 15일 교수형에 처해졌다. 이 문건은 창의 거사가 대의를 위해 계획되었음을 보여주기 위해 만든 것이다. 내용은 민비 시해 이후 거사 준비과정과 이 때 만든 격문, 서간문, 서서(誓書) 등을 수록했다.

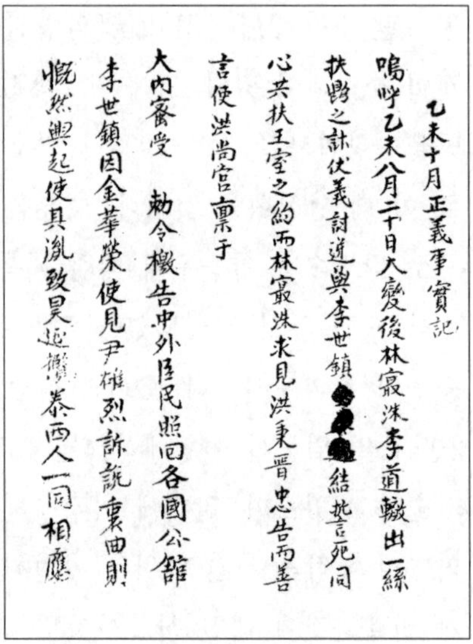

이도철 관련된 자료로 『충민공초공초(忠愍公招供抄)』가 있다. 『충민공초공초(忠愍公招供抄)』(1책 7장. 15.8×23.0cm)는 이도철이

嗚呼乙未八月二十日大變後林㝡洙李道轍出一縷
扶㙷之訐伏義討道與李世鎮○○○結誓死同
心共扶王室之約而林㝡洙求見洪秉晋忠告而善
言使洪尚宮禀于
大內蒙受　勅令檄告中外隆民照回各國公舘
李世鎮因金華榮使見尹雄烈訴說裏曲則
慨然興起使具濫致昊延攢恭西人一同相應

〈그림 16〉『을미십월정의사실기』(개인 소장)

체포된 이후의 심문과 답변 내용을 수록한 책으로, 내제는 『을미사실공초(乙未事實供招)』이다. 이 사건의 심문을 담당했던 검사는 김기조(金基肇)였다. 공초의 기록은 이도철이 순국했을 때, 자부인 의성 김씨가 기록한 것으로 전한다.

그 외 후손가인 이해권 소장의 문서류 자료로 이도철이 순국한 후 다음 해인 1896년 아들인 이대응(李大應)이 쓴 「충민공부군행장초(忠愍公府君行狀草)」(223.0×25.8cm), 이재열(李載烈)이 쓴 「제문」(77.0×24.5cm), 이도철의 형이었던 이도영(李道英)이 적은 「망제연시일지감시서(亡弟延諡日志感詩序)」(59.2×20.7cm), 전병사 윤웅열(尹雄烈) 외 춘생문 창의군 각 대장 이름을 기록한 「명단」(66.8×24.4cm), 이도철이 남긴 「유서」, 1896년(건양 원) 군부협판 칙명, 충민공 증시 칙명, 시권(試券) 등이 남아 있다. 관련 문건은 『명성황후』(을미왜란 복수창의비

사 편찬회, 1998)에 대부분 영인되어 있다.

* 『의병ᄉ시말』

을미년 민비시해에서부터 서상열의 전사까지 다룬 순 한글 의병기록. 필사본, 1책 20장. 의병전시관 소장. 20.4×31.5cm. 1895년 의병의 초기 거의와 1896년 4월 제천 남산 전투까지의 의병 행적과 관련해 그 역할이나 의의 등을 자세히 기록했다. 특히 각 도읍에 보낸 격문을 작성한 사람은 주용규라는 점, 전현직 고위 관료인 심상훈과 민영기에 대한 실망, 장기렴을 만나고 온 홍승학·우기정 등이 병을 핑계로 귀가한 것에 대한 비판, 서상열의 사망 당시 정황에 대해 낭천 이방이 현

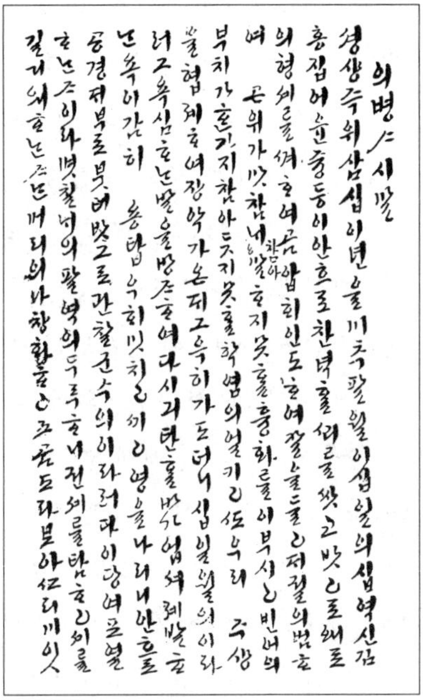

〈그림 17〉『의병ᄉ시말』(의병전시관 소장)

상금에 눈이 멀어 춘천에 밀고해 왜적이 들어와 참혹하게 죽게 되었음을 전하는 내용 등 당시 의병 진영에서의 내밀한 이야기를 전하고 있다. 서상열 후손가 소장이며 의병전시관에 기탁되어 있다. 책 제목 이면에 "책주는 심참판댁"이라는 주기(註記)가 있다. 을미의병의 내용을 한글로 작성해 일반 사람에게도 거의의 정신을 전하려는 목적에서 작성한 것으로 보인다. 후손가에서는 서상열의 부인인 수성 최씨(隋城崔氏)가 작성한 것으로 전한다.『내제문화』14집(2003)에 영인하여 수록했다.

*** 『의사삼계원공을사창의유적(義士三戒元公乙巳倡義遺蹟)』**

박정수(朴貞洙) 편찬. 필사본, 2권 1책. 독립기념관 소장. 상·하 양
권으로 구성되어 있다. 1905년 원용팔(元容八)[11]을 중심으로 일어난 을
사의병의 창의 시말을 자료중심으로 정리한 것이다. 편집시기는 1906년
(병오) 9월경 완료한 것으로 추정된다. 상권에서는 원용팔의 글을 모았
으며, 하권에서는 원용팔이 체포된 다음 여러 사람들에 의해 작성된 그
의 충절을 기리는 글을 수집했다. 상권에는 원용팔의 학문관과 관련된
〈서시동업제생(書示同業諸生)〉, 〈경성잠(警省箴)〉, 〈급난계서(急難契序)〉,
〈제성재선생문(祭省齋先生文)〉 등이 있다. 원용팔의 창의와 관련된 글
로는 병신년(1896)과 을사년(1905) 창의시 통고문과 임금에게 올리는
글, 일반 백성과 정부 및 외국 각 공사관에 보낸 격고문과 포고문, 의
암·사우·기우만 등에게 올리는 글, 창의 당시의 소모전령과 일진회를
효유하는 글, 창의시 사절한 사람들을 위한 제문 등이 있다. 원용팔에
대해서는 원주 옥에 있으면서 분개해 말한 〈원주분담(原州憤談)〉, 원주
에서 취조당했을 때의 공사기록인 〈원주취포공판(原州就捕供辦)〉, 평
리원에 낸 정사인 〈정평리원정사(呈平理院情辭)〉, 담판을 헤아리는 공
사인 〈의담판공사(擬談辦供辭)〉, 옥에 있으면서 재판할 때의 문답기록
인 〈계옥재판시문답(繫獄裁判時問答)〉 등과 옥에서의 서간 일부를 수

---

11) 원용팔(元容八) 1862(철종 13)～1906 : 자는 복여(福汝), 호는 삼계당(三
    戒堂), 본관은 원주. 일명 용석(容錫). 서암 원용정의 재종제. 경기도 여주
    군 북내면에서 출생. 1895년 여주 심상희(沈相禧) 의병부대의 후군장으로
    활약하다가 1896년 유인석의 초청을 받아 제천의병의 중군장을 잠시 맡았
    다. 1905년 원주에서 의병을 거의했다가 실패하고 횡성에서 붙잡혔다가 그
    다음 해 옥사했다. 1977년 건국포장이, 1990년 건국훈장 애족장이 추서되
    었다. 〈참고문헌 『한말의 제천의병』, 『충의효열록』〉

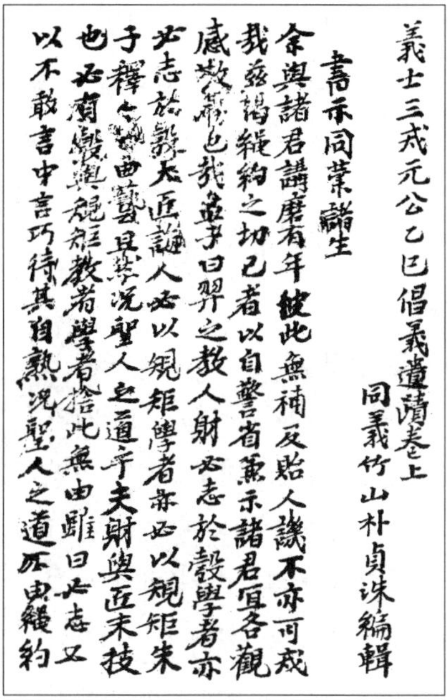
義士三戒元公乙巳倡義遺蹟卷上
同義竹山朴貞洙編輯
書示同業諸生

〈그림 18〉 『의사삼계원공을사창의유적』(한국독립운동사연구소, 1989)

록했다. 권 상 말미의 추보는 편집자인 박정수의 글로 보인다. 하권은 원용팔과 관련된 자료들을 별도로 모아두었다. 박정수가 작성한 〈원공삼계당을사거의시말〉은 원용팔이 시도한 창의의 전말에 대한 총정리라고 할 수 있다. 그 외 구명 편지, 위로 편지, 위로 시, 구명 통고문과 진정서 등을 수록하고 있으며, 원용팔의 순국후 작성한 제문·뇌사와 추모 시문 등을 편집했다. 『한말의병자료집』(독립기념관 한국독립운동사연구소, 1989)에 영인 수록되어 있으며, 『호서의병사적』(이구영 편역, 제천군문화원, 1994)에는 번역문이 수록되어 있다.

*** 『의암유선생서행대략(毅菴柳先生西行大略)』**

1896년 4월 13일 제천 실함에서부터 유인석이 7월 17일 압록강변에 도착할 때까지의 과정을 시간순으로 기록한 책. 필사본, 1책. 개인 소장, 19.0×31.5cm. 여러 사람들이 기록한 것을 원용정(元容正)[12]이 정리했

---

12) 원용정(元容正) 1860(철종 11)~1907 : 자는 치화(致和), 호는 서암(恕菴), 본관은 원주. 경기도 여주 출신. 1895년 이필희 의병 거의 때 서기로 종군했으며, 유인석이 대장이 되자 대장종사가 되었다. 유인석과 서행을

다. 유인석은 4월 13일 제천 남산전투에서 중군장 안승우를 잃고 이후 각처에서 의병부대가 패배를 거듭하다가 요동행을 결심하게 되었다. 이에 5월 23일 왕에게 상소문을 올리고 서행에 들어갔다. 이 책에서는 서행 때의 경로와 전황을 자세히 정리했다. 『독립운동사자료집』 1(독립운동사편찬위원회, 1971)에 번역 수록되어 있다.

***『일기(日記)』**

김인수(金麟洙, 1892~1962)의 일기. 필사본, 52년분 52책. 의병전시관 소장, 18.0×16.5cm. 1911년 정월 초하루부터 집필해 1962년 사망하기 3일전까지 쓴 일기이다. 일기에는 그날의 날씨에서 시작해 집안의 대소사와 인근의 경조사 같은 일상생활의 이야기를 적고 있다. 일부 내용에는 시국에 대한 논평이 수록되어 있다. 1994년 한국정신문화연구원에서 문집인 『치재집』과 합해 『치재일기(致齋日記)』(1·2) 제명으로 영인했다(〈사진 6〉).

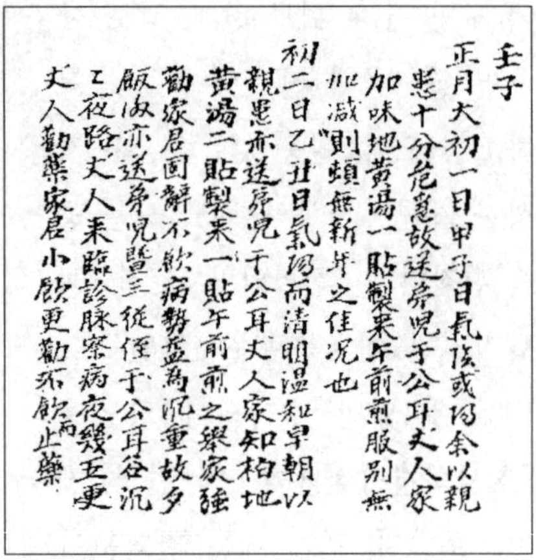
壬子
正月大初一日甲子日氣陰或陽余以親
患十分危急故送彦兒于公耳丈人家
加味地黃湯一貼製來午前煎服別無
加減則頗無新發之佳況也
初二日乙丑日氣陽而清明溫和早朝以
親患亦送彦兒于公耳丈人家知柏地
黃湯二貼製來一貼午前煎之擧家強
勸家君固辭不飮病勢益爲沉重故多
服後亦送彦兒暨三從侄于公耳谷沉
之夜路丈人來臨診脈察病夜幾至更
丈人勸藥家君小飮更勸不飮而止藥

〈그림 19〉『치재일기』(정문연, 1994)

***『일기(日記)』**

신광묵(辛光默, 1872~1949)이 쓴 일기. 필사본, 1책 38장. 의병전시

같이했다. 저술로는 『복은(卜隱)』이 있다. 〈참고문헌 『호서의병사적』, 『한말의 제천의병』〉

관 소장, 19.3×31.2cm. 1936년 1월 1일부터 적기 시작해 윤3월 27일까지 적었다. 월, 일, 간지, 날씨, 본문 순으로 기술했다. 내용 사이에 변복령, 갑신정변 등 관심사에 대한 소회를 적고 있다.

후손가인 신항선 소장으로 별도의 잡저일기가 있다. 표제명 『잡저(雜著)』(1책 13장. 22.0×22.0cm)는 1931년 8월 15일 이후 기록하기 시작해 11월까지 적은 것이다. 표지에는 "辛未八月十六日下陳里"라는 주기가 있다.

* 『일기(日記)』

유지혁(柳芝赫)이 1911년 7월 1일부터 사망하기 하루 전날인 1954년 2월 7일까지 쓴 일기. 필사본, 40책. 병산영당 소장, 21.0×31.6cm. 1년 1권 1책으로 구성되어 있으나, 1936년 · 1950년 · 1951년 3년분이 낙질되었으며, 권 43과 권 44인 1953년과 1954년은 합본하여 총 40책이 남아 있다. 권 1~2는 개양서재일기(開陽書齋日記), 권 3~14는 사창서재일기(士昌書齋日記), 권 15~권44는 삼재일기(三才日記)라고 적었다. 특히 1918년 권 8부터는 천(天) · 지(地) · 인(人)으로 분류하고, 인 부분은 사고(事故) · 왕래(往來) · 소문(所聞) · 문답(問答) · 저

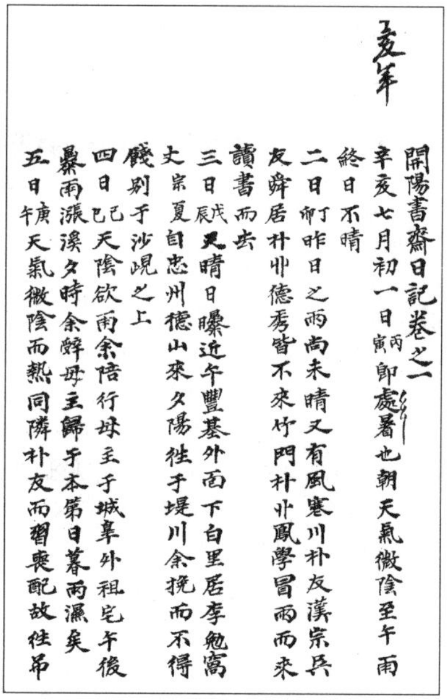
亥年
開陽書齋日記卷之一
辛亥七月初一日丙寅卽處暑也朝天氣微陰至午雨
終日不晴
二日丁卯昨日之雨尙未晴又有風寒川朴友漢宗兵
友舜居朴卝德秀皆不來竹門朴卝鳳學冒雨而來
讀書而出
三日戊辰天晴日曝近午豐基外西下白里居李勉窩
丈宗夏自忠州德山來夕陽往于堤川余挽而不得
餞別于沙峴之上
四日己巳天陰欲雨余陪行母主于城皐外祖宅午後
暴雨漲溪夕時余辭母主歸于本第日暮雨灑矣
五日庚午天氣微陰而熱同隣朴友而習喪配故往弔

〈그림 20〉『일기-유지혁』(병산영당 소장)

술(著述)·유예(游藝)·여수(與受) 항목으로 나누어 기입했다(〈사진 7〉).

유지혁의 일기 관련 자료로 『삼재일기별록(三才日記別錄)』이 있다. 필사본, 1책 3장. 병산영당 소장, 19.0×27.5cm. 이는 유지혁(柳芝赫)의 일기 가운데 하늘과 땅과 사람의 법칙인 삼재(三才)의 법칙과 관련된 구절을 초록한 책이다.

* 『적괴김상태체포전말보고(賊魁金尙台逮捕顚末報告)』

의병장이었던 김상태(金尙台)[13]에 대한 일본군의 체포 보고서. 일문, 필사본, 1책. 전말 보고와 체포 후의 정황, 체포 당시의 조서 등이 수록되어 있다.

* 『정미왜란창의록(丁未倭亂倡義錄)』

권용일(權用佾)[14]의 창의 기록. 한글 필사본, 1책 28장. 개인 소장,

---

13) 김상태(金尙台) 1864(고종 1)~1911 : 자는 경대(景大), 호는 백우(白愚), 본관은 삼척. 본명은 김상호(金尙鎬). 단양군 영춘면 남천리에서 태어났으며, 성장해서는 영월군 하동면 옥동으로 이사했다. 1895년 이강년이 문경에서 거의하자 이에 합류했으며, 유인석 진영에서 싸웠다. 1907년 이강년이 거의하자 다시 의병전쟁에 가담했다. 1911년 순흥군 석전포(현 풍기군 단산면 광암리)에서 체포되어 대구형무소로 이감되었다가 단식으로 순절했다. 시신은 박약재로 운구해 빈소를 차렸다가 이강년의 묘소 아래 장치미의 가정산 산록(현재는 밭으로 사용)에 안장했다. 이강년의 묘소가 문경으로 옮겨진 다음, 1984년 제천시 고암동 순국열사 묘역으로 이장해 모시고 있다. 〈참고문헌 『창의사실기』, 『국사산록』, 『한말의 제천의병』〉

14) 권용일(權用佾) 1884(고종 21)~1971 : 자는 경로(敬魯), 호는 청은(淸隱), 본관은 안동. 제천시 한수면 덕곡리 출생. 1907년 이강년부대에 가담해 전투에 참가했다. 배양산에 숨겨두었던 탄약을 의진에 공급하는데 많은 공이 있다. 그 후 중국에 망명해 독립운동을 하다가 해방 후 귀국했다. 충주시 목행에 거주하다가 단양군 매포읍에서 별세했다. 현재 묘는 제천시

26.0×29.0cm. 표지의 "庚寅年陰八月初拾日 地下室記"라는 필사기로 보아 1950년 필사한 것으로 보인다. 1907년 이강년 의병부대의 선봉장이었던 권용일의 자전적인 투쟁 기록. 전과의 측면에는 과장된 부분이 있으나 이강년 의병부대의 진군과 각 전투에서의 경과 과정에 대한 설명이 자세하다. 책 표지에는 부제로 "권청은이력지(權淸隱履歷誌)"가 적혀있다. 1977년 『창작과비평』 46호에 활자로 간행되었다.

그 외 권용일 관련 기록으로 『일기(日記)』가 있다. 권용일(權用佾)이 쓴 일기. 필사본, 1책 46장. 의병전시관 소장, 14.3×20.5cm. 1969년 8월 30일부터 적은 기록이나, 내용 중에는 권용일 관련 여러 자료가 첨가되어 있다.

* 『종의록(從義錄)』

이정규(李正奎, 1865~1945)가 지은 1895년 제천의병 거의에서 1908년 7월 연해주로 향할 때까지의 의병전쟁사 서술. 필사본, 1책 21장. 개인 소장, 22.5×33.0cm. 1895년 호서에서 의병이 일어나게 된 배경과 태동, 영월에서의 유인석 호좌의진 결성과정, 이후 각 지역 의병전투의 중요한 전황, 의병참여자들의 행방 등을 상세하게 서술했다. 서술의 사

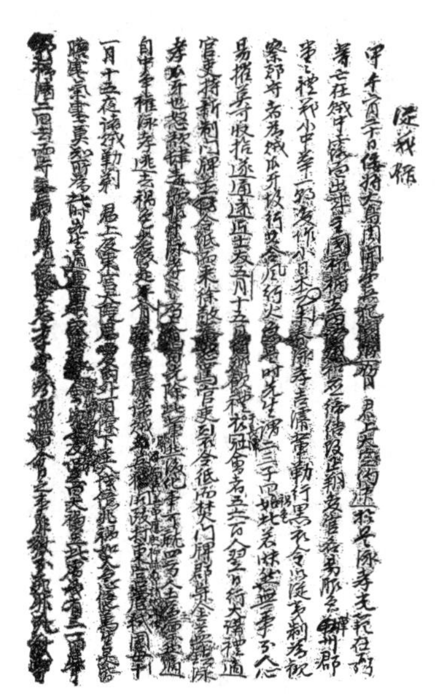

〈그림 21〉 『종의록』(개인 소장)

수산면 도곡리 공림평의 선영 아래에 있다. 1963년 건국훈장 독립장이 추서되었다. 〈참고문헌 『한말의 제천의병』, 『일기』, 『정미왜란창의록』〉

이사이에는 이정규 자신의 역할을 적고 있으며, 유인석이 연해주에 들어간 뒤에는『소의신편』간행, 제천에서의 향약 실시, 정미년 의병 참여 등의 일을 간략히 적었다.『독립운동사자료집』1(독립운동사편찬위원회, 1971)에 번역 수록되어 있으며, 이구영이 편집한『호서의병사적』(제천문화원, 1994)에도 번역 수록되어 있다. 이정규의 문집인『항재집(恒齋集)』권 7,「잡저」에는 일부 구절을 수정하여 수록하고 있다.

한편 의병전시관에는 별도의『종의록』이 소장되어 있다. 필사본, 1책 17장. 19.8×31.0cm. 내용은 〈종의록(從義錄)〉, 〈의암선생어록(毅菴先生語錄)〉, 〈산재한화(山齋閑話)〉로 구성되어 있다. 〈종의록〉은 이정규의『종의록』초고본의 일부로 보이며, 소략한 내용이나 위의『종의록』에 보이지 않는 내용도 수록되어 있어 참고가 된다.『의암집』권 57, 부록에 재수록되어 참고할 수 있다. 〈의암선생어록〉은『항재집』권 16,「어록」에 수록되어 있으나 서상무·홍재구·유기일 관련 내용이 빠져 있어 참고가 된다. 〈산재한화〉는『항재집』권 8,「잡저」에 수록되어 있다.

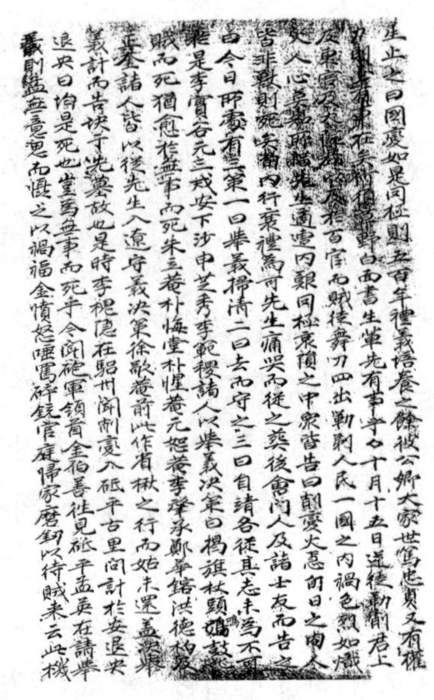

〈그림 22〉『종의록』(의병전시관 소장)

*『창의견문록(倡義見聞錄)』

이정규(李正奎)가 편찬한 제천의병 관련 자료들의 모음. 필사본, 1책

32장. 개인 소장, 18.0×27.0cm. 1895년 제천의병장 유인석 이름으로 반포된 〈격고팔도열읍(檄告八道列邑)〉, 1896년 호좌의병대장 유인석 이름으로 반포된 〈격고내외백관〉, 1896년 충주향교 중건 요청에 대한 답신인 〈충주향교재임품목발미(忠州鄕校齋任稟目跋尾)〉, 1895년 안승우 이름으로 반포된 〈격고열읍창의소휘하집사(檄告列邑倡義所麾下執事)〉, 김영록의 〈통문(通文)〉, 이만응(李晚鷹) 외의 〈예안통문〉, 곽종석(郭鍾錫) 외의 〈안동통문〉, 권세연(權世淵)의 〈안동격문〉, 국왕의 〈애통조(哀痛詔)〉, 곽종석의 〈포고천하문〉, 호좌의병장 명의의 〈여홍주창의소서(與洪州倡義所書)〉, 〈여춘천의병소서〉, 1896년 윤석봉(尹錫鳳) 외의 〈상호좌의병장서〉, 〈수안송상규상서(遂安宋尚奎上書)〉, 〈김사정헌책(金思鼎獻策)〉, 이소응의 〈군중사무대강(軍中事務大綱)〉, 추성손 등 7의병을 위한 〈전망칠의병제문(戰亡七義兵祭文)〉, 손덕화 등 3의병을 위한 〈망제지평삼의병문(望祭砥平三義兵文)〉, 〈참령장기렴고시(參領張基濂告示)〉, 호좌의병장 명의의 〈회조장기렴서(回照張基濂書)〉, 구철조(具哲祖) 명의의 〈여장기렴서(與張基濂書)〉, 장기렴의 〈답서〉, 우기정(禹冀鼎)의 〈답장기렴서〉, 장기렴의 〈장기렴여우승지서〉, 이근영·심이섭의 〈이근영심이섭상대진서(李根永沈理燮上大陣書)〉, 장기렴의 〈장기

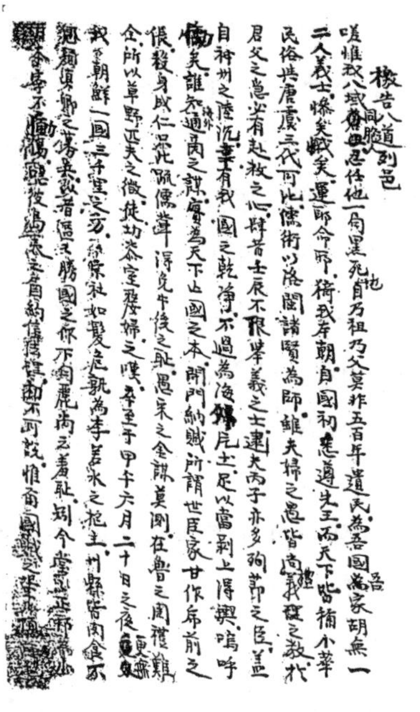

〈그림 23〉『창의견문록』(제천문화원, 1998)

렴상장소서(張基濂上將所書)〉, 유인석의 〈상소〉, 유인석의 〈여동의제사(與同義諸士)〉, 1897년 국왕의 초유 조서인 〈조유창의사유모등(詔諭倡義士柳某等)〉, 유인석의 〈환국지초산진정대죄소(還國至楚山陳情待罪疏)〉, 권필수(權珌洙)의 〈제천향약의서(堤川鄕約議序)〉 등의 문건을 수록했다. 창의 당시의 여러 격문과 자료를 모았다는 점에서 사료적 가치가 크다. 『독립운동사자료집』 1(독립운동사편찬위원회, 1971)에 번역 수록되어 있으며, 『제천의병과 전통문화』(제천문화원, 1998)에 영인 수록되어 있다.

* 『창의사실기(倡義事實記)』·『운강선생창의일록(雲崗先生倡義日錄)』

이강년(李康秊, 1858~1908)의 의병활동 역정을 기술한 책. 박정수(朴貞洙)는 의병전투사를 정리해 달라는 이강년의 부탁에 따라 『창의사실기』라는 편명을 짓고 강과 목을 나누어 각 조항에 따라 관련 자료들을 분류했다. 이 작업이 미완으로 끝나게 되자 강순희(姜順熙)에게 위촉해 1916년 완성했다. 이를 바탕으로 이화중이 작성한 일부 기록과 「보유」를 추가한 것이 1948년 용궁 나암재(蘿菴齋)에

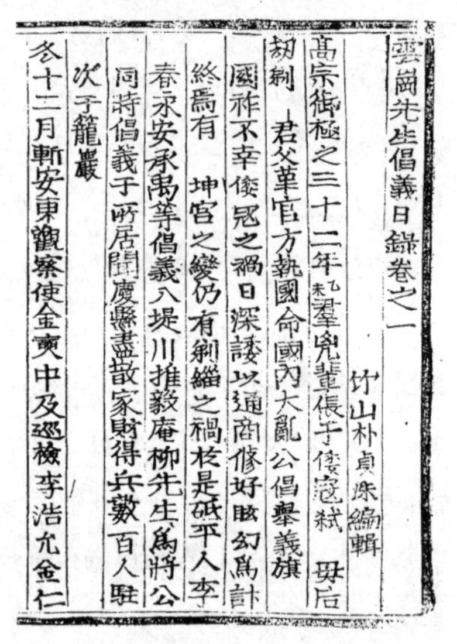

雲崗先生倡義日錄卷之一

竹山朴貞洙編輯

高宗御極之三十二年乙未羣兇張于倭寇弑
劫 君父革官方執國命國內大亂公倡擧義旗
國祚不幸倭冠之禍日深誘以通商修好眼幻
終爲有 坤宮之變仍有剃緇之禍枝是砥平人李
春永安承禹等倡義八堤川推毅庵柳先生爲將
同時倡義于所居聞慶縣盡散家財得兵數百人駐
次子籠巖
冬十二月斬安東觀察使金奭中及巡檢李浩允金仁

〈그림 24〉 『운강선생일록』(기념사업회, 1986)

서 간행한 『운강선생창의일록(雲崗先生倡義日錄)』이다. 『운강선생창의일록』은 이강년의 아들인 이긍재(李兢宰)가 이정규(李正奎) 등과 더불

어 자료를 찾아 덧붙이고 김동진(金東鎭)이 김회진(金晦鎭)과 더불어 교열해 인쇄에 붙인 것이다. 이 과정에서 일부 기사의 탈락과 새로운 내용들이 추가되었다. 특히 『창의사실기』에 있던 1908년 2월 이후 기록을 제외하고 대신 2월 17일 이후에는 이화중(李和重)이 편집한 새로운 내용을 덧붙였다.

『창의사실기』에서는 병인년 일본이 통상과 수호라는 명목으로 현혹하고, 을미년에는 국모를 시해하고 머리를 깎는 위난을 야기시켰으므로 이에 따라 창의를 일으키게 되었음과 이강년의 가계와 탄생 후의 약력을 먼저 소개했다. 그리고 화서 이항로, 성재 유중교, 면암 최익현, 월사 이정구의 척양·척왜 주장을 수록했다. 내용은 편년 강목의 형식에 따라 1896년(병신) 1월 11일 이강년이 처음 창의해 농암(籠巖)에 주둔한 이후의 행적에서부터 순국에 이르는 시기의 의병부대의 활동상을 정리했다. 1권 전반부 즉 이강년의 탄생에서 1907년(광무 11, 정미) 7월 30일(기미일) 이전의 것은 박정수가, 1권 후반부와 2권 이후의 행적 즉 기미일 문경의 적을 토벌한 기록부터 이강년의 순국까지는 강순희가 편찬했으며, 1916년에 적은 강순희의 후서가 있다. 『창의사실기』를 포함한 『운강선생유고』는 『제천의병의 종합적이해』(백산출판사, 1996)에 영인되어 있으며, 『운강선생창의일록』은 『독립운동사자료집』1(독립운동사편찬위원회, 1971)에 번역문이 수록되어 있다. 그 뒤 『운강이강년선생창의록(雲崗李康秊先生倡義錄)』(기념사업회, 1986) 제하에 창의일록과 문집을 합해 영인했다. 최근에는 이구영 편역의 『의병운동사적』2(사람생각, 2003)에 번역문이 수록되어 있어 쉽게 볼 수 있다.

***『척화거의사실대략(斥和擧義事實大略)』**

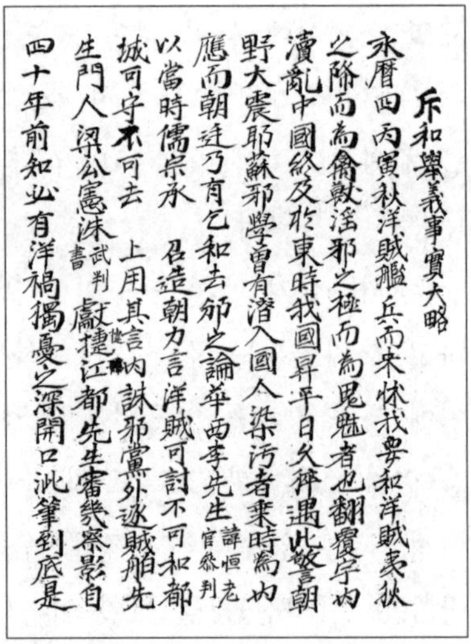
斥和擧義事實大略
永曆四丙寅秋洋賊艦兵而來怵我要和洋賊夷狄之除而爲禽獸淫邪之極而爲鬼魅者也翻覆宇內瀆亂中國終及於東時我國昇平日久猝遇此警朝野大震耶蘇邪學曾有潛入國人染汚者乘時爲內應而朝廷乃有乞和去邠之論華西李先生(諱恒老 官叅判)以當時儒宗承 召造朝力言洋賊可討不可和都城可守不可去 上用其言內誅邪黨外逐賊舶先生門人梁公憲洙(武判書)獻捷江都先生審幾察影自四十年前知必有洋禍獨憂之深開口泚筆到底是

〈그림 25〉『척화거의사실대략』(의병전시관 소장)

이직신(李直愼, 1852~1930)이 편찬한 제천과 춘천을 중심으로 한 의병 관련 거의록. 필사본, 1책 20장. 의병전시관 소장, 20.0×24.0cm. 1898년 가을 작성했으며, 1900년 요동에서 등출했다는 기록이 있다. 병인양요 이래 서구의 침입과 이에 따른 전국 각지에서의 순절과 저항, 그리고 유인석을 중심으로 한 제천 장담에서의 강학과 창의과정을 정리했다. 그리고 의병 거의에 참여했거나 동조한 인사들의 명단을 자세히 정리하고 있으며, 순절한 의병장에 대해서는 그 업적을 별도로 소개하고 있다. 이 자료는 제천 외 여타 지역의 의병 거의와 동조세력에 대해서도 소개하고 있어 의병사 연구에 참고가 된다. 특히 춘천 의병과의 연결 관계를 알 수 있는 자료이다.『소의신편』권 8과『습재집』권 33에도 수록되어 있다. 의병전시관 소장본에는『소의신편』과『습재집』에 없는 "永曆之五戊戌季秋思靖齋主人識 永曆五庚子正月十七日謄出于遼東山中"이라는 필사기가 있다.

***『천수사록(天水辭錄)』**

영춘과 제천현감을 역임했던 이민규(李敏奎)가 수령으로서의 각종 업무를 기록한 책. 필사본, 4책. 규장각 소장, 20.8×31.3cm. 영춘현감

(永春縣監)으로 있던 1891년(고종 28) 1월부터 1892년(고종 29) 윤 6월까지와 제천현감(堤川縣監)으로 있던 1893년(고종 30) 7월부터 12월까지의 기록이 수록되어 있다. 1~4책까지 모두 영춘현의 기록이라고 적고 있으나, 2책은 제천현을 다스릴 때의 기록이다. 현감 역임 시기로 보면 편집되어 있는 순서와는 달리 2책이 가장 늦어 1-4-3-2가 본래의 순서이다. 수록된 내용은 고목(告目)과 민장(民狀)이 대부분을 차지하며, 내용은 하급 서리들이 토색했으므로 형을 가한다는 것과 이웃 고을의 유향소(留鄕所)에서 올려 보낸 첩보(牒報), 그리고 각 마을에 내린 전령(傳令) 등이 수록되어 있다. 국사편찬위원회에서 1991년에 간행한 『각사등록』 48(충청도 보유편)에 수록되어 있다.

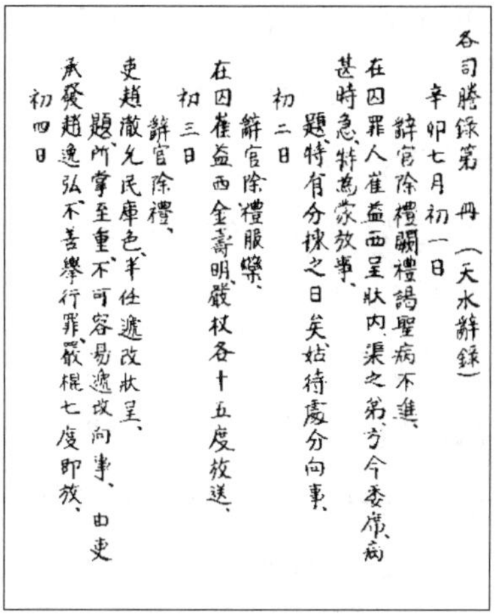
各司謄錄第 冊（天水辭錄）
辛卯七月初一日
辭官除禮闕禮謁聖病不進、
在囚罪人崔益西呈狀內、渠之弟方今委席病甚時急、特爲家放事、
題、特有分揀之日矣、姑待處分向事、
初二日
辭官除禮服礫、
在囚崔益西金壽明、嚴杖各十五度放送、
初三日
辭官除禮、
吏趙澈允民庫色、半任遞改狀呈、
題、所掌至重、不可容易遞改向事、 由吏
承發趙逸弘不善擧行罪、嚴棍七度即放、
初四日

〈그림 26〉『천수사록』(국편, 1991)

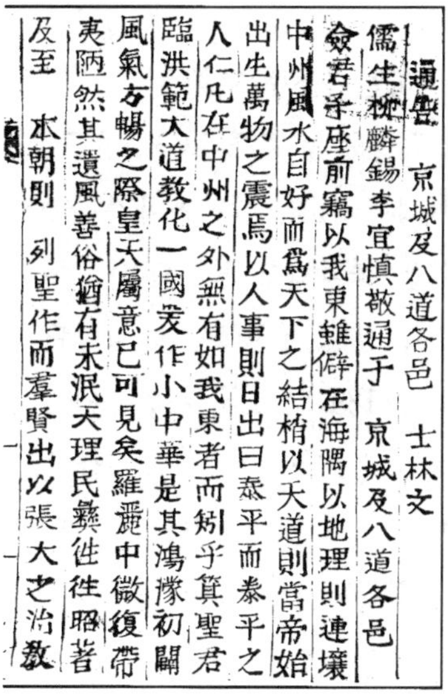
通告 京城及八道各邑 士林文
儒生柳麟錫李宜愼敬通于 京城及八道各邑
僉君子座前竊以我東雖僻在海隅以地理則連壤
中州風水自好而爲天下之結楕以天道則當帝始
出生萬物之震焉以人事則日出日泰平而泰平之
人仁凡在中州之外無有如我東者而矧乎箕聖君
臨洪範大道教化一國変作小中華是其鴻濛初闢
風氣方暢之際皇天屬意已可見矣羅麗中微復帶
夷陋然其遺風善俗猶有未泯天理民彝往往昭著
及至 本朝則 列聖作而羣賢出以張大之治教

〈그림 27〉『통고경성급팔도각읍사림문』(국립중앙도서관 소장)

* 『통고경성급팔도각읍사림문(通告京城及八道各邑士林文)』

유인석(柳麟錫, 1842~1915)과 이

의신(李宜愼, 1852~1930)이 1899년에 지은 통고문. 목활자본, 1책 5장. 국립중앙도서관 소장, 19.7×29.3cm. 유인석은 1897년 고종으로부터 귀국하라는 칙유를 받고 일시 귀국했다가 1898년 통화현(通化縣) 오도구(五道溝)와 회인현(懷仁縣) 호노두(葫蘆頭)를 거쳐 팔왕동(八王洞)으로 이주했다. 여기서 우리 나라의 덕학(德學), 절의(節義), 공업(功業)과 관련된 사실을 모은 『동국풍화록(東國風化錄)』(1899)을 저술했다. 통고문은 이와 관련해 국내에 이 책을 유포하고 유림들에게 읽도록 권유한 글이다. 『의암집』 권 37에 수록된 것은 위의 원문을 수정한 것이다. 『습재집』 권 20에도 수록되어 있다.

* 『피선기초(披燹記草)』

정영원(鄭英源)15)의 유고. 필사본, 1책 41장. 아단문화기획 도서관 소장. 동학접주 성두환을 생포한 공으로 신임 제천군수에 임명된 정영원이 1896년 1월 22일(양력, 음력 1895년 12월 8일)부터 3월 10일까지 군수로 재직하면서 일어났던 일을 정리한 기록이다. 당시는 유인석

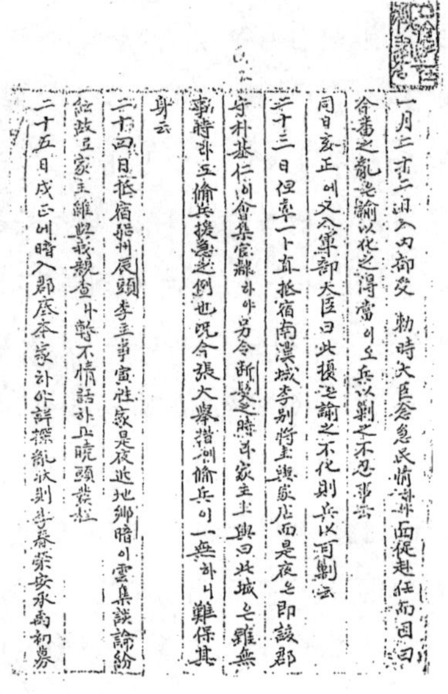

〈그림 28〉 『피선기초』(아단문화기획 도서관 소장)

---

15) 정영원(鄭英源) 1851(철종 2)~1904 : 본관 영일. 제천 출신. 무과. 1896년 1월 22일 제천군수로 임명되었다. 〈참고문헌 『피선기초』, 『화서학파의 사상과 민족운동』〉

을 중심으로 의병이 일어나 제천·충주를 점령했던 때이므로 의병의 중심부였던 제천을 중심으로 한 의병 부대의 동향을 정부 관리의 시각에서 볼 수 있다. 내용은 1월 27일 제천에 도임, 2월 3일 유인석과 조우, 2월 11일 의병이 다시 제천에 입성, 2월 14일 유인석과의 면담, 2월 16일 충주 공략 시작, 2월 17일 유인석에 의해 수성장으로 이민정(李敏政) 임명, 3월 9일 면관되고 대신 유진찬(兪鎭瓚)이 신임군수로 임명되었다는 소식을 듣고 이어 3월 10일 이교(吏校)를 불러 백련성으로 갔다가 상경함을 알리기까지의 일을 적고 있다.

* 『필원잡기(筆苑雜記)』

서거정(徐居正)[16]이 후세에 전할 만한 일사한화(逸事閑話)를 모아 엮은 책. 목판본, 2권 1책. 국립중앙도서관 소장, 20.7×31.5cm. 초판은 1487년(성종 18) 간행했는데, 책의 첫머리에는 1486년 조카인 서팽소(徐彭召), 문인인 표연말(表沿沫)이 쓴 서문과 1487년 함양군수 조위(曺偉)가 쓴 서문이 있고, 책 끝에는 1487년 관찰사 이세좌(李世佐)가 쓴 발문이 있다. 중간본은 청풍군수

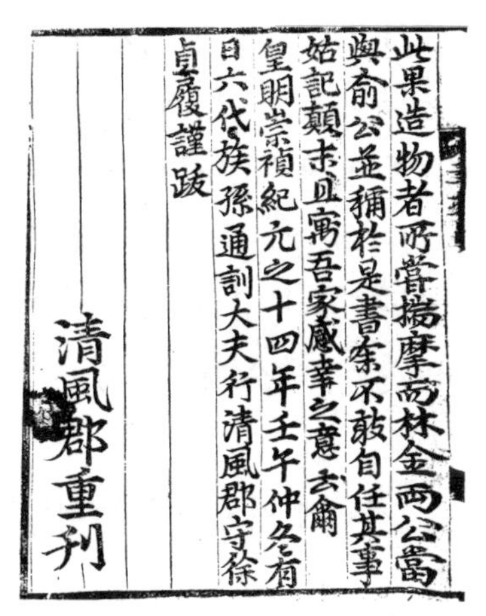

〈그림 29〉 『필원잡기』(국립중앙도서관 소장)

---

16) 서거정(徐居正) 1420(세종 2)~1488(성종 19) : 자는 자원(子元)·강중(剛中), 호는 사가정(四佳亭), 시호는 문충(文忠), 본관은 달성. 학문이 매우 넓어서 여러 분야에서 많은 업적을 남겼으며, 『동문선』·『동국여지승람』·『동국통감』·『경국대전』 등의 편찬에도 공이 크다. 〈참고문헌 『사가집』〉

서정리(徐貞履)가 안동부사 임담(林土覃), 전주부윤 김남중(金南重)의 도움을 얻어 1642년 청풍에서 중간했다. 책의 끝에는 "淸風郡重刊"이라는 간기가 있다. 중간본에는 서정리의 발문이 첨가되어 있다.

* 「황사영백서(黃嗣永帛書)」

황사영(黃嗣永)[17]이 북경 주교에게 보내고자 했던 청원서. 필사본, 1장. 로마 교황청 민속박물관 소장, 62.0×38.0cm. 122행 13,384자에 달하는 편지로 명주천에 작성되었다. 발신자는 황심(黃沁=토마스)으로 표기되었으나, 실제 작성자는 황사영(黃嗣永=알렉시오)이다. 이 문서를 전달하기로 예정된 자는 옥천희(玉千禧=요한)이며, 수신인은 구베아(Gouvea, 1751~1808) 주교였다. 백서는 황사영이 1801년 8개월간 제천 배론의 토굴에 은신해 있으면서 작성했다. 내용에는 조선 교회가 처하고 있는 어려움을 설명하고, 특히 신유박해 동안 순교자들의 행적을 기술했다. 이어 교회 재건과 신앙 자유를 위한 방안을 적었다. 원본은 1801년 9월 황사영의 체포와 함께 압수되었으나, 1894년 교회에 입수되었다. 그 후 1925년 조선 교구장 뮈텔(Mutel, 閔德孝)이 원본을 교황 비오 11세에게 선물하여, 현재 로마 교황청 민속박물관에 소장되어 있다.

---

17) 황사영(黃嗣永) 1775(영조 51)~1801(순조 1) : 자는 덕소(德紹), 본관은 창원. 이명은 시복(時福), 세례명은 알렉시오. 1790년 사마시에 입격하여 진사가 되었다. 정약종에게서 교리를 배우고서 1790년 천주교에 입교했다. 이후 전교활동에 적극적으로 나섰으며, 1795년 주문모 신부를 만난 뒤 더욱 활동 영역을 확대해 나갔다. 1801년 신유박해가 일어나자 여주와 원주를 거쳐 제천 배론에 피신하고서 이곳에서 조선교회의 참상과 교회의 재건책을 작성했다. 이 문건을 북경에 보내려고 했으나 9월 29일 체포되었다. 그 뒤 서울로 압송된 뒤, 11월 5일 사형당했다. 〈참고문헌『누가 저희를 위로해 주겠습니까』〉

(2) 전기류

*『가승집략(家乘輯略)』

고흥 유씨 유몽인(柳夢寅) 이후의 인물 관련 기록. 필사본, 1책 37장. 의병전시관 소장, 18.3×27.5cm. 어우당(於于堂) 유몽인(柳夢寅) 시장(諡狀)·실기, 유숙(柳潚) 묘갈명, 〈취흘유고서〉, 〈취흘집발〉, 나월당(蘿月堂) 유우한(柳于垾) 묘갈명, 율리공 유영오(柳榮五)가 올린 상서와 이에 따른 비답 등을 수록했다.

*『거우수록(居憂隨錄)』

유지혁(柳芝赫)이 선고인 만락공(晩樂公) 유흥무(柳興武)[18]와 선비 강릉 유씨(劉氏)의 상례 기록을 모은 책. 필사본, 9책. 병산영당 소장, 21.9×28.7cm. 각 책은 『외간소입물목경비(外艱所入物目經費)』, 『외간상장제구록(外艱喪葬諸具錄)』, 『외간발부록(外艱發訃錄)』, 『외간위문록(外艱慰問錄)』, 『만락공양례시제만초집(晩樂公襄禮時祭輓抄集)』, 『선고만락부군유사(先考晩樂府君遺事)』, 『내간소입물목경비(內艱所入物目經費)』,

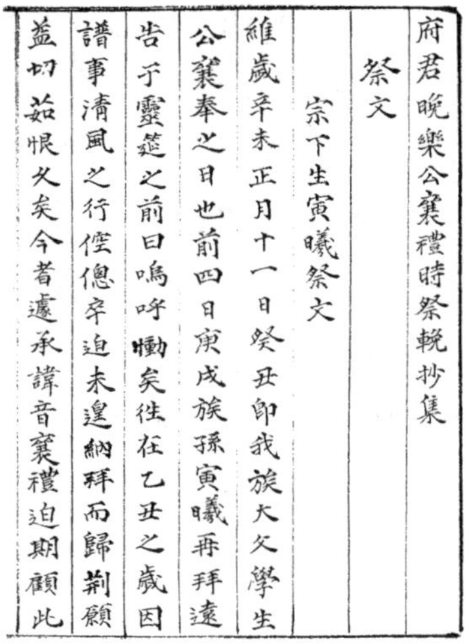
府君晩樂公襄禮時祭輓抄集
祭文
宗下生寅曦祭文
維歲辛未正月十一日癸丑卯我族大父學生
公襄奉之日也前四日庚戌族孫寅曦再拜遠
告于靈筵之前曰嗚呼慟矣往在乙丑之歲因
譜事淸風之行倥傯卒迫未遑納拜而歸荊顔
益切茹恨久矣今者遽承諱音襄禮迫期顧此

〈그림 30〉『거우수록』(병산영당 소장)

18) 유흥무(柳興武) 1852(철종 3)~1930 : 자는 성열(聖烈), 호는 만락헌(晩樂軒), 본관은 문화.

『내간상장제구록(內艱喪葬諸具錄)』, 『내간위문록(內艱慰問錄)』으로 구성되어 있다. 『만락공양례시제만초집』에는 제문과 만사 외에 여러 편의 격외위소(格外慰疏)가 수록되어 있다. 아들인 유지혁이 지은 『선고만락부군유사』에는 선비 강릉 유씨의 유사가 합편되어 있다. 제문, 발부록, 위문록 등을 통해 당시 청풍 지역 유학계 인사의 교류관계를 확인할 수 있다.

* 『성촌이공유사실기(誠村李公遺事實記)』

1882년 윤병정(尹炳鼎)이 쓴 이춘영(李春榮)[19]의 실기. 필사본, 1책 7장. 개인 소장, 20.2×30.0cm. 책의 끝에는 증손자인 이원우(李元雨)가 1959년에 쓴 발문이 있다.

이춘영 관련 자료로는 윤응선(尹膺善)이 1902년에 쓴 『성촌이공행장(誠村李公行狀)』(필사본, 1책 19장. 개인 소장, 20.0×30.0cm)이 있다. 『성촌이공행장』의 끝에는 역시 증손자인 이원우가 1950년에 쓴 발문이 있다. 행장은 윤응선의 『회당집』 권 14에도 수록되어 있다.

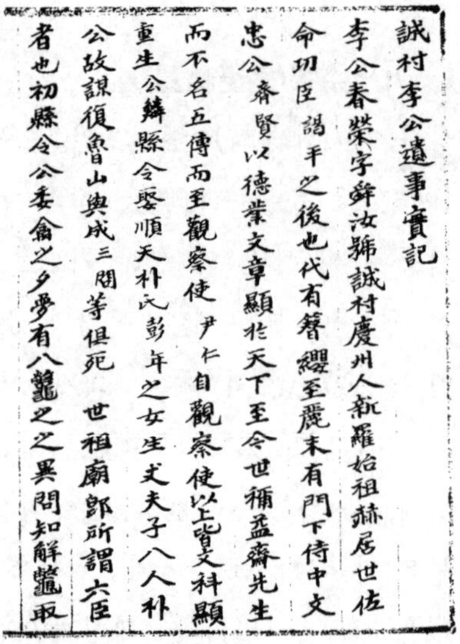
誠村李公遺事實記
李公春榮字舜汝號誠村慶州人新羅始祖赫居世佐
命功臣謁平之後也代有簪纓至麗末有門下侍中文
忠公 齊賢以德業文章顯於天下至今世稱益齋先生
而不名五傳而至觀察使尹仁自觀察使以上皆文科顯
重生公麟縣令娶順天朴氏彭年之女生丈夫子八人朴
公故謀復魯山與成三問等俱死 世祖廟郎所謂六臣
者也初縣令公委禽之夕夢有八鼈之之異問知解鼈取

〈그림 31〉 『성촌이공유사실기』(개인 소장)

19) 이춘영(李春榮) 1812(순조 12)~1881(고종 18) : 자는 순여(舜汝), 호는 성촌(誠村), 본관은 경주. 이대건의 후손이다. 충주(현 제천) 덕산 성암(誠巖)에서 태어났으며, 묘는 청풍 야동(冶洞)에 있다. 효행으로 저명했다.

*『속수삼강록(續修三綱錄)』

충(忠)·효(孝)·열(烈)로 저명한 인물을 지역별로 정리해 그 행적을 간략히 정리한 책. 정인섭(鄭寅燮)의 명을 받아 정은채(鄭殷采)가 1906년(광무 10)에 간행했다. 신연본, 1책. 청풍향교·의병전시관 소장, 19.9×30.7cm. 책의 첫머리에는 1904년에 쓴 조병식(趙秉式)의 서문과 1905년에 쓴 정은채(鄭殷采)의 발문이 있다. 조병식과 정인섭 등이 각도 각군으로부터 삼강단자(三綱單子)를 받아 단자가 모이는 순서에 따라 바로 간행했다. 이 책에는 충청북도 청풍, 제천순으로 기록되어 있다. 청풍은 유번(柳藩)·유림(柳臨) 등이, 제천은 윤창명(尹昌鳴)·박정상(朴廷翔)·이도철(李道徹) 등이 기록되어 있다. 책의 끝에는 1906년(광무 10) 황성궁동신간(皇城宮洞新刊)이라는 간기와 경약소 및 각 지역 임원 명단이 수록되어 있다. 『속수상감록』 제하의 여러 판본이 있

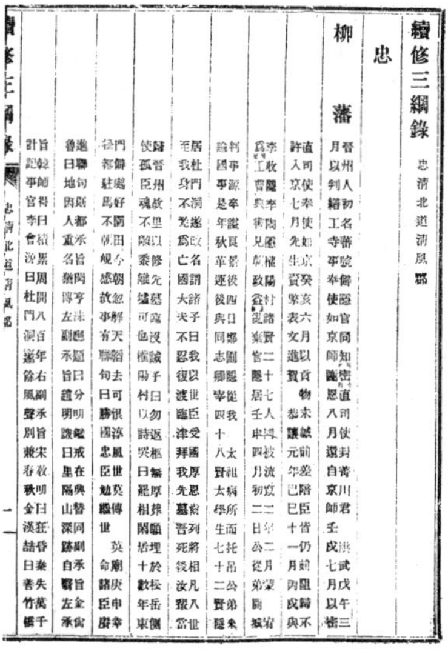
續修三綱錄 忠淸北道淸風郡
忠
柳藩

〈그림 32〉『속수삼강록』1(청풍향교 소장)

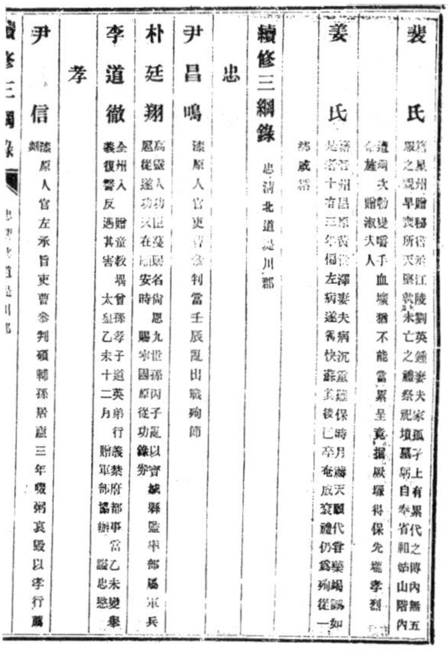
妻氏
姜氏
續修三綱錄 忠淸北道堤川郡
忠
尹昌鳴
朴廷翔
李道徹
孝

〈그림 33〉『속수삼강록』2(청풍향교 소장)

으며, 이에는 지역별 수록 순서가 다른 것도 있다.

* 『숭정기원후오기묘식사마방목(崇禎紀元後五己卯式司馬榜目)』

1879년 식년 사마시의 합격자를 적은 방목. 목판본, 1책. 개인 소장, 21.5×33.9cm. 소과에 합격한 진사와 생원의 성명, 자, 생년, 본관, 주소 등을 비롯해 부의 관위, 생존 여부, 현재의 이름 등을 상세히 기록했다. 시험이 있은 다음 인쇄해 관계자에게 배부했다. 시험관인 은문(恩門)으로 1소는 예조로 상호군 정기세(鄭基世), 한성우윤 홍우창(洪祐昌) 등이고, 2소는 성균관으로 상호군 이원명(李源命), 행호군 남일우(南一祐) 등이다. 회방(回榜; 과

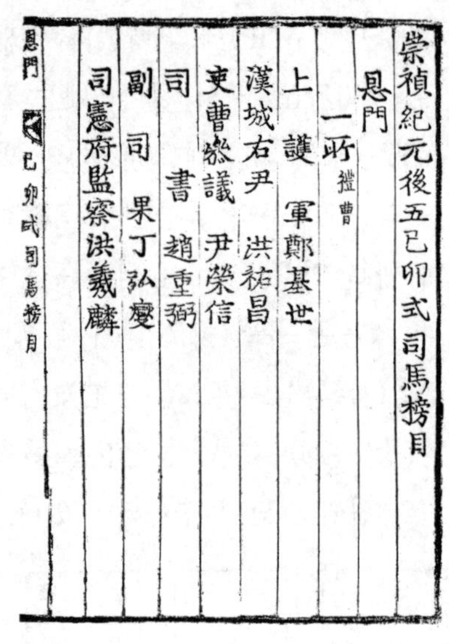

<그림 34>『숭정기원후오기묘식사마방목』(개인 소장)

거에 합격한 지 60년이 되는 해)을 맞은 정헌용(鄭憲容)·김상홍(金相洪)과 생진시에 합격했으면서 나이가 70살 이상이 된 27인에 대한 포상, 생원시 1등 5인, 2등 25인, 3등 70인과 진사시 1등 5인, 2등 25인, 3등 74인의 명단 및 초시, 승보시, 회시 합격자 명단과 시험제목, 생진경외입격수(生進京外入格數) 등을 기록한 부록으로 구성되어 있다. 1879년 사마방목에 제천과 관련된 인물로는 생원시 합격자 가운데 입격 당시 영월에 거주했던 이재열(李載烈)[20]과 청풍에 거주했던 정해억(鄭海

---

20) 이재열(李載烈) 1840(헌종 6)~? : 자는 공후(公厚), 호는 송사(松史), 본

億), 진사시 합격자 가운데 청풍에 거주했던 신태응(申泰應)이 있다.

*『안동권씨가승(安東權氏家乘)』

안동 권씨 화천군파의 집안 내력을 적은 가승. 필사본, 2책. 개인 소장, 20.0×30.0cm. 옥소 권섭(權燮)이 필사하여 만들었다.

*『안동김씨가승(安東金氏家乘)』

제천의 김시양(金時讓)계 안동 김씨의 집안 내력을 적은 가승. 필사본, 1책. 개인 소장.

*『우암선생사실기(尤菴先生事實記)』

김평묵(金平默, 1819~1891)이 1869년 지은 우암 송시열의 실기. 끝에는 실기가 완성된 다음 여러 사람들이 필사해 읽게 되자 김평묵이 "重光協洽(1871)"에 별도로 〈사실기후어(事實記後語)〉를 추서해 편집했다.『우암선생사실기』는 유인석 등에 의해『중암선생문집』이 간행될 때 별집 1책으로 간행되었다. 뒤에 송재현(宋在賢)에 의해 청주 이정(梨亭)에서 1923년 재간행되었다. 목활자본, 1책 65장. 국립중앙도서관 소장, 20.3×29.6cm. 제천에서도 필사본 실기가 여러 곳에 소장되어 있다(표제『송자사실기』,『우암선생실기』,『우암송선생사실기』).

관은 함평(咸平). 초재(草齋) 이춘령(李春齡)의 후손이며, 이서범(李敍範)의 아들이다. 영월 출신. 1879년(고종 16)에 사마시에 입격했다. 문장과 학문에 일찍 통달했고, 뜻과 기개가 호방하고 뛰어났다. 제천 봉양 팔송리에 은거하면서 후학들을 계도했으며, 문필가들과 어울려 유유자적했다. 저술로는『송사기언(松史記言)』이 있다. 〈참고문헌『사마방목』,『조선환여승람』〉

<그림 35> 『우암송선생사실기』(국립중앙
도서관 소장)

<그림 36> 『우암선생사실기』(국립중앙도
서관 소장)

* 『육의사열전(六義士列傳)』

이정규(李正奎)가 편찬한 입암 주용규(朱庸奎), 경암 서상열(徐相
烈), 괴은 이춘영(李春永), 하사 안승우(安承禹), 하포(下浦) 홍사구(洪
思九), 조암 이범직(李範稷) 여섯 의병장들의 약전. 필사본, 1책. 개인
소장, 34.0×19.0cm. 유중교의 제자이면서 유인석 휘하에서 의병 전쟁과
정에서 큰 업적을 남기고 순절한 6의병장의 업적을 전(傳)의 형식으로
기록했다. 『독립운동사자료집』 1(독립운동사편찬위원회, 1971)에 번역
문이 수록되어 있다. 제천문화원에서는 이정규의 제자인 김용숙이 필사
해 편집한 것을 다른 자료와 함께 1995년 영인 간행했다.

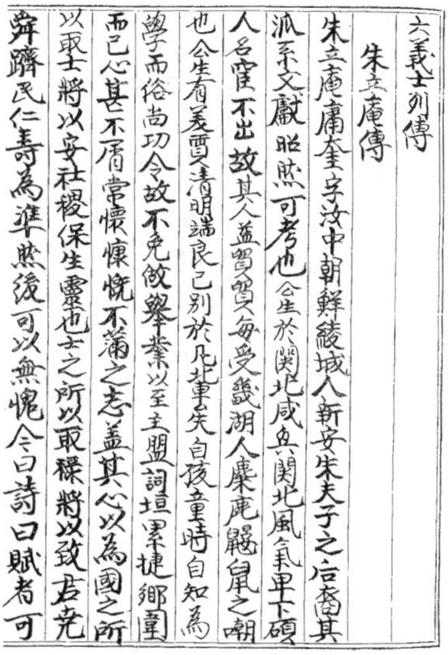

六義士列傳
朱立庵傳
朱立庵庸奎字汝中朝鮮綾城人新安朱夫子之后裔其
派系文獻昭然可考也 公生於關北咸興關北風氣卑下頑
人名宦不出故其人蓋習習每受畿湖人麋鹿鼴鼠之嘲
也公生有美質淸明端良已別於凡兒童矣自孩童時自知爲
學而俗尚功令故不免做擧業以至主盟詞壇聲捷鄉闈
而已心甚不屑常懷慷慨不滿之志蓋其心以爲國之所
以取士將以安社稷保生靈也士之所以取祿將以致君堯
舜躋民仁壽爲準然後可以無愧今曰詩曰賦者可

〈그림 37〉『육의사열전』(제천문화원, 1995)

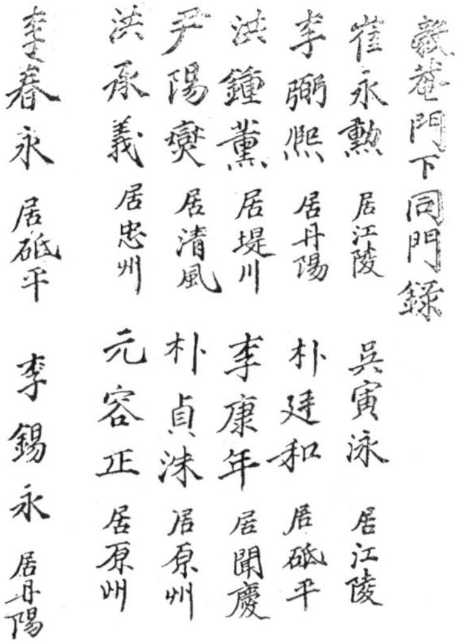

毅菴門下同門錄
崔永勳 居江陵 吳寅泳 居江陵
李弼熙 居丹陽 朴廷和 居砥平
洪鍾薰 居堤川 李康年 居聞慶
尹陽燮 居淸風 朴貞洙 居原州
洪承義 居忠州 元容正 居原州
李春永 居砥平 李錫永 居丹陽

〈그림 38〉『의암문하동문록』(정문연, 1993)

***『의암문하동문록(毅菴門下同門錄)』**

의암 유인석 문하에 속한 572명의 성명과 거주지를 기록했다. 제천의병의 인적 배경을 이해할 수 있는 자료이다. 필사본, 1책. 동경 한국연구원 소장.『한국독립운동사자료집-의병편-』(한국정신문화연구원, 1993)에 영인되어 있다.

***『의흥박씨가장(義興朴氏家狀)』**

제천 의흥 박씨의 내력과 임호 박수검과 관련된 글을 모아 엮은 책. 필사본, 1책 40장. 개인 소장, 21.8×31.5cm. 제천에 처음으로 입향한 것으로 알려진 박을규(朴乙規)의 사적에서부터 서문공(鋤文公) 박철순(朴喆淳)의 유사에 이르기까지 의흥 박씨 출신 인물의 행장류를 모았으

〈그림 39〉『의흥박씨가장』(개인 소장)

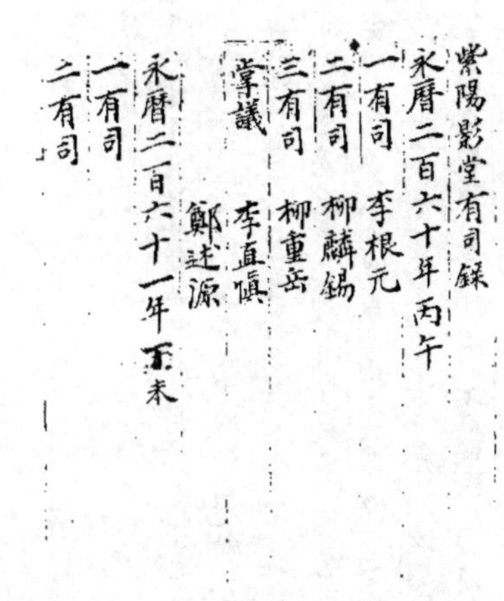

〈그림 40〉『영당유사록』(제천문화원, 1998)

며, 그 뒤에는 박수검이 편찬한『절위여편』,『중용석의』의 서문류, 박응
상(朴應商)의 〈보서초(譜序草)〉, 박영구(朴永求)·박영석(朴永錫)의 〈서
(序)〉 등을 수집해 엮었다. 제천 지역 특정 집안의 형성과 변천 과정을
이해할 수 있는 자료이다.

*『자양영당유사록(紫陽影堂有司錄)』

자양영당 유사들의 명단으로, 1906년에서부터 1992년까지 일유사, 이
유사, 삼유사, 장의 등의 명단을 기록했다. 필사본, 1책. 개인 소장. 자양
영당이 독특한 삼유사 체제로 운영되었음을 확인할 수 있다.『제천의병
과 전통문화』(제천문화원, 1998)에 영인 수록되어 있다.

*『진산강씨가승(晉山姜氏家乘)』

진주 강씨의 시조인 강이식(姜以式)으로부터 이어지는 제천 진주 강

씨 인물들의 행적을 적은 책. 필사본, 1책. 개인 소장, 25.0×26.0cm. 진주 강씨가 제천에 내려오게 된 경위와 집안의 여러 내력을 자세히 기록했다. 제천의 노론 가문인 진주 강씨의 입향과 세력 변동을 알 수 있는 자료이다.

그 외 후손가인 강성열 소장 진주 강씨 관련 자료로 강수면(姜秀冕)21)과 부인의 행록(行錄)이 수록된 『가장초(家狀草)』(18.5×32.0cm), 강성회(姜性會)22) 등의 일생을 적은 『가승(家乘)』(19.6×29.0cm), 강성회(姜性會)와 부인인 이씨의 일생을 적은 『유사(遺事)』(18.0×27.0cm) 등이 있다.

* 『청풍부선생안(淸風府先生案)』

『청풍부선생안』은 청풍군(청풍부)의 지방관을 역임한 인물에 대한 기록. 필사본, 1책. 개인 소장, 24.5×38.0cm. 1439(세종 21년)부터 1910년까지 471년간 227명의 인사 이동 사항을 기록했다. 첫머리에는 조선 세종대 도임한 황경돈(黃敬敦)부터 융희 4년 한일합방 때 김기년(金耆季)에 이르기까지 기록하고 있다. 평균 재임 기간은 2년 1개월이며, 임란 이전은 평균 3년을 기록하고 있으나 임난 이후는 평균 2년을 채우지 못했다. 실제 여러 자료에 의하면 일부 누락된 인물이 있다. 서술은 청풍군수·부사 역임자의 명단을 적고, 아래 단에 문·음직 출신과 품계를 적고, 이어 아래 단에는 도임(到任) 연월일과 전임직(前任職)을 적

---

21) 강수면(姜秀冕) 1855(철종 6)~1876(고종 13) : 자는 복경(服卿)이며, 통덕랑에 올랐다.
22) 강성회(姜性會) 1781(정조 5)~1834(순조 34) : 자는 공선(公善), 초휘는 성흠(性欽), 호는 한천재(寒泉齋), 본관은 진주.

었다. 교체시에는 별세, 승진, 견책, 과체(瓜遞), 상피(相避), 사퇴 등의 사유와 이배처(移拜處)를 별도로 표시했다. 출신을 보면 청풍부는 문과와 음직이 임용되던 곳이었는데, 대체로 문과 출신이 임용되다가 18세기 이후에는 차츰 음관(남행)이 임용되고 있다. 품계를 보면 현종 초 청풍이 도호부로 승격되던 때를 전후해 문과 출신의 정 3품 당상관인 통정대부가 임명되었으며, 일부 종 2품인 가의대부·가선대부도 임명되고 있다. 그러나 18세기에 들어오면서 차

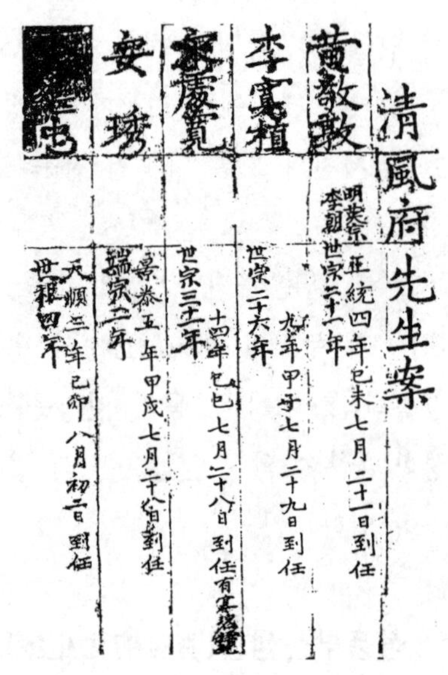

〈그림 41〉『청풍부선생안』(예성동호회, 1992)

츰 정 3품 당하관인 통훈대부가 주로 임명되고 있다. 이에 따라 18세기 이후에는 청풍부사의 중량감도 차츰 떨어지고 있다. 소장자인 허인욱의 해제에는 1694년(숙종 20)에 도임한 이현석(李玄錫)이 재작성하고 후임인 김구(金構)가 제(題)했다고 적고 있다. 그 이후 계속 추보되어 1910년 대한제국 멸망시 마지막 역임자까지 기록되었다. 허인욱 소장본을 『예성문화』 13(예성동호회, 1992)에서 영인했다.

(3) 성책문서류

* 『**경리원역둔토성책(經理院驛屯土成册)**』

궁내부 경리원에서 조사한 역둔 전답의 일경수(日耕數, 田), 두락수
(斗落數, 畓), 결부수(結負數), 도액수(賭額數), 작인명(作人名) 등을
기록한 책. 필사본, 1책 240장. 규장각 소장(규21143), 22.5×35.5cm. 그
가운데 1895년(개국 504)에 작성한 『청풍군소재각둔토급훼철서원전답
연례소출상납실수신정도전수명작인성명성책(淸風郡所在各屯土及毁撤
書院田畓年例所出上納實數新定賭錢數名作人姓名成册)』이 수록되어 있
다.

* 『**경무청래문(警務廳來文)**』

1895년 윤 5월부터 1902년 2월에 걸쳐 경무청에서 외부로 보낸 각종
공문의 원안을 묶은 것이다. 국한문 혼용의 필사본, 3책. 규장각 소장
(규17780), 17.6×26.5cm. 2책은 외국인에 연루된 내국인 범법자와 외국
인 범법자들의 범죄행위 및 그 처리문제를 다룬 것으로, 그 가운데
1896년(건양 원년) 3월 31일 작성된 보고서 2호는 제천에서 일본인을
습격한 사건에 대한 내용이다.

* 『**공충도각읍민막성책(公忠道各邑民瘼成册)**』

1809년(순조 9) 충청도관찰사가 도내 각 수령들의 민막(民瘼) 보고
를 종합 정리하면서 이에 대한 시정책을 상부에 보고한 것. 필사본, 1책
14장. 규장각 소장(규17266), 22.2×35.0cm. 내용 가운데 청풍전부사 박
성규(朴性圭)는 청풍이 궁벽한 지역이어서 답곡(畓穀)이 귀하므로 상

납(上納)을 돈으로 대신해 줄 것을 청하고 있다. 제천현감 안정탁(安廷鐸)은 제천이 각 창으로부터 멀리 떨어져 있고 다른 지역과는 달리 강으로 연결되지도 않고 도로도 험하므로 세곡(稅穀)을 돈으로 대신해 줄 것을 청하고 있다. 당시 청풍과 제천이 처한 어려움을 알 수 있는 자료이다. 국사편찬위원회에서 1991년에 간행한 『각사등록』 48(충청도보유편)에 수록되어 있다.

* 『관란정중수실고집(觀瀾亭重修實考集)』

관란정 중수와 관련해 원호(元昊)의 업적을 정리하고 관란정 중수 관련 사항을 정리한 책. 석인본, 1책. 정문연 소장, 19.0×29.7cm. 원세혁(元世爀) 편집으로 1943년 간행되었다. 책의 첫머리에는 1942년 김성모(金性模)가 쓴 서문이 있으며, 끝에는 1942년 후손인 원세항(元世恒)이 쓴 발문이 있다.

그 외 관란정 관련 자료로 1970년 관란정을 중수한 기념으로 나온 『관란정중수시집(觀瀾亭重修詩集)』이 있다. 석인본, 1책. 개인 소장, 18.3×25.5cm. 이에는 1970년 신승만(辛承萬)과 원세대(元世大)가 쓴 서문이 있다.

* 『내부거래안(內部來去案)』

1906년(광무 10) 2월부터 1910년(융희 4) 8월까지 각부와 내부 사이에서 왕래했던 공문을 모은 것. 필사본, 4책. 규장각 소장(규17768), 19.0×26.0cm. 2책의 융희 2년(1908) 1월 13일의 경비(警秘) 48호는 충북 충주출장순검대(忠州出張巡檢隊)가 1907년 10월부터 12월까지 청풍 등지에서 의병장 이강년을 부상시키고 많은 의병을 토벌한 것에 대한 공적 확인과 상사(賞詞) 수여 사실을 기록한 문서이다.

* 『명례궁추수기(明禮宮秋收記)』

1891~1899년(고종 28~광무 3) 동안 명례궁에 수습된 전국 각지의 명례궁 추수기이다. 필사본, 2책. 규장각 소장(규 21979), 23.2×25.0cm. 그 가운데 1책에 1892년(고종 29, 壬辰)에 작성된 『제천청전추수기(堤川靑田秋收記)』가 수록되어 있다. 수록 내용은 두락, 납부액, 소작인 성명을 적고, 이어 전체 조액, 소비 경비, 실조액, 실세액 등을 기록하고 마지막으로 추수인(秋收人)과 사음(舍音)의 성명을 기재했다. 이하 추수기는 동일한 내용으로 구성되어 있다.

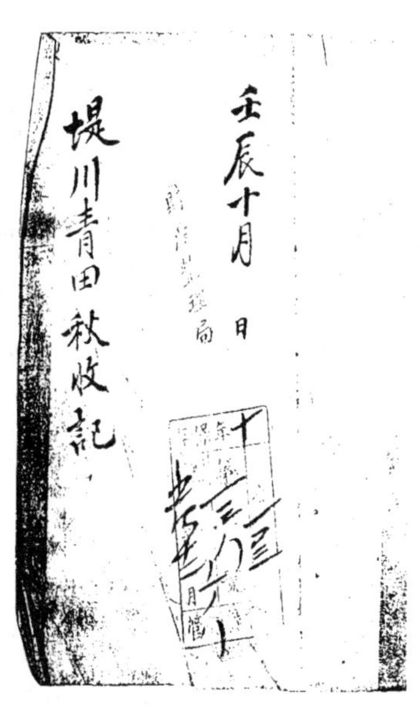

〈그림 42〉『명례궁추수기』(규장각 소장)

* 『명례궁추수기(明禮宮秋收記)』

1893~1905년(고종 30~광무 9) 동안 명례궁에 수습된 전국 각지의 명례궁 추수기이다. 필사본, 2책. 규장각 소장(규 21978), 23.0×25.5cm. 그 가운데 1책에 1893년(고종 30)에 작성된 『제천청전추수기(堤川靑田秋收記)』가 수록되어 있다.

* 『명례궁추수기(明禮宮秋收記)』

　1888~1897년(고종 25~광무 원) 동안 명례궁에 수습된 전국 각지의 명례궁 추수기이다. 필사본, 2책. 규장각 소장(규 22037), 24.0×34.0cm. 그 가운데 1책에 1896년(건양 원)에 작성된 『제천영월원주등지명례궁추수기(堤川寧越原州等地明禮宮秋收記)』가 수록되어 있다.

* 『명례궁추수기(明禮宮秋收記)』

　1891~1899년(고종 28~광무 3) 동안 명례궁에 수습된 전국 각지의 명례궁 추수기이다. 필사본, 13책. 규장각 소장(규 22039), 20.0×30.0cm. 그 가운데 1책이 1898년(광무 2)에 작성된 『제천영월원주등지명례궁추수기(堤川寧越原州等地明禮宮秋收記)』이다.

* 『사법품보(司法稟報)』

　1894년(고종 31)부터 1907년(광무 11)까지 전국의 각지에서 법부로 보내온 보고서와 질문서 등을 연단위로 일련번호를 붙여 모은 것. 필사본, 128책. 규장각 소장(규17278), 20.0×29.4cm 내외. 민간인들의 죄에 대한 형사사건을 주로 다루고 있으므로 의병관련자들에 대한 기록이 상당수 남아 있다. 28책의 평안북도 관찰사가 올린 1897년(광무 1) 11월 22일 보고서 35호는 호좌여비(湖左餘匪)의 의병 활동에 대한 사항을 보고한 것이며, 29책의 강원도 관찰사가 올린 1898년(광무 2) 1월 3일 보고서 2호는 을미의병 관련자들의 형명부(刑名簿)이다.

* 『임호선생향현사영건록(林湖先生鄕賢祠營建錄)』

　박수검을 기리기 위해 1827년(순조 27) 영건한 향현사(鄕賢祠)를

1858년 다시 중수하고 나서 이에 관련된 자료들을 모아 간행한 책. 신활자본, 1책 28장. 개인 소장, 21.6×30.1cm. 1924년 후손인 박영구(朴永求)가 편집해 간행했다. 향현사 건립을 위해 향중이나 열읍 서원 및 관청에 보낸 통문·첩문·상서문 등의 관계 자료와 향사 때 사용하는 홀기·축문·단자 등 제향문서, 1858년 의호사(義湖祠)를 중수한 다음 1858년 김헌(金瀗)이 작성한 〈의호사중수기(義湖祠重修記)〉와 여러 사람의 중수운(重修韻) 등을 모았다(〈사진 8〉).

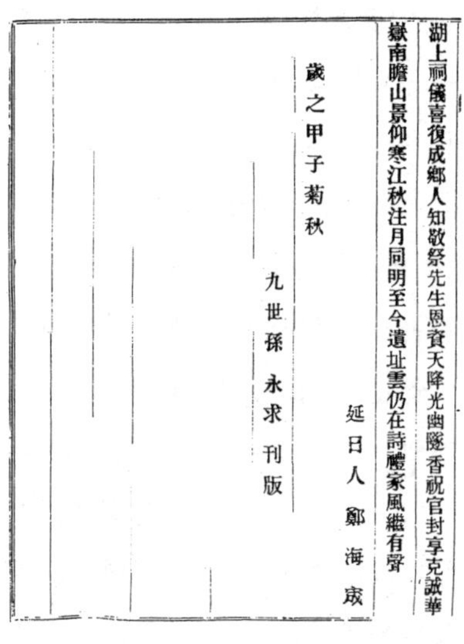

〈그림 43〉 『임호선생향현사영건록』(개인 소장)

* 『자양영당영건지(紫陽影堂營建誌)』

자양영당 영건 관련 문건을 모은 책. 필사본, 1책. 개인 소장. 먼저 〈자양서사설시의(紫陽書社設施議)〉, 〈자양서사고토신문(紫陽書社告土神文)〉, 〈자양서사상량문(紫陽書社上樑文)〉, 〈옥계정사예선사삼선생문(玉溪精舍禮先師三先生文)〉 등 자양서사(紫陽書社)·옥계서사(玉溪書社) 관련 내용을 정리하고, 이어 〈불완계설시입의(不緩契設施立議)〉, 〈장담수계후강회고어(長潭修禊後講會告語)〉에서 1982년 김용숙이 쓴 〈화동사장판각서(華東史藏板閣序)〉에 이르기까지 자양영당 건립과 그 후 여러 차례 중수, 증축 등과 관련된 문건을 수록했다. 다음으로는 〈자양영당작헌

홀기(紫陽影堂酌獻笏記)〉, 〈자양영당 수규절목(紫陽影堂守規節目)〉이 별도로 추가되어 있다.

제천에는 영당 건축과정에서 성금을 낸 각 문중과 사람들의 명단을 정리한 『주부자영당영건조역기(朱夫子影堂營建助役記)』가 있다. 필사본, 1책. 개인 소장. 1906년 4월 12일자로 작성되었다. 개인의 경우 자, 본관, 생년, 거주지가 기록되어 있어 지역 화서학파의 동향을 알 수 있는 자료이다. 모두 『제천의병과 전통문화』(제천문화원, 1998)에 영인 수록되어 있다.

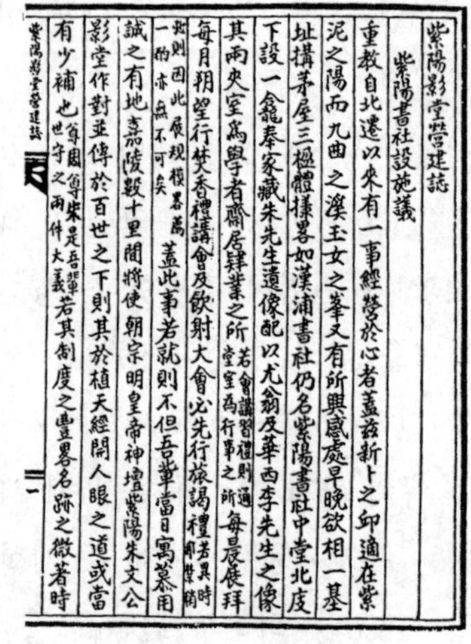

〈그림 44〉 『자양영당영건지』(제천문화원, 1998)

* 『제천군남면사리방리선여곡정수경옥사사안(堤川郡南面沙里坊里仙女谷鄭水京獄事査案)』

1902년(광무 6) 7월 제천군 남면 사리방리 선여곡에서 발생한 정수경 치사사건에 대한 조사보고서를 합철한 책. 필사본, 1책 62장. 규장각 소장(규21725), 18.3×28.0cm. 관찰사에게 보내는 초사보고서와 사검보고서가 합철되어 있다. 초사보고서는 정수경이 논에 관개하고자 현암곡(玄巖谷)에 나갔다가 행방불명된 다음 고소인[發告]인 박소사(朴召史), 사건 관련자, 존위(尊位), 동임(洞任), 피고(被告)인 김춘보(金春甫) 등에 대한 3차에 걸친 심문 내용을 적은 제천군수 이중수(李重秀)의 1902년 7월 10일자 〈제천군남면사리방리선여곡정수경옥사사안〉이다. 사검보고서는 명사관(明査官)으로 파견되어 사건 관련인에 대한 심문과 정수경의 시신을 발견해 검시를 행했던 회인군수 김세제(金世濟)의 1902년 8월 1일자 〈제천군남면사리방리선여곡치사남인(致死男人)정수경옥사사검문안(獄事査檢文案)〉이다.

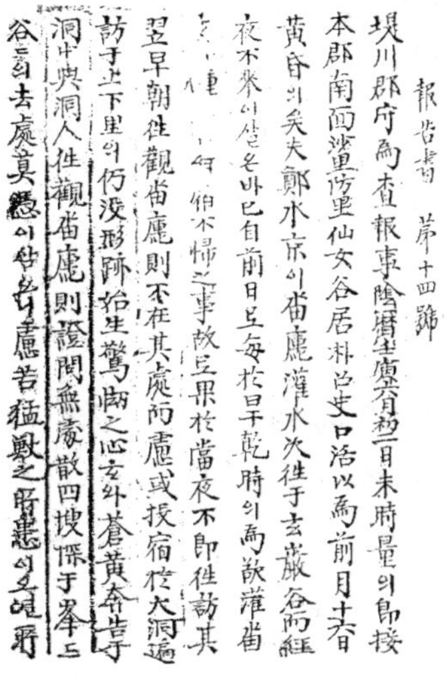
報告書 第十四號
堤川郡守爲査報事陰曆壬寅六月初一日未時量의卽接
本郡南面沙里防里仙女谷居朴召史口招以爲前月十六日
黃昏의矣夫鄭水京이當處灌水次往于玄巖谷而經
夜不來이살오바巳自前日로每於旱乾時의爲敀灌畓
[illegible] 伯不歸之事故로果於當夜不卽往訪其
翌早朝往觀當處則不在其處而慮或投宿於大洞適
訪于上下里의仍沒形跡始生驚疑之心玄外蒼黃奔告于
洞中與洞人往觀當處則證聞無處散四搜探于峯上
谷으로去處莫曉이[illegible]慮若猛獸之所[illegible]이오[illegible]

〈그림 45〉『제천군남면사리방리선여곡정수경옥사사안』(규장각 소장)

* 『제천현서면화당리치사남인홍경섭문안(堤川縣西面花塘里致死男人洪景燮文案)』

1895년(개국 504) 제천현 서면 화당리에서 발생한 홍경섭의 치사 사건에 대한 조사보고서를 합철한 책. 필사본, 1책 77장, 규장각 소장(규21606), 19.0×29.6cm. 관사에서 난동을 부리다 포졸 최금철·장백수가 구타해 사망한 화당리의 홍경섭에 대한 검시 내용 및 사건경위, 조사과정 등을 적었다. 3차에 걸친 심문 내용과 검시 내용을 적은 제천군수 김익진(金益珍)의 1895년 5월 16일자 초검처리 보고서와 같은 과정을 거쳐서 내용을 확인했던 청풍군수 서상기(徐相耆)의 1895년 윤5월 4일자 복검보고서를 합철했다.

* 『제천현전답양안(堤川縣田畓量案)』

1890년(고종 27)에 작성된 제천현 소재 명례궁 소속 전답의 양안. 필사본, 1책 6장. 규장각 소장(규27199), 35.6×41.1cm. 해당 자호(字號)와

지역명칭을 기록하고 매 필지에 지
번(地番)·양전방향(量田方向)·
전답형(田畓形), 야미수(夜味數),
토지등급(土地等級), 결부수(結負
數), 사표(四標)를 표시했다.

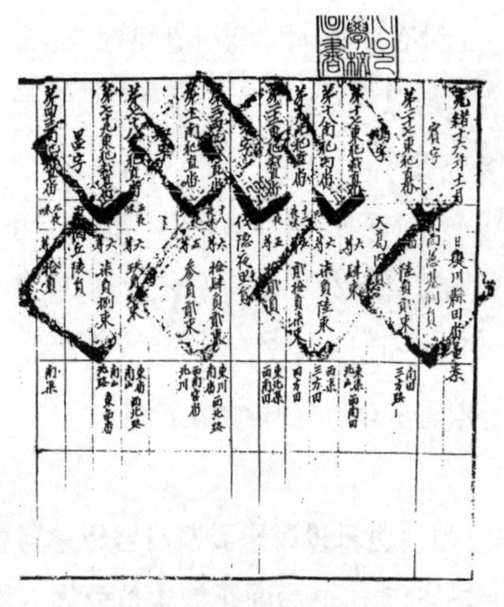

〈그림 46〉『제천현전답양안』(규장각 소장)

* 『조첩(照牒)』

　1905년(광무 9) 1월부터 1906
년 12월까지 중앙 각 기관에서 법
부(法部)로 조회해 온 공문들을
날짜순으로 묶은 책. 국한문 혼용
의 필사본, 2책. 규장각 소장(규17277의 10), 19.0×230.0cm. 1책의 1905
(광무 9) 10월 25일 조회는 의병장 정운경(鄭雲慶)을 보통 재판소에 압
송하는 건을 법부에 조회한 내용이며, 1905년 12월 27일 조복은 의병장
원용팔(元容八)에 관한 공소 사실을 법부대신에게 보고하는 내용이며,
2책의 1905년 12월 26일 조회기안은 원용팔의 개심일시를 평리원(平理
院)에 조회하는 공문의 기안이다.

* 『좌도십사읍진역사례(左道十四邑鎭驛事例)』

　1891년(고종 28) 충청감영(忠淸監營)에서 좌도(左道)에 소재하고 있
는 각 읍(邑), 진(鎭), 역(驛) 중 14개 지역의 사정을 보고한 책. 필사
본, 1책 20장. 규장각 소장(古4206-24), 22.5×22.5cm. 보고 대상은 진
천, 괴산, 연풍, 단양, 영춘, 제천, 청풍, 충주, 음성, 청안, 율봉, 연원, 충
주진, 청주진이다. 제천·청풍과 관련된 내용은 관정(官政)의 다스림

여부, 향리의 폐단 여부, 환곡의 분류(分留) 현황, 성소행차(省掃行次) 비용, 도안감채(都案勘債) 내역, 토호잡기(土豪雜技) 존재, 면세(免稅) 현황 등을 수록하고 있다. 국사편찬위원회에서 1991년에 간행한 『각사등록』48(충청도보유편)에 수록되어 있다.

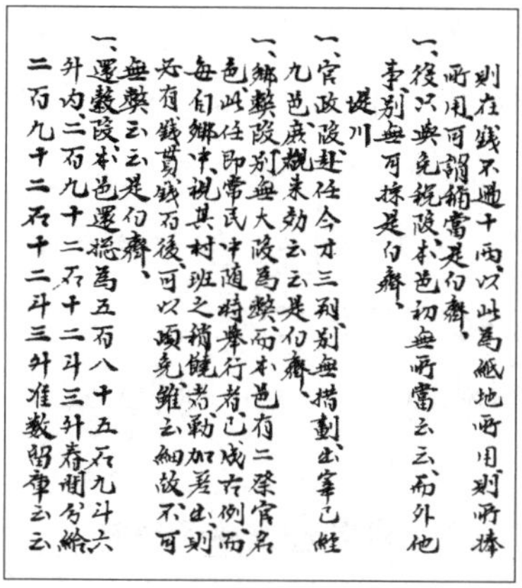

〈그림 47〉 『좌도십사읍진역사례』(국편, 1991)

* 『지세명기장(地稅名寄帳)』

청풍 사창리 지역 1927년 지세 납부 명부. 필사본, 1책 28장. 병산영당 소장, 21.0×31.0cm. 내용은 이동(里洞), 지번(地番), 지목(地目), 지적(地積), 지가(地價), 세액(稅額), 납세관리인(納稅管理人姓名), 납세자(納稅者姓名) 등을 기록했다.

* 『청풍군근서면도곡리치사남인김도사이문안(淸風郡近西面陶谷里致死男人金道沙伊文案)』

1900년(광무 4) 청풍군 근서면 도곡리에서 발생한 김도사이(金道沙伊)의 치사 사건에 대한 조사보고서를 합철한 책. 필사본, 1책 87장. 규장각 소장(규21859), 18.0×28.0cm. 동네 혼례잔치에 갔다가 술김에 박응삼(朴應三)·이금성(李今成)과 다투다 구타당해 사망한 김도사이(金道沙伊)에 대한 사건 개요와 조사경위, 심문, 검시 내용이 수록되어 있다. 고소인, 동임, 존위, 증언자 등에 대한 심문, 증언, 검시 내용을 적은 초검관 청풍군수 이선식(李選植)의 1900년 1월 31일자 초검보고서, 같은 과정을 거쳐서 신문하고 복검한 내용을 기록한 제천군수 민영완(閔泳琬)의 1900년 2월 23일자 복검보고서, 이어 사건 직후 도망했던 이금성과 박응삼을 잡아 취조한 조사기록으로 증언과 취조를 통해 이금성을 정범으로, 박응삼은 간범으로 확정하는 청풍군수 이선식(李選植)의 1900년 11월 22일자 초사보고서와 이를 확인했던 연풍군수(延豊郡守) 임영호(任永鎬)의 1900년 12월 25일자 복사보고서를 합철했다.

* 『청풍원항정(清風元恒定)』

『청풍원항정』은 1834년 작성된 것으로 보이는 청풍의 읍사례. 필사본, 1책 23장. 청풍문화재단지 소장. 청풍부에서 거두어들이는 각종 세금과 그 지출내역에 관한 규정을 수록하고 있다. 갑오년 작성된 것으로 적혀 있는데 호조납의 면세전에서 화유옹주로 기재되어 있어 작성시기는 1834년으로 추정된다. 청풍 현지에서 작성된 것으로, 중앙에 보고되어 정리되었던 각종 읍사례의 기초자료로 생각된다.

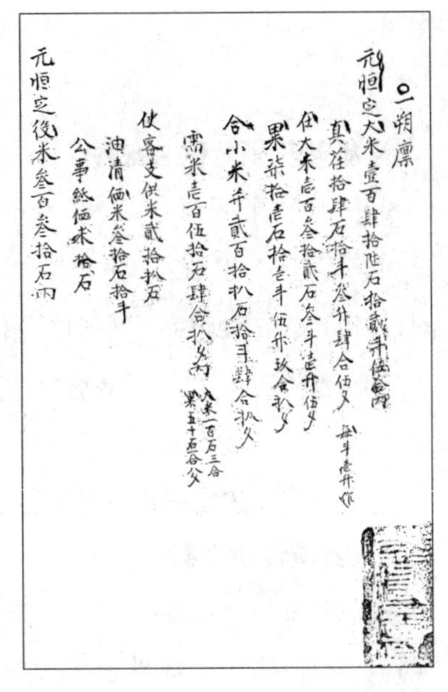

〈그림 48〉 『청풍원항정』(청풍문화재단지 소장)

* 『충청도제천현현우면백학봉하청전평전답양안(忠清道堤川縣縣右面白鶴峯下靑田坪田畓量案)』

제천 현우면 청전 소재 명례궁 전답의 양안. 필사본, 1책 4장. 규장각 소장(규18222), 34.1×53.2cm. 표제는 "제천명례궁(堤川明禮宮)"으로 표기되어 있으며, 제목과는 달리 현우·현좌면 8개 지역을 대상으로 하고 있다. 지역명칭에 이어 전답의 자호를 주기하고 매 필지마다 지번(地番)·양전방향(量田方向)·지형(地形)·지목(地目)을 적고, 이어 토지등급(土地等級), 부결수(結負數), 사표(四標) 등을 기록했다. 1903년 작성된 양안과 비교하여 두락수와 작인명이 없으며, 필지의 수도 적은 것으로 보아 그 보다 앞선 시기에 작성한 것으로 보인다.

* 『충청북도제천군전답양안(忠淸北道堤川郡田畓量案)』

1903년(광무 7)에 작성된 충청북도 제천군 현우면(縣右面)·현좌면(縣左面)·북면(北面) 소재 명례궁(明禮宮) 소속 전답의 양안. 필사본, 1책 8장. 규장각 소장(규 18216), 27.0×45.6cm. 지역명칭과 해당 자호(字號)를 기록하고 매 필지에 지번(地番)·양전방향(量田方向)·전답형(田畓形)·지목(地目), 토지등급(土地等級), 야미수(夜味數), 결부수(結負數), 사표(四標), 두락수(斗落數), 일경수(日耕數), 작인명(作人名)을 표시했다. 두락수와 일경수는 매 필지마다 기록하지 않고 작인별로 몇 개의 필지를 합해 기록했다.

* 『충청북도충주등십군(忠淸北道忠州等十郡)』

1901년(광무 5)경 충청북도 충주·청풍·단양·영춘·제천·연풍·괴산·음성·청안·진천군 등 10군에 대한 포폄기(褒貶記). 필사본, 1책 11장. 규장각 소장(규 27121), 20.5×30.0㎝. 군수·이서·전시찰 등의 여러 관리에 대한 포폄 및 상납 결호전(結戶錢)·군현의 형편을 적은 연형(年形)·관리들의 은결(隱結)·사환(社還) 등의 상황을 다루었

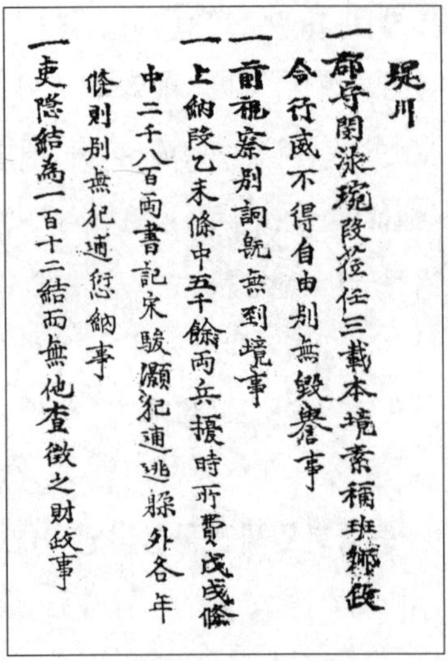
堤川
一郡守閔泳琬段莅任三載本境素稱班鄕民
令行威不得自由則無毁譽事
一前祗察別詞訖無到境事
一上納段乙未條中五千餘兩兵擾時所費戊戌條
中二千八百兩書記宋駿灝犯逋逃躱外各年
條則別無犯逋愆納事
一吏隱結爲一百十二結而無他査徵之財政事

〈그림 49〉『충청북도충주등십군(포폄기)』(규장각 소장)

다. 당시 청풍군수는 이태식(李台植)이었으며, 연형조에서는 화곡(禾穀)이 다른 군에 비해 조금 잘 되어 사람들이 황급해하지 않는다고 적었으며, 사환조에서는 1896년(병신) 병요시 몰수되어 현재는 남아있는 것이 없음을 특기했다. 당시 제천군수는 민영완(閔泳琬)이었으며, 상납조에서는 1895년(을미) 병요 소비건과 1898년(무술) 서기(書記) 포탈건을 기록하고 있으며, 연형조에서는 제천이 4군 중 가장 넓은 평지인 까닭에 재해로 인한 손실이 막심해도 사람들이 황급해하지 않는다고 적었으며, 사환조에서는 청군과 의병전쟁시 탕진했음을 특기했다. 광무년간 제천·청풍 근무자들의 근무 성적과 관련된 자료이다. 국사편찬위원회에서 1991년에 간행한『각사등록』48(충청도보유편)에 수록되어 있다.

(4) 사론류

*『강목훈의차요(綱目訓義箚要)』

유지혁(柳芝赫)이 『자치통감강목』의 각 어구에 대해 주석한 책. 필사본, 목록 1책, 본집 7책, 총 8책. 병산영당 소장, 20.2×29.7cm. 1930년 완성. 목록은 본문에서 다룬 각 어구들을 표출하여 적었다. 1책은 주(周) 위열왕에서 한(漢) 평제까지, 2책은 한 평제 원시 3년에서 한 후주까지, 3책은 한 후주 연희 2년에서 송(宋) 문제·위(魏) 태무제까지, 4책은 송 문제 원가 5년에서 양(梁) 효원제·위(魏) 공제·제(齊) 문선제까지, 5책은 양 경제 소태 원년에서 당(唐) 중종까지, 6책은 당 중종 신공 원년에서 당 헌종까지, 7책은 당 헌종 원화 9년에서 주(周) 세종까지 다루었다(〈사진 9〉).

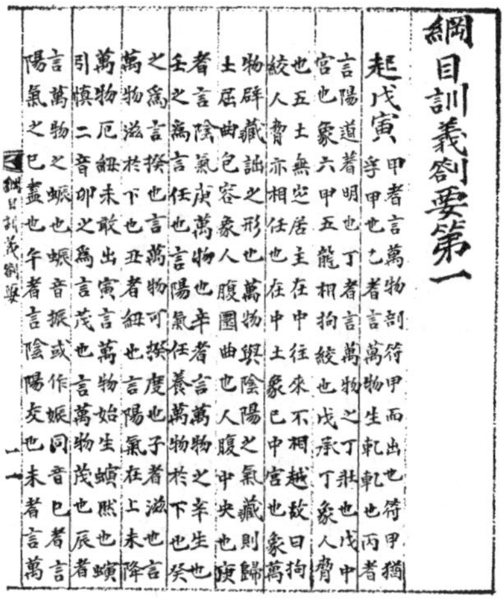
綱目訓義剳要第一
起戊寅

〈그림 50〉『강목훈의찬요』(병산영당 소장)

*『송원화동사합편강목(宋元華東史合編綱目)』

화서(華西) 이항로(李恒老, 1792~1868)가 대강(大綱)을 정하고, 서술은 유중교(柳重敎, 1832~1893)와 김평묵(金平默, 1819~1891)이 담당한 중국의 송·원과 고려의 역사를 합편해 만든 사서. 목판본, 본문 29권, 부록 4권, 합 33권. 20.5×31.3cm. 1907년 간행. 원편 29권과 부록

4권 가운데 권 24까지는 유중교가, 권 25 이후는 김평묵이 집필했다. 1852년 편찬작업이 시작되었으며, 1864년 본문의 편찬을 일차 완료했다. 그 뒤 여러 차례 수정 과정을 거쳤다. 부록 4권 가운데 서법(권 30)은 1889년 유중교가, 발명(권 31~33)은 김평묵이 1879년 저술했다. 책의 첫머리에는 문인인 유인석(柳麟錫)의 서문(1906)이 있으며 말미에는 유인석(柳麟錫)·최익현(崔益鉉)·유중악(柳重岳)이 쓴 발문이 있다. 이 책의 편찬목적은 『춘추(春秋)』와 『자치통감강목(資治通鑑綱目)』

〈그림 51〉 『송원화동사합편강목』(내제문화연구회, 1998)

의 원칙에 따라 상로의 『속자치통감강목(續資治通鑑綱目)』이 원(元)을 정통으로 서술한 것을 비판하고 주자의 정통론에 입각해 이 부분을 다시 서술하는 데 있었다. 내용 서술에서는 『속강목』에 비해 송 정통론의 원칙과 춘추필법의 서술 방식을 엄격히 적용했다. 사론에서는 군주와 신하와의 관계에 대한 사론, 주자학과 정통론에 대한 사론, 지조론에 대한 사론 등이 대폭 추가되었다. 국가적 위기상황에서 성리학적인 역사인식을 공고히 함으로써 이러한 변화에 대처하려는 척사위정파의 역사인식을 보여준다. 1998년 내제문화연구회에서 2책으로 영인했다(〈사진 10〉).

　　한편 의병전시관에는 『송원화동사합편강목(宋元華東史合編綱目)』의 초고 필사본이 있다. 표제명 『화동합편』. 의병전시관 소장, 18.0×27.5cm.

전체 책 가운데 권 13과 권 21 두 책만 남은 낙질본이다. 초고본으로 일부 내용에 대한 수정지시와 이에 대한 응답을 적은 부전지가 있다. 초고본을 살펴보면 강목의 원칙이 처음 집필단계에서는 그대로 적용된 것이 아니었으며, 오히려 교정 과정에서 강목의 원칙을 더욱 엄격히 적용하고 있다. 목판본『송원화동사합편강목』과 비교해 보면 사론의 대부분이 수정단계에서 첨입되었음을 확인할 수 있다. 수정과 첨입에는 김평묵의 의지가 크게 반영되어 있다.

또한 김평묵(金平默)이 편찬한 『송원화동사합편강목』「발명」의 필사본 총 3권 3책 가운데 현재 마지막 1권 1책이 남아 있다. 의병전시관 소장, 16.5×24.5cm. 원 경진(庚辰) 이후를 다루었다. 상단 부분이 소실되었다. 목판본 발명과 비교할 때 초고본으로 여겨지며, 일부 수정된 내용이 있어 참고된다.

한편 강원대학교 박물관에도『송원화동사합편강목』편찬과 관련된 초고류가 남아있어 참고가 된다. 이에는 「송원이후화동사론수록」, 「화동사합편강목서법」, 「화동합편 교수절차」 등이 소장되어 있다.

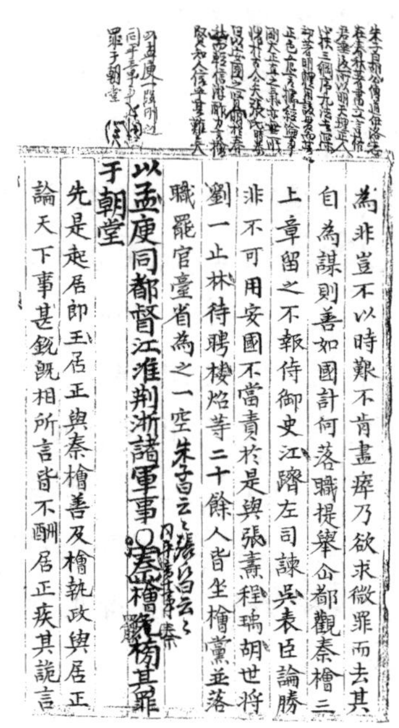

〈그림 52〉『화동합편』(의병전시관 소장)

* 『화동사(華東史)』

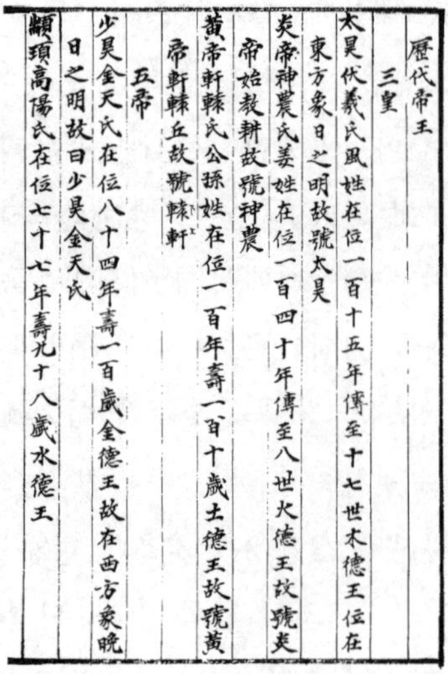

유지혁(柳芝赫)이 중국과 우리 나라 역사의 중요한 사항을 간략히 정리해 놓은 책. 필사본, 1책 83장. 병산영당 소장, 21.5×32.7cm. 내용은 역대제왕, 고금역대연표원류, 제왕차서, 동국사요, 연통원류, 동국역대전통지도, 오성·십철·송조전도·동무종향·서무종향·문묘종향, 칠은, 여조사현, 아조오현, 동방명현, 공신록, 회맹록, 진신보 등을 간략히 정리했다. 지역과 관련해서는 청풍향교와 봉강서원의 창건과 중수에 대한 내용이 수록되어

歷代帝王
三皇
太昊伏羲氏風姓在位一百十五年傳至十七世木德王位在
東方象日之明故號太昊
炎帝神農氏姜姓在位一百四十年傳至八世火德王故號炎
帝始教耕故號神農
黃帝軒轅氏公孫姓在位一百年壽一百十歲土德王故號黃
帝軒轅丘故號軒轅
五帝
少昊金天氏在位八十四年壽一百歲金德王故在西方象曉
日之明故曰少昊金天氏
顓頊高陽氏在位七十七年壽九十八歲水德王

〈그림 53〉『화동사』(병산영당 소장)

있다. 청풍향교는 1610년(광해군 2) 이건한 후 1822년(순조 22) 중건했으며, 봉강서원은 1669년(현종 10)에 창건한 후 1733년(영조 9) 중수하고 이어 1824년(순조 24)에 중건했다는 기록을 전하고 있다. 당시 향교와 서원의 창건과 중수를 담당했던 부사, 도유사, 중건·영건도감, 유사, 전곡유사, 좌수, 별감, 장의, 재임 등 관련 인사들의 명단과 본관이 수록되어 있다.

(5) 지도류

* 〈의림지(義林池)〉

이방운(李昉運)[23]이 그린 『사군강산삼선수석』에 수록된 의림지도. 국민대학교 박물관 소장, 26.0×32.5cm. 정선의 산수화풍의 영향을 받아 의림지 주위의 형상을 사실적으로 그렸다. 버드나무가 우거졌던 당시 의림지의 모습을 엿볼 수 있다. 한편 이방운의 화첩에는 단양의 사인암·구담·도담삼봉, 청풍의 금병산(錦屛山)·도화동(桃花洞) 등에 대한 그림과 제영이 기록되어 있다. 이방운의 〈의림지〉에 수록된 제영은 다음과 같다.

水蘭山菊惜香衰	물가 난초 산기슭 국화 향기가 옅어지는 것이 안타까운데
小棹沿洄百頃遲	작은 배로 큰 물 거슬러 가니 많은 물살이 천천히 이네.
自有渚涯成器局	자연스레 물가 언덕이 제방을 이루었으니
誰云潦旱被盈虧	누가 장마와 가뭄으로 차다 줄다 한 것을 말하리요.
雲端不識源窮處	구름 끝 저 멀리 물길 근원도 알지 못하지만
壑底惟看瀑始垂	깊은 골에 오직 폭포가 쏟아지는 것을 보겠네.
高唱大堤歌一曲	큰 둑방에서 노래 한 곡조를 소리 높여 부르는데
跳魚飛鴨各天姿	뛰는 고기 나는 오리 떼 저마다 천연의 모습이로다.

---

23) 이방운(李昉運) 1761(영조 37)~？ : 초명은 방훈(邦勛), 자는 명고(明考), 호는 기야(箕野)·심재(心齋)·순재(淳齋)·순옹(淳翁), 본관은 함평(咸平). 첨절제사(僉節制使)를 지낸 이식(李埴)의 아들이다. 제천지역을 유람하면서 의림지 지도를 남기었다. 부사를 지낸 성대중(成大中)과 교유관계가 있었고, 산수화와 인물화에 능했다. 그의 화풍은 심사정(沈師正)과 강세황(姜世晃)의 남종화풍에 영향을 받았다. 〈참고문헌『한국의 미』12〉

〈그림 54〉〈의림지〉(『사군강산삼선수석』, 국민대박물관 소장)

〈그림 55〉〈금병산〉(『사군강산삼선수석』, 국민대박물관 소장)

〈그림 56〉〈도화동〉(『사군강산삼선수석』, 국민대박물관 소장)

* 〈제천현지도(堤川縣地圖)〉

규장각 소장(규10387), 25.5×36.0cm. 『충청도지도(忠淸道地圖, 규장각 소장)』(『조선후기지방지도』(충청도편), 서울대학교 규장각, 1998 영인)에 수록되어 있다. 1871년(고종 8) 열읍지도등상령(列邑地圖謄上令)에 따라 1872년 현에서 만들어 올린 채색지도로, 현 제천시와 백운면, 송학면, 봉양읍 일원을 포괄하는 고지도이다. 전국 차원의 지도 제작 사업의 결과 정리된 지방지도로, 이전 보다 큰 규격에 자세히 그려져 어느 다른 것보다 정보량이 풍부하다. 〈제천현지도〉는 산도(山圖)가 그려져 맥세를 강조하고 있으며, 관청 건물·수목·봉우리 등은 회화적으로 그려져 있다. 각 행정면은 두드러지게 표시했으며 면에는 각 면 소속의 동리명과 호구수가 기록되어 있다. 그 외에도 소하천, 도로망, 점, 사창이 자세히 그려져 있다. 제천의 구 읍치가 원서면 화당리(花堂里)에 있었으며, 당시까지만 하더라도 향교와 객사의 유지가 있었다고 적고 있다. 이후 근우면 장평리로 옮겼다가 당시의 자리로 옮겼음을 부기했다. 당시 관아의 위치와 제천의 지역 형편을 이해할 수 있는 자료이다.

〈그림 57〉「제천현지도」(서울대규장각, 1998)

* 『청구도(靑邱圖)』

고산자(古山子) 김정호(金正浩)가 1834년(순조 4)에 만든 한반도 지도. 동서를 22판으로, 남북을 29층으로 나누어 선을 넣고 일정한 방안에 따라 만든 지도. 2책. 1책에는 〈청구도제(靑邱圖題)〉, 〈청구도범례〉, 〈본조팔도주현도총목(本朝八道州縣圖總目)〉, 〈도성전도(都城全圖)〉, 〈제주현도(諸州縣圖)〉, 〈동방제국도(東方諸國圖)〉, 〈사군삼한도〉, 〈삼국전도〉, 〈신라구주군현총도(新羅九州郡縣總圖)〉, 〈고려오도양계주현총도(高麗五道兩界州縣總圖)〉, 〈본조팔도성경합도(本朝八道盛京合圖)〉, 〈군국총목표(軍國總目表)〉이 수록되어 있다. 2책에는 〈도성전도(都城全圖)〉, 〈제주현도(諸州縣圖)〉가 수록되어 있다. 1책의 제천·청풍과 관련된 부분에서는 주현읍치(州縣邑治), 방면(坊面), 용두산·대덕산·주유산·덕산·금병산·금수산 등의 산, 박달치·대치·석치 등의 고개, 의림지·용추·청초호 등의 경관, 남한강·고교천·사계 등의 강과 하천, 각 주요 교통로, 성곽, 역참(驛站), 창 등이 수록되어 있다. 지지적 내용으로는 호(戶), 전(田), 곡(穀), 거경(距京) 거리 등이 실려 있다. 1971년 민족문화추진회에서 영인했다.

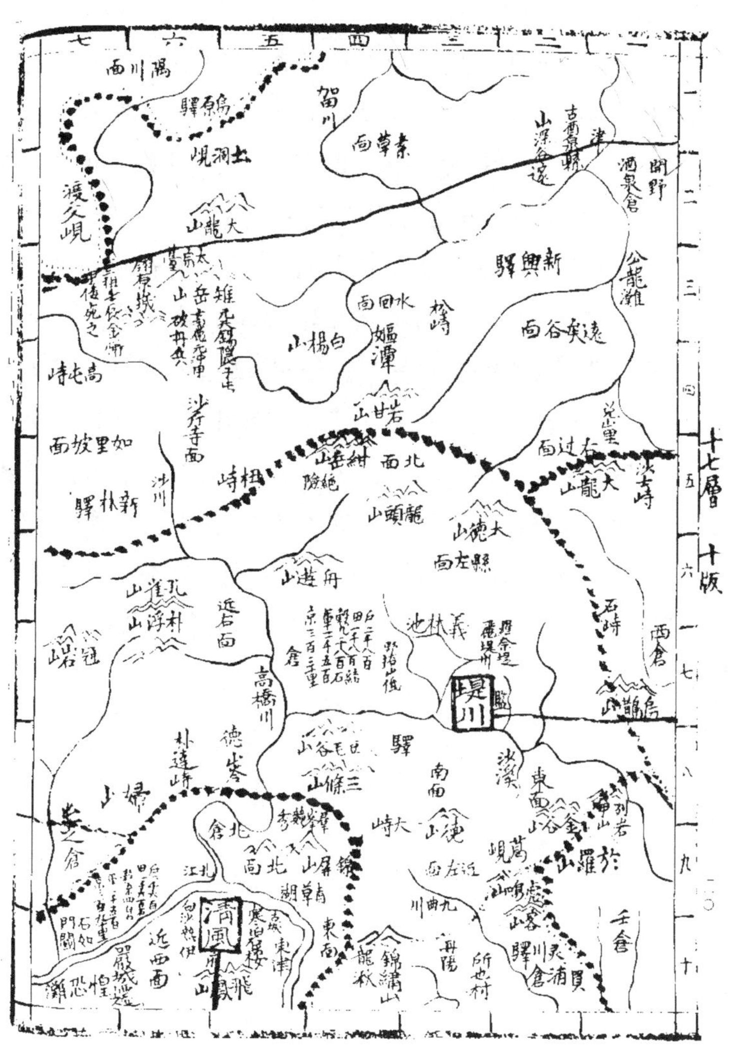

〈그림 58〉『청구도』(민족문화추진회, 1971)

* 〈청풍부팔면(淸風府八面)〉

규장각 소장(규10411), 25.5×36.0cm.『충청도지도(忠淸道地圖, 규장각 소장)』(『조선후기지방지도』(충청도편), 서울대학교 규장각, 1998 영인)에 수록되어 있다. 1871년(고종 8) 열읍지도등상령에 따라 1872년 부에서 만들어 올린 채색지도로, 현 제천시 청풍면, 한수면, 수산면, 금성면 일원의 고지도이다. 전국 차원의 지도 제작 사업의 결과 정리된 지방지도로, 이전 보다 큰 규격에 자세히 그려져 어느 다른 것보다 정보량이 풍부하다. 〈청풍부팔면〉은 다른 군현지도들이 사각형 모양의 지도를 그렸던 것과 달리 둥근 원형 구도를 취했다. 이는 청풍을 한 공간으로서의 영역을 가진 지역으로 보았기 때문일 것이다. 감옥인 영어(圇圄)는 둥근 톱니모양을 하고 있다. 관청 건물 중에는 훈련청, 군기고, 포수청 등이 독립된 건물로 나타나 당시 군비 강화와 관련된 모습을 엿볼 수 있다. 당시 관아의 위치와 청풍의 지역 형편을 이해할 수 있는 자료이다.

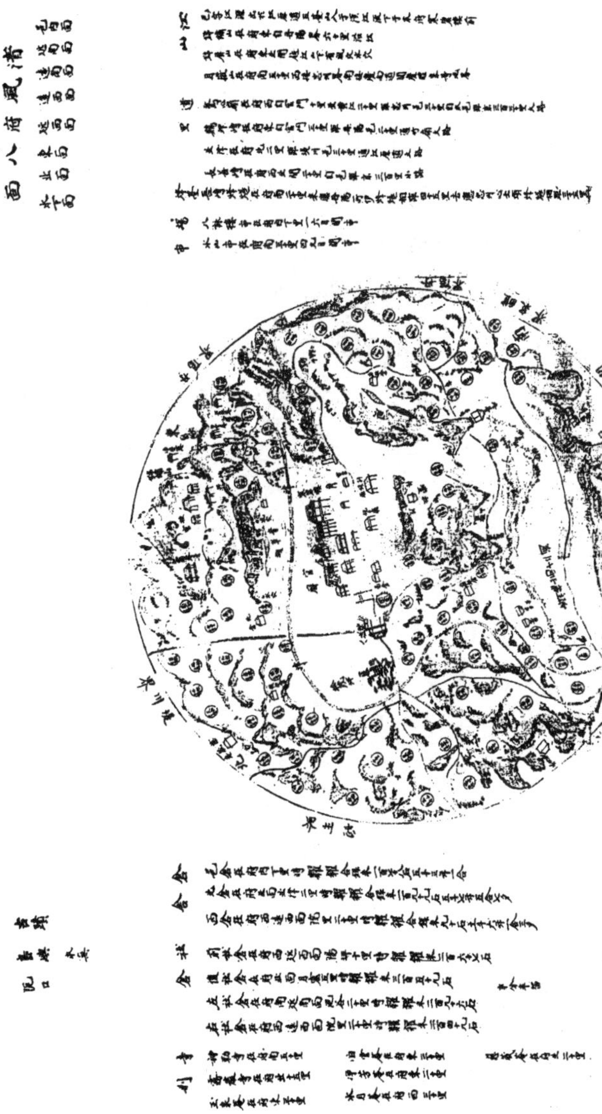

〈그림 59〉「청풍부팔면」(서울대규장각, 1998)

* 〈한벽루(寒碧樓)〉

　정선(鄭敾)[24]이 그린 청풍부 관아 모습. 간송미술관 소장. 25.7× 20.5cm. 정선이 청풍·제천·단양·영춘의 산수를 탐방한 것은 동문 후배인 홍진유(洪晉猷)가 청풍부사로 재직하면서 정선을 초빙했던 1737년(영조 13)으로 보인다. 그리고 정선의 스승이었던 김창협과 그의 조부 김광찬, 백부 김수증이 청풍부사를 역임했다. 이러한 여러 인연으로 청풍 관아의 정경을 그린 것이 〈한벽루〉이다. 강가 절벽 토담 위 건물이 한벽루(寒碧樓)이며, 그 옆에 잇댄 건물이 객관인 응청각(凝淸閣)이다. 다시 그 옆으로 명월정(明月亭)과 동헌인 관수당(觀水堂)이 있다. 현재는 수몰로 관아 건물이 청풍문화재단지 내에 이건되었다.

---

24) 정선(鄭敾) 1676(숙종 2)~1759(영조 35) : 자는 원백(元伯), 호는 겸재(謙齋)·겸초(兼艸)·난곡(蘭谷), 본관은 광주(光州). 한미한 양반 출신으로 그림 재주 때문에 관료로 추천을 받아 두루 지방 수령직을 역임했다. 1756년에는 가선대부지중추부사(嘉善大夫知中樞府事)에 제수되었다. 노론 명문인 안동 김씨와의 관계로 관로에 진출했으므로 노론 벌족과의 교유가 활발했다. 제천의 옥소 권섭과도 친분이 있었다. 〈참고문헌『진경산수화』〉

〈그림 60〉〈한벽루〉(『진경산수화』, 범우사, 1993)

*『해동지도』〈제천현지도〉

규장각 소장, 30.0×47.5cm. 18세기 초반 지역적인 변화를 바탕으로 18세기 중반 전국을 대상으로 하는 군현지도집으로 편찬된 것이『해동지도(海東地圖)』(서울대학교 규장각, 1995년 영인)이다.『해동지도』의 〈제천현지도〉에는 비도(備圖)와 비교한 첨지가 붙어 있는데 "호명산, 부곡산, 대덕산, 천남역, 제비랑산, 대치는 비변사지도에 있으나 본 지도에는 없어서 적어 넣는다(虎鳴山釜谷山大德山泉南驛齊非郎山大峙 備圖 在本圖無 故添書)"고 적혀 있어 비변사지도와 비교해 계속 수정한 지도임을 알 수 있다. 지지적 내용으로 민호 3,795호, 전 1,854결 76부 7속, 답 661결 87부 3속, 곡물총수로 회부미 3,635석 3두, 피곡 12,234석 14두, 군병총수로 감영군 7명, 병영군 21명, 후영진속오군 514명이 기록되어 있다. 면은 현우면(縣右面), 현좌면(縣左面), 근우면(近右面), 근좌면(近左面), 남면(南面), 동면(東面), 북면(北面), 원서면(遠西面)으로 구성되어 있다. 지도에는 붉은 선으로 교통로를 표시했으며, 의림지를 비롯한 소하천의 흐름을 자세히 그려놓았다. 진산인 용두산과 그 아래의 의림지를 읍의 상부에 그려놓았다.

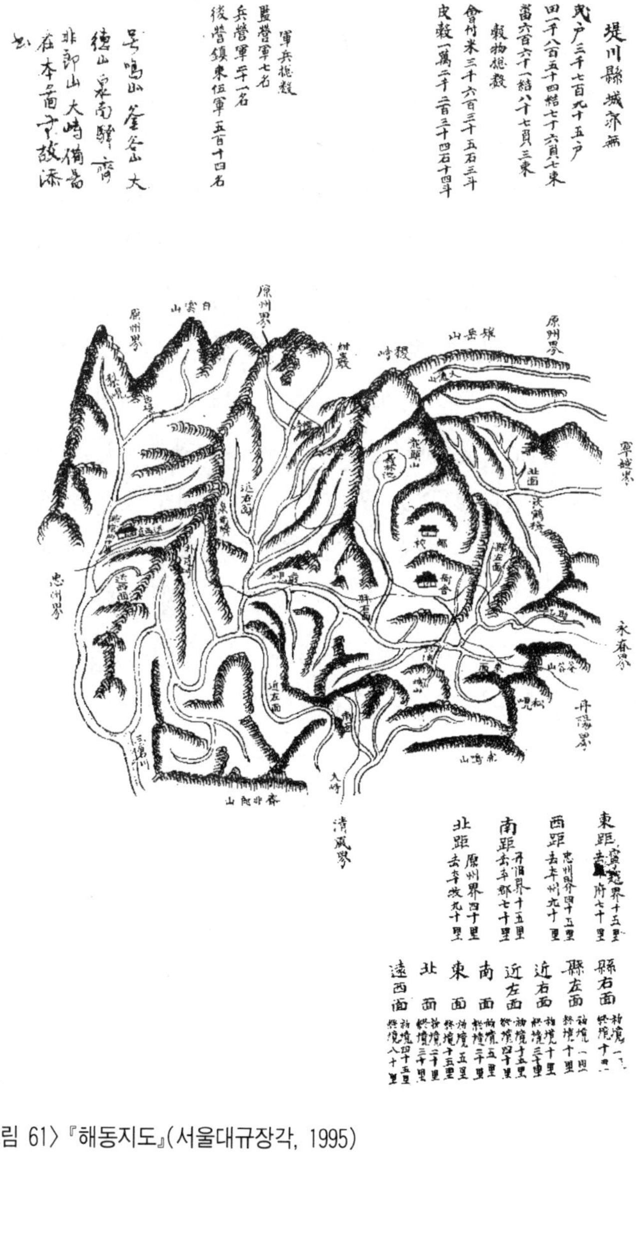

〈그림 61〉『해동지도』(서울대규장각, 1995)

*『해동지도』〈청풍부지도〉

규장각 소장, 30.0×47.5cm. 『해동지도』의 〈청풍부지도〉에는 비도(備圖)와 비교한 첨지가 붙어 있는데 "수혈, 병산, 옥순봉, 용(귀의 오기) 담, 향교, 대치가 비변사지도에는 있으나 본 지도에는 없어서 그려 넣었다(水穴屏山風穴玉筍峯龍潭鄕校大峙 備圖在本圖無 故寫畵)"고 적어 비변사지도와 비교해 계속 수정한 지도임을 알 수 있다. 지지적 내용으로 민호 3,517호, 전 1,610결 33부 9속, 답 268결 56부 4속, 곡물총수로 회부미 1,334석 1두, 피곡 6,597석 3두, 군병총수로 감영군 4명, 병영군 16명, 후영진속오군 339명이 기록되어 있다. 면은 읍내면(邑內面), 근남면(近南面), 원남면(遠南面), 근서면(近西面), 원서면(遠西面), 북면(北面), 동면(東面), 수화면(水化面)으로 구성되어 있다. 지도에는 붉은 선으로 교통로를 표시했으며, 붉은 점으로 오치봉대(吾峙峰臺)를 표시해 두었다. 옥천암, 백운암, 정방암, 신륵사, 보광암 등 사찰을 자세히 표시한 것도 특이하다. 전체적으로 두 군현의 지도를 살펴보면 제천현이 청풍부보다 읍세가 더 강했음을 알 수 있다.

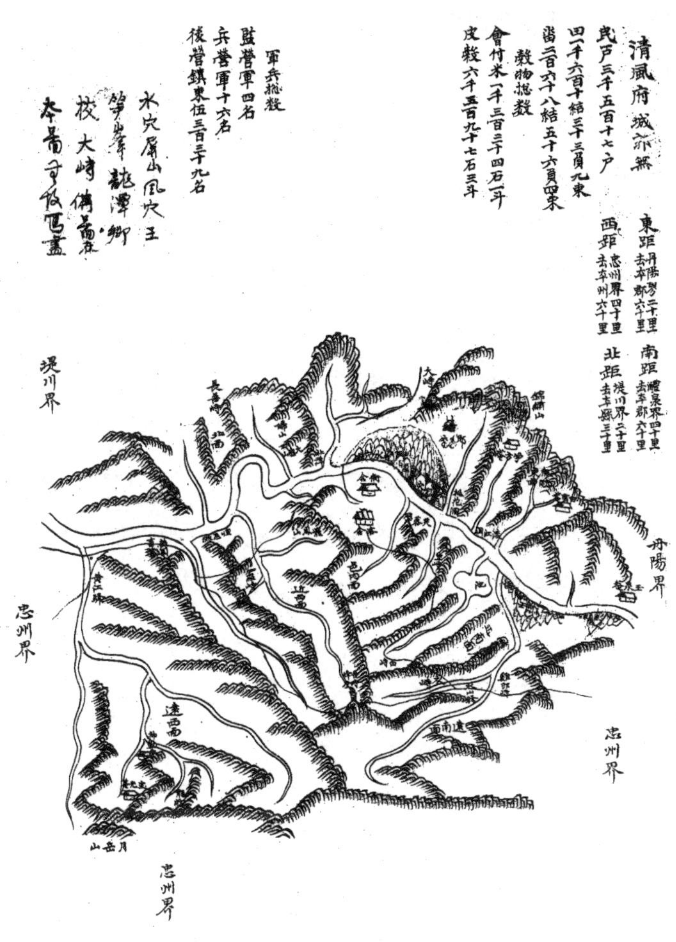

〈그림 62〉『해동지도』(서울대규장각, 1995)

*『호서전도』〈제천현지도〉

　영남대박물관 소장, 15.8×19.0cm. 중심에는 읍치를 배치하고 향교(鄕校)와 아사(衙舍), 창(倉) 등 공공건물은 파란 지붕의 가옥으로 표현해 구별했다. 제천의 면은 동면(東面), 남면(南面), 북면(北面), 현좌면(縣左面), 현우면(縣右面), 근좌면(近左面), 근우면(近右面), 원서면(遠西面)으로 구성되어 있다. 제천으로 이어지는 주요 도로망은 붉은 선으로 표현했다. 의림지가 부각되도록 그려져 있고 소하천들의 모습이 상세히 그려져 있다. 옛 제천의 위치도 기록해 두고 있다. 이 지도에서 보여주는 것은 18세기 전반기의 제천의 모습이라고 할 수 있다. 그리고 『호서전도』의 〈제천현 지도〉는 규장각에 소장된 또 다른 군현지도집인 『광여도(廣輿圖)』(서울대학교 규장각 소장 고 4790-58)에서 그린 것과 유사한 모습을 보여주고 있어 둘 다『해동지도』가 나오기 전의 것으로 보인다.

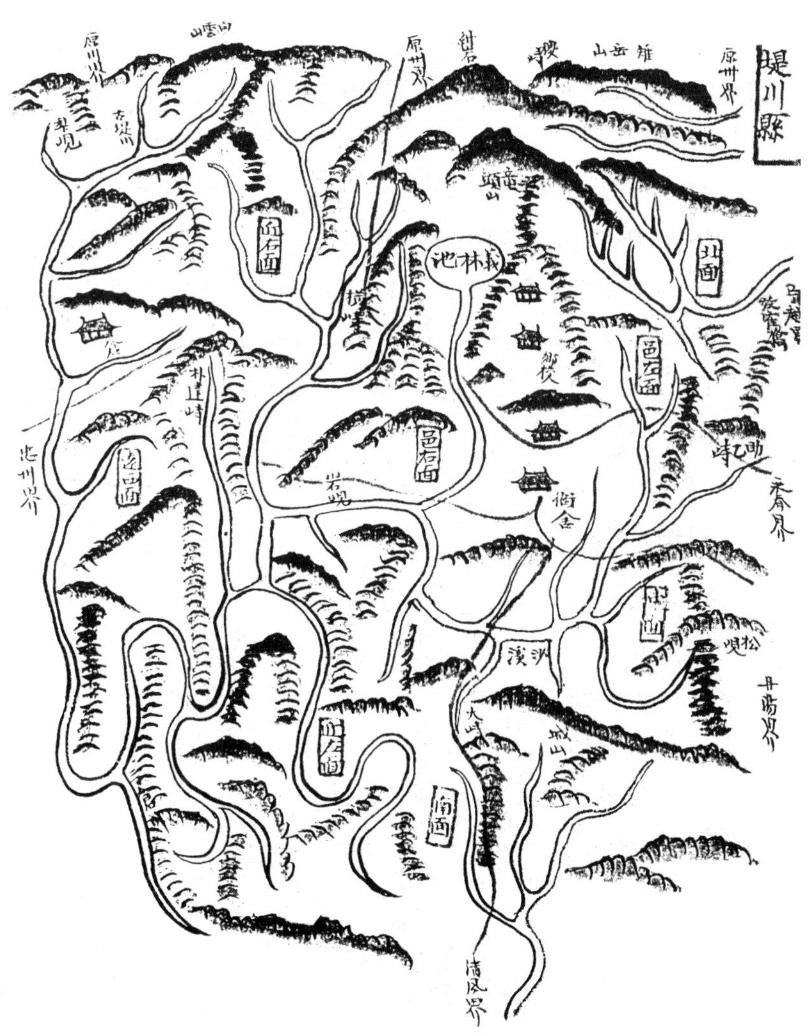

<그림 63> 『호서전도』(영남대박물관, 1998)

(6) 지지류

* 『고려사(高麗史)』「지리지(地理志)」

고려시대의 역사를 김종서(金宗瑞), 정인지(鄭麟趾), 이선제(李先齊), 정창손(鄭昌孫) 등이 1451년(문종 1) 기전체 방식으로 편찬한 고려왕조의 정사. 전체 구성은 세가 46권, 지 39권, 열전 50권, 목록 2권 등 총 139권으로 이루어졌다. 그 가운데 '지(志)'의 한 편목으로 지리지(地理志) 3권이 수록되어 있다. 지리지 가운데 충주목 아래의 청풍현(淸風縣)과 원주목 아래의 제주(堤州)에 지역의 군현 연혁과 관련된 기록이 있다.

* 『대동지지(大東地志)』

김정호(金正浩)가 편찬한 지리서. 32권 15책의 필사본. 권 1~24의 각도 지지(地志) 가운데 제천과 청풍은 권 6에 수록되어 있다. 『신증동국여지승람』 이후 도호부 승격, 서원 창건 등 지역의 변화된 상황을 기록했으며, 전고조에서는 고려시기 왜구 격퇴 기사를 추가했다. 19세기 중반의 지역사회에 대한 유용한 정보를 전한다. 1976년 아세아문화사에서 영인했다.

* 『동국여지지(東國輿地志)』

유형원(柳馨遠)이 편찬한 전국 지리서. 9권 10책의 필사본. 규장각 소장. 권 3 충청도에 청풍과 제천조가 수록되어 있다. 『신증동국여지승람』과 비교하면 항목의 첫머리에 한전·수전을 둔 점, 성씨나 제영과 같은 항목을 삭제한 점 등이 특징적이다. 1983년 아세아문화사에서 영인했다.

* 『삼국사기(三國史記)』「지리지(地理志)」

김부식(金富軾) 등에 의해 편찬된 신라·고구려·백제 삼국에 관한 기전체(紀傳體) 정사. 본기 28권, 지 9권, 표 3권, 열전 10권의 총 50권 10책. 제천에 대해서는 권 35, 잡지 4, 지리 2, 나제군(奈隄郡) 항목에 관련 내용을 수록하고 있으며, 이는 제천과 청풍에 관한 가장 오래된 지리 기록이다.

* 『세종실록(世宗實錄)』「지리지(地理志)」

『세종실록』은 세종 재위년간(1418~1450)의 역사를 기록한 것으로 1452년(문종 2) 3월 편찬을 시작해 1454년 3월에 완성했다. 그 가운데 권 148~155가 지리지(地理志)이며, 권 149 충주목 아래에 청풍군과 제천현이 수록되어 있다. 이에는 국가적 차원에서 파악된 제천과 청풍의 지역자료가 수록되어 있다. 원문은 국사편찬위원회에서 영인했으며, 1972년 세종대왕기념사업회에서 번역 간행했다.

* 『신증동국여지승람(新增東國輿地勝覽)』

노사신(盧思愼), 강희맹(姜希孟), 양성지(梁誠之) 등이 1481년(성종 12)에 완성한『동국여지승람(東國輿地勝覽)』을 여러 차례의 수교과정을 거친 후 다시 중종이 이행(李荇), 윤은보(尹殷輔), 신공제(申公濟), 홍언필(洪彦弼), 이사균(李思鈞) 등에게 중수사업을 벌이게 해 1530년(중종 25)에 55권으로 최종 완성한 관찬지리서이다. 제천과 청풍은 권 14에 수록되어 있으며, 조선초기 지역에 관한 가장 광범위한 정보내용을 담고 있다. 1967년에는 민족문화추진위원회에서 번역 간행했다.

*『여지도서(輿地圖書)』

『여지도서』는 각 도에 읍지를 상송하도록 명령을 내려 편찬한 55책
의 필사본 전국 지리서. 제천과 청풍조는 다른 읍지류와 마찬가지로
1760년(영조 36) 이후에 편찬되었을 것으로 추정되며, 이 기록은 지방
관부에서 상송된 읍지 가운데 가장 오래된 것이다. 내용은『동국여지승
람』의 것을 이었지만 건치연혁 앞에 방리(坊里)와 도로(道路)를 앞세
워 지역간 교류와 유통을 중시하고 있다. 인물 다음에는 한전(旱田), 수
전(水田), 진공(進貢), 조적(糶糴), 전세(田稅), 대동(大同), 균세(均

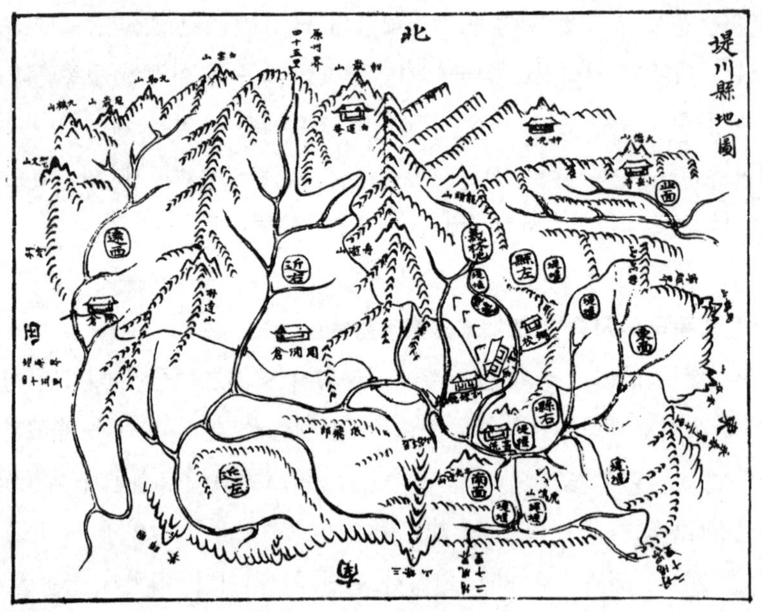

〈그림 64〉〈제천현지도〉(『여지도서』, 국편, 1973)

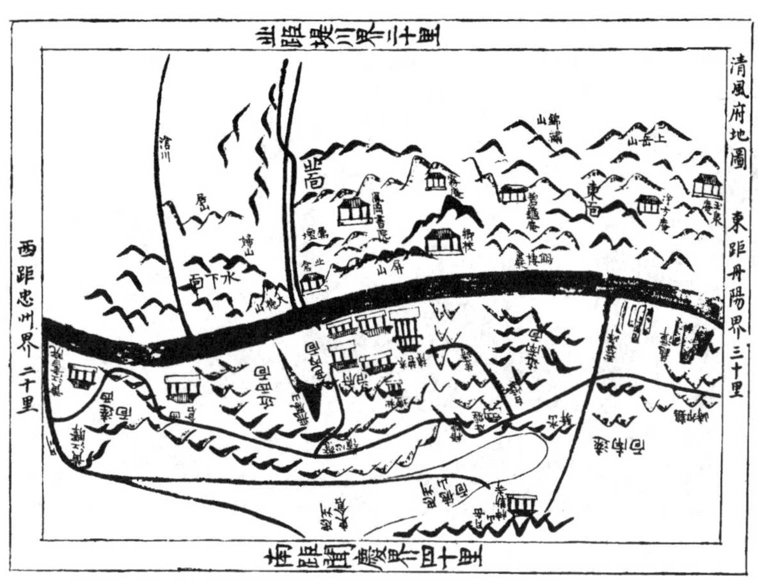

<그림 65> <청풍부지도>(『여지도서』, 국편, 1973)

稅), 봉름(俸廩), 군병(軍兵) 등의 조항을 독립 항목으로 설정하고 있다. 이에서 지역의 재정적 내용을 정리해 군현 단위의 경제적 상황을 자세히 파악하려는 18세기 후반기 국가적 통제 노력을 엿볼 수 있다. 한국교회사연구소 소장으로, 1973년 국사편찬위원회에서 2책으로 영인했다.

* 『제천군읍지(堤川郡邑誌)』

필사본, 1책 31장. 규장각 소장(규10750), 26.5×36.4cm. 장서각 소장의 『제천현읍지』와 비교한다면 표제에 "군(郡)"이라는 명칭을 사용하고 있어 그 보다 후대에 편찬된 것으로 1899년(광무 3)에 전국적인 읍지 상송령에 따라 제천군에서 편찬한 읍지로 보인다.

〈그림 66〉『제천군읍지』(규장각 소장)

* 『제천군읍지(堤川郡邑誌)』 「부청풍부읍지(附淸風府邑誌)」

1914년 청풍이 제천으로 통합된 이후 청풍 읍지를 제천의 읍지에 부록으로 합록해 편찬. 필사본, 1책. 부록에는 「청풍읍지(淸風邑誌)」외 권태원(權泰元)이 편찬한 〈천남장기(泉南莊記)〉가 덧붙여져 있다. 『호서읍지』의 제천편과 청풍편과 비교하면 일부 착탈된 곳을 제외하고는 동일한 내용으로 구성되어 있다. 부록에 수록된 〈천남장기〉는 1947년에 편찬된 것이므로, 이 책의 성책시기는 이 무렵일 것

泉南莊記

堤州之西有泉南即古堤州社稷洞云庶也山明而水麗泉甘而土肥無主而經歲者已久矣大凡天下之物各有其主矣日月星辰者天之所係而天為主為江河山巖者地之所載而地為主為人命其兩間而為萬物之主寧耕田而得穀鑿井而得水樵於山而得薪釣於水而得魚格物而知之用之而不竭由是觀之有物則必有主矣然則泉南之社稷洞亦必有主而尚無為徒為野人之所耕穫牛馬之所蒭芻如是而社稷洞之別景其孰從而知之噫天下之物之莫與不售抑亦有時有遇所謂已蜀山川得于美生色者正謂此也此泉南故之新里玉所樣公之所莊而尚今府遠隨為洞西為孚氏之村席而世居辦獨以社稷洞蕪燕而無主矣今平山申甫星均生於錦歸山下

〈그림 67〉『제천군읍지』(개인 소장)

이다.『제천군지』(1969),『제천·제원사』(1988) 편찬시 동일 책의 내용을 활자화해 수록했다.

* 『제천현읍지(堤川縣邑誌)』

필사본, 1책 24장. 장서각 소장(2-4305), 22.1×30.4cm. 필사본. 표제는 『제천현읍지(堤川縣邑誌)』, 내제는 『제천지(堤川誌)』. 채색지도가 첨부되어 있다. 헌종년간에 작성된 『충청도읍지』 제천현 부분의 것과 비교하면 일부 항목에서 누락이 있으나 내용적인 면에서는 유사하다. 『제천지』는 중앙에서 내려진 상송령에 따라 항목별로 빠지지 않고 제작해 올리려고 했다. 편찬시기는 1871년 흥선대원군에 의해 내려진 서원철폐령 이후 작성된 것으로 보인다. 『제천지』에 수록된 읍지도는 관청이나 집의 형태가 자세하고 넓은 범위의 부락을 표시하고 있으며, 의림

〈그림 68〉『제천현읍지』(장서각 소장)

지 근처의 소나무 군락지를 표현한 부분에서 보이듯이 그 표현이 상세하다.『내제문화』10(내제문화연구회, 1998)에 영인되어 있다.

*『조선환여승람(朝鮮寰輿勝覽)』

1928년부터 연차적으로 편찬된『조선환여승람』에 포함되어 있는 제천군편으로, 전통 한장본 형식의 지리지. 편찬자는 이병연(李秉延). 판권에 의하면 소화 9년(1934)에 간행. 내용은 전통적인 읍지의 편찬 방식을 잇고 있으며, 제천과 청풍을 한 목차내에 합해 수록하고 있다. 다른 읍지들이 대체로 1800년대 후반기의 사정을 적고 있다면, 이 읍지는 1910~1930년대의 제천·청풍의 변화된 사정까지 수록하고 있다. 지역에서 국역본(『국역 조선환여승람 제천』, 제천문화원, 1999)을 간행했다.

*『청풍군읍지(淸風郡邑誌)』

필사본, 1책 21장. 규장각 소장(상백고915.13c421p), 21.0×30.0cm. 편찬시기는 1867년(고종 4) 이후로 보이며, 그 하한선은 1871년 서원철폐령이 나오기 이전에 편찬된 것으로 보인다. 내용에서는 이전의 읍지가 대체로『여지도서』의 것을 따르는데 비해, 이 책은 이후 고종년간에 편찬되는 읍지의 기본적인 형태를 보이고 있다. 조적조에서 1863년(철종 14) 허류(虛留)를 탕감하고 1866년(고종 3)과 1867년(고종 4) 각각 별비미(別備米)를 두게 한 것과 부세조에서 1858년(철종 9) 양세를 모두 전(錢)으로 내고 전답과 군포에서는 풍흉과 관계없이 일정 액을 마련토록 한 것 등의 기술을 통해 당시 변모해가는 수취제도에서의 양상을 볼 수 있다.

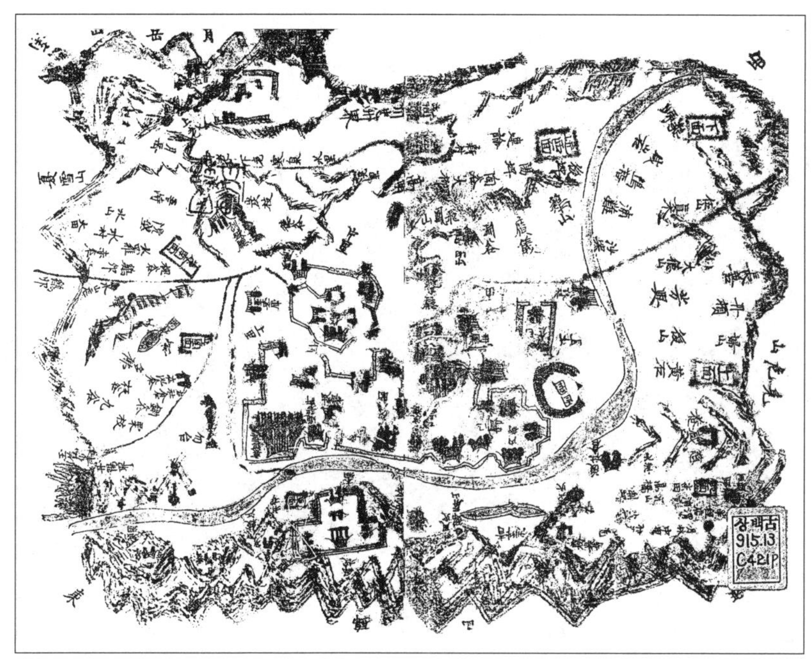

<그림 69> 『청풍군읍지』(규장각 소장)

* 『청풍군읍지(淸風郡邑誌)』

필사본, 1책 12장. 규장각 소장(규10744), 26.6×36.2cm. 1899년(광무 3) 전국 읍지 편찬계획의 일환으로 작성되었다. 『충청북도 각군읍지』「청풍부읍지」(규장각 규10763)의 것을 근간으로 하면서 첨삭을 가해 작성했다. 내용에서는 여전히 이전 읍지의 것을 답습해 읍지를 지방 행정을 파악하는 자료로서 적극적으로 수용하고 있지 않음을 보여주고 있다. 그러나 군현지도에서 관아나 사찰을 묘사한 내용이나 각 읍리를 묘사한 부분은 『충청북도 각군읍지』의 것에 비해 더욱 세밀하게 기록되어 있다.

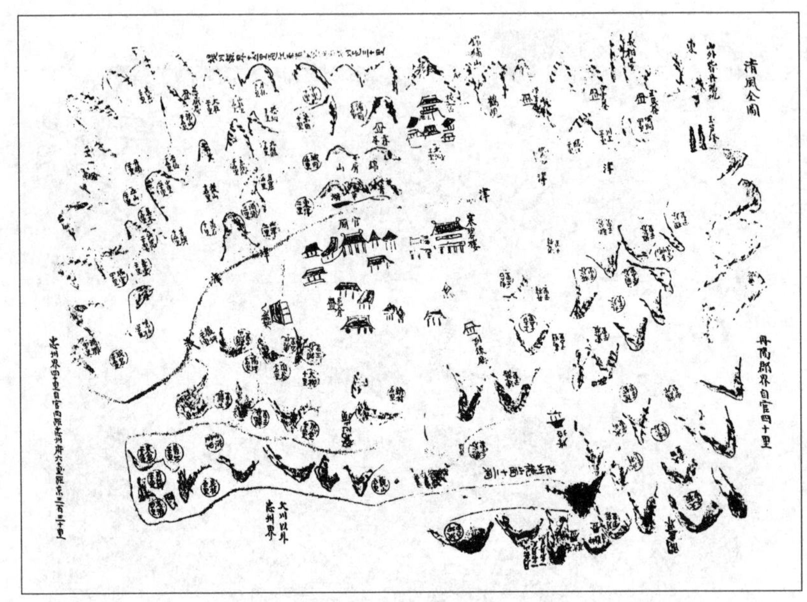

〈그림 70〉『청풍군읍지』(규장각 소장)

*『청풍부읍지(淸風府邑誌)』

　필사본, 1책 17장. 규장각 소장(규17395), 21.2×30.1cm.『충청도읍지』(국립중앙도서관 소장)에 이어 편찬된 것은 추정된다. 이 책은 1797년(정조 21) 이후 멀지 않은 시기에 만들어진 것으로 보인다. 방리와 도로의 기록을 앞세우고 한전에서 군병까지의 항목이 읍지 말미에 수용된 형식을 취한 것은『여지도서』의 것을 따랐으나, 읍선생에 대한 기술을 덧붙인 것은『충청도읍지』(국립중앙도서관)의 것을 따른 것이다. 관직조 읍선생에는 163명의 명단이 남아 있다.『내제문화』11(내제문화연구회, 1999)에 영인되어 있다.

* 『충청도읍지』 제천편 · 청풍편

국립중앙도서관 소장. 제천편은 헌종년간, 청풍편은 1766년(영조 42) 직후에 만들어 진 것으로 보인다. 『여지도서』의 해당 부분과 비교한다면 목차와 기술 내용에서 변화의 추이를 보여주고 있다. 그 내용에서 읍의 재정구조를 충실히 기재하고 있어, 그 이후 편찬된 읍지에서 주로 보이는 읍사례적 성격의 읍지로 넘어가는 과도기적인 형태를 보여주고 있다. 제천과 청풍의 각 부분에는 지도가 있으며, 지도의 내용은 『여지도서』의 것에 비교해 각 동리까지 기술할 정도로 세밀해 진 점, 건물의 방향이 사실적으로 배치된 점 등의 특징을 보이고 있다. 1984년 아세아문화사에서 『읍지』 7(충청도 1)로 영인했다.

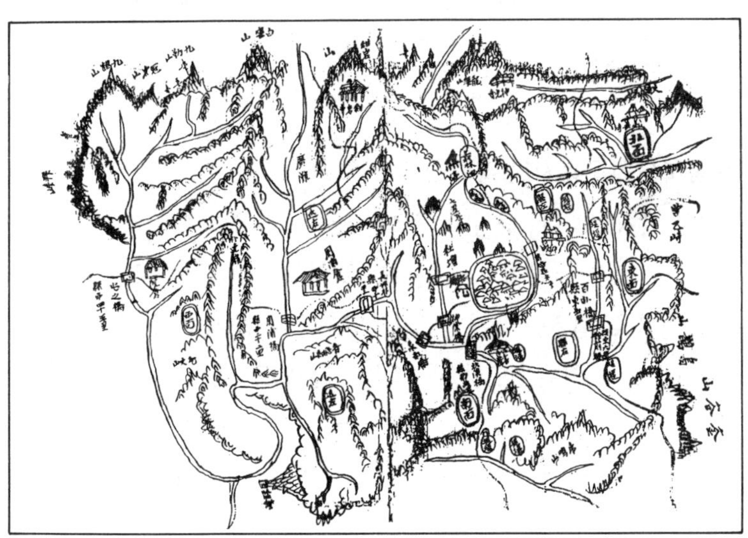

〈그림 71〉 「제천」(『충청도읍지』, 아세아문화사, 1984)

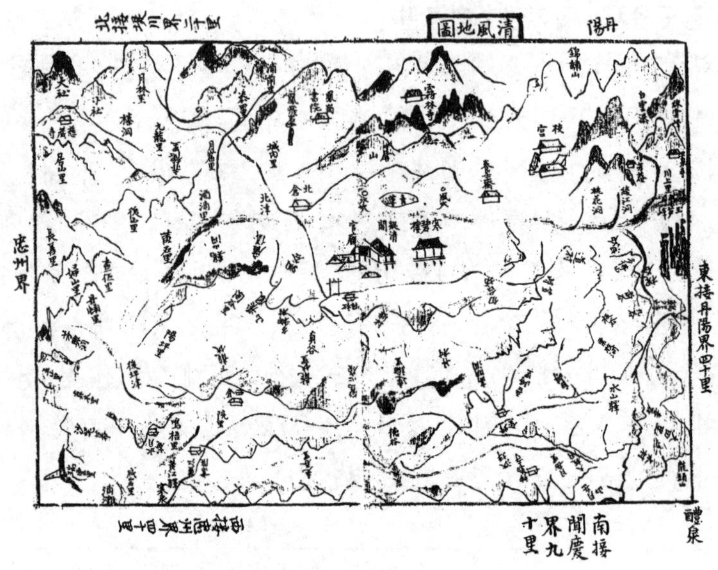

〈그림 72〉「청풍」(『충청도읍지』, 아세아문화사, 1984)

*『충청북도각군읍지(忠淸北道各郡邑誌)』

필사본, 1책 139장. 규장각 소장(규10763), 20.0×29.1cm. 1899년(광무 3) 전국 읍지 편찬사업의 일환으로 만들어진 충남북도 각군의 읍지 가운데 일부로, 청풍·제천·단양·영춘편의 읍지가 실려 있다.『청풍부읍지』(규장각 상백고도서)의 것을 저본으로 했으며, 시기는『호서읍지』보다 늦은 것으로 보인다. 각 군현별로 채색지도와 읍사례가 첨부되어 있다. 두 읍지에 수록된 읍사례는 일종의 세입과 지출 명세서에 해당한다.

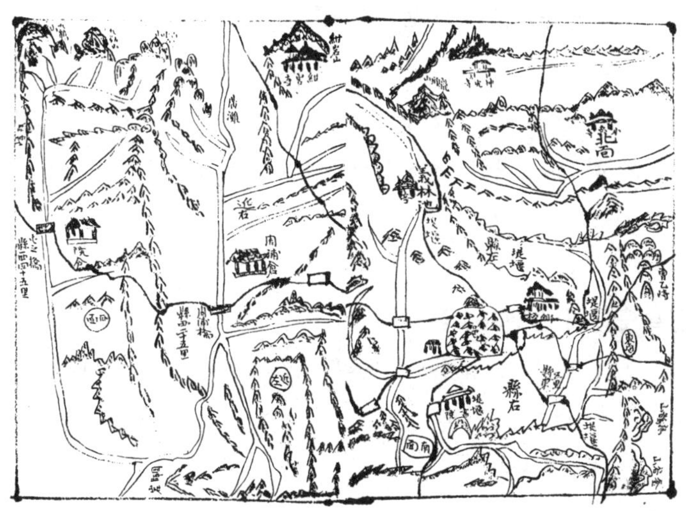

〈그림 73〉 「제천」(『충청도각군읍지』, 규장각 소장)

〈그림 74〉 「청풍」(『충청도각군읍지』, 규장각 소장)

* 『충청북도각군읍지(忠淸北道各郡邑誌)』

 일제시기에 지역의 관련된 자료들을 모아『충청북도 각군읍지』를 편집할 때 제천과 청풍의 관련 읍지를 수집해 그대로 필사한 것. 필사본, 1책. 종이는 통감부 체신관서의 양면괘지이다. 1997년 충북향토사연구회에서 영인했다.

* 『충청북도읍지(忠淸北道邑誌)』

 필사본, 6책. 규장각 소장(규15236, 규10761), 19.7×27.0cm. 고종대 편찬한 읍지를 다시 등사본으로 간행한 것으로 충청북도 18개 군현의 읍지를 6책으로 합책해 놓은 것이다. 그 가운데 1책에 청풍편, 4책에 제천편이 수록되어 있다.

* 『호서읍지(湖西邑誌)』

 필사본, 17책. 규장각 소장(규12176), 20.0×30.4cm. 서원 철폐령이 내려진 1871년(고종 8) 직후 전국적인 읍지 편찬계획으로 충청도의 각 군현에서 상송한 읍지들을 17책으로 묶은 것. 1871년의 호포실시와 서원 철폐 이후에 편찬된 것으로 추정된다. 『호서읍지』 4책에는 「제천현읍지」가 수록되어 있으며, 12책에는 「청풍부읍지」가 수록되어 있다. 청풍편의 경우 읍사례 부분이 첨가되어 있는데 이는 1871년 읍의 사례대개를 첨부해 상송하라는 지시에 따른 것이다. 읍사례가 덧붙여 진 것은 읍지가 인문지리서에서 지방 행정을 원활히 수행하지 위한 행정·재정 파악의 기초자료로 전환되고 있음을 보여주고 있다. 1984년 아세아문화사에서 『읍지』 8(충청도 2)로 영인했다.

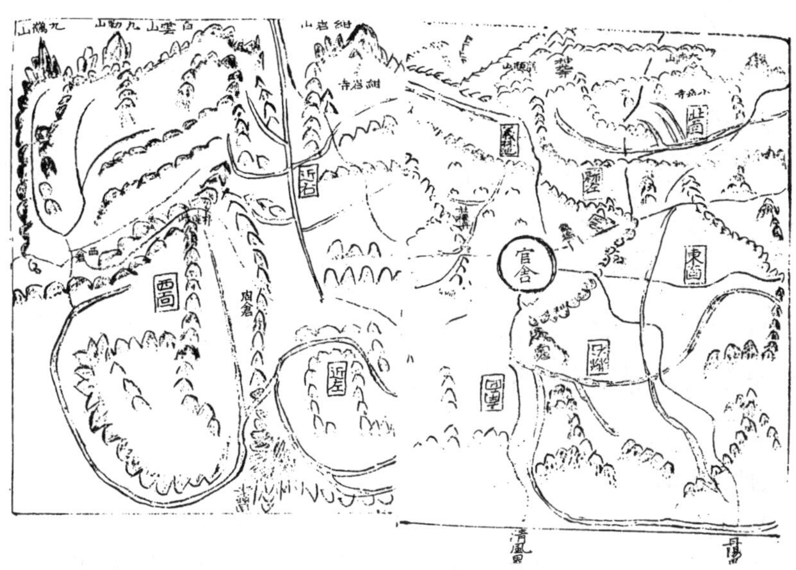

〈그림 75〉『호서읍지』(아세아문화사, 1984)

3) 자부

* 『강록(講錄)』

1897년 통화현 오도구(五道溝)에 육도서사(六道書社)를 세워 이곳에서 행한 강의에 대한 기록. 필사본, 1책 6장. 의병전시관 소장, 15.5×19.5cm. 의암 유인석을 중심으로 정월 15일과 3월 17일 행한 강회 때의 참석자의 역할, 참석자 성명, 강독 교재 등을 기록했다. 강회는 참석자의 수준에 따라 교재에 차이가 있었다.

* 『강의(講儀)』

장담서사(長潭書社)에서 시행했던 강규와 의절을 수록한 책. 표제는 『강의(講儀)』. 필사본, 1책 33장. 의병전시관 소장, 22.0×23.5cm. 〈강석좌차도(講席坐次圖)〉, 〈사상견례도(士相見禮圖)〉, 〈상읍례도(相揖禮圖)〉 등 배치도를 그린 다음, 백록동강규(白鹿洞講規), 화서선생강규(華西先生講規), 사상견례(士相見禮), 상읍례(相

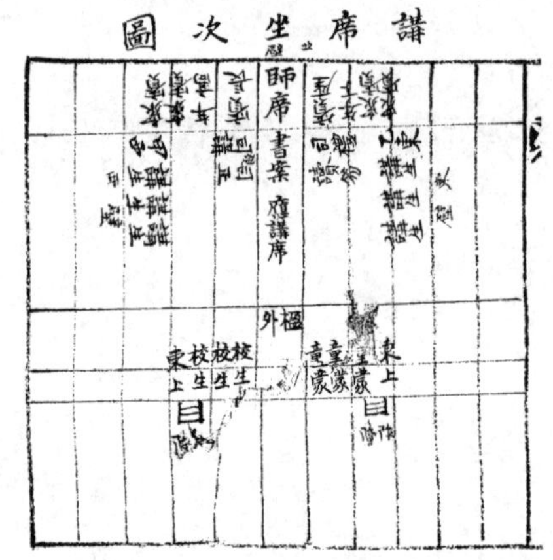

〈그림 76〉 『강의』(의병전시관 소장)

揖禮), 서사순강의(書社旬講儀), 조석례수(朝夕禮數), 선성영정참알의(先聖影幀參謁儀), 사맹삭회알선사취위의절(四孟朔會謁先師及就位儀節), 제자지견선생례(第子贄見先生禮), 관례홀기(冠禮笏記) 등을 수록했다. 끝에는 〈관례진설도(冠禮陳設圖)〉가 있다. 필사자는 김용숙으로 추정된다. 이 책을 통해 초기 장담서사에서 이루어진 각종 강규과 예식의 절차를 알 수 있다. 이와 같은 규정은 이미 유중교의 글에서도 보이고 있으므로 당시 강조되었던 의절을 정리해 수록한 것으로 보인다(〈사진 11〉).

제천에서는 『서사순강의(書社旬講儀)』, 『서사강의홀기(書社講儀笏記)』 등의 이름으로 초록된 문헌이 있다. 『서사순강의』(1책. 신항선 소장, 14.0×23.0cm)는 부록으로 〈강계(講戒)〉와 〈사상견례습의홀기(士相見禮習儀笏記)〉가 수록되어 있다.

『서사강의홀기(書社講儀笏記)』는 표제명 『강홀기』(1책. 박상수 소장, 16.0×25.4cm)로 진설(陳設)에서 강회 때 의절(儀節)에 이르기까지 절차와 예식을 적었다. 끝에는 백록동강규(白鹿洞講規)와 화서강규(華西講規)가 첨부되어 있다. 이는 장담서사에서 행해졌던 의절 가운데 강학 규정을 수록한 것으로, 화서학파의 강학 정신과 내용을 엿볼 수 있는 자료이다. 의병전시관 소장 『강의(講義)』 중 강회 때 의절과 동일한 내용을 수록하고 있다.

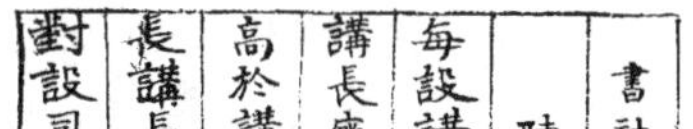
書社講儀笏記
陳設
每設講日早朝司講司禮率諸執事先會于講堂司設設
講長座于堂北壁下當中南向東西別設聽講衆賓座年
高於講長者在東西上年下於講長者在東西上向同講
長講長席南設書案又設應講席于其前北向書案左右
對設司講司禮席司講在西向東司禮在東向西司禮席

〈그림 77〉 『서사강의홀기』(개인 소장)

* 『**관일약(貫一約)**』

필사본, 3책. 의병전시관 소장. 관일약, 약원록, 임원록으로 구성되어 있다. 『관일약』 25장, 20.0×28.5cm.
『약원록』 10장, 19.8×28.9cm. 『임원
록』 4장, 20.0×28.5cm. 관일약은 애
국(愛國), 애도(愛道), 애신(愛身), 애
인(愛人)을 기약하고 한가지 마음으
로 관일하려는 목적에서 유인석이 향
약의 조직원리를 도입해 만든 규약으
로, 1909년 처음 시행되었다. 연해주
에 망명해 있던 유인석이 다양한 지
역과 계통에서 모인 의병들을 하나의
지휘체계 속에 수렴하기 위해 만든
조직이다.

『관일약』은 1909년 유인석(柳麟錫),
박양섭(朴陽燮), 우병열(禹炳烈)이 쓴
서문, 조직의 목적·실천 의지·구성
등을 규정한 〈관일약약속(貫一約約束)〉,
각 임원의 임무·시행세칙 등을 규정
한 〈관일약절목(貫一約節目)〉, 독약
때의 절차와 방식을 규정한 〈독약소
회의절(讀約小會儀節)〉·〈독약대회
의절(讀約大會儀節)〉·〈소회독약홀
기(小會讀約笏記)〉·〈대회독약홀기
(大會讀約笏記)〉로 구성되어 있다.
『관일약약원록』에 따르면 1909년

貫一約約束
一今當萬古天下所無之大禍至於國亡道滅身不保而
人盡滅立此貫一約約有目曰愛國心愛道心愛身心
愛人心約有要曰心乎四愛貫以一之眾萬同心貫以
一之約有實曰會精圈誠斷金透石既立約有以盡其
目致其要極其實期克大禍事
一約有以盡其目者國也道也身也人也關一不得蓋無
無國而有道有身有人無無道而有國有身有人有
身有可以扶國存道活人有人國亦可以得扶道亦可
以得存身亦可以得保于是其可不盡乎其有以致

〈그림 78〉『관일약』(의병전시관 소장)

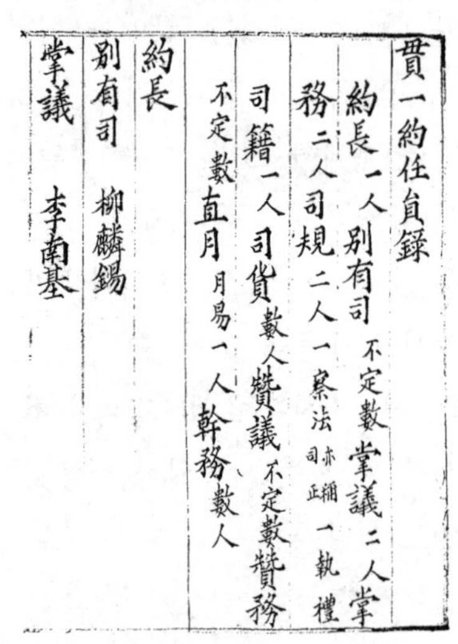

貫一約任員錄
約長一人　別有司不定數　掌議二人　掌
務二人　司規二人一察法〔司亦稱正〕一執禮
司籍一人　司貨數人　贊議不定數　贊務
不定數　直月月易一人　幹務數人
約長
別有司　柳麟錫
掌議　李南基

〈그림 79〉『관일약임원록』(의병전시관
소장)

이후 계속 추가 가입이 있어 1912년까지 총 121명의 약원을 거느린 조직이 되었다. 구성인물을 보면 대체로 관북 출신으로 연해주에 있었던 사람들이 대부분을 차지한다(〈사진 12〉).

『관일약임원록』에 따르면 1909년 7월 설약시 별유사(別有司)는 유인석이며, 실무적인 시행을 담당한 장의(掌議)는 이남기(李南基)가 담당했다. 장의 명단을 보면 9월에는 이용덕(李容德), 1910년에는 박치익(朴治翼), 1911년 김재수(金載銖) 등이 담당했다.

*『사례홀기(四禮笏記)』

유중교(柳重敎, 1832~1893)가 제정해 시행했던 향음주례(鄕飮酒禮), 사상견례(士相見禮), 관례(冠禮), 혼례(昏禮)의 의례와 절차를 적은 홀기 모음집. 목활자본, 1책 54장. 국립중앙도서관 소장, 20.9×33.1cm. 평산 우병열(禹炳烈, 1856~1929)이 간행했다. 책의 첫머리에는 1902년 유인석(柳麟錫)이 쓴 서문이 있으며, 책의 끝에는 "甲辰新刊 內閣藏板"이라는 1904년의 간사기가 있다.

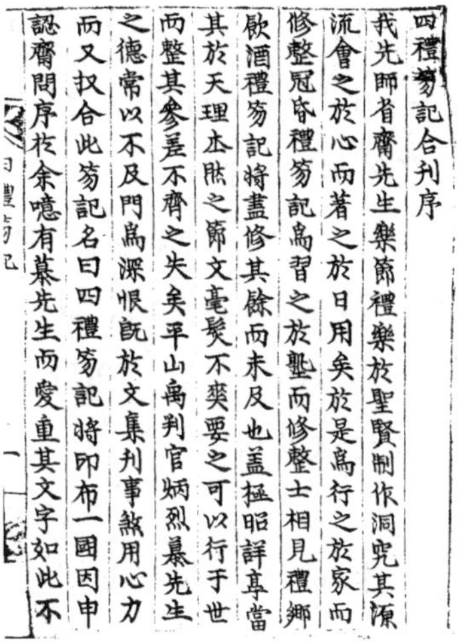
四禮笏記合刊序
我先師省齋先生樂節禮樂於聖賢制作洞究其源
流會之於心而著之於日用矣於是爲行之於家而
修整冠昏禮笏記爲習之於塾而修整士相見禮鄉
飮酒禮笏記將盡修其餘而未及也盖極昭詳尊當
其於天理本然之節文毫髮不爽要之可以行于世
而整其參差不齊之失矣平山禹判官炳烈慕先生
之德常以不及門爲深恨旣於文集刊事殺用心力
而又收合此笏記名曰四禮笏記將印布一國因申
謁齋問序於余噫有慕先生而愛重其文字如此不

〈그림 80〉『사례홀기』(국립중앙도서관 소장)

*『서사아송(書社雅誦)』

성재 유중교(柳重敎)가 편집한 훈화서. 필사본, 1책 22장. 의병전시관 소장, 19.5×30.2cm. 서제는 1867년 유중교가 적었으며, 발문은 1868년

김영록(金永祿)25)이 적었다. 유중교
가 익화서사(益化書社)에서 강학할
때 책과 경전에서 교훈이 될 문장을
가려 뽑아 편찬했다. 내편과 외편으
로 나누어 내편에는 명(銘), 잠(箴),
편(篇), 제사(題辭), 자경(自警) 등에
서 21편을 뽑고, 외편에는 여러 경전
에서 21편의 문장을 뽑아 만든 것이
다. 매일 저녁 한 사람이 3~6편을
읽고 여러 사람이 듣도록 했으며, 이
를 통해 나태한 마음이 생기지 않도
록 경계했다.

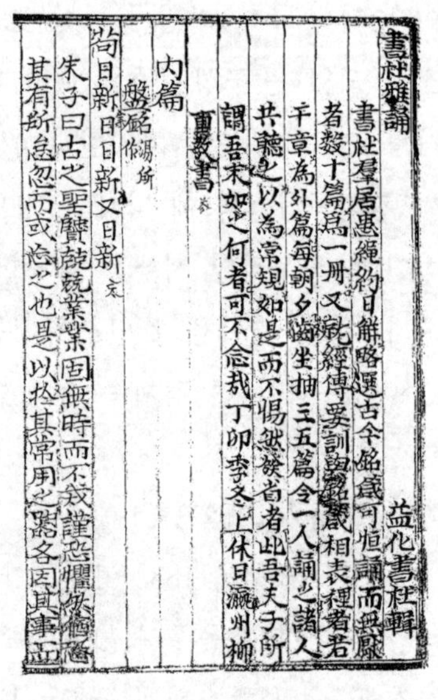

<그림 81> 『서사아송』(의병전시관 소장)

　필사 이본이 여러 곳에 소장되어
있다. 국립중앙도서관 소장본은 필사본, 1책 40장으로, 표지의 표시로
보아 1918년 필사한 것이다. 의병전시관 소장본과는 달리 끝에 김영록
의 발문이 없다.

* 『수양재통문(壽陽齋通文)』

　춘천에 만세사(萬世祠)와 수양정사를 세우기 위해 보낸 통문과 유사

---

25) 김영록(金永祿) 1849(헌종 15)~1900 : 자는 사수(士綏), 호는 충재(充
　齋), 본관은 광산. 유중교의 문인. 주천 오목동에서 살았다. 1895년 유인석
　부대에서는 재정을 담당했다. 1896년에는 유인석을 따라 만주로 망명했다.
　의병전쟁 과정에서 부른 노래인 「조선가(朝鮮歌)」를 지었으며, 『조종암
　지』를 편찬했다. 〈참고문헌 『호서의병사적』, 『한말의 제천의병』, 『충의효
　열록』〉

록. 필사본, 1책 11장. 의병전시관 소장, 16.9×24.7cm. 유중악, 김관식, 신석원, 민형호, 이직신, 백삼규가 1906년 6월 15일 연명하여 보냈다. 유사록에는 도유사 이근원, 총재 유인석·윤석봉 외 임원 및 각도수통수재유사(各道輸通收財有司)의 명단과 거주지 표시가 있다. 유인석은 망명 계획이 각병(脚病)으로 차질을 빚자 국내에서 수의(守義)를 위한 세력을 결집시킬 의도로 숭도계(崇道稧) 조직을 명분으로 통고했다.

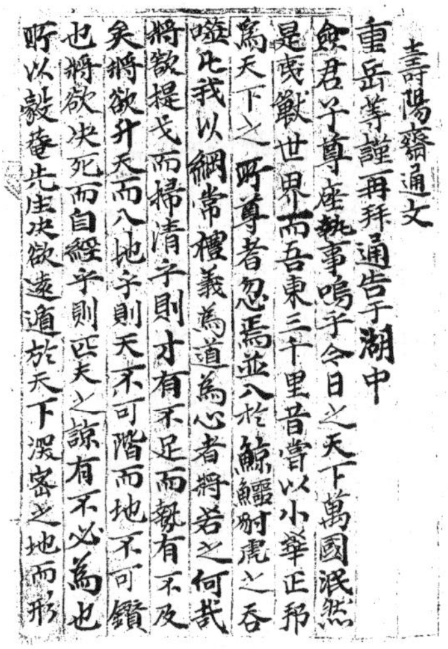

〈그림 82〉 『수양재통문』(의병전시관 소장)

* 『승평계(昇平稧)』

1893년 청풍에 살았던 풍류객 33인이 조직한 전통 음악 보존을 위한 계. 필사본, 1책. 「승평계서」, 「속수승평계」, 「계규약」, 「좌목」 등으로 구성되어 있다. 책의 첫머리에는 최치순(崔致順)이 쓴 서문이 있다. 1918년 43인으로 계를 재조직하고서 「속수승평계」를 마련했다. 서문은 1918년 이건연(李健淵)이 적었다. 규약에 의하면 계는 매달 16일 개최했다. 최고 연장자는 수좌(首座), 모든 대소 사무를 감독하는 자는 통집(統執) 등으로 직책과 소임을 정했다. 1893년 좌목에는 수좌 박치길(朴致吉), 통집 박창목(朴昌穆) 등 30인, 1918년 좌목에는 수좌 정결(鄭潔), 통집 김용순(金用淳) 등 43인의 명단이 자, 호, 출생 연도, (거주지), 본관의 순으로 수록되어 있다. 『제천군지』(제천군, 1969)에 번역이 수록되어 있다.

*『식산계첩(殖産契帖)』

1925년 창설된 유재몽(劉載夢)·김돈식(金敦植)·김운기(金雲起)·김남주(金南周)·유인태(柳寅泰)·김형기(金衡起)·김남희(金南熙)·김복기(金福起)·박대규(朴大奎)·장한준(張漢俊)·유선걸(柳善杰)·유인봉(柳寅漨) 등 12인의 친목계. 필사본, 1책 4장. 병산영당 소장, 21.8×30.2cm. 근대기 청풍 지역 인사들의 교류관계를 알 수 있는 자료이다.

*『양지록(養知錄)』

유중교(柳重敎)가 고금의 가행을 모아 놓은 책. 필사본, 2책, 1책은 28장, 2책은 21장. 의병전시관 소장, 19.8×29.2cm. 유중교는『양문공가훈』에서 어린아이들을 교회(敎誨)한 뜻을 이어 가행(嘉行)과 도통(道統)을 초록해 어린아이들이 암송하도록 했다. 1책은 요·순이래 주 문왕부터 장사숙·주자·황면재·장남헌·여동래·채서산·채구봉에 이르기까지의 중국 선현과 정포은(정몽주)·정일두(정여창)·김한훤당(김굉필)·김모재(김안국)·조정암(조광조)·

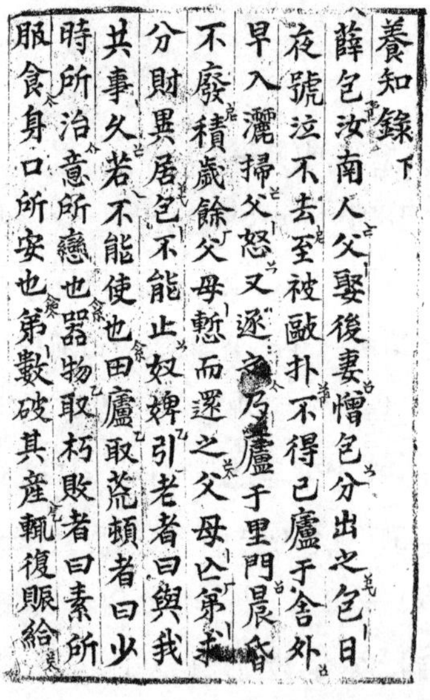
養知錄 下
薛包汝南人父娶後妻憎包分出之包日
夜號泣不去至被毆扑不得已廬于舍外
早入灑掃父怒又逐之乃廬于里門晨昏
不廢積歲餘父母慙而還之父母亡弟求
分財異居包不能止奴婢引老者曰與我
共事久若不能使也田廬取荒頓者曰少
時所治意所戀也器物取朽敗者曰素所
服食身口所安也弟數破其産輒復賑給

〈그림 83〉『양지록하』(의병전시관 소장)

박강수(박훈)·김사재(김안국)·김충암(김정)·이회재(이언적)·성청송(성수침)·박야천(박소)·성대곡(성운)·조용문(조하)·송규암(인수)·이일재(이항)·조남명(조식)·성동주(성제원)·이퇴계(이황)·김하서(김인후)·이이소재(이중호)·홍치재(홍인우)·이토정(이지함)·박사암(박순)·성우계(성혼)·이율곡(이이)·조중봉(조헌)·김사계(김장생)·김청음(김상헌)·김신독재(깁집)·송동춘당(송준길)·송우암(송시열)·권수암(권상하) 등의 우리 나라 선현의 업적이나 언행을 기록했다. 2책은 충의·효도와 관련된 사람들의 업적을 기록한 것으로, 중국 사람 가운데 효자와 열부를 뽑아서 정리했다. 우리 나라 사람으로는 박제상(朴堤上)이 유일하다. 1책의 첫머리에 유중교가 쓴 서제(書題)가 있다.

1982년 송공호(宋貢鎬) 등이 중심이 되어 『화서아언』 중 일부와 합해 1책으로 영인한 것도 있다. 유중교의 『성재집』에는 서제(書題)가 수록되어 있으며, 민재 오완근의 『민재존고』에는 〈양지록서문〉이 있다.

지역에서는 『양지록』 필사본으로 병산영당 소장의 것도 있다. 필사본, 1책 28장. 22.3×30.7cm. 이는 2책 가운데 1책만 필사한 것이다(〈사진 13〉).

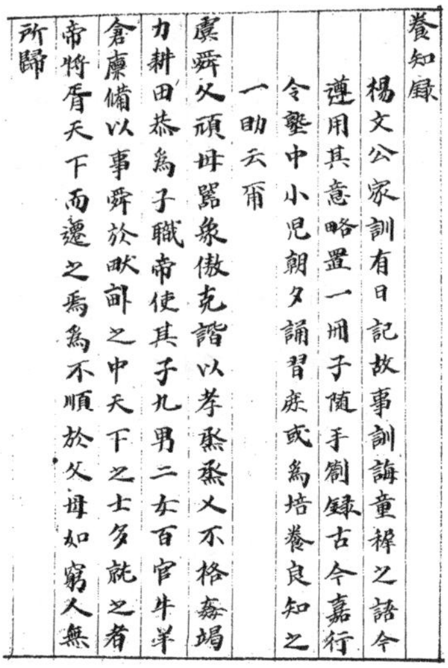
養知錄
楊文公家訓有日記故事訓誨童穉之語今
遵用其意略置一冊子隨手劄錄古今嘉行
令塾中小兒朝夕誦習庶或爲培養良知之
一助云爾
虞舜父頑母嚚象傲克諧以孝烝烝乂不格姦竭
力耕田恭爲子職帝使其子九男二女百官牛羊
倉廩備以事舜於畎畝之中天下之士多就之者
帝將胥天下而遷之焉爲不順於父母如窮人無
所歸

〈그림 84〉 『양지록』(병산영당 소장)

***『용하정사강계첩(用夏精舍講契帖)』**

용하정사(用夏精舍)에서의 분향과 강학을 위해 마련한 계. 필사본, 1책 42장. 개인 소장, 21.0×28.5cm. 「분향기」, 서, 「좌목」, 「입의」, 발로 구성되어 있으며, 필사자는 양암 유지혁이다. 「분향기(焚香記)」는 총 24명으로 이루어진 12개월 삭·망(朔·望)시 분향자 명단이다. 서문에는 1915년 민병승(閔丙承)이 쓴 〈용하동숭현계첩서(用夏洞崇賢契帖序)〉와 1910년 심학수(沈學洙)가 쓴 〈용하정사강회계첩서(用夏精舍講會契帖序)〉가 있다. 용하정사강회계는 회당 윤응선이 용하동에서 운곡(雲谷)으로 이거한 후 근재(近齋) 이하령(李夏寧) 등 청풍과 충주 거주 의당학파 제자들이 스승의 뜻을 이어 해산재(海山齋) 양재명(梁在明)의 서실에 남아 있던 주자 영정을 정사(精舍)에 봉안하고 계속 분향례를 거행하며 강학을 지속하기 위해 조직한 계이다. 「좌목」에는 계의 참가자 42명의 명단이 있으며, 이름 아래 자와 호, 생년, 본관, 거주지를 적고 있다. 「입의」에는 계의 구체적인 운영절차와 규정을 적고 있다. 끝에는 1910년 김양익(金養益)과 1911년 심우윤(沈雨潤)이 쓴 발문이 있다. 부록으로 「교휼계첩(交恤契帖)」이 수록되어 있다. 교휼계는 1910년 광천정사(廣川精舍)에서 충주와 청풍에 거주했던 사람들이 상호 상을 당했을 때 부조를 위해 조직한 계이다. 1910년 이하령(李夏寧)이 쓴 〈교

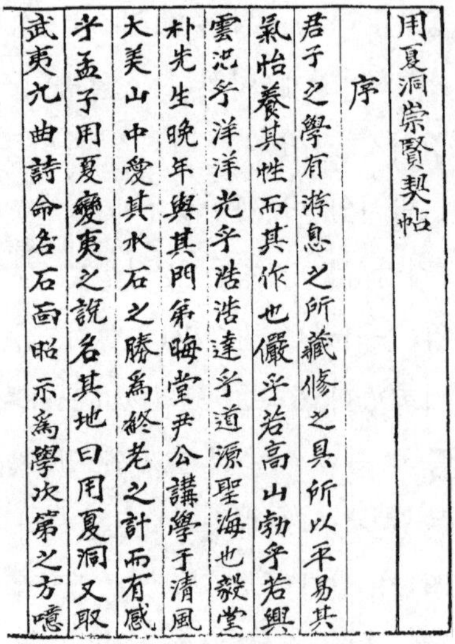
用夏洞崇賢契帖
序
君子之學有游息之所藏修之具所以平易其
氣怡養其性而其作也儼乎若高山勃乎若興
雲汎乎洋洋光乎浩浩達乎道源聖海也毅堂
朴先生晚年與其門弟晦堂尹公講學于清風
大美山中愛其水石之勝爲終老之計而有感
于孟子用夏變夷之說名其地曰用夏洞又取
武夷九曲詩命名石面昭示爲學次第之方噫

〈그림 85〉『용하정사강계첩』(개인 소장)

휼계첩서〉, 계의 규정을 적은 「입의」, 참여 인원을 적은 「좌목」, 발문으로 구성되어 있다. 좌목에는 윤탁(尹濯), 윤태영(尹泰榮)을 비롯하여 모두 19명이 참여했다. 청풍에서는 양재명(梁在明), 유지혁(柳芝赫), 이용현(李容顯)이 참여하고 있다. 좌목에서는 자, 호, 생년, 본관, 부모의 생존 여부, 거주지를 적었다. 끝에는 10여년 동안의 운영을 회고하면서 1920년에 유지혁이 적은 발문이 있다.

참가자들의 후손가에는 입약 초기에 나누어 가진 형태의 『교휼계첩』(필사본, 1책 7장. 개인 소장. 庚戌十二月)이 별도로 남아 있다.

* 『육례홀기(六禮笏記)』

관(冠)·혼(婚)·상(喪)·제(祭)의 사례(四禮)와 향음주례(鄕飮酒禮)·사상견례(士相見禮) 등을 합한 육례(六禮)에 관해 절차를 적은 홀기. 필사본, 2책(잔). 병산영당 소장, 17.8×22.4cm 외. 1885년 박세화는 향음주례를 실행하고 예제의 중요성을 강조했으며, 1888년 육례의 의절을 정리해 『육례홀기(六禮笏記)』를 만들어 문도들에게 나누어주었다. 병산영당 소장본은 박세화가 나누어 준

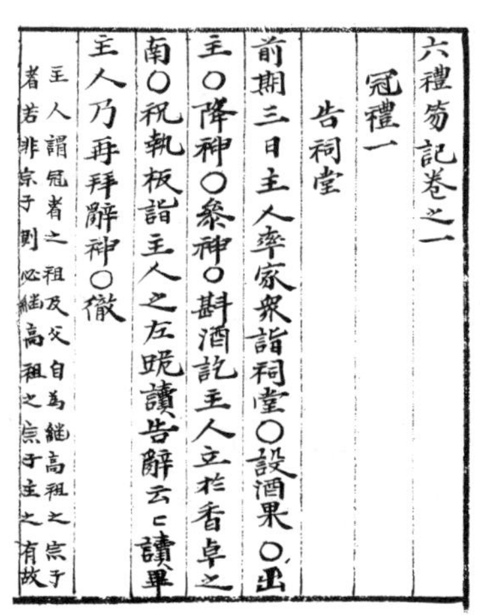

〈그림 86〉 『육례홀기』(병산영당 소장)

『육례홀기』의 일부를 유지혁이 필사한 것이다. 현재 관례와 혼례의 절차를 적은 1책(36장)과 향음주례와 사상견례(부록 순강, 향약)의 절차를 적은 4책(81장)이 남아 있다(〈사진 14〉).

또한 이원우(李元雨)가 필사한『육례홀기』원(필사본, 1책 52장. 14.6×22.2cm)이 후손인 이성희 소장으로 남아 있다.

* 『융보계첩(隆報契帖)』

스승인 박세화와 윤응선의 은덕을 기리면서 문집을 간행하고 묘전(墓田)을 마련하기 위해 제자들이 결성한 계. 필사본, 1책 20장. 병산영당 소장, 21.2×32.8cm. 구성은 참여 인원을 적은 〈융보계좌목〉, 모금 액을 적은 〈출자록(出資錄)〉, 취지를 알리고 적극 동참할 것을 요청한 1929년 운곡서원(雲谷書院)에서 발행한 〈융보계통장(隆報契通章)〉, 취지와 모금 방식을 적은 〈융보계범례〉 등이 수록되어 있다. 계장은 신현국(申鉉國)이다. 1920년대 의당학파의 주요 인물을 알 수 있는 자료이다.

이와 같은 내용을 담은 자료로 뒤에 편찬된 것으로 추정되는『융보계권(隆報契券)』이 있다. 필사본, 1책 49장. 이성희 소장, 21.0×28.5cm. 계는 신현국(申鉉國)과 송달용(宋達用) 등이 중심이 되어 1931년 결성되었으며, 매년

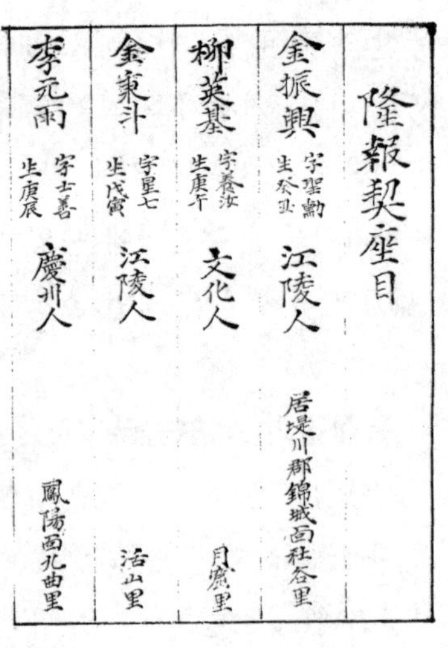

〈그림 87〉『융보계첩』(병산영당 소장)

〈그림 88〉『융보계권』(개인 소장)

10월 말일 의당 본댁에 모여 계를 수행했다. 책은 목록, 서, 〈범례〉, 〈임원록〉, 발, 〈동지록〉, 〈출자록〉으로 구성되어 있다. 목록 앞에는 별도로 유지혁이 쓴 〈병산영당창건시말(屏山影堂創建始末)〉이 첨부되어 있다. 1931년 신직균(申直均)과 1932년 송달용(宋達用)이 쓴 서문이 있다. 1929년 작성한 〈범례〉는 『융보계첩』의 것과 내용이 같다. 발문은 1932년 신현국(申鉉國)이 썼다. 〈동지록〉과 〈출자록〉의 명단 및 출자 액수는 『융보계첩』의 것과 조금씩 차이를 보이고 있다.

* 『융사록(隆師錄)』

김평묵(金平默)이 유중교(柳重敎)와 홍재구(洪在龜)[26]의 도움을 얻어 경·사·자·집 중에 스승과 제자의 가르침과 섬김에 관련해 후학들에게 교훈과 경계가 될 수 있는 글을 뽑아 분류해 편성한 책. 필사본, 1책 79장. 국립중앙도서관 소

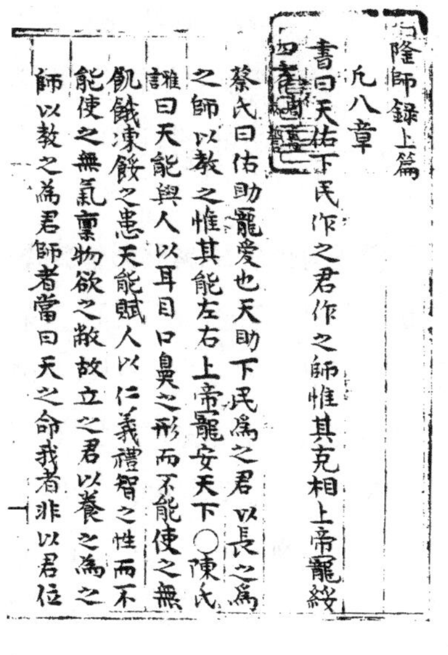

〈그림 89〉 『융사록』(국립중앙도서관 소장)

---

26) 홍재구(洪在龜) 1845(헌종 11)~1898 : 자는 사백(思伯), 호는 손지(遜志), 본관은 남양(南陽)이다. 강원도 춘천 서면 신매리에서 태어났다. 여지(勵志) 홍재학(洪在鶴)의 형이며, 중암 김평묵의 사위이다. 1876년 강화도 조약이 체결되자 대궐에서 상소운동을 주도했다. 1881년(신사) 홍재학이 상소하다가 처형되자 강원도 횡성군 둔내면으로 들어가 둔내정사(屯內精舍)를 세우고 강학을 하면서 여생을 보냈다. 문집으로는 『손지유고』가 있다. 〈참고문헌 『중암집』, 『충의효열록』〉

장, 17.6×26.3cm. 책의 첫머리에는 1860년 김평묵이 쓴 도학(道學)의 가르침을 강조하는 내용의 서문이 있으며, 책의 끝에는 김평묵의 후지(後識)가 있다. 상, 하, 외편으로 구성되어 있다. 상편은 경전에서 교훈이 될 구절을 인용한 다음, 이에 대한 여러 선현들의 해설을 수록했다. 김평묵과 유중교의 안설을 수록한 부분은 선현의 언설보다 단을 낮추어 구별했다. 하편은 중국 정주(程朱) 이하의 언설에서, 외편은 우리 나라 선현들의 언설에서 관련 내용을 뽑아 수록했다. 각 편은 "建官之師, 自得之師, 爲師之體, 事師之節, 衛師之義, 喪師之禮, 師道之統, 倍師之罪"의 8장으로 나누어 정리했다.

* 『자양영당분향록(紫陽影堂焚香錄)』

1907년 자양영당이 건립된 이후 분향례를 거행한 분향자 명단을 기록한 책. 필사본, 1책 17장. 의병전시관 소장, 18.5×31.0cm. 1907년 10월 삭망(朔望) 이직신(李直愼)을 시작으로 1925년 3월 보름의 박제덕(朴濟悳)까지 기록되어 있으며, 1926년은 연도만 기록되어 있다. 명단에는 자, 본관, 생년 간지, 거주지가 기록되어 있다. 자양영당 초기 지도자와 제천지역 화서학파 후예의 동향을 알 수 있는 자료이다. 『제천의병과 전통문화』(제천문화원, 1998)에 영인되어 있다(〈사진 15〉).

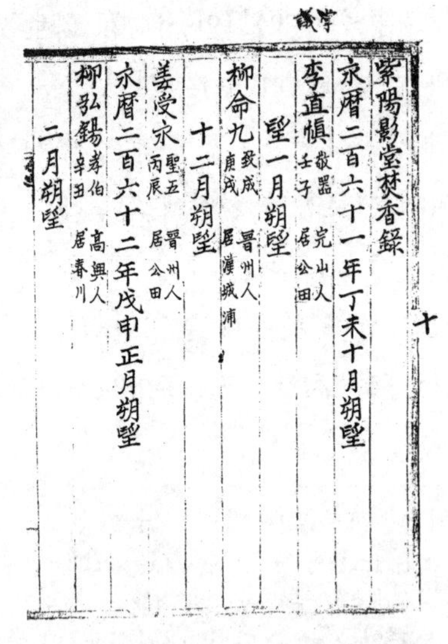

〈그림 90〉 『자양영당분향록』(의병전시관 소장)

*『장담강록(長潭講錄)』

장담서사에서의 강학 기록. 필사본, 1책. 강원대학교 박물관 소장. 1889년 유중교가 제천 공전리 장담마을로 이주해오면서 그해 11월부터 매월 상순·중순·하순 장담서사(長潭書社)에서 강회를 개최했으며, 『장담강록』은 1889~1895년과 1902~1905년에 있었던 강회 때의 참석자의 역할, 참석자 성명과 강독교재를 기록하고 있다. 강회는 참석자의 수준에 따라 교재에 차이가 있었다. 『제천의병과 전통문화』(제천문화원, 1998)에 영인되어 있다. 1882~1889년 춘천 남면 가정에서의 강학 기록인 『가정강록(柯亭講錄)』(강원대 박물관)과 함께 유중교의 초기 강학정신과 제천 화서학파의 교육 내용을 알 수 있는 자료이다.

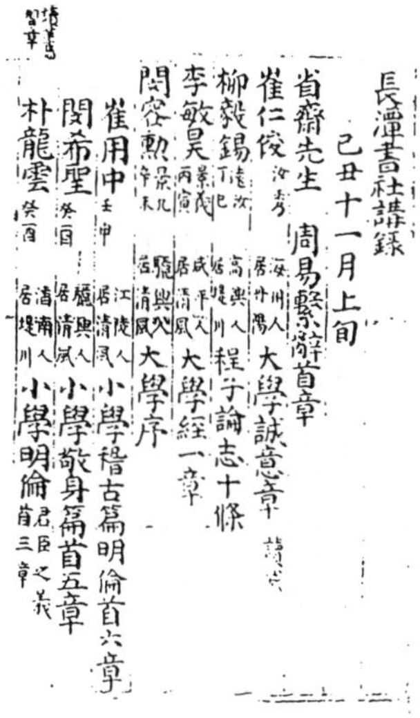

〈그림 91〉『장담강록』(강원대학교 박물관 소장)

*『제천향약계입의(堤川鄕約契立議)』

제천에서 시행했던 향약의 절목, 입의, 임원좌목을 기록한 책. 필사본, 1책 40장. 25.5×28.5cm. 첫머리에는 1904년 유치삼(兪致三)이 쓴 서문이 있다. 이어 〈향약원절목〉, 〈향약계입의〉, 〈신정절목〉, 〈신정벌목〉, 〈제천향약임원좌목〉의 순으로 기록되어 있다. 〈신정절목〉과 〈신정벌목〉은 나중에 추가된 것이다. 표지에는 1910년 2월 작성하여 근우면 신리(新里)에 전하던 것이라고 적고 있다. 『제천향교지』(제천향교, 1979)에 영인되어 있다. 향약은 유인석의 지시로 지역 문인인 이정규(李正奎)가 주도하여 1904년 조직했으며, 1895년 제천의병에 참가했던 이들이 대거 참여했다. 도유사는 이직신(李直愼), 도약정은 유진필(兪鎭弼), 부약정은 이용식(李用植)·신현철(申鉉哲) 등이었다. 실질적으로 사무를 주관했던 장의는 유의석(柳毅錫, 1857~1933)과 이정규가 담당했다.

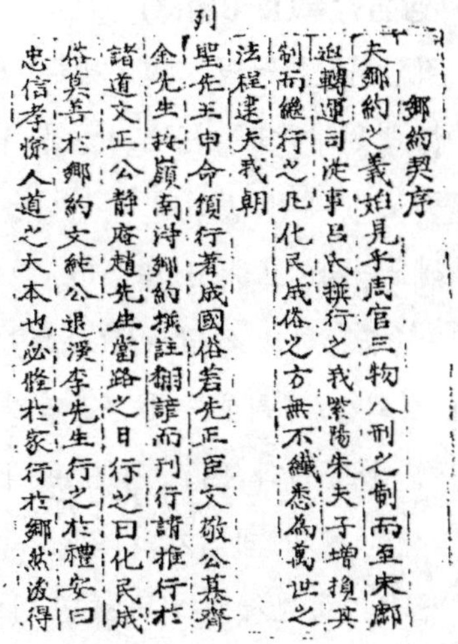

鄕約契序
夫鄕約之義始見乎周官三物八刑之制而至宋鄜
延轉運司法事呂氏撰行之我紫陽朱夫子增損其
制而繼行之凡化民成俗之方無不纖悉爲萬世之
法程逮夫我朝
列
聖先王申命頒行著成國俗若先正臣文敬公慕齋
金先生按嶺南時鄕約撰註翻諺而刊行諸推行於
諸道文正公靜庵趙先生當路之日行之曰化民成
俗莫善於鄕約文純公退溪李先生行之於禮安曰
忠信孝悌人道之大本也必始於家行於鄕然後得

〈그림 92〉 『제천향약계입의』(제천향교, 1979)

같은 제천 향약 관련 자료로 『향약계(鄕約稧)』가 있다. 필사본, 1책 14장. 의병전시관 소장, 22.0×29.0cm. 1904년 유치삼이 쓴 서문, 절목, 입의를 수록하고 있다. 『제천향약계입의』와 비교하면 내용은 동일하나, 신정절목과 벌목, 그리고 임원좌목이 없다. 그 외 다른 내용은 동일하다.

또 다른 제천 향약 자료로 표제명 『향약(鄕約)』이 있다. 필사본, 2책. 신항선 소장, 27.5×31.0cm. 「향약」과 「제천향약임원좌목」 2책으로 구성되어 있다. 「향약」은 『제천향약입계의』와 비교하면 신정절목과 벌목이 없다. 「제천향약임원좌목」은 『제천향약계입의』에 비해 임원이 더 추가되어 있으며, 송치·흑석 등 각 리의 임원 명단이 별도로 수록되어 있다. 그러나 면유사 항목에서는 「제천향약임원좌목」은 오히려 동면유사만 기록하여 각 면 유사가 모두 기록된 『제천향약계입의』와 다른 모습을 보여주고 있다(〈사진 16〉).

* 『청성가전(淸城家傳)』

김평묵(金平默, 1819~1891)이 1872년 손자인 김춘선(金春善)을 위해 훈계하는 글로 지은 책. 필사본, 1책 49장. 의병전시관 소장, 17.0×25.5cm. 모두 20편으로, 1편은 책을 만든 뜻을 적었으며, 본문은 19편으로 구성되어 있다. 본문은 성선(性善), 천인일체(天人一體), 사친(事親), 학성현(學聖賢), 경구(警句), 입지거경(立志居敬), 존현(尊賢), 위학(爲學), 독서(讀書), 인륜(人倫), 예악(禮樂)과 관련된 간단한 글을 모아 성편했다. 특히 6편과 7편에서는 집안 내력과 자신의 생애를 적어 할아버지의 정을 가득 담고 있다.

* 『청풍향약좌목첩(淸風鄕約座目帖)』

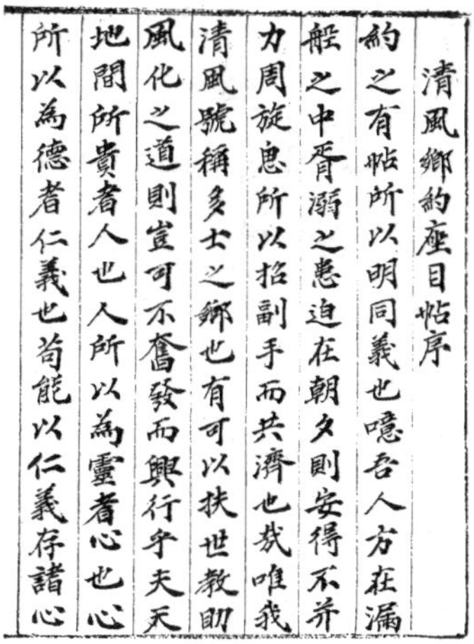
淸風鄕約座目帖序
約之有帖所以明同義也噫吾人方在漏
船之中胥溺之患迫在朝夕則安得不并
力周旋患所以招副手而共濟也哉唯我
淸風號稱多士之鄕也有可以扶世教助
風化之道則豈可不奮發而興行乎夫天
地間所貴者人也人所以爲靈者心也心
所以爲德者仁義也苟能以仁義存諸心

〈그림 93〉 『청풍향약좌목첩』(병산영당 소장)

청풍에서 설행되었던 향약의 좌목. 필사본, 1책 39장. 병산영당 소장, 20.5×30.5cm. 1905년에 쓴 전현령 정해원(鄭海遠)의 서문이 있다. 제천향약의 시행에 발맞추어 윤응선(尹膺善)·심학수(沈學洙) 등이 주도하여 조직했다. 〈청풍향약소좌목〉에 따르면 향선생은 박세화(朴世和), 도약정은 정해원(鄭海遠), 부약정은 박기수(朴基洙)·권주상(權周相)·신풍균(申豊均) 등이며, 그 외 직임과 명단이 수록되어 있다. 〈각면약소좌목〉도 첨부되어, 북면·읍면·동면·수하면·근서면·원서면·근남면·원남면 등 각 면 약정(約

正) 명단이 있다. 그 뒤에는 〈향약입의〉, 〈절목〉, 〈회집독약법〉, 〈향약사목〉이 수록되어 있으며, 〈향약사목〉은 심학수(沈學洙)[27]가 유형원의 향약을 참조해 작성했다. 부록으로 〈청풍향약독약홀기(淸風鄕約讀約笏記)〉, 박세당과 윤응선의 서간, 구룡(九龍)·적덕(赤德)·대사(大社)·소사(小社)·진동(榛洞) 5개 동의 〈오동이약절목(九龍五洞里約節目)〉이 수록되어 있다. 이약절목은 1905년에 작성한 서문, 이약절목, 이약통문으로 구성되어 있다(〈사진 17〉).

***『통략(統略)』**

유지혁(柳芝赫)이 유학의 도통을 정리한 책. 필사본, 1책 21장. 병산영당 소장, 21.2×30.7cm. 성현의 도를 알지 못해 이적의 무리가 되었다는 문제의식에서 복희와 신농 이래 요·순·우·탕·이윤·문왕·무왕·기자·주공·공자·안자·증자·자사·맹자·주렴계·정명도·정이천·장횡거·소강절·사마온·주자·황면재·장남헌·여동래·채서산·채구봉 등까지의 중국 선현과 정포은·

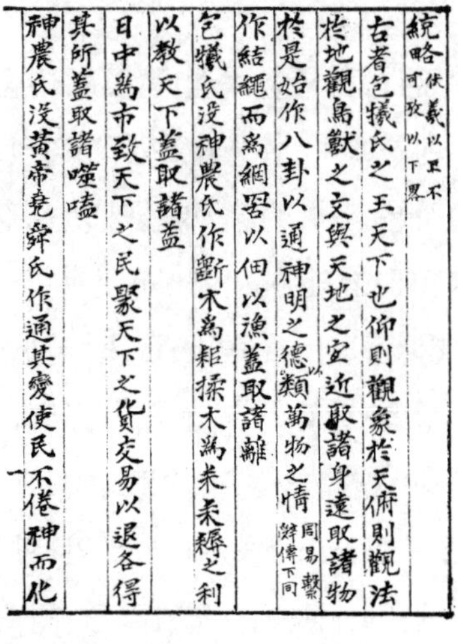
統略 伏羲以上不可攷以下畧
古者包犧氏之王天下也仰則觀象於天俯則觀法
於地觀鳥獸之文與天地之宜近取諸身遠取諸物
於是始作八卦以通神明之德以類萬物之情 周易繫辭傳下同
作結繩而爲網罟以佃以漁蓋取諸離
包犧氏沒神農氏作斲木爲耜揉木爲耒耒耨之利
以教天下蓋取諸益
日中爲市致天下之民聚天下之貨交易以退各得
其所蓋取諸噬嗑
神農氏沒黃帝堯舜氏作通其變使民不倦神而化

〈그림 94〉『통략』(병산영당 소장)

27) 심학수(沈學洙) 1848(헌종 14)~? : 자는 한수(漢叟), 호는 만송(晩松), 본관은 청송. 1895년 유인석 의병과 1907년 이강년 의병에 참여했다. 이강년 의진에서는 좌종사를 역임했다. 화서학파와 의당학파 두 곳을 종유했다. 만년에는 청풍 괴곡(槐谷)에서 살았다.

정일두·김한훤당·조정암·이회재·이퇴계·김하서·성우계·이율곡
·조중봉·김사계·김신독재·송동춘당·송우암 등의 우리 나라 선현
의 업적이나 언행을 기록해 유학의 도통을 정리했다. 공자의 도통을 주
자가 잇고, 율곡와 우암이 주자의 학문을 이은 적통이라는 논리를 바탕
으로 도학 전통을 밝히고 있다. 첫머리에 1949년 유지혁이 쓴 서문이
있다. 화서학파의 유중교가 『양지록』을 통해 선현의 가행(嘉行)을 알리
려고 한 것과 같은 논지로 편찬했다. 참고서로는 『주역』, 『논어』, 『서
전』, 『대학』, 『예기』, 『회남자』, 『중
용』, 『대대례』, 『소학』, 『맹자』, 『근사
록』, 『양지록』 등을 인용했다.

*『학설(學說)』

양두환(梁斗煥)[28]이 저술하고 이범
성(李範聖)이 주석을 단 교훈서. 필사
본, 1책 63장. 의병전시관 소장, 19.0×
27.5cm. 1885년 쓴 「학설(學說)」과
1896년 쓴 「중설(中說)」을 합해 편책
했다. 「학설」은 스승인 유중교의 존양
(存養)·치지(致知)·역행(力行)하라

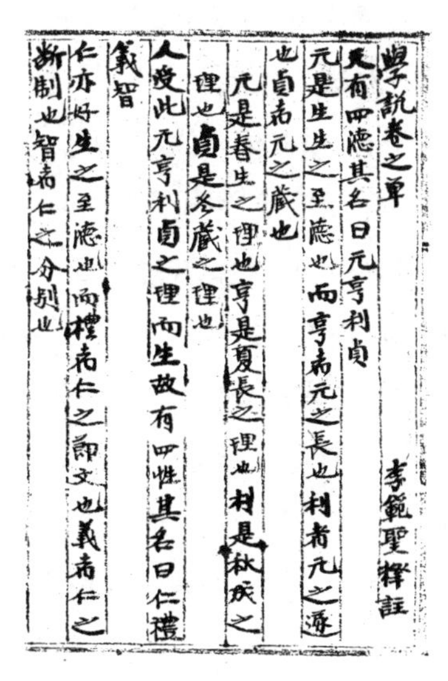

〈그림 95〉『학설』(의병전시관 소장)

---

28) 양두환(梁斗煥) 1855(철종 6)~1921 : 자는 경칠(景七), 호는 경재(敬齋),
본관은 남원. 죽산 사전리 출생. 1895년 제천의병에 참가했다. 목천, 단양,
철원, 양근 등지를 이주하면서 살았으며 만년에는 충북 음성군에서 살았
다. 중암 김평묵과 성재 유중교를 스승으로 받들었으며, 1915년 경기도 포
천의 운담영당(雲潭影堂) 건립에 공이 크다. 〈참고문헌 『입재집』, 『충의효
열록』〉

는 가르침에 따라 교훈이 될 만한 구절을 모아 편집했다. 「중설」은 수장 논천지지중(論天地之中)에서 50장 총결(總結)에 이르기까지 서학에 대항해 천인(天人)의 이(理)와 도(道)를 분별하여 정리했으며, 죽음을 무릅쓰고 도를 지켜야 함을 역설하고 있다.

* 『향음주례홀기(鄕飮酒禮笏記)』

자양영당에서 시행했던 향음주례의 시행 절차와 의절을 적은 책. 필사본, 1책 24장. 의병전시관 소장, 18.5×27.0cm. 향음주례(鄕飮酒禮)는 육례 가운데 하나로, 주연(酒宴)을 통해 연장자와 유덕자를 존중하고 예법(禮法)을 지키려는 의절이다. 『국조오례의』에 의하면 매년 음력 10월에 각 고을에서 길일을 택해 행하도록 되어 있다. 장담서사에서는 1895년 윤5월 2일 대강례를 행한 다음 날 향음례를 실행했다는 기록이 있다. 자양영당에서는 춘추로 고유제와 함께 향음주례를

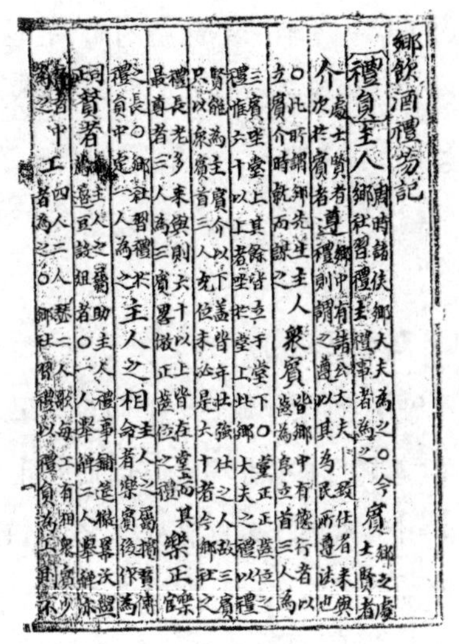

〈그림 96〉『향음주례홀기』(의병전시관 소장)

지속해 왔으며, 그에 대한 기록으로 『점치록(點齒錄)』이 있었다.

의병전시관에는 같은 내용을 다룬 『음례홀기』가 있다. 표제는 『음례홀기』, 내제는 『향음주례홀기(鄕飮酒禮笏記)』이다. 필사본, 1책 40장. 19.1×20.3cm. 부록으로 향음악장인 〈향음례생가편(鄕飮禮笙歌篇)〉과 〈향음례공가편(鄕飮禮工歌篇)〉이 수록되어 있다.

*『향음주례홀기고증(鄕飮酒禮笏記攷證)』

괴원(槐園) 이준(李埈)[29] 편찬. 표제는『음례고증(飮禮攷證)』, 내제는『향음주례홀기고증』. 필사본, 1책 51장. 의병전시관 소장, 18.5×27.0cm. 책의 첫머리에는 이준이 쓴 서문이 있다. 정조는 규장각 각신과 의례 담당자에게 명령해 향음주례와 향사례의 실천을 중심 내용으로 한『향례합편(鄕禮合編)』을 1797년 간행토록 했다. 이 책은 전국적으로 배포되었으며, 지방 유생들은 이 책을 통해 향촌질서 유지와 풍속 교화의 책임의식을 자각했다. 화서 이항로는 1831년 벽계의 경단(敬壇)에서 실제로 향음주례를 실행했으며, 이후 춘추로 예를 행했다.『향음주례홀기고증』은 이준(李埈)이『향례합편』경문의 소략함과 구장(舊藏) 홀기의 잘못을 보충하기 위해 사관・향사・대례기의 여러 편에서 나오는 내용을 참고하여 방증한 것이다. 또한 각 조항마다 그림을 그려 책의 첫머리에 덧붙였다. 뒤에는 성재 유중교가 별도로 가숙에서 예를

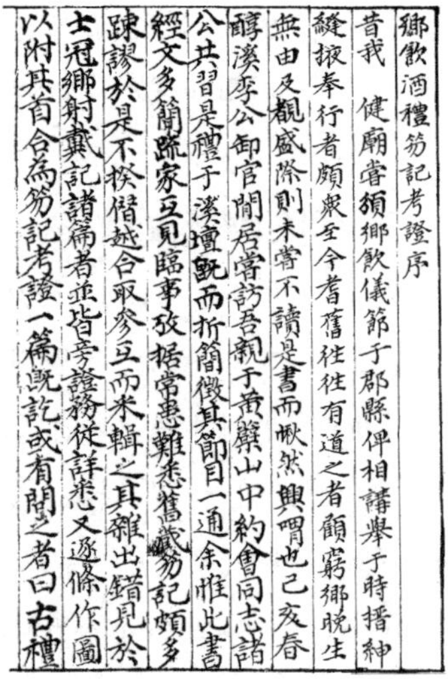
鄕飮酒禮笏記考證序
昔我 健廟嘗頒鄕飮儀節于郡縣俾相講擧于時搢紳
縫掖奉行者頗衆至今耆舊往往有道之者顧窮鄕晩生
無由及覩盛際則未嘗不讀是書而慨然興喟也己亥春
醇溪李公御官閒居嘗訪吾親于黃蘗山中約會同志諸
公共習是禮于溪壇旣而折簡徵其節目一通余惟此書
經文多簡疏家互見臨事攷據常患難悉舊藏笏記頗多
踈謬於是不揆僭越合取參互而采輯之其雜出錯見於
士冠鄕射戴記諸篇者並皆旁證務從詳悉又逐條作圖
以附其首合爲笏記考證一篇旣訖或有問之者曰古禮

〈그림 97〉『향음주례홀기고증』(의병전시관 소장)

---

29) 이준(李埈) 1812(순조 12)~1853(철종 4) : 자는 백흠(伯欽), 호는 괴원(槐遠), 본관은 벽진. 경기도 양근 벽계에서 출생. 이항로의 장자. 1835년(헌종 1) 사마시에 합격한 후로는 평생 학업에 전념했다. 부친의 명에 따라 주자서에 대한 송시열의 차의에 기초를 두고 우리 나라 선현들이 해석을 참작해 1846년『주자대전차의집보(朱子大全箚疑輯補)』70권을 편찬했다. 문집으로는『괴원집』이 있다.〈참고문헌『충의효열록』〉

익히기 위한 자료로 편찬한 〈사상견예습의홀기(士相見禮習儀笏記)〉가 수록되어 있다. 책의 끝에는 "己巳春謄于新菴"이라는 필사기가 있다. 이 책은 화서학파에서 준행한 향음주례 의절의 전범이 되었다.

* 『화서아언(華西雅言)』

이항로(李恒老, 1792~1868)의 언설을 모은 책. 목판본, 12권 3책. 20.3×31.0cm. 판심제는 『아언(雅言)』이다. 별도로 여러 필사본이 있다. 범례, 목록, 사장(事狀), 본문의 순으로 되어 있다. 김평묵(金平默)과 유중교(柳重教) 등이 스승인 이항로(李恒老)의 글 가운데 대례(對禮)나 도(道)와 관련된 견해와 여러 제자들이 정리한 어록 등을 모아 1874년 편집했다. 다시 1867년 초고를 완성한 후 교정을 거쳐 1874년 정본을 만든

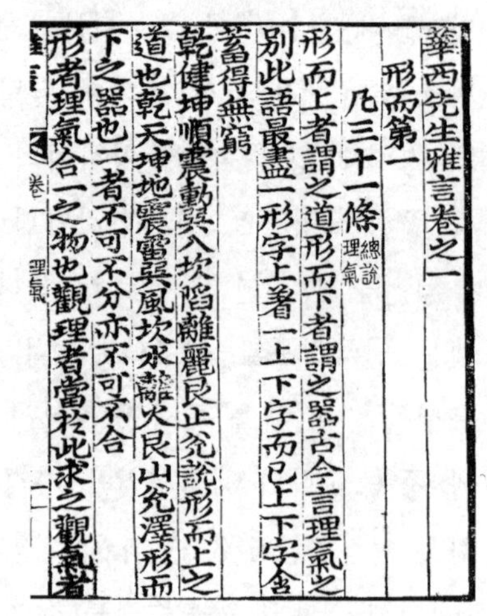

〈그림 98〉 『화서아언』(국립중앙도서관 소장)

다음 그해 겨울 서울에서 판각에 들어가 1876년 봄 작업을 완료했다. 책을 찍고 난 목판은 벽계(蘗溪)의 유택(遺宅)에 보관했다가 그 뒤『송원화동사합편강목』목판과 함께 제천에 옮겨져 현재 제천 자양영당 장판각에서 보관하고 있다. 1974년『화서선생문집』간행시 하권에 합본해 영인했다. 각 기관에 목판본이 남아 있으며, 필사본도 여러 곳에 소장되어 있다. 1978년 대양서적(大洋書籍)에서 김주희(金胄熙)에 의해 번역본이 간행되었다.

4) 집부

* 『가하산필(柯下散筆)』

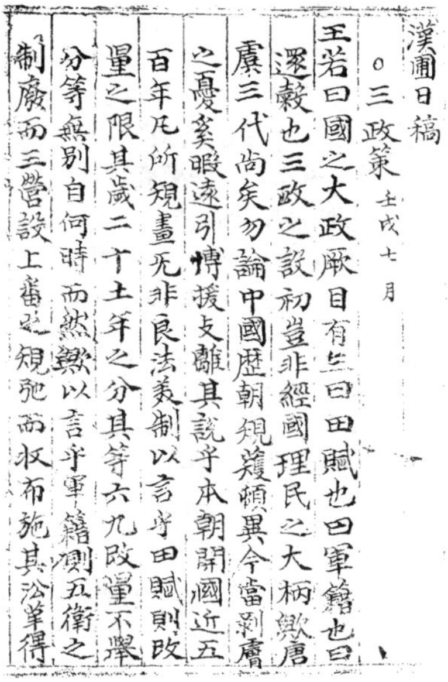

目錄   1책(漢圃日稿) 三政策(권 32), 高興柳氏宗法(권 33), 柳氏家典(권 33)

　　2책 事親三儀(권 36), 先師李先生喪持服儀節(권 36), 先師遺室措置(권 36), 迷源書院撤享後設壇儀節(권 36), 壇成日告事儀(권 36), 告文(권 43), 栗谷全書諸生相揖儀附註(권 36), 弟子贄見先生禮(권 36), 書社習禮節次(권 36), 書社飮禮約束(권 36), 書社講會約束(무), 書社旬講義(권 36), 四孟朔會謁先師及就位儀節(권 36), 書社禮食儀(권 36), 紫陽書社設施儀(권 36), 堤川長潭里立契約束(권 36), 祭土神儀節(권 36), 題九鶴山館南牌上(권 42), 安城栗里鄕約敍(권 40), 華西先生回弈宴序(권 40), 瀰沙李丈人回庚序(무), 安分齋洪處士壽序(권 40), 鄭石華叔母壽序(권 40), 族兄是菴居士壽序(권 40), 花樹堂夫人壽序(권 40), 送江陵二辛君序(권 40), 高興柳氏族譜序(권 40), 楊州芝山老人會序(권 40), 石村門下文會契序(권 40), 絃歌軌範序(권 40), 方喪儀節(권 36)

　　3책 愚溪柳氏世孝記(권 41), 怡雲堂記(권 41), 奉審御製大報壇聯句帖記(권 41), 觀物臺記(권 41), 漢浦書社名堂室記(권 41), 漢浦書社三榜記(권 41), 朝宗巖見心亭鑴名記(권 41), 嘉陵郡玉溪山水記(권 41), 舞鳳瀑記(권 41), 紫泥臺卜居記(권 41), 玉溪精舍名堂室記(권 41), 勉菴記(권 41), 無名我屋牓後小記(권 41),

〈그림 99〉『가하산필』(의병전시관 소장)

駱山堂記(권 41), 踰海亭處士具公事實記(권 41), 景淵臺記(권 41), 丹陽徐孝子崔孝婦旌閭記(권 41), 書辛巳諸儒疏後(권 42), 書趙時菴乙丑封事後(권 42), 書族弟義仲先公遺事後(권 42), 書朱學士忠孝堂三大字後(권 42), 書栗谷先生學敎模範後(권 42), 題家藏四書異同條辨後(권 42), 與田子明書後追識(권 42), 書陶菴集答從弟德章書後(권 42), 書華西先生甲寅講說帖後贈柳心齋(권 42), 書華西先生手帖後贈洪範五(권 42), 書華西先生手帖後贈姜伯三(권 42), 書華西先生手帖後贈都生亨默(권 42), 書華西先生手帖後贈都生浩聖(권 42), 朝宗巖誌跋(권 42), 迷源六先生神壇誌跋(권 42), 跋成而强傳(권 42), 跋敬齋箴帖(권 42), 朱子遺書敬齋箴帖後題辭(권 42), 題孝烈婦崔氏行錄後(권 42), 題全州柳氏先蹟後(무), 題華西先生讀書鵠菴詩後(권 42), 題堂兄推齋銘箴遺墨後(권 42), 題家藏朱子語類匣(권 42), 敬題皇考戒家衆辭後(권 42), 敬書先君遺墨後(권 42), 敬書先師遺墨後(권 42), 靑華琴跋(권 42), 嘉靖甲子甲契帖跋(권 42), 挹淸堂朴公家藏古帖跋(무), 題老稼李公家狀後(권 42), 甫山集跋(권 42), 疑禮應問錄書題(권 40), 題伯賢先世行錄後(권 42), 題板山申氏家藏墨帖後(권 42), 題宋孝婦行錄後(권 42), 愚峰遺稿跋(권 42), 鄕飮酒禮笏記後題(권 42), 書社雅誦書題(권 40), 養知錄書題(권 40)

4책 烈皇帝御書頌(권 42), 漢浦書社三銘(권 42), 觀鄕臺銘(군 42), 敬義臺銘(권 42), 遺安齋銘(권 42), 信齋銘(권 42), 玉溪精舍三銘(권 42), 正寢五銘(권 42), 筬格銘(권 42), 喚醒箴(권 42), 汕源書舍堂室銘(권 42), 喚醒箴(권 42), 書紳箴(권 42), 九容九思贊(권 42), 作文箴(권 42), 華西先生畵像贊(권 42), 烈皇帝御書頌(권 42), 金基朋字說(권 40), 具中植字說(권 40), 李秉珪字說(권 40), 李汝吉三子名字說(권 40), 金春善字說(권 40), 朴齊老名字說(권 40), 族弟重彝字辭(권 40), 李承祖字辭(권 40), 尹持榮字辭(권 40), 柳聖錫字祝(권 40), 柳建錫字辭(권 40), 朴敎陽字詞(권 40), 金養浩字詞(권 40), 柳寬錫字辭(권 40), 李道林字辭(권 40), 沈宜性字辭(권 40), 柳濟鶴字辭(권 40), 毅錫定書(권 43), 季女回定書(권 43), 紫陽書社上樑文(권 43), 迷源書院設壇告文(권 43), 漢浦書社成告先聖文(무), 漢浦書社成告土神文(권 43), 紫泥書社告土神文(권 43), 告皇考遺像文(권 43), 每歲季秋奠告皇考遺像文(권 43), 告先祖考府君墓文(권 43), 爲忠州儒

林告雲谷朱子神壇文(권 43), 告華西先生遺像文(권 43), 長潭里社
祭土神文(권 43), 祭華西李先生文(권 43), 祭重菴金先生文(권 43),
爲伯王父祭槐園李公文(권 43), 祭龜巖權公文(권 43), 祭族祖參判
公文(권 43), 祭任全齋文(권 43), 祭亡女李氏婦文(권 43), 祭亡
女李氏婦文(권 43), 祭洪安分齋文(권 43), 祭洪汝章文(권 43),
祭柳心齋文(권 43), 祭金漢甫文(권 43), 祭都天季文(권 43), 祭
徐綱堂文(권 43), 祭洪聞叔文(권 43), 再祭洪聞叔文(권 43), 代
人祭洪聞叔文(권 43), 祭金晩悔齋文(권 43), 祭黃溪李公文(권 43),
祭王灘隱文(권 43), 祭李聲集文(권 43), 祭李晩讀齋文(권 43),
代族叔祭梁護軍文(권 43), 祭尹復元文(권 43), 祭李圭甫文(권 43),
祭安松齋文(권 43)
 5책 徐處士廉淳哀辭(권 44), 金仲文哀辭(권 44), 老西齋尹公誄
辭(권 44), 洪穉綱誄辭(권 44), 副提學兪公墓碣銘(권 44), 義士
奉事柳公墓碣銘(권 44), 贈童蒙敎官竹巖梁公墓表(권 44), 洪確齋
墓表(권 44), 曾王考僉中樞贈戶曹參判府君墓表陰記(권 44), 宋左
溟墓表陰記(권 44), 黃文裕墓誌(권 44), 孺人黃氏墓誌(권 44),
義士靑城李公墓誌(권 44), 外舅李公墓誌銘(권 44), 東岡柳公墓誌
(무), 通政大夫鄭公墓誌銘(권 44), 鳳西沈公墓誌銘(권 44), 兒婦
申氏壙誌(권 44), 華西先生語錄(권 46), 重菴先生語錄(권 46)
 6책 錦川任先生行狀(권 45), 柳心齋行狀(권 45), 洪確齋行狀(권
45), 進士德村鄭公行狀(권 45), 同中樞立齋柳公行狀(권 45), 故
嘉善大夫兵曹參判柳公行狀(권 45), 默隱柳公行錄(권 45), 槐園李
公遺事(권 46), 全健翁遺事(권 46), 隱溪柳公遺事(권 46), 芝山
柳公行錄(권 45), 禹下柳公行錄(권 45), 先考洛隱府君遺事草(권
46), 先妣李孺人遺事(권 46)

유중교(柳重敎)[30]의 문집 초고본. 필사본. 6책. 의병전시관 소장. 16.8

30) 유중교(柳重敎) 1832(순조 32)~1893(고종 30) : 초명은 맹교(孟敎), 자
는 치정(穉程), 호는 성재(省齋), 본관은 고흥(高興). 진사 유구(柳龜)의
아들이며, 이항로(李恒老)의 문인이다. 이항로의 사후에는 김평묵(金平默)
을 스승으로 했다. 1852년(철종 3) 이항로의 명에 의해『송원화동사합편강
목(宋元華東史合編綱目)』을 편수했다. 1876년(고종 13)과 1882년에는 선
공감가감역(繕工監假監役)과 사헌부지평에 각각 제수되었으나, 모두 취임

×25.2cm. 유중교가 가정에 거주했던 시절 작성한 잡저류 글을 모아 놓은 것으로 6책으로 가편집되었다. 유중교의 목판본『성재집』권 37~46은 "가하산필"의 표제 아래 구성되어 있어, 목판본 간행시 기본 자료로 활용되었던 것으로 추정된다. 그런데 초고본에는 목판본『성재집』과 활자본『성재집』에 미수록된 글이 일부 있어서 유중교 연구에 참고자료로 이용할 수 있다. 위의 목록은 활자본『성재집』과 비교해 미수록된 글을 정리한 것이다. 〈환성잠(喚醒箴)〉과 〈열황제어서송(烈皇帝御書頌)〉은 중복 수록되어 있다(〈사진 18〉).

* 『경암집(絅庵集)』

目錄 絅庵先生文集序. 卷 1 : 操, 詩. 卷 2~3 : 書. 卷 4 : 雜著, 序. 卷 5 : 記, 題跋, 銘, 頌, 告祝, 祭文, 墓誌銘, 行狀, 遺事, 語錄. 권 6 : 附錄.

민태직(閔泰稷)31)의 문집. 연활자본, 6권 2책. 20.2×29.3cm. 책의 첫

하지 않았다. 1881년 김홍집(金弘集)이 일본을 다녀오면서 황준헌(黃遵憲)의『조선책략(朝鮮策略)』을 가져오자 김평묵과 함께 척사위정을 주도했다. 1886년 이항로의 심설(心說)에 대해 김평묵과 충돌하면서 그 문인이 사실상 두 갈래로 나뉘어지게 되었다. 1889년 춘천에서 제천의 장담으로 이주하자 유중교를 따르는 많은 제자들이 장담마을로 모여들었다. 묘는 봉양읍 원박리에 있다. 고산(高山)의 삼현서원(三賢書院), 제천의 자양영당에 배향되었다. 저서로는『성재집』이 있다. 시호는 문간(文簡). 〈참고문헌『성재집』〉

31) 민태직(閔泰稷) 1868(고종 5)~1935 : 자는 순좌(舜佐), 호는 경암(絅庵), 본관은 여흥. 화서와 성재 연원인 존재 유진하(兪鎭河)의 제자로 경술 국치 후 서산에 두문자정하면서 후학을 가르치는데 일생을 바쳤다. 〈참고문헌『경암집』,『민재존고』〉

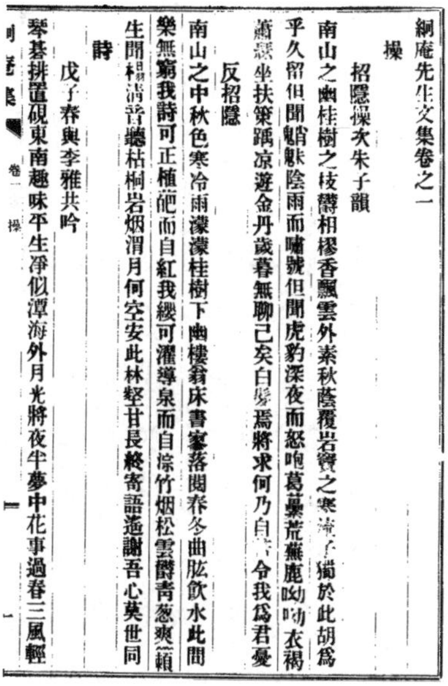
絅庵先生文集卷之一

操

招隱操 次朱子韻

南山之幽桂樹之枝欝相樛香飄雲外素秋蔭覆岩巒之寒淹子獨於此胡爲乎久留但聞魈魅陰雨而嘯號但聞虎豹深夜而怒咆葛藟荒蕪鹿呦呦衣褐蕭騷坐扶策踽凉遊金丹歲暮無聊已矣白髮焉將求何乃自令我爲君憂

反招隱

南山之中秋色寒冷雨濛濛桂樹下幽棲翁床書家落閱春冬曲肱飲水此間樂無窮我詩可正植葩而自紅我纓可濯導泉而自淙竹烟松雲欝青葱爽籟生閒松濤音聽枯桐岩烟渭月何空安此林壑甘長終寄語遙謝吾心莫世同

詩

戊子春與李雅共吟

琴碁排置硯東南趣味平生淨似潭海外月光將夜半夢中花事過春三風輕

絅菴集 卷一 操

〈그림 100〉『경암집』(의병전시관 소장)

머리에는 이승규(李承圭)와 제자인 오완근(吳浣根)이 쓴 서문이 있다. 책의 끝에는 1969년 제자인 구원서(具元書)가 쓴 발문이 있다. 오완근이 스승의 유문을 모아 편찬하고 아들인 민정근(閔正根)이 산삭하여 1969년 서산인쇄소에서 간행했다. 1책의 권 2에는 존재 유진하, 사가(四可) 유호근(柳浩根), 후조(後凋) 고석노(高錫魯), 복재 강건선(姜健善) 등에게 보낸 편지가 수록되어 있다. 2책의 권 4 잡저에는 〈기노사시비론(奇蘆沙是非論)〉, 〈성토오적문(聲討五賊文)〉, 〈전간재중용설변(田艮齋中庸說辨)〉, 〈유성재가례발문의대(柳省齋家禮發問擬對)〉 등 성리·예의·의리 등과 관련된 논설이 수록되어 있다. 권 5에는 지산(志山) 김복한(金福漢), 우록(友鹿) 유준근(柳濬根) 등 우국지사들에 대한 제문이 수록되어 있다. 어록에는 〈유존재선생어록〉이 수록되어 있다. 서간과 연보 등 자료를 통해 제천지역 인사들과의 교류를 엿볼 수 있다.

*『경암집(敬菴集)』

目錄　敬菴先生文集序. 卷 1 : 詩, 書, 雜著, 告祝祭文行狀. 卷 2 : 附錄. 跋.

서상열(徐相烈)[32]의 문집. 필사 영인본, 2권 1책. 18.7×25.7cm. 권 2는 부록이다. 손자인 서정국(徐廷國)이 유고를 수습해 1983년 간행했다. 권 1에는 서문(序文), 시(詩) 48편, 서(書) 36편, 잡저(雜著) 6편, 고축제문행장(告祝祭文行狀) 6편으로 이루어져 있으며, 권 2에는 부록(附錄)과 발(跋)이 수록되어 있다. 책의 첫머리에는 1983년 오완근(吳浣根)이 쓴 서문이, 책 끝에는 역시 같은 해 김용숙(金容肅), 손자인 서정국(徐廷國)이 쓴 발문이 있다. 권 1의

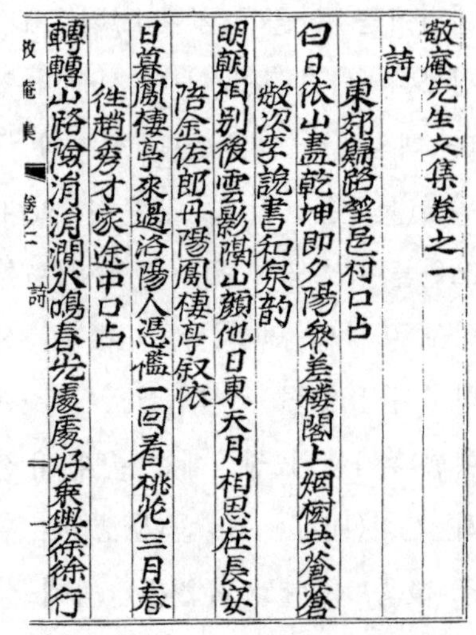

〈그림 101〉 『경암집』(내제문화연구회, 2003)

시문에는 여행 중의 소회나 친우를 만나고 떠나보낼 때의 감정을 시로 적은 것이 많다. 그리고 계절과 시간의 변화에 따른 풍경을 그리고 있다. 권 1의 서간문 가운데 김평묵 계열에 보낸 편지에서는 심설문제가 주로 다루어졌다. 그 외 서간은 교류했던 지기들과 학문, 스승 영정 봉안·문

---

32) 서상열(徐相烈) 1854(철종 5)~1896 : 자는 경은(敬殷), 호는 경암(敬菴), 당호는 춘수당(春睡堂), 본관은 달성. 김평묵과 유중교 문하에서 수학했으며, 1890년 장담마을로 이주했다. 1893년 유중교 사후에는 장담에서의 강학활동을 실질적으로 이끌어 나갔다. 이필희 휘하에서 군사(軍師)로 활약했으며, 유인석 의진에서는 소모대장이 되었다. 충주성 점령 후 영남 소모사가 되어 영남에서 소모활동을 벌여 1896년 2월 상주 태봉을 공격했다. 그 후 유인석 의진이 서행할 때 도로장이 되어 퇴각로를 개척하다가 낭천에서 전사했다. 묘는 제천시 봉양읍 구곡리에 있다. 〈참고문헌 『경암집』, 『춘수당일기』, 「서상열의 저술과 의병활동」〉

집 간행건, 척사의리 등의 주제를 다루고 있다. 잡저의 〈학교모범고동강제공문(學敎模範告同講諸公文)〉은 유중교의 뜻에 따라 1893년 가을 이이(李珥)의 『학교모범』을 강학하고서 각기 실천할 것을 권유한 글이다. 〈반이제천장담기(搬移堤川長潭記)〉는 1890년 선비(先妣)의 유의에 따라 장담으로 이사한 뒤 그 소회를 적은 글이다. 그리고 〈중암선생어록〉, 〈성재선생어록〉, 〈제성재유선생문〉, 〈재제성재유선생문〉 등을 통해 스승의 업적을 정리했다. 권 2의 부록에는 만시, 제문, 이규현(李奎顯)이 쓴 육의사찬(六義士贊), 이정규가 쓴 경암서공유사(敬菴徐公遺事), 권 1에서 누락되었던 서간문 등이 수록되어 있다. 내제문화연구회에서 2003년 영인했다.

　서상열의 다른 유문으로 『춘수당일기(春睡堂日記)』가 있다. 표제는 『일기』로 되어 있다. 필사본, 1책. 독립기념관 소장. 내용은 1890년 1월~7월까지의 일기와 김기석(金箕錫)에 대한 제문, 김평묵(金平默)의 어록, 유인석(柳麟錫)·박세화(朴世和)·유중악(柳重岳)·이원재(李元宰)·유치원(兪致元)·홍재구(洪在龜)·원용숙(元容肅) 등에게 보낸 서신 등이 수록되어 있다. 일기에는 스승인 유중교(柳重敎)를 모시고 동문인 이소응(李昭應), 박원회(朴遠會), 주용규(朱庸奎) 등과 강학한 내용과

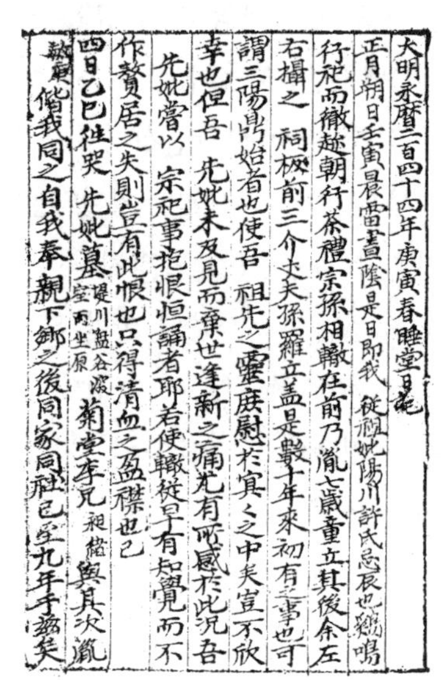

〈그림 102〉 『춘수당일기』(한국독립운동사연구소, 1989)

그 외 집안 일에 관련된 일들을 적고 있다. 의병활동 이전의 서상열을
중심으로 한 교류관계를 볼 수 있다.『한말의병자료집』(독립기념관 한
국독립운동사연구소, 1989)에 영인되어 있다.

*『계산선생유고(桂山先生遺稿)』

目錄 序. 刊行辭. 詩. 序. 跋. 書. 行
       狀. 遺事. 碑誌. 附錄(追慕詩,
       追慕文).

정원태(鄭元泰)[33]의 문집. 신활자
본, 1책. 정원태의 시와 글을 편집하고,
부록으로 추모시와 추모문을 모아 간
행했다. 2000년 계산선생유고간행위원
회에서 발간. 월림의 영일 정씨 관련
인물에 대한 행장과 비지문이 있어 참
고가 된다. 그 가운데 한말 의병장이었
던 정운경(鄭雲慶)의 행장에는 1905년
의병 거의에 대한 자세한 설명이 수록
되어 있다.

梧秋拈景

幽居晩卜故城西   羅列群峰抱小溪
美酒三杯消慮鬱   穢塵一世覺途迷
孤雲嶺上無心出   衆鳥林間有意啼
更欲揮毫傳勝事   暮年自愧手還低

仲秋拈景

寺洞秋來景益佳   苦吟時有野僧偕
江山好處多詩思   風月良辰倍酒懷
可愛荷花香滿漱   又看竹葉綠盈階
同時晩契吾堪愧   依舊城南隱者儕

二樂會創立

山水煙霞此洞天   親朋雅會亦奇緣
我生季世才何乏   人在西方念每然

〈그림 103〉『계산선생유고』(간행위원
회, 2000)

---

33) 정원태(鄭元泰) 1913~1993 : 자는 우백(禹伯)·치화(致和), 호는 계산
    (桂山), 본관은 영일. 정철(鄭澈)과 정양(鄭瀁)의 후손이다. 조부인 계릉
    (桂陵) 정운호(鄭雲灝)와 양암(陽庵) 유지혁(柳芝赫)으로부터 학문을 익
    혔다. 묘는 고향인 제천시 금성면 월림리에 있다. 〈참고문헌『계산선생유
    고』〉

* 『곡운집(谷雲集)』

目錄　谷雲集序. 卷 1~2 : 詩. 卷 3 : 家記, 記. 卷 4 : 記. 卷 5 :
　　書, 祭文. 卷 6 : 狀誌, 雜文.

　김수증(金壽增)[34]의 문집. 목판본, 6권 3책. 19.0×27.8cm. 조카인 김창흡(金昌翕)이 편차를 정한 초고를 손자인 김치겸(金致謙)이 경상도 관찰사 이의현(李宜顯)의 도움으로 1711년(숙종 37) 간행했다. 책의 첫 머리에는 김창흡의 서문이 있다. 권 1~2는 시가 연도순으로 실려 있다. 곡운(谷雲)과 화음동(華陰洞)의 경관을 읊고 있다. 권 3의 「가기(家記)」는 조상에 대한 글을 모은 것으로 조부인 김상헌에 대한 기록이 다수 있으며, 〈잡록〉은 가문의 내력을 후손에게 전하기 위해 지은 글이다. 권 4의 〈화산기(花山記)〉는 청풍군수 재임시 안동(安東)의 선영과 화산(花山) 일대를 돌아본 여정을 적은 기행문이다. 권 5의 서간에는 박세채, 권상하, 외조카 이세백, 아들 김창국 등에 보낸 편지가 수록되어 있

---

34) 김수증(金壽增) 1624(인조 2)~1701(숙종 27) : 자는 연지(延之), 호는 곡운(谷雲), 본관은 안동. 김상헌(金尙憲)의 손자이며, 제천현감·청풍군수를 역임했던 김광찬(金光燦)의 아들이다. 1683년 청풍부사에 도임해 청렴 결백함으로 고을을 다스려 백성들이 청덕비를 세웠으며, 현재 청풍문화재단지 내에 있다. 청풍 유연재(悠然齋)를 창건해 송시열에게 중수기를 청했다. 1650년(효종 1) 사마시에 입격하고 1652년 세자익위사 세마(洗馬)가 되었다. 그 뒤 각사(各司)의 정(正)을 두루 역임했다. 외직으로는 석성·평강현감을 지냈다. 1670년(현종 11)에는 곡운(谷雲: 강원도 화천군 화북면 영당동)에 복거(卜居)할 땅을 마련하고 농수정사(籠水精舍)를 지었다가 1675년(숙종 1) 성천부사로 있던 중, 동생 김수항(金壽恒)이 유배되자 농수정사로 돌아갔다. 그 뒤 회양과 청풍부사를 잠시 역임했으나 말년은 곡운에서 은거했다. 사망 후 양주 석실에 장사지냈다. 문집으로 『곡운집』이 있다. 〈참고문헌 『곡운집』, 『효종실록』, 『숙종실록』, 『국조인물고』〉

다. 권 5~6의 비지문은 집안 사람을 다루었다.『곡운집』에는 제천·청풍 관련 시가 다수 수록되어 있어 지역 연구에 참고가 된다. 1994년 민족문화추진회에서 규장각 소장본을『한국문집총간』125로 영인했다.

*『과암집(果庵集)』

目錄　　果庵先生文集序. 卷 1 : 詩. 卷 2~6 : 書. 卷 7~8 : 雜著. 卷 9 : 說. 卷 10 : 論, 辨, 記疑. 卷 11 : 序, 記, 跋, 箴, 銘, 頌, 文, 定書, 字辭, 字說, 書贈. 卷 12 : 祭文, 墓誌銘, 神道碑銘, 墓碣銘, 墓表, 行狀, 世獻, 遺事, 記事, 傳. 別集 : 書. 附錄 : 墓表, 挽章, 門人錄, 跋.

신익균(申益均)[35]의 문집. 연활자본, 12권 4책, 별집 1책, 총 5책. 19.7×29.0cm. 제자인 윤명섭(尹命燮) 등에 의해 편집되어 1966년 회상사에서 간행했다. 책의 첫머리에는 제자인 김길수(金吉洙)

〈그림 104〉『과암집』(의병전시관 소장)

果庵先生文集卷之一

詩

山居 庚子

雲藏山色占雨歇水聲今莫將塵世想太惱此間心

登寒碧樓 壬寅春

四郡江山第一樓風寒水碧境如秋長歌獨立斜陽裡惟有漁舟檻外浮

菊花

淺白輕黃迥絕埃秋風冷藥傍亭罄逸民已遠誰同愛雜卉成蕪爾獨開幽香霜激起一樽淡影月移來繞籬欲許心期與詩語還應愧不才

寄鄭汝亮 學顥

無邊光景獨葶芳 水戶偏明照夕陽半世雅懷誰與共書中喚起古文章

冬夜寄友

人事分張歲月移空山獨坐強裁詩群生皆夜鷄先覺舉世如炎雁不知天下陽無終盡理地中春有又來時勸君莫漏陽春氣留待明年善護持

---

35) 신익균(申益均) 1879(고종 16)~1939 : 자는 경설(敬卨), 호는 과암(果菴), 본관은 평산. 충북 중원군 노은면 출생. 이근원과 이소응을 스승으로 받들었다. 1917년 이후에는 충북 천원군 동면 송연리에 이주해 파악정사(巴嶽精舍)를 두어 강학활동에 주력했다. 〈참고문헌『과암집』,『유학근백년』〉

가 쓴 서문이 있으며, 끝에는 문인인 윤명섭(尹命燮)이 쓴 발문이 있다. 권 2~6, 권 12, 별집 등에는 스승이었던 금계 이근원, 습재 이소응을 비롯하여 홍종각, 임기정, 윤응선, 신현국 등 제천·청풍·충주 일대 거주 화서·의당학파 인사에게 보낸 편지와 제문이 있어 이들의 동향을 알 수 있다. 권 9의 설에서는 도설(圖說)을 통해 도학의 기본 정신을 체계적으로 제시했다. 권 10의 논변에서는 〈독이옥산전설변(讀李玉山田說辨)〉, 〈간재잡변〉, 〈간재속변〉, 〈간고김준영서문답변〉 등을 통해 간재 전우의 글을 비판했다. 별집의 부록에는 윤태희(尹泰希)가 찬술한 묘갈문, 신현국이 쓴 제문, 그 외 문인들이 쓴 만사가 있으며, 끝에는 위성(渭城)과 파산(巴山)에서 수학한 문인 명단을 수록한 문인록이 있다.

*『관란선생유고(觀瀾先生遺稿)』

目錄   觀瀾遺稿序. 觀瀾遺稿重刊序. 卷 1 : 逸稿. 卷 2 : 實記一. 卷 3 : 實記二. 卷 4 : 撫遺. 附墳墓圖. 觀瀾遺稿跋.

원호(元昊)[36]의 문집. 석인본, 4권 1책. 15.1×22.0cm. 1813년(순조

---

36) 원호(元昊) 15세기 중엽 : 자는 자허(子虛), 호는 관란(觀瀾)·무항(霧巷), 본관은 원주(原州). 시중 원홍필(元弘弼)의 후손으로, 별장 원헌(元憲)의 아들이다. 제천 송학면 장곡리 산위에 관란정이란 정자와 원호유허비각이 있다. 이는 1845년(현종 11)에 원호의 충절을 추모해 세운 것이다. 1423년(세종 5)에 문과에 급제한 후 문종 때 집현전 직제학에 이르렀다. 1453년(단종 1) 수양대군이 정권을 잡게 되자, 원주에 은거했다. 1457년(세조 3)에 단종이 영월에 유배되자, 영월 서쪽에 관란정을 짓고 아침 저녁으로 영월 쪽을 바라보면서 단종을 그리워했다. 단종이 죽자 영월에서 삼년상을 입었고, 삼년상을 마친 뒤 고향으로 돌아와 문 밖을 나가지 않았다. 원주의 칠봉서원(七峰書院), 함안의 서산서원(西山書院), 영천의 용계서원(龍溪書院)에 배향되었다. 문집으로 『관란유고』가 있다. 시호는 정간

13) 후손인 원석조(元錫祚)가 유고
를 수집해 1권으로 만들어 간행한
것을 1927년 원지상(元持常) 등이
증보해 석인했다. 책의 첫머리에는
1813년 한치응(韓致應)이 쓴 서문
과 1925년 원세보(元世寶)가 쓴 중
간 서문이 있으며, 책 끝에는 1926
년 원세신(元世臣)이 쓴 발문이 있
다. 이들은 제천에 거주하면서 장담
서사에 출입했던 사람들이다. 권 1
에는 유고로 수양대군의 횡포를 한
탄한 〈탄세사(歎世詞)〉, 단종·육
신과 노는 꿈을 꾼 후 지은 〈몽유록

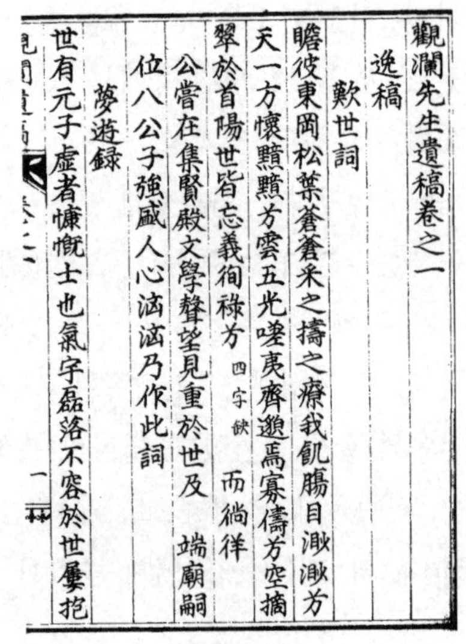

〈그림 105〉 『관란선생유고』(국립중앙도
서관 소장)

(夢遊錄)〉, 〈여우인서(與友人書)〉가 있다. 권 2와 권 3은 실기로 곽세익
(郭世翼)이 지은 전(傳), 남궁원(南宮垣)이 지은 행장, 최석정(崔錫鼎)
이 지은 묘갈명을 비롯해 관련 글을 수집해 수록했다. 권 4에는 당시 자
료와 제영시(題詠詩)를 실었다. 책 말미에는 분묘, 관란정, 정려각, 원호
가 배향된 서원의 건물에 대한 그림을 부가했다. 지역에 소재한 관란정
에 대한 도설은 유적의 유지와 보수에 참고가 된다.

　그 외 규장각에는 초간본인 『관란선생유고사적(觀瀾先生遺稿事蹟)』
이 소장되어 있다. 목판본, 1책 37장. 규장각 소장, 19.0×30.0cm.

(貞簡). 〈참고문헌 『관란유고』, 『연려실기술』, 『제천군지』〉

* 구곡산고(九曲散稿)』

目錄　卷 1～3 : 詩. 卷 3 : 書, 問
　　　義. 卷 4 : 祭文, 家狀. 卷 5 :
　　　序, 記, 跋, 箴, 銘, 辭, 說, 雜
　　　著. 卷 6 : 經義問答. 卷 7 :
　　　語錄, 附 ; 經義問答.

이원우(李元雨)[37]의 시문집. 필사
본, 7권 8책. 개인 소장, 20.0×29.5cm
외. 권 3은 두 책으로 시를 수록한 것
과 서간을 수록한 것이 있다. 권 1의
시에는 5절 · 5율 · 7절 · 7율의 시체별
로 청풍과 제천 지역의 풍광을 노래
한 시가 다수 수록되어 있어 지역 연
구에 참고가 된다. 권 2의 7율에는 의
림지, 백련사, 대암, 관란정, 한벽루,

〈그림 106〉『구곡산고』(개인 소장)

능강동, 옥순봉, 월악산을 소재로 한 〈제천팔경(堤川八景)〉이 수록되어
있다. 권 3의 서간과 권 4의 제문에는 제천과 충주 일원의 의당 · 화서
학파 인사들의 서간과 제문이 수록되어 있어 지역 인물 연구에 참고가
된다. 권 5의 기문에는 용하동 일원의 〈유관폭대기(遊觀瀑臺記)〉 · 〈우

---

37) 이원우(李元雨) 1880(고종 17)~1962 : 자는 사선(士善), 호는 확재(確
　齋), 본관은 경주. 충주 덕산면 성암리 출생. 석포(石浦) 이종국(李鍾國)의
　아들이다. 회당 윤응선에게서 수학했다. 성리학을 통한 후진 양성에 전념
　했으며, 효성이 지극했다. 봉양면 구곡리 요옥마을에서 사망했다. 제천의
　병산영당에 배향되었다. 〈참고문헌『구곡산고』, 『소당집』〉

화굴기(羽化窟記)〉·〈용하구곡실기(用夏九曲實記)〉·〈섭운대기(躡雲臺記)〉, 요옥동 일원의 〈단계구곡기(檀溪九曲記)〉·〈침류정기(枕流亭記)〉·〈제남구곡기(堤南九曲記)〉·〈낙은정기(樂隱亭記)〉·〈성심재기(惺心齋記)〉·〈활연정기(豁然亭記)〉·〈요옥동기(堯玉洞記)〉, 청풍 장선리의 〈병산영당기〉, 의림지의 영호정에 대한 〈영호정중건기〉 등 지역 관련 유적이나 인물에 대한 내용을 다수 수록하고 있다. 권 6은 1911년 과정(課程)에서의 문답을 정리한 것이다. 권 7의 「어록」은 문인들이 정리한 것이며,「경의문답」의 일부가 추가되어 있다.

그 외 후손가인 이성희 소장의 이원우 관련 자료로, 1904년 문답형식의 강학 기록인 『강의(講疑)』(1책 16장. 19.8×20.7cm)가 있다. 『강의』에 수록된 일부 초고 기문류는 『구곡산고』에도 수록되어 있다.

* 『국사산록(菊史散錄)』

目錄   1冊(自壬戌). 2冊(丙寅以後). 3冊.

강달희(姜達熙)[38]의 시문집. 필사본, 3책. 개인 소장. 1책은 25.0×30.5cm 48장, 2책은 22.0×31.0cm 31장, 3책은 19.0×31.5cm 10장으로 크기가 조금씩 다르다. 자신의 글을 시기별로 모아 놓은 문집 초이다. 3책으로 가편집되었으나 일부 내용은 서로 중복이 되는 등 미완성본이다. 이면에 기재된 글이 있으며, 이것도 강달희의 시문이다. 집안과 관

---

38) 강달희(姜達熙) 1875(고종 12)~1934 : 자는 성존(聖尊) 호는 국사(菊史), 본관은 진주. 제천 두학동 오석 출신이며, 아버지는 강수면(姜秀冕)이다. 유인석의 문인이며, 제천의병에 종군했다. 학행으로 세상에 이름이 높았다. 〈참고문헌 『국사산록』〉

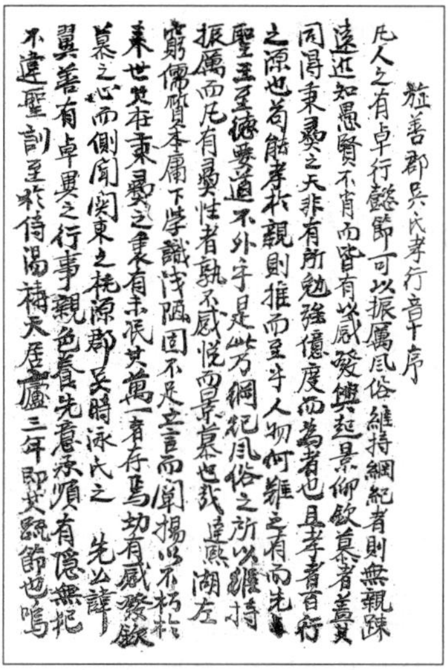
旌善郡吳氏孝行帖序
凡人之有卓行懿節可以振厲風俗維持綱紀者則無親踈
遠近知愚賢不肖而皆有以感發興起景仰欽慕者蓋其
同得秉彝之天非有所勉強億度而爲者也且孝者百行
之源也苟能孝於親則推而至於人物何難之有而先
聖王至德要道不外乎是此乃綱紀風俗之所以維持
振厲而凡有彝性者孰不感悅而景慕也哉 達燕湖左
窮儒質本庸下學識淺陋固不足立言而闡揚以不朽於
來世然在秉彝之衷有未泯其萬一者存焉切有感發欽
慕之心而側聞關東之桃源郡吳時泳氏之 先公諱
翼善有卓異之行事親色養先意承順有隱無犯
不違聖訓至於侍湯禱天居廬三年即其懿節也嗚

〈그림 107〉『국사산록』(개인 소장)

련해서는 집안 인물에 대한 비지문, 종계·종문 통문, 족인들과 교환한 시와 서간 등이 수록되어 있다. 지역과 관련해서는 〈박약재팔경팔물(博約齋八景八物)〉, 〈회박약재세연연연야음(會博約齋洗硯宴夜吟)〉, 〈음염수재운(飮念修齋韻)〉, 〈박약재중수기(博約齋重修記)〉 등 박약재와 관련된 시와 문장이 있으며, 지역 인사 자제들을 위한 자설(字說)이 있다. 의병 관련 자료로는 〈김의당수석운서(金義堂晬席韻序)〉, 〈제의암선생문(祭毅菴先生文)〉, 〈융의계휘편발(隆義契彙編跋)〉, 〈제백우김공상태문(祭白愚金公尙台文)〉, 〈은수설(恩讐說)〉, 〈복제변(服制辨)〉 등이 있어 참고가 된다(〈사진 19〉).

* 『극와사고(克窩私稿)』

目錄　詩, 書, 序, 墓碣銘, 墓表, 墓誌銘, 行狀, 事蹟, 傳.

유제항(柳濟恒)[39]의 문집. 필사본, 1책. 의병전시관 소장, 20.5×

---

39) 유제항(柳濟恒) 1892(고종 29)~1973 : 자는 사정(士貞), 호는 극와(克窩), 본관은 고흥. 성재 유중교의 손자이며, 입헌 유의석의 아들이다. 충주 산척면 석천리(石川里)에서 살았다. 묘는 엄정면 신만리에 있다. 〈참고문헌 『극와사고』, 『고흥유씨부학공파보』〉

29.7cm. 시(詩), 서(書), 서(序), 묘갈명(墓碣銘), 묘표(墓表), 표지명(墓誌銘), 행장(行狀), 사적(事蹟), 전(傳) 등으로 구성되어 있다. 서간문이나 비지문에는 정암 송석성, 죽창 이강협, 소당 정해문, 담재 이익호, 청담 송소용 등 제천·충주 화서학파 인사에 대한 글을 싣고 있다. 서(序)에 수록된 〈자양영당고유문〉은 자양영당 관련 자료이다. 〈습재선생문집서〉는 이소응의 문집에 대한 서문이다. 그 외 양명규, 윤창호 등 화서학파 후세대 인물에

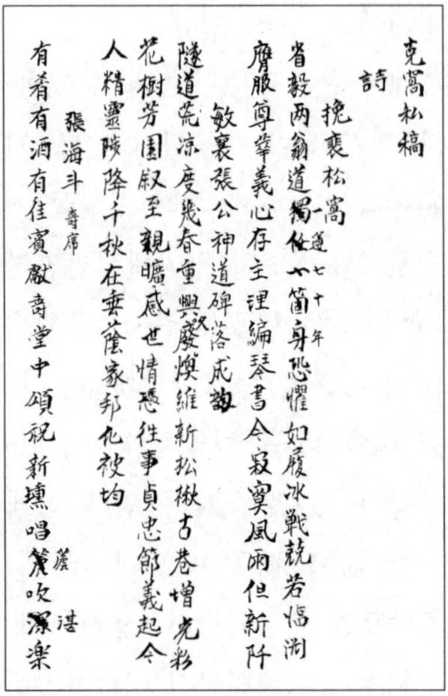

〈그림 108〉『극와사고』(의병전시관 소장)

대한 기록이 남아 있어 제천·충주지역 화서학파의 행방을 추적하는 데 참고가 된다. 1999년 유연수(柳然壽), 유남균(柳南均)의 편집으로 대유문화사에서 영인 간행했다.

*『금계선생문집(錦溪先生文集)』

目錄　卷 1~2 : 詩. 卷 3~12 : 書. 卷 13 : 祭文. 卷 14 : 墓表, 墓碣銘, 墓誌銘. 卷 15 : 行狀. 卷 16 : 序, 記, 跋, 說, 箴, 銘. 卷 17 : 雜著. 卷 18 : 附錄 ; 年譜, 語錄, 驪江錄, 砥邑日記, 行狀, 墓碣銘, 畵像讚, 祭文.

이근원(李根元)[40]의 문집. 석인본, 18권 4책. 19.3×28.5cm. 1923년

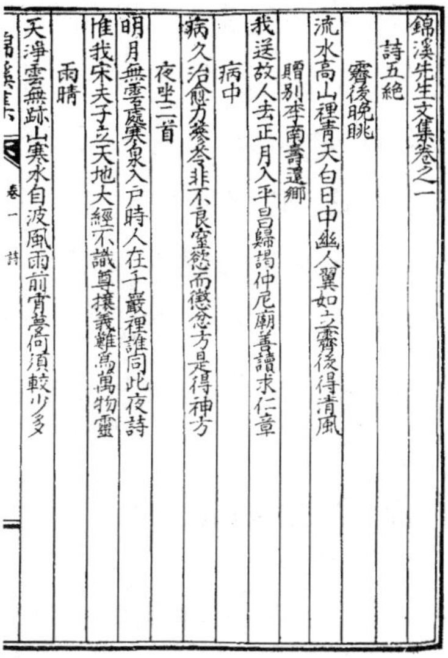
錦溪先生文集卷之一
詩五絶
霽後晩眺
流水高山裡青天白日中幽人翼如之霽後得清風
贈別李南壽還鄉
我送故人去正月入平昌歸謁仲尼廟善讀求仁章
病中
病久治愈方蔘苓非不良窒慾而懲忿方是得神方
夜坐二首
明月無雲處寒泉入戶時人在千巖裡誰同此夜詩
惟我宋夫子立天地大經不識尊攘義雖爲萬物靈
雨晴
天淨雲無跡山寒水自波風雨前宵夢何須較少多
錦溪集 卷一 詩

〈그림 109〉『금계선생문집』(경인문화사, 1999)

문인이 이규현과 신현국 등이 교정하여 9책으로 완성한 것을 1965년 대전 박문사에서 간행했다. 권 1~2의 시 가운데 지역을 유람하고서 그 소회를 적은 것과 강회·출판·만시 등은 제천과 관련하여 참고가 된다. 서간문은 스승인 중암 김평묵과 성재 유중교를 비롯하여 여러 후학들에게 보내고 있어 경기와 충북지역 화서학파의 동향을 알 수 있는 자료가 된다. 의당학파 인물에게 보낸 서신도 있어 두 학파의 교류관계를 알 수 있다. 제문에는 안승우, 서상열, 주용규 등 을미의병 당시 전사했던 초기 의병장들에 대한 제문이 수록되어 있으며, 비지문에도 제천의병 참여 인사에 대한 글이 수록되어 있어 제천 의병사 연구에 참고가 된다. 권 16의 〈출처설(出處說)〉에서는 나아가서 붙잡는 것이나 물러나 붙잡는 것이 같다고 주장하고 자신은 후자의 입장을 견지했다. 권 17의 〈화이의복변(華夷衣服辨)〉에서

40) 이근원(李根元) 1840(헌종 6)~1918 : 자는 문중(文仲), 호는 금계(錦溪), 본관은 전주. 경기도 양평군 지제면 금계리에서 출생. 1866년 이항로 문하에 들어갔으며, 이후 김평묵과 유중교를 스승으로 받들었다. 성재 문하의 삼현의 하나로 유인석은 의리, 유중악은 문장, 이근원은 덕망에 뛰어났다고 칭송되었다. 집 근처에 주자영당을 지어 모시고, 우암·화서·중암·성재의 4현을 배향해 제사지냈다. 향리에서 금리정사(錦里精舍)를 두어 강학활동에 주력했다. 문집으로 『금계집』이 있으며 편서로 『송서약선(宋書略選)』이 있다. 〈참고문헌 『금계집』, 『유학근백년』〉

는 1884년 변복령이 내려지자 지은 것으로 의복이 바뀌면 정신도 달라진다고 주장하면서 전래의 의복을 유지할 것을 주장했다. 권 16의 〈존화록발(尊華錄跋)〉, 권 17의 〈조순의제공문(弔殉義諸公文)〉, 〈토매국제적(討賣國諸賊)〉 등에서는 위정척사적 의리정신이 잘 나타나 있다. 권 18의 부록에서 행장은 문인인 이규현(李奎顯)이, 묘갈명은 윤응선이, 화상찬은 이규현·신현오가, 제문은 한성리(韓星履) 등이 지었다. 1999년 경인문화사에서 2책으로 영인했다.

* 『금천집초(錦川集抄)』

目錄　清風鄉校講稧座目序，翠松亭記，鄉校講會通告文，解雙月謠說，賀華翁台監回晬序，賀金達植王大夫人回甲韻，柳氏孝烈碑閣上樑文，賀柳君小雲程河回甲，清風鄉校重修敍，江陵劉氏實蹟，李啓元君孝行實錄，烈婦江陵劉氏行蹟，清風水利組合功績碑文.

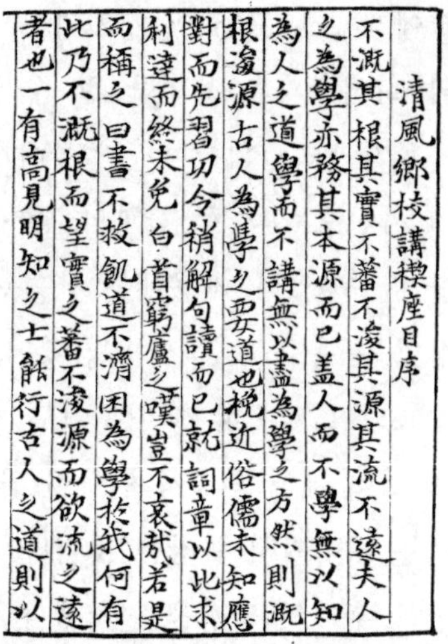

박용림(朴用霖)41)의 문집 초. 필사본, 1책. 개인 소장, 20.3×31.4cm. 강계좌목, 강회통고문, 중수서 등은 청

〈그림 110〉『금천집초』(개인 소장)

清風鄉校講稧座目序
不溉其根其實不蕃不浚其源不遠夫人之為學亦務其本源而已盖人而不學無以知為人之道學而不講無以盡為學之方然則溉根浚源古人為學之要道也稅近俗儒未知應對而先習切今稍解句讀而已就詞章以此求利達而終未免白首窮廬之嘆豈不哀哉若是而稱之曰書不救飢道不濟困為學於我何有此乃不溉根而望實之蕃不浚源而欲流之遠者也一有高見明知之士餘行古人之道則以

---

41) 박용림(朴用霖) 1873(고종 10)~1954 : 자는 경인(敬仁)·경림(敬臨), 호는 금천(錦川), 본관은 의흥. 수산보통학교장과 청풍면장을 역임했으며, 청풍 향교의 훈도로서 후생을 교육하는 데 많은 힘을 기울여 문하에 제자가 많았다. 저서로는 『여훈(女訓)』과 시집 수권이 있다. 시로는 〈구룡구곡(九龍九曲)〉이 유명하다. 그 외 문장을 모은 『문집초』가 남아 있다. 〈참고문헌 『청풍향교지』, 『문집초』〉

풍향교의 역할과 중수에 관련된 자료이다. 그 외 청풍 지역의 효·절행 인물에 대한 자료가 있다. 청풍 지역의 유교문화를 이해하는 자료로 이용될 수 있다.

*『낙은유고(洛隱遺稿)』

目錄　洛隱遺稿序. 乾 : 詩, 雜文.
　　　坤 : 附錄.

유구(柳龜)[42]의 문집. 2권 1책. 필사 영인본. 19.2×26.4cm. 아들인 유중교(柳重敎)가 유문을 수습한 것을 손자인 유의석이 편찬해 간행했다. 책의 첫머리에는 1914년 유인석(柳麟錫)이 쓴 서문이 있다. 시는 〈낙사잡영〉, 〈금강첩〉, 〈잠호잡영〉, 〈서강잡영〉, 〈습유첩〉, 〈술원잡영〉 등 시기와 주제별로 엮어져 있다. 그 가운데 1850년 사군(四郡) 유람때 지은 〈습유첩(濕遊帖)〉 11수에는 청풍, 옥순, 구담 등의 풍광을 적은 시가 있다. 잡문에는 간재(簡齋) 심홍모(沈弘模)를 위한 〈제간재심선생문〉, 자손들에게 준 〈삭망

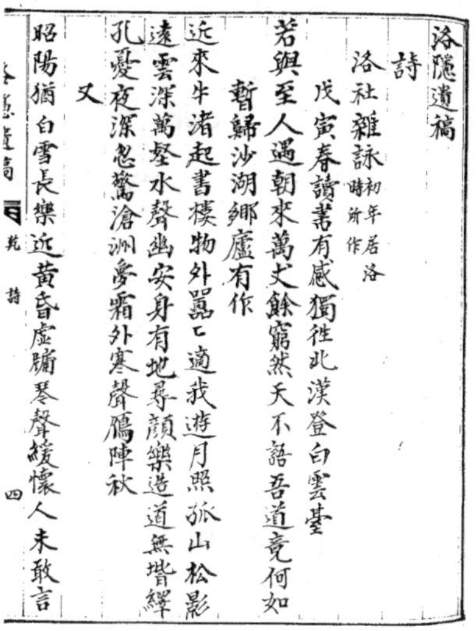
洛隱遺稿
詩
洛社雜詠 初年居洛時所作
戊寅春讀書有感獨往北漢登白雲臺
若與至人遇朝來萬丈餘竊然天不語吾道竟何如
暫歸沙湖鄉廬有作
近來牛渚起書樸物外囂已適我遊月照孤山松影
遠雲深萬壑水聲幽安身有地尋顏樂造道無階繹
孔憂夜深忽驚滄洲夢霜外寒聲鴈陣秋
又
昭陽猶白雪長樂近黄昏虛牖琴聲緩懷人未敢言
洛隱遺稿 乾 詩 四

〈그림 111〉『낙은유고』(의병전시관 소장)

42) 유구(柳龜) 1798(정조 22)~1870(고종 7) : 자는 낙문(洛文), 호는 낙은(洛隱)이며, 본관은 고흥. 생부인 유영오를 따라 경기도 가평으로 이거했다. 학문은 화서선생에게서 수학했다. 1819년(순조 19) 진사시에 합격했다. 경기도 가평군 설악면에 우읍서실(禹揖書室)을 개설해 강학활동을 전개했다. 〈참고문헌『낙은유고』〉

계가중사(朔望戒家衆辭)〉, 홍대헌에게 준 〈서증홍여장(書贈洪汝章)〉,
주자서를 읽고서 적은 〈잡록〉, 상장제전(喪葬祭奠)을 일체 생략하라는
〈유서〉 등이 있다. 부록에는 김평묵이 쓴 〈묘지〉, 유중교가 쓴 〈유사〉,
이인구(李寅龜)가 쓴 〈애사〉, 이진태(李進泰), 김평묵(金平默), 이복
(李墣), 김진수(金晉壽), 박기우(朴夔祐), 이호(李浩), 최영승(崔榮昇),
이정식(李定植), 홍대헌(洪大憲), 권경식(權慶植), 윤정구(尹貞求), 홍
재구(洪在龜), 유기일(柳基一)·이병식(李炳植), 유인각(柳寅珏), 신계
(申桂), 송민영(宋敏榮), 이장우(李長宇), 김영록(金永祿), 이재영(李在
永), 전종해(全宗海), 유인석, 유중악 등이 쓴 〈제문〉, 이진태 외 지인들
의 〈만사〉가 수록되어 있다. 1980년 유홍석의 『외당집』과 합하여 한글
학회에서 영인했다.

*『농암집(農巖集)』

目錄   序. 傳. 重刊凡例. 總目. 卷 1 : 賦, 詩. 卷 2~6 : 詩. 卷 7~8
     : 疏箚. 卷 9 : 疏. 卷 10 : 啓, 議, 講議. 卷 11~20 : 書. 卷
     21~22 : 序. 卷 23~24 : 記. 卷 25 : 題跋, 敎書, 箋狀, 上樑
     文, 贊銘, 祝辭, 婚書. 卷 26 : 雜著. 卷 27 : 墓誌銘. 卷 28 :
     神道碑銘, 墓碣銘, 墓表, 行狀. 卷 29~30 : 祭文, 哀辭. 卷 3
     1~33 : 雜識(內篇). 卷 34 : 雜識(外篇), 後序. 卷 35 : 附錄
     ; 世系, 年譜上. 卷 36 : 附錄 ; 年譜下, 墓表, 墓誌銘.
     續集 卷 1 : 行狀. 卷 2 : 行狀, 書, 墓誌, 說.
     別集 卷 1 : 詩, 書, 序, 祭文, 行錄, 試策. 卷 2 : 附錄 ; 賜祭
     文, 祭文, 靈岩鹿洞書院配享奉安祭文, 石室書院配享奉安祭文. 卷
     3 : 附錄二 ; 語錄. 卷 4 : 附錄三 ; 諸家章疏, 諸家撰述, 諸家
     記述雜錄.

김창협(金昌協)[43]의 문집. 원집 34권 17책, 원집추각 2권 1책, 속집 2권 2책, 별집 4권 2책. 19.1×29.7cm. 문인 김시좌(金時佐)·어유봉(魚有鳳) 등이 편집해 1709년(숙종 35) 아우인 김창흡(金昌翕)의 서문을 받아서 1709년과 1710년 각각 활자본과 목판본으로 간행했다. 1754년(영조 30) 안동부사 조돈(趙暾)이 문집의 편차를 조정하고, 부록 2권 1책을 권 35~36로 추가해 보각했다. 부록에 수록된 연보는 손자인 미호(渼湖) 김원행(金元行)이 편찬했다. 1854년(철종 5) 5대손 김수근(金洙根)이 속집 2권을 편찬해 철활자로 간행했다. 이에는 김수근의 발문이 있다. 1928년 9대손 김영한(金甯漢)과 서상춘(徐相春)

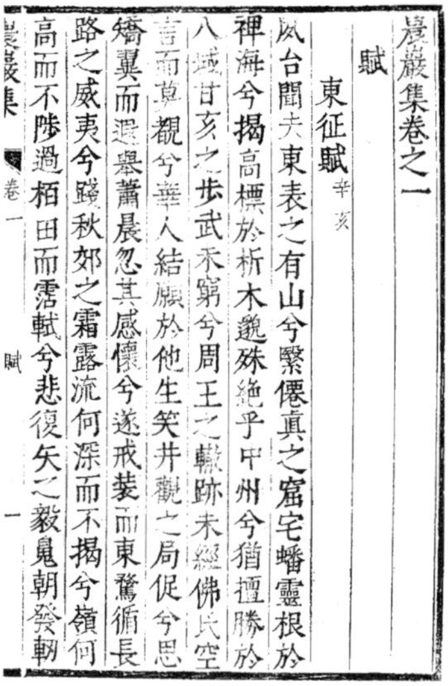
農巖集卷之一
賦
東征賦 辛亥
夙聞夫東表之有山兮繄僊眞之窟宅蟠靈根於
神海兮揭高標於析木邈殊絶乎中州兮猶擅勝於
八域豎亥之步武未窮兮周王之轍跡未經佛氏空
言而莫覩兮華人結願於他生笑井觀之局促兮思
矯翼而遐舉蕭晨忽其感懷兮遂戒裝而東騖循長
路之威夷兮踐秋郊之霜露流何深而不揭兮嶺何
高而不陟過栢田而霅軾兮悲復矢之毅魄朝發軔
農巖集 卷一 賦 一

〈그림 112〉 『농암집』(국립중앙도서관 소장)

43) 김창협(金昌協) 1651(효종 2)~1708(숙종 34) : 자는 중화(仲和), 호는 농암(農巖)·삼주(三洲), 본관은 안동. 좌의정 김상헌(金尙憲)의 증손자, 영의정 김수항(金壽恒)의 아들이며, 나성두(羅星斗)의 외손자이다. 부제학 이단상(李端相)의 사위이다. 영의정을 지낸 김창집(金昌集)의 아우이다. 청풍부사로 재임시 선정을 베풀어 백성들이 청덕비(淸德碑)를 세웠으며 비는 현재 청풍문화재단지 내에 있다. 1669년(현종 10) 사마시에 입격하고, 1682년(숙종 8) 증광문과에 급제해 성균관 전적으로 출사한 뒤, 여러 관직을 역임했다. 1687년 청풍부사가 되었으며. 1689년 기사환국으로 아버지가 진도에 귀양가자 사직하고 영평(永平) 응암에 은거했다. 그 후 여러 차례 관직에 제수되었으나 사직하고 학문에 전념했다. 문집으로 『농암집(農巖集)』이 있다. 시호는 문간(文簡). 〈참고문헌 『농암집』, 『조선환여승람』〉

등이 별집 4권을 만들어 원·속집과 합해 총 42권 5책으로 간행했다. 서문 뒤에 김매순(金邁淳)이 쓴 전이 첨입되었으며, 책 끝에는 1928년에 쓴 김영한의 중간발문이 있다. 지역 관련 자료로는 권 3에 수록된 시를 들 수 있다. 권 3은 1687~1686년까지의 작품으로 대부분 청풍부사 시절(1687~1689)의 것이며, 관내 사행 때의 소회를 읊은 것이 다수를 차지한다. 도담, 구담 등 단양의 명승지를 유람한 시도 같이 수록되어 있다. 서간문, 잡저, 비지문 등에서 서인 노론계 인사들과 교류관계를 엿볼 수 있다. 권 36의 부록에는 동생인 김창흡(金昌翕)이 쓴 묘표와 묘지명이 수록되어 있다. 1996년 민족문화추진회에서 규장각 소장본을 『한국문집총간』161~162로 간행했다.

* 『단계선생문집(檀溪先生文集)』

目錄 序. 卷 1 : 詩. 卷 2 : 詩, 書. 卷 3 : 疏, 啓, 雜著. 卷 4 : 雜著. 附錄.

　김해일(金海一)44)의 문집. 목판본, 4권 2책. 20.0×30.0cm. 1916년 간행. 김해일은 1680년 겨울 이후 제천의 경치에 매료되어 1689년 병조참

---

44) 김해일(金海一) 1640(인조 18)~1691(숙종 17) : 자는 종백(宗伯), 호는 단곡(檀谷), 본관은 예안. 김단(金鍴)의 아들이다. 제천 단곡(봉양읍 연박리)에 거주했다. 1660년(현종 1) 사마시에 입격한 뒤 1663년 선교랑(宣敎郞)의 신분으로 문과에 급제했다. 그 뒤 지평·정언·헌납·집의 등을 두루 역임하고, 1673년 남원부사로 나갔다. 1678년 집의로 재직 중에는 사은사(謝恩使)의 서장관으로 연경에 갔다가 돌아와 좌승지에 올랐다. 1689년에는 진위 겸 진향사(陳慰兼進香使)의 부사(副使)로서 중국에 다녀와 여주목사를 거쳐 경주부윤에 임명되었다. 경주에서는 굶주린 백성을 잘 구제해 백성들이 송덕비를 세웠으며, 재직 중 병으로 사망했다. 〈참고문헌『단계선생문집』〉

의에 제수될 때까지 10여 년간 제천의 단곡(봉양읍 연박리)에서 우거했으며, 1691년 죽은 다음 단곡의 남쪽에 반장했다. 책의 첫머리에는 이만규(李晩煃)가 쓴 서문이, 책 끝에는 김성진(金誠鎭)이 쓴 발문이 있다. 문집에는 제천의 풍광을 적은 시가 수록되어 있으며, 서장관과 부사로서 연경에 사신을 다녀온 경험을 시문으로 엮은 〈연행록·연행속록〉과 〈연행일기·연행일기속〉이 수록되어 있다. 부록에는 김이만(金履萬), 김휘한(金輝漢)이 쓴 가장, 조종필(趙鍾弼)이 쓴 묘갈명, 사제문, 제문, 증유 등이 수록되어 있다. 예안 김씨는 당시 제천의 대표적인 남인 가문의 하나로 자리잡았으므로 이 책을 통해 제천 남인 사족계의 동향을 엿볼 수 있다.

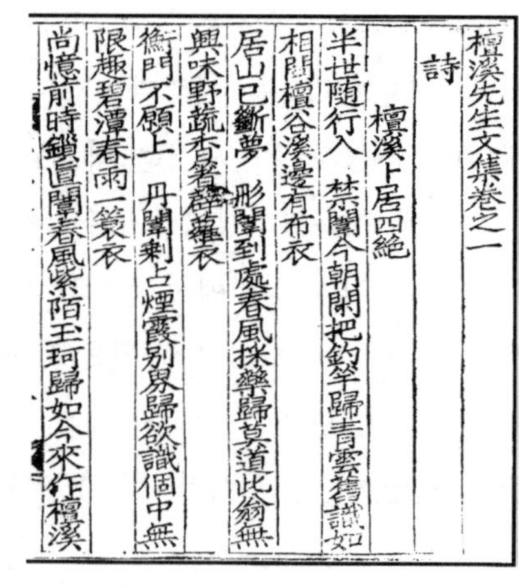

〈그림 113〉『단계선생문집』(국립중앙도서관 소장)

*『단암이용태선생문고(檀菴李容兌先生文稿)』

目錄　序文 1編 : 詩志. 2編 : 詞林. 3編 : 著述. 4編 : 歷史. 5編 : 附錄.

이용태(李容兌)[45]의 글을 모은 책. 아들 이영재(李榮載)와 제자 김

---

45) 이용태(李容兌) 1890~1964 : 자는 백삼(白三), 호는 단암(檀菴), 본관은

일수(金一洙)가 중심이 되어 편집하고 번역해 1997년 간행했다. 1편에서는 〈제천팔경〉 등 지역과 관련된 시와 대종교와 관련된 만시가 특징적이다. 논설과 저술에서는 대종교의 특성과 교리를 자세히 다루고 있다. 4편에 수록된 〈행년약기(行年略記)〉는 태어나서 죽을 때까지 자신의 행적과 나라 안팎에서 일어난 일을 정리한 것이다. 지역에서 대종교 계열의 전파와 그 계몽적 역할을 파악할 수 있는 자료이다.

그 외 1924년 당시 봉양면장에 재직 중이었던 이용태가 편찬한『봉양면지(鳳陽面誌)』(필사본, 1책 25장)가 남아 있다.『내제문화』13(2002)에 영인되어 있다.

*『담재유고(潭齋遺稿)』

目錄　潭齋遺稿序. 行狀. 墓碣名. 潭齋遺稿.

이익호(李翊浩)46)의 문집. 석인본. 1책. 19.0×28.0cm. 아들인 이동기(李東冀)와 사위인 최규환(崔奎煥) 등이 중심이 되어 1979년 충주 대창석판인쇄소에서 간행했다. 책의 첫머리에는 1978년 이호창(李鎬昌), 최

광주(廣州). 충주 산척 출신. 지역의 여러 스승에게서 수학했으며, 1913년부터 면서기로 근무했다. 동생인 이용준이 독립운동을 전개하다가 체포되자 사표를 내고 계몽운동에 투신했다. 이후 봉양면장, 백운면장을 역임했다. 1939년 윤세복을 만나 본격적으로 대종교단에 참여했다가 1942년 검거되어 8년형을 선고받았다. 해방 후에는 대종교 포교 활동에 주력했다. 〈참고문헌『단암이용태선생문고』,『추모학술회의논문집』〉

46) 이익호(李翊浩) 1872(고종 9)~1951 : 처음 이름은 익호(益浩), 자는 치겸(致謙), 호는 담재, 본관은 전주. 이익호는 성재의 문인인 족숙 과당(果堂) 이희서(李羲瑞)에게서 수학했다. 1891년 사마시에 합격했으나 우등산 아래에 은거하면서 학문을 연구했다. 〈참고문헌『담재유고』,『극와사고』〉

규환이 쓴 서문이 있다. 1960년 이도용(李道容)이 쓴 행장, 1968년 유제항이 쓴 묘갈명 등이 있다. 시문으로 된 유고와 묘갈 수립에 따른 운 등이 수록되어 있다.

*『동은선생유고(峒隱先生遺稿)』

目錄　序. 卷 1~2 : 詩. 卷 3 : 別稿. 附錄. 跋.

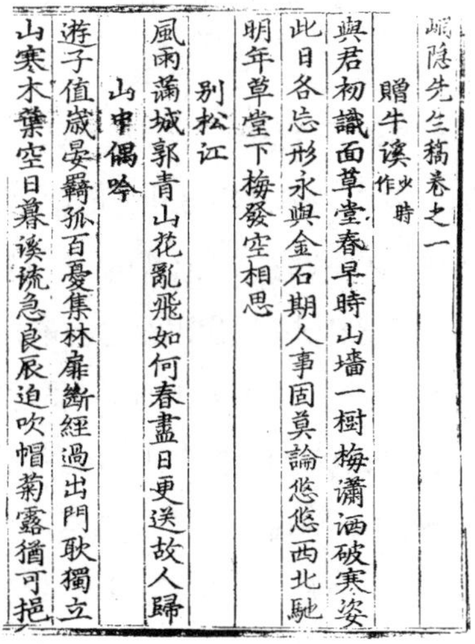
峒隱先生稿卷之一
贈牛溪 少時作
與君初識面草堂春早時山墻一樹梅瀟洒破寒姿
此日各忘形永與金石期人事固莫論悠悠西北馳
明年草堂下梅發空相思
別松江
風雨滿城郭青山花亂飛如何春盡日更送故人歸
山中偶吟
游子値歲晏羈孤百憂集林扉斷經過出門耿獨立
山寒木葉空日暮溪流急良辰迫吹帽菊露猶可挹

〈그림 114〉『동은선생유고』(국립중앙도서관 소장)

이의건(李義健)47)의 문집. 목판본, 3권 1책. 19.0×29.5cm. 1659년(효종 10)에 그의 종손인 이후원(李厚源)과 심덕조(沈德祖)가 청풍에서 간행했다. 본래 그의 유고를 이후원(李厚源)이 모아서 신흠(申欽)과 정홍명(鄭弘溟)에게 삭정을 부탁해 총 331수의 시에다 여러 유고들을 부록해 편집을 했으나 간행하지 못했다가 심덕조(沈德祖)가 도와 간행했다. 책의 첫머리에는 1659년(효종 10)에 쓴 이경석(李景奭)과 정두경(鄭斗卿)의 서문이 있다. 권 1~2에는 시가 수록되어 있다. 권 3의 부록에는 신흠(申欽)과 김상헌(金尙憲)이 쓴 묘지명, 심희수(沈喜

47) 이의건(李義健) 1533(중종 28)~1621(광해군 13) : 자는 의중(宜中), 호는 동은, 본관은 전주. 시와 글씨에 능한 것으로 명성을 떨쳤다. 〈참고문헌『동은선생유고』〉

壽), 유근(柳根) 등이 쓴 만사, 책의 출판과 관련해 이후원에게 보낸 답서 등이 있으며, 책 끝에는 이후원이 1659년에 쓴 발문이 있다.

* 『명암집(鳴巖集)』

目錄　鳴巖集序. 卷 1~4 : 詩. 卷 5 : 疏. 卷 6 : 啓辭, 祭文, 上樑文. 附錄上, 附錄下.

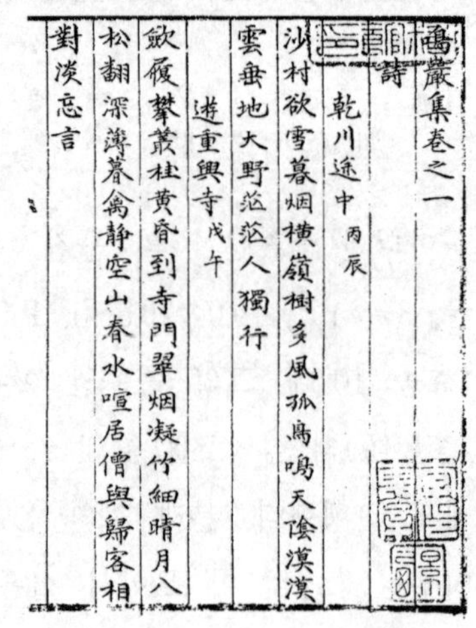

〈그림 115〉『명암집』(국립중앙도서관 소장)

이해조(李海朝)[48]의 문집으로 원집 6권, 부록 2권, 합 3책. 20.6×30.4cm. 이해조가 죽은 후 간행이 준비되었으며, 1713년에는 김창흡(金昌翕)이 서문을 썼다. 그러나 간행은 늦어져 부록을 합편하여 영조년간에 목판으로 간행했다. 연대순으로 편집된 시문 가운데 권 2에는 1705년 당시 청풍부사

___

48) 이해조(李海朝) 1660(현종 1)~1711(숙종 37) : 자는 자동(子東), 호는 명암(鳴巖), 본관은 연안(延安). 좌의정 이정구(李廷龜)의 증손, 대제학 이명한(李明漢)의 손자, 대제학 이일상(李一相)의 아들이다. 청풍부사를 지낸 이희조의 사촌이다. 청풍 북노리의 연안 이씨 명암파(鳴巖派)의 파조. 1681년(숙종 7) 사마시에 입격했으나, 1689년 인현왕후(仁顯王后)가 폐위되자 벼슬을 단념했다가 1694년 왕후가 복위된 뒤 빙고별검(氷庫別檢)이 되었다. 이어서 형조좌랑, 용궁·영동현감, 전주통판(全州通判) 등을 지내다가 1702년 알성문과에 급제해 응교·부교리·집의·대제학 등을 역임하고 1710년 수원부사와 전라도관찰사가 되었다. 할아버지 이래 3대가 대제학을 지냈으며, 시문에 뛰어났다. 문집으로 『명암집(鳴巖集)』이 있다. 〈참고문헌 『명암집』〉

에 재임중이었던 사촌 이희조와 단양·청풍 일대를 유람하고서 지은 시가 수록되어 있다. 부록 상에는 이재(李縡)가 쓴 신도비명, 이의현(李宜顯)이 쓴 묘지명, 이희조(李喜朝)가 쓴 묘표가 있으며, 부록 하에는 이관명(李觀命)이 쓴 치제문(致祭文), 서종태(徐宗泰) 등이 쓴 제문(祭文), 그리고 정호(鄭澔) 등이 쓴 만사(輓詞)가 수록되어 있다. 1996년 민족문화추진회에서 초간본을 『한국문집총간』176으로 영인했다.

　　한편 국립중앙도서관에는 초간본의 구성과 내용이 동일한 필사본이 소장되어 있다. 필사본, 3책. 20.6×31.4cm.

* 『명와집(明窩集)』

目錄　明窩集序. 卷 上 : 詩, 書, 雜著, 擧義終始錄, 雜著, 笏記錄. 卷　下 : 序, 記, 別集, 家訓, 附錄.

　　이기진(李起振)[49]의 문집. 석인본, 2권 2책. 19.0×26.3cm. 아들 이강협(李康協)이 가장 초고를 편집했으나 출판하지 못하다가 손자 이정재(李貞宰)가 중심이 되어 1988년 충주 문창사에서 간행했다. 책의 첫머리에는 1986년 김용숙이 쓴 서문이 있다. 제천 을미의병에 참전했던 경력으로 이와 관련된 기록들이 다수 수록되어 있다. 권 상의 잡저에 수록된 〈존양설(尊攘說)〉, 〈변척수의설(辨斥讐義說)〉 등의 글에서는 양

---

49) 이기진(李起振) 1869(고종 6)~1908 : 자는 한여(翰汝), 호는 명와, 본관은 전주. 충북 충주 하곡(현 충주시 동량면 하천리)에서 출생. 유중교와 유인석을 스승으로 받들었다. 제천의병에 참여해 종사로 활약했다. 유인석의 서행을 수행하다가 병고로 귀향했다가 강학활동에 주력했다. 1990년 건국훈장 애족장이 추서되었다. 〈참고문헌 『명와집』〉

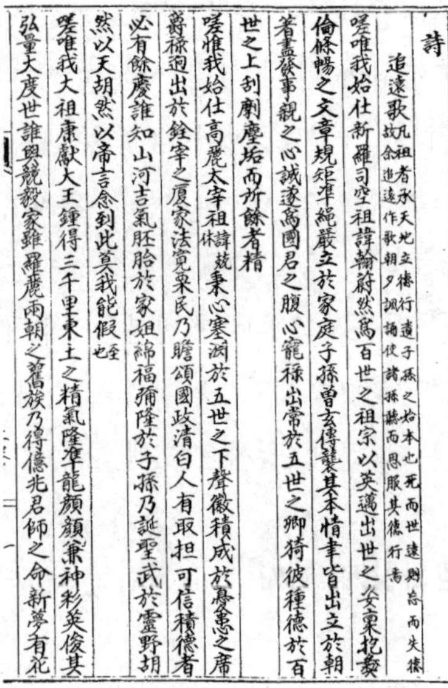
明窩先生文集卷之一

詩

追遠歌 凡祖者承天地立德行遺子孫之始本也死而世遠則忘而失德 故余追遠作歌朝夕諷誦使諸孫誦而思服其德行焉

嗟唯我始仕新羅司空祖諱翰蔚然爲百世之祖宗以英邁出世之姿秉抱彜倫條暢之文章規矩準繩嚴立於家庭子孫曾玄傳襲其本情聿皆出立於朝著盡發事親之心誠遂爲國君之腹心寵祿出常於五世之卿猗彼種德於百世之上刮劘塵垢而所餘者精

嗟唯我始仕高麗太宰祖諱兢休秉心塞淵於五世之下聲徽積成於憂患之席爵祿迴出於銓宰之履家法寬秉民乃瞻頌國政淸白人有取担可信積德者必有餘慶誰知山河吉氣胚胎於家妲綿福彌隆於子孫乃誕聖武於靈野胡然以天胡然以帝言念到此莫我能假聖也

嗟唯我大祖康獻大王鍾得三千里東土之精氣隆準龍頻顏兼神彩英俊其弘量大度世誰與競毅家雖羅麗兩朝之舊族乃得億兆君師之命新夢有花

〈그림 116〉『명와집』(의병전시관 소장)

이적 세계관과 춘추대의 정신을 뚜렷하게 보여주고 있다. 〈거의종시록(擧義終始錄)〉에서는 유인석을 중심으로 한 을미의병의 전개과정을 원의(原義)·거의(擧義)·파병(罷兵)·소명(召命)·나명(拿命)으로 나누어 정리하여, 제천 의병전쟁사를 시기 구분하여 서술한 특징이 있다. 권 하의 〈해서왕환일기(海西往還日記)〉는 충주 병산(屛山) 홍승의(洪承義) 서재에서 『화서집』을 간행하게 되었을 때 구재유사(鳩財有司)로서 1898년 해서를 왕래했던 기록이며, 〈연월기(年月記)〉는 태어나서 죽기 직전까지 자신의 이력을 적은 기록이다. 별집은 집안과 관련된 기록으로 1906년 선조의 유적을 정리한 「이씨세적(李氏世蹟)」과 가훈이 수록되어 있다. 「이씨세적」에는 이기진의 서문과 윤승혁(尹升赫)의 발문이 있다. 부록에는 이강협이 쓴 〈선고명와공행적(先考明窩公行蹟)〉과 1972년 김용숙이 쓴 제후(題後)가 있다.

*** 『명와집(明窩集)』**

目錄 卷 1 : 詩. 卷 2 : 書, 雜著. 卷 3 : 雜識 ; 無忘錄. 卷 4 : 書, 記, 題跋, 贊, 告文, 祭文, 碑, 墓碣銘, 墓表, 墓誌銘, 行狀, 遺事.

정규해(鄭糺海)[50]의 문집. 석인본, 4권 2책. 19.5×28.0cm. 권 2에 수록된 서(書)에서는 회당 윤응선, 직당 신현국을 비롯하여 확재 이원우, 양암 유지혁, 정와 임기정 등 제천·청주 지역에 거주했던 의당학파의 행방을 보여주고 있다. 일부 서간에서는 화서학파 인사들과 교류하고 있음을 보여주고 있다. 권 4의 서(序)와 제발(題跋)에서는 『학례유범』, 『양암집』, 『정와집』, 『육례홀기』 등 의당학파의 주요 전적에 대한 소개가 있다. 찬(贊)은 의당 박세화와 회당 윤응선을 위해 썼다. 제문(祭文)과 묘지명 등에서는 제천과 충주에 거주했던 의당학파 계열 인사들의 비지문이 다수 수록되어 있어 최근까지의 의당학파의 동향을 알 수 있는 자료이다. 1973년 정동휘(鄭東暉)가 교정하고 사일계(事一稧)를 모아 만죽정사(晩竹精舍)에서 간행했다(〈사진 20〉).

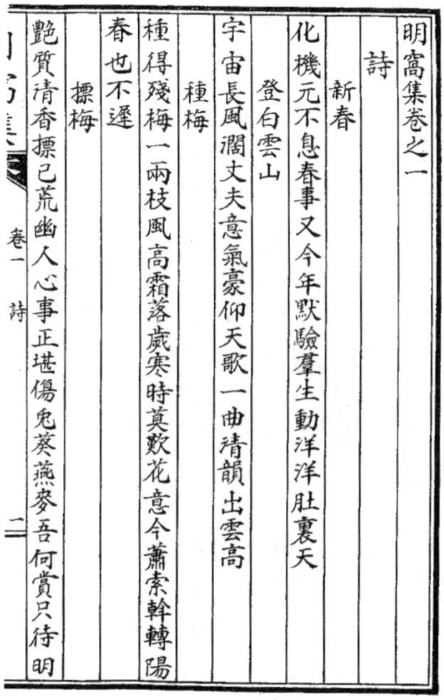
明窩集卷之一

詩

新春

化機元不息春事又今年默驗羣生動洋洋肚裏天

登白雲山

宇宙長風濶丈夫意氣豪仰天歌一曲清韻出雲高

種梅

種得殘梅一兩枝風高霜落歲寒時莫歎花意今蕭索斡轉陽春也不遲

摽梅

艶質清香摽己荒幽人心事正堪傷兎葵燕麥吾何賞只待明

明窩集 卷一 詩 二

〈그림 117〉『명와집』(병산영당 소장)

---

50) 정규해(鄭糺海) ?~? : 호는 치정(致正), 본관은 경주(慶州). 조부는 정덕현(鄭德鉉)이며, 임오군란 때 충주 백운산에 정착했다. 아버지는 정행건(鄭行健)이다. 의당·회당·직당의 문인으로, 진천 죽현을 거쳐 만년에는 음성군 삼성면 용성리에 거주했다. 〈참고문헌 『명와집』〉

*『목곡집(牧谷集)』

目錄(筆寫本) 卷 1~4 : 詩. 卷
　　　　5~10 : 疏箚. 卷 11 : 家
　　　　狀. 卷12 : 諡狀. 卷 13 :
　　　　樂章, 箋, 上樑文, 序, 記,
　　　　跋, 雜著, 祭文, 墓誌, 墓碣,
　　　　墓表. 卷 14 : 記事, 啓辭,
　　　　筵說, 供辭, 狀啓, 辭狀.
　　　　　別集 : 不蓄錄(論語疑義),
　　　　雪嶽錄, 恩遊錄, 遊丹永日記.
目錄(活字本) 卷 1~2 : 詩. 卷
　　　　3~6 : 疏箚. 卷 7 : 樂章,
　　　　箋, 上樑文, 序, 記, 跋, 雜
　　　　著, 記事. 卷 8 : 祭文, 墓
　　　　誌, 墓碣, 墓表. 卷 9~10
　　　　: 家狀.

〈그림 118〉『목곡집』(개인 소장)

　　이기진(李箕鎭)51)의 문집 초
고. 본집 14권 14책, 별집 1권 1책,
총 15권 15책. 후손인 이재홍(李載鴻)이 복사본을 소장. 권 1~4는 시문
을 수록했으며, 기행시가 상당수를 차지한다. 그 가운데 청풍과 관련해
서는 한벽루, 수일암, 월악산, 무암사, 하선암, 능강동, 응청각 등과 관련
된 시가 있다. 권 5~10은 소차가 수록되어 있으며 대부분 사직소이다.

---

51) 이기진(李箕鎭) 1687(숙종 13)~1755(영조 31) : 자는 군범(君範), 호는
　　목곡(牧谷), 본관은 덕수(德水). 양구현감을 지낸 이당(李簹)의 아들로 백
　　부인 이번(李蕃)에게 입양되었다. 우암 송시열 연원의 권상하(權尙夏)에
　　게 수학했다. 1717년(숙종 49) 진사와 문과에 합격한 후 관직생활을 했다.
　　〈참고문헌『목곡집』〉

내용에는 토지, 군사, 백성, 양역 등에 대한 건의가 있다. 권 11에는 부, 생부(生父), 중부(仲父) 이여(李畬)에 대한 가장이 있으며, 권 12은 시장(諡狀)이다. 권 13의 제문에는 〈황강서원사액치제문(黃江書院賜額致祭文)〉, 〈제수암권선생문(祭遂菴權先生文)〉 등 권상하와 황강서원 관련 자료가 있다. 권 14의 기사는 죽장천례(竹場遷禮)에 대한 시말을 적은 것이다. 별집에는 『논어』의 뜻을 풀이한 〈불축록(不蓄錄)〉과 유산기가 있다. 유산기 가운데 〈유단영일기〉는 1741년 배를 타고 단양 일대를 유람한 기록으로 시문에 수록된 단양 관련 시와 함께 단양의 풍광을 엿볼 수 있다.

초고본을 축약해 1767년(영조 43) 조카 이담(李潭)이 활자본으로 간행했다(고활자본, 10권 5책. 18.7×30.1cm). 간행본의 끝에는 이담이 쓴 발문이 있다. 간행본은 규장각과 국립중앙도서관 등 여러 기관에 소장되어 있다.

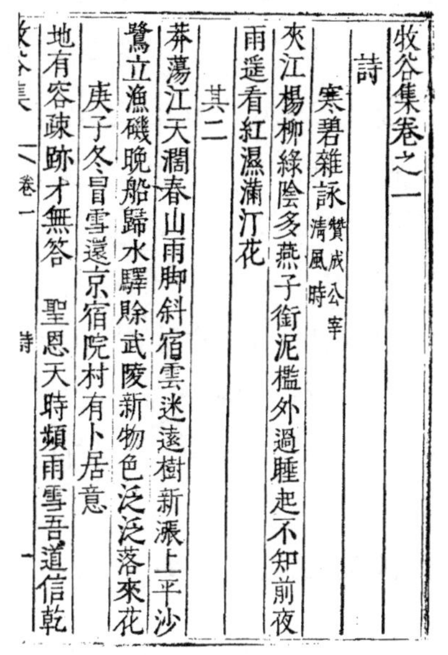

牧谷集卷之一

詩

寒碧雜詠 贊成公宰 淸風時

夾江楊柳綠陰多燕子銜泥檻外過腄起不知前夜

雨遲看紅濕滿汀花

其二

莽蕩江天濶春山雨脚斜宿雲迷遠樹新派上平沙

鷺立漁磯晚船歸水驛除武陵新物色泛泛落來花

庚子冬冒雪還京宿院村有卜居意

地有容疎跡才無答　聖恩天時頻雨雪吾道信乾

〈그림 119〉 『목곡집』(국립중앙도서관 소장)

*『몽노유고(夢老遺稿)』

目錄　夢老遺稿序. 卷 1 : 書. 卷 2 : 雜著, 序, 記, 跋, 昏書, 祭文, 墓碣銘, 墓誌. 卷 3 : 附錄.

이치화(李致和)52)의 문집. 석
인본, 3권 1책. 18.8×25.9cm. 책
의 첫머리에는 1986년 김용숙
(金容肅)이 쓴 서문이 있다. 권
1에는 친우들과의 교유 서간이
있으며, 권 2에는 잡저와 수연
서, 기문, 발문, 혼서, 제문, 비지
문 등이 수록되어 있다. 권 3 부
록에는 이규현이 쓴 〈몽노기〉,
박헌순(朴憲淳)·김인수(金麟
洙) 등 지인들이 쓴 제문과 만
사, 1969년에 김용숙이 쓴 행장
이 수록되어 있다. 일부 서간과

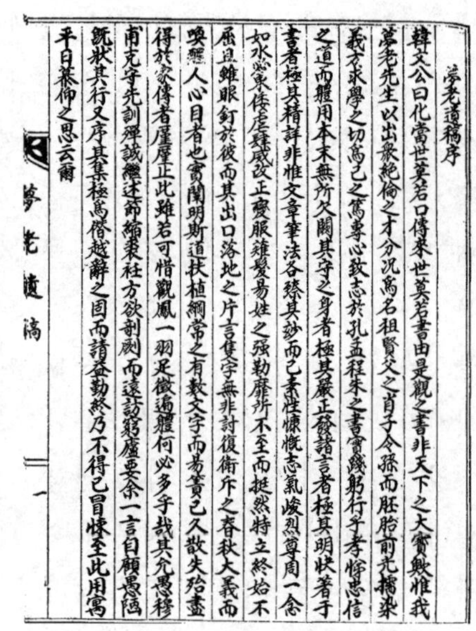

〈그림 120〉『몽노유고』(의병전시관 소장)

제문을 통해 제천지역 인사와의 교류를 살필 수 있다.

* 『민재존고(敏齋存稿)』

目錄　卷 1 : 詩.　卷 2~3 : 書.　卷 4 : 雜著, 序.　卷 5 : 記, 題跋,
　　　　贊, 婚書, 上樑文, 告祝, 祭文, 碑銘, 墓表, 墓碣銘, 墓誌, 行狀.
　　　　卷 6 : 附錄.

---

52) 이치화(李致和) 1885(고종 22)~1958 : 자는 자중(子中), 호는 몽노이며,
　　본관은 벽진(碧珍). 괴산 수회리에서 태어났다. 할아버지는 두남(斗南) 이
　　남준(李南峻), 아버지는 이승구(李承龜, 1865~1931)이다. 이치화는 단발,
　　변복, 양력을 거부하고 전통적인 도의정신을 견지했다. 성암 박주순(朴胄
　　淳), 광암 이규현(李奎顯), 강헌 박수진(朴洙鎭), 항재 이정규(李正奎), 휘
　　암 이주승(李胄承) 등과 교유했다.〈참고문헌『몽노유고』〉

오완근(吳浣根)[53]의 유고. 6권 2책. 오완근이 1982년 자필로 필사한 것을 1983년 경문사에서 영인. 19.1×25.8cm. 책의 첫머리에는 1982년 김용숙(金容肅)이 쓴 서문과 1965년 이석태(李錫泰)가 쓴 서문과 자서가 있다. 끝에는 1982년 송공호(宋貢鎬)와 장기덕(張基德)이 쓴 발문이 있다. 1책의 권 2 서간에는 소당(小堂) 정해문(鄭海文), 입헌(立軒) 유의석(柳毅錫), 직와(直窩) 유제함(柳濟咸), 송와 (松窩) 배진환

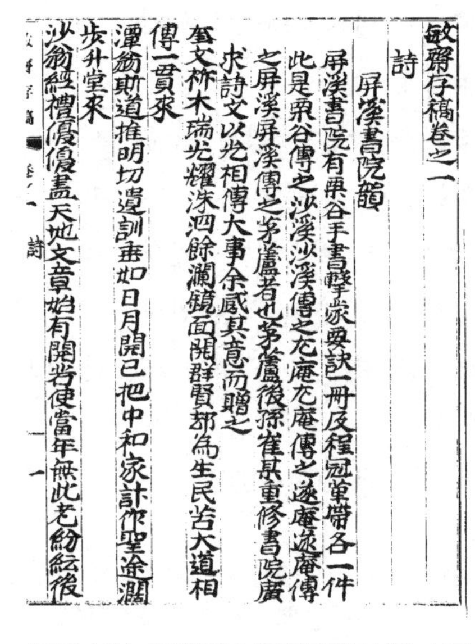

敏齋存稿卷之一

詩

屏溪書院韻

屏溪書院有栗谷手書聖手家要訣一冊及程冠章帶各一件
此是栗谷傳之沙溪沙溪傳之尤庵尤庵傳之遂庵遂庵傳
之屏溪屏溪傳之茅盧若也茅盧後孫崔某重修書院廣
求詩文以尤相傳大事余感其意而贈之
奎文橋木瑞光耀洙泗餘瀾鏡面開群賢都爲生民岂大道相
傳一貫求
潭泐斯道推明切邊剖垂如日月開已把中和家計作聖途瀾
步升堂求
沙翁經禮復優盡天地文章始有開岩使當年無此老紛紜後

〈그림 121〉『민재존고』(국립중앙도서관 소장)

(裵縉煥), 경암(絅庵) 민태직(閔泰稷), 거안(居安) 장소개(張紹价), 관산(管山) 김화진(金華鎭), 봉서(鳳栖) 오우선(吳禹善), 극와(克窩) 유제항(柳濟恒), 소매(小梅) 이석태(李錫泰) 등에게 올린 편지가 있으며, 이하 권 3까지 지인들에게 보낸 편지가 수록되어 있다. 2책의 권 4 잡저 가운데 〈성재유선생조보사설론〉, 〈유성재선생조보사설원위〉 등은 성재 유중교의 조보사설(調補師說)을 소개하고 변호하는 내용으로 구성되어 있다. 오완근은 성재 유중교계열 인사들의 문집 간행에 많이 관여했기

---

53) 오완근(吳浣根) 1912~? : 자는 중명(仲明), 본관은 해주이며, 서산 출신. 경암(絅庵) 민태직(閔泰稷), 소당 정해문(鄭海文)의 제자. 화서·중암·성재·의암·항와 문집과 두 스승의 문집 간행을 주도했다. 〈참고문헌『민재존고』〉

때문에 권 4 서와 권 5 제발에서는『경암집』,『소당집』,『항와집』,『외당집』,『동우유고』,『경와유고』『양지록』,『습재집』,『의암집』,『벽송집』,『직암집』,『병의록』 등 화서 혹은 성재계열의 사상적 동향을 알 수 있는 책의 서문이나 발문이 다수 수록되어 있다. 권 5에 수록된 〈유의암선생의거실기〉는 유인석의 의거 행적을 정리한 것이다. 〈경암선생화상찬〉은 스승인 경암 민태직을 기리는 찬문이다. 제문·묘갈·행장 등에서는 화서 혹은 성재계열 인물에 대한 글이 다수 수록되어 있다.

*『벽오유고(碧梧遺稿)』

目錄 卷 1 : 賦, 詩. 卷 2 : 詩. 3 : 疏箚. 卷 4 : 疏箚, 啓辭·議. 卷 5 : 箋, 敎書, 書, 墓誌, 祭文, 上樑文. 卷 6 : 雜著附傳記序跋 ; 歌謠, 傳, 檄, 銘, 序, 記, 錄, 跋, 說, 策問, 對策. 卷 7 : 自敍, 謾記. 卷 8 : 附錄.

이시발(李時發)[54]의 유고. 필사본, 원집 7권, 부록 1권, 합 8권 4책. 개인 소장, 20.4×30.0cm. 권 1~2의 시는 연대순으로 편차하되, 연대가

---

54) 이시발(李時發) 1569(선조 2)~1626(인조 4) : 자는 양구(養久), 호는 벽오(碧梧), 본관은 경주(慶州). 이경윤의 손자, 진사 이대건(李大建, 1550~1574)의 아들이다. 이경억(李慶億)의 아버지이다. 이덕윤(李德胤)의 문인이다. 1589년(선조 22) 사마시와 증광문과에 합격해 승문원에 등용되었으며, 임진왜란 때 의병을 모집해 참전했으며, 한어에 능해 전쟁 중 명나라 장수와의 대명외교에 많은 공을 세웠다. 1596년 이몽학(李夢鶴)의 반란 때 전공을 세웠으며, 그해 겨울 왜군이 다시 침입하자 찬획사(贊劃使)로 임명되어 월악산에 덕주산성(德周山城)을 쌓고 조령에 목책을 쌓았다. 그 후 경상도·함경도관찰사, 오도참획사, 삼남도검찰사 등을 역임했는데, 성곽 수축과 둔전설치, 군량미 확보 등에 많은 공이 있었다. 영의정에 추증되었다. 문집으로『벽오유고』가 있다. 시호는 충익(忠翼). 〈참고문헌『벽오유고』,『국조방목』,『해동명신록』〉

불확실한 것은 일정시기를 나누어 뒤로 모아 놓았다. 권 5에는 이대수의 묘지명인 〈백부금산군수부군묘지(伯父錦山郡守父君墓誌)〉와 1596년 찬획사로서 덕주산성을 쌓고 나서 지은 〈월악산덕주성문루상량문(月岳山德周城門樓上樑文)〉은 지역 연구에 중요한 자료가 된다. 권 7의 「자서」는 자신의 관력과 개인사를 기록한 것이며, 「만기」는 필기류의 글이다. 권 8 부록에는 남구만이 쓴 시장, 송시열이 쓴 신도비명, 여러 사람이 쓴 제문·만사가 있다. 1991년 민족문화추진회에서 후손가 소장의 필사본을 『한국문집총간』 74로 영인했다.

* 『북저집(北渚集)』

目錄　北渚集序. 北渚集序. 卷 1~4
　　　：詩. 卷 5 ：祭文. 卷 6~7
　　　：疏箚. 卷 8 ；碑銘·墓碣.
　　　卷 9 ：墓誌·行狀.
　　　別集 ：雜著.

김류(金瑬)[55]의 시문집. 목판본, 본집 9권, 별집, 합 3책. 20.5×21.8cm. 김류의 시문은 원래 수천여 편에 달할 정도로 많았던 것으로 알려지고 있으나 병화에 없어져 손자인 김진표(金震標)가 청풍부사로 재직할 때

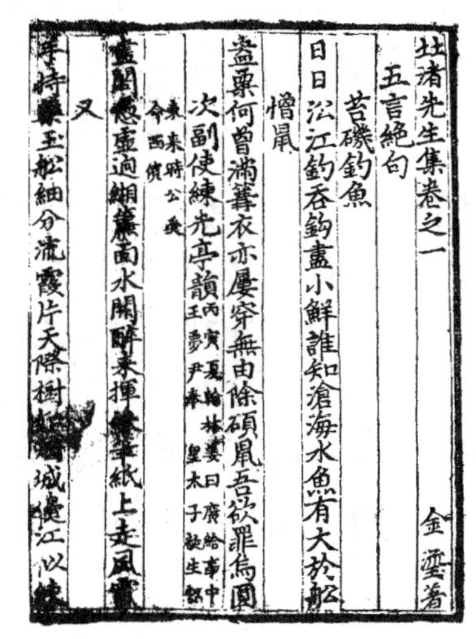

〈그림 122〉 『북저집』(국립중앙도서관 소장)

---

55) 김류(金瑬) 1571(선조 4)~1648(인조 26) : 자는 관옥(冠玉), 호는 북저(北渚), 시호 문충(文忠), 본관은 순천(順天). 인조반정을 일으켜 병조참판이 되었으며, 후일 삼정승을 모두 역임했다. 〈참고문헌 『북저집』〉

이경석(李景奭)에게 교열과 서문을 청했으며, 1658년 정두경(鄭斗卿)에게 서문을 받아 청풍에서 간행했다. 1991년 민족문화추진회에서 규장각 소장의 목판본을『한국문집총간』79로 간행했다.

*『사담선생문집(沙潭先生文集)』

目錄　卷 1 : 詩, 疏, 書. 卷 2 : 行狀. 附錄. 跋.

김홍민(金弘敏)[56]의 문집. 목판본, 2권 1책. 19.4×27.8cm. 후손인 김원철이 1957년 편집 간행했다. 문집의 권 1 시 가운데 〈제제천남당서원(題堤川南塘書院)〉이 있으며, 소에는 〈논붕당소(論朋黨疏)〉가 있다. 권 2에는 선고와 선비에 대한 행장이 있으며, 부록으로는 조정(趙靖), 이준(李埈), 조익(趙翊), 강응철(姜應哲)이 쓴 만(輓), 조정이 쓴 제문(祭文),

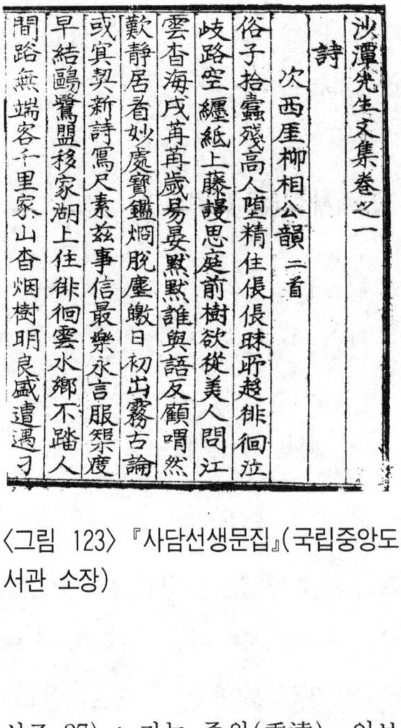
沙潭先生文集卷之一
詩
次西厓柳相公韻 二首
俗子拾蠹殘高人墮精住俍俍眛所趨徘徊泣
岐路空纏紙上藤謾思庭前樹欲從美人問江
雲杳海戍苒苒歲易晏默默誰與語反顧喟然
歎靜居者妙處寶鑑烱脫塵瞰日初出霧古論
或寘契新詩寫尺素玆事信最樂永言服褩度
早結鷗鷺盟移家湖上住徘徊雲水鄉不踏人
間路無端客千里家山杳烟樹明良盛遣遇刁

〈그림 123〉『사담선생문집』(국립중앙도서관 소장)

---

56) 김홍민(金弘敏) 1540(중종 35)~1594(선조 27) : 자는 중원(重遠)·임보(任父), 호는 사담(沙潭), 본관은 상주(尙州). 옥과현감 김범(金範)의 아들이다. 1580년 제천현감을 역임했으며, 선정을 베풀어 유애비(遺愛碑)가 있다. 1570년(선조 3) 문과에 급제해 한림과 삼사(三司)를 거쳐, 1584년 이조좌랑으로 이이(李珥)와 박순(朴淳)을 탄핵했다. 사인(舍人)에 이어 1590년 전한이 되었다. 임진왜란 때는 보은에서 의병을 일으켜 상주에서 전공을 세웠다. 중년 이후로는 주자학 공부에 침잠했다. 문집으로『사담집』이 있다.〈참고문헌『선조실록』,『영남인물고』,『사담선생문집』〉

김홍휘(金弘徽)가 쓴 행장, 이준이 쓴 사담전(沙潭傳), 봉안문, 향축문, 읍지기록과 제천현감 재직시 선정을 베풀어 세운 유애비(遺愛碑)에 대해 이준(李埈)이 쓴 〈김사담유애비재제천감이부지병서(金沙潭遺愛碑在堤川感以賦之幷序)〉가 수록되어 있다. 책 끝에는 김원철(金元喆)이 쓴 발문이 있다.

*『산수헌선생유고(山水軒先生遺稿)』

目錄　卷 1 : 詩. 卷 2 : 疏, 書. 卷 3~6 : 書. 卷 7 : 書, 雜著, 記, 題跋. 卷 8 : 題跋, 傳, 上樑致語, 銘, 祭文, 告文, 哀辭. 卷 9 : 墓誌, 墓表. 卷 10 : 行狀, 遺事.

권진응(權震應)57)의 문집. 필사 영인본, 5책. 19.9×29.0cm. 후손가에 초고본 10여권이 있었으며, 그 초고본을 저본으로 정서한 중편본 10권 5책(金, 木, 水, 火, 土) 가운

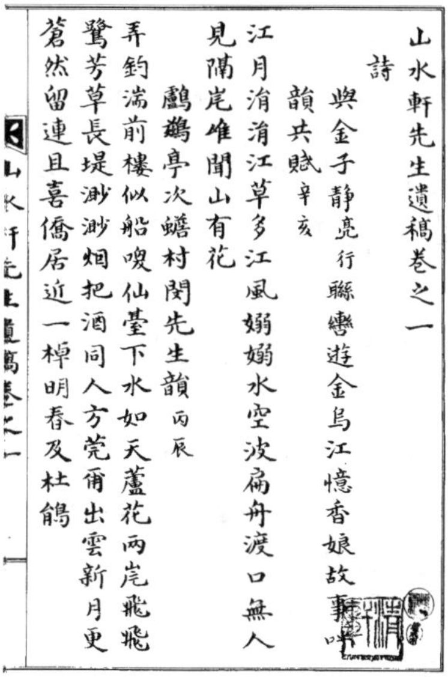
山水軒先生遺稿卷之一
詩
與金子靜亮行縣遊金烏江憶香娘故事
韻共賦 辛亥
江月涓涓江草多江風嫋嫋水空波扁舟渡口無人
見隔岸唯聞山有花
鸕鷀亭次蟠村閔先生韻 丙辰
弄釣滿前樓似船嗅仙臺下水如天蘆花兩岸飛飛
鷺芳草長堤渺渺烟把酒同人方莞爾出雲新月更
蒼然留連且喜僑居近一棹明春及杜鵑

〈그림 124〉『산수헌유고』(개인 소장)

57) 권진응(權震應) 1711(숙종 37)~1775(영조 51) : 자는 형숙(亨叔), 호는 산수헌, 본관은 안동. 청풍 오강리 출생. 아버지는 권정성(權定性), 어머니는 은진 송씨이다. 남당 한원진에게서 수학했으며, 여러 차례 관직을 제수받았으나 나아가지 않고 평생 은거하면서 학문에 힘썼다. 1770년 시강원 자의에 제수되었을 때 영조가 지은 『유곤록(裕昆錄)』을 비판했다가 제주에 유배되었다. 묘는 충주 가섭산(迦葉山)에 있다. 〈참고문헌 『산수헌유고』〉

데 목(木)책이 산실되어 4책이 남아 있다. 1995년 이를 영인하면서 잃어버린 목책 부분을 보충하기 위해 중편본에서 누락된 초고본 서간문의 해당 부분을 모아 습유 1책(서간문)을 추가해 1995년 모두 5책으로 간행했다. 시에는 연대별로 199수가 실려 있다. 이에는 한벽루, 황강, 무암, 수월암, 월악 등 지역의 풍경과 관련된 시가 있으며, 유배지인 제주에서 지은 시는 「영해록(瀛海錄)」의 표제로 모았다. 서간은 제목 아래 연기(年紀)를 기록하고 인물별 · 시대별로 기재했다. 잡저에는 제주도의 묘 · 단 · 정에 대한 기문류가 수록되어 있다. 비지문에서는 한원진, 송시열, 이기홍, 윤봉구 등에 대한 제문이 있으며, 그 외는 대체로 집안 인물들을 대상으로 했다.

* 『삼초유고(三樵遺稿)』

目錄 1편 : 晩圃公遺蹟. 2편 : 三省公孝行實記. 3편 : 三計公孝行實記. 4편 三樵遺稿. 5편 : 三計公遺稿.

만포 신태규(申泰奎), 삼초 신세균(申世均, 1884~1957), 삼계 신만균(申萬均), 소초 신현오(申鉉旿)의 효행사적과 시문을 모은 책. 석인본, 5편 1책. 19.5×28.8cm. 삼초 신세균은 충주 용태리에 거주했으며, 아들인 신현

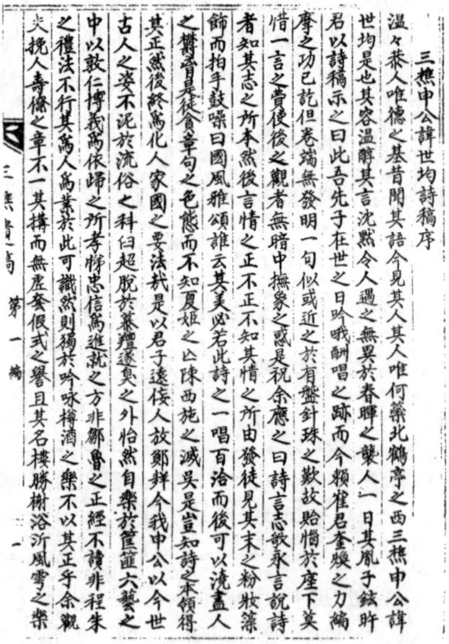
三樵申公諱世均詩稿序
溫々恭人唯德之基昔聞其語今見其人其人唯何蘗北鶴亭之西三樵申公諱
世均是也其容溫醇其言沈黙令人遇之無異於春暉之襲人一日其胤子鉉旿
君以詩稿示之曰此吾先子在世之日吟哦酬唱之跡而今賴崔君奎煥之力編
摩之功已訖但卷端無發明一句似或近之於有盤針珠之歎故貽惱於座下莫
惜一言之費使後之觀者無暗中摸象之惑是祝余應之曰詩言志歌永言說詩
者知其志之所本然後言情之正不正不知其情之所由發徒見其末之粉粧藻
飾而拍手鼓噪曰國風雅頌誰云其美必若此詩之一唱百洽而後可以澆盡人
之欝脊是徒貪章句之色態而不知夏姬之亾陳西施之滅吳是豈知詩之本領得
其正然後終爲化人家國之要法哉是以君子遠佞人放鄭聲今我申公以今世
古人之姿不泥於流俗之科臼超脫於桊糟遂臭之外怡然自樂於簞瓢六藝之
中以敦仁博義爲依歸之所孝悌忠信爲進就之方非鄒魯之正經不讀非程朱
之禮法不行其爲人爲業於此可識然則獨於吟咏樽酒之樂不以其正乎余觀
夫挽人壽儀之章不一其構而無虛套假式之譽且其名樓勝榭浴沂風雩之樂
三樵遺稿 第一編

〈그림 125〉『삼초유고』(의병전시관 소장)

오(申鉉昨)의 노력과 최규환(崔奎煥)의 편집으로 책이 간행되었다. 책의 첫머리에는 1971년 이강협(李康協)이 쓴 서문이 있으며 끝에는 1981년 이호창(李鎬昌)이 쓴 지문이 있다. 충주와 단양 지역 관련 시가 있으며, 2편의 신세균의 「삼성공시편」에는 한벽루, 영호정 등에 대한 시가 있다. 그리고 5편 신만균의 「삼계공유고」에는 〈제영호정(題永湖亭)〉, 〈제천팔경(堤川八景)〉 등 지역의 풍광을 노래한 시가 있다.

*『상곡집(商谷集)』

目錄(木版本) 序. 卷 1 : 詩. 卷 2 : 文. 卷 3 : 附錄. 跋.
目錄(筆寫影印本) 重刊序. 序. 卷 1 : 詩. 卷 2 : 文. 卷 3 : 附錄. 跋. 國文解釋. 拾遺 卷 1 : 詩. 卷 2 : 詩, 文, 追配實錄. 跋. 別錄.

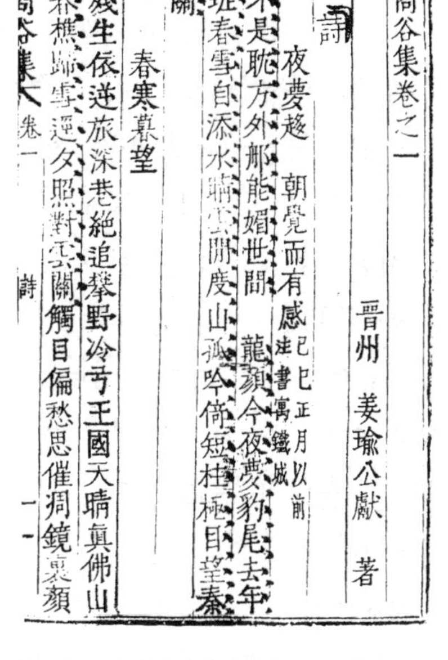

〈그림 126〉『상곡집』(장서각 소장)

강유(姜瑜)[58]의 문집. 목판본, 3

---

58) 강유(姜瑜) 1597(선조 30)~1668(현종 9) : 자는 공헌(公獻), 호는 상곡(商谷), 본관은 진주. 제천 두학 출신. 강천민(姜天民)의 아들이다. 1612년(광해군 4) 진사가 되었으며, 광해군대의 정치가 문란하자 고향에서 칩거했다. 인조반정 뒤 1624년(인조 2) 문과에 급제했다. 1627년(인조 5) 정묘호란이 일어나자 예빈시직장으로 임금을 모시고 강도(江都)로 들어가 항전할 것을 주장했다. 1639년 병조좌랑, 1642년 지평, 1651년 의주부윤(義州府尹), 1553년 함경남도병사, 1554년 북병마사에 임명되었다. 그 뒤 승지, 황해감사, 경기수군절도사, 충청감사 등을 역임했다. 1661년(현종 2) 수원부사, 1663년 우부승지·좌부승지, 황해도관찰사, 1664년 강릉부사, 호조참

권 1책. 13.5×21.6cm. 6대손 강필건(姜弼健)·강필기(姜弼耆) 등이 편집했으며, 1798년(정조 22)에 간행했다. 1798년에 쓴 민종현(閔鍾顯)의 서문과 성대중(成大中)의 발문이 있다. 권 2 문(文)에 수록된 소(疏) 가운데 1627년 정묘호란 때 올린 〈척화소(斥和疏)〉와 그 다음 해에 올린 〈청물쇄환주회인소(請勿刷還走回人疏)〉에서는 대청(對淸) 강경 자세를 볼 수 있다. 권 3의 부록에는 황해도관찰사로 있을 때의 교유서(敎諭書), 유제문(諭祭文), 홍주원(洪柱元)이 지은 제문, 호막별첩(湖幕別帖), 민우수(閔遇洙)가 편찬한 묘갈명, 김진상(金鎭商)이 쓴 제상곡강공소책신첩후(題商谷姜公疏册贐帖後) 등이 있다. 이 중 〈호막별첩〉은 1629년 전라도사로 좌천되자 이를 섭섭히 여겼던 친우들이 지은 송별시 모음이다.

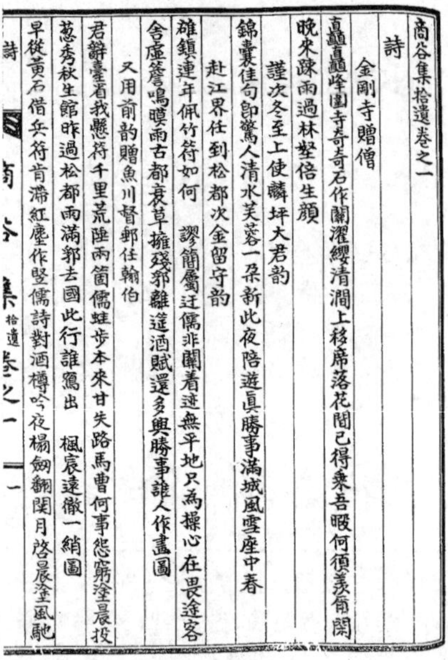

제천에서는 『상곡집』 중간본을 1979년 간행했다. 필사 영인본, 2권 1책. 19.0×27.5cm. 중간서는 1979년 김용숙(金容肅)이 적었다. 이 『상곡집』은 1979년 후손인 강성열(姜聲烈) 등이 중

〈그림 127〉 『상곡집』(개인 소장)

의가 되었다. 후에 이조판서에 추증되었으며, 제천의 남당서원에 배향되었다. 묘는 봉양면 명지리에 있다. 문집으로 『상곡집』이 있다. 시호는 충선(忠宣). 〈참고문헌 『인조실록』, 『상곡집』〉

심이 되어 초간본『상곡집』에 그 외 각 집안에 흩어져 있는 강유의 유
문을 수집하고 연보를 첨부해 간행한 것이다. 중간 발문은 신승만(辛
承萬)이 적었다. 별록에는 시조 강이식(姜以式) 이하 진주 강씨의 세계
를 적었다. 1979년 중간 때 필경한 이는 제천 공전리에 살았던 이초용
(李迢鎔)이다.

　한편 후손가에는 시첩인『호막별첩(湖幕別帖)』이 별도로 남아 있다.
필사본, 1책. 개인 소장, 25.0×36.0cm. 이 때 시를 지어 준 사람은 이명
한(李明漢), 이소한(李昭漢), 임광(任絖), 김광현(金光炫), 박일성(朴日
省), 김광혁(金光爀), 정태화(鄭太和), 김광욱(金光煜), 김광찬(金光
燦), 박동량(朴東亮), 장유(張維), 김남중(金南重), 김덕승(金德承) 등
이다. 별첩에 수록된 시는『상곡집』권 3, 부록에도 수록되어 있다(〈사
진 21〉).

* 『서파집(西坡集)』

目錄　卷 1 : 辭賦. 卷 2 : 漢渚錄. 卷 3 : 東遷錄. 卷 4 : 碧樓錄.
　　　卷 5 : 潔湖錄, 星山錄, 後燕槎錄. 卷 6 : 關東錄, 松村錄上. 卷
　　　7 : 松村錄下, 壺村錄, 南江錄, 後壺村錄上. 卷 8 : 北征錄, 後壺
　　　村錄下, 花谷錄, 桃村錄, 嘉林錄, 鰲山錄, 補遺. 卷 9∼14 : 疏.
　　　卷 15 : 箚附玉堂故事. 卷 16 : 啓, 議, 狀附回啓, 供辭. 卷 17
　　　: 序, 記. 卷 18 : 雜著. 卷 19 : 跋附題後, 銘, 箴戒, 策問, 祭
　　　文. 卷 20 : 祭文, 祝文. 卷 21∼22 : 書. 卷 23 : 行狀, 墓表,
　　　墓誌, 墓誌銘, 墓碣銘, 碑銘. 卷 24 : 諡狀. 卷 25 : 頒敎文, 敎
　　　書, 不允批答, 箋, 上樑文. 卷 26 : 雜識. 卷 27 : 困得編上. 卷
　　　28 : 困得編下. 卷 29 : 附錄. 卷 30 : 附錄.

　오도일(吳道一)[59]의 문집. 철활자본, 30권 15책. 18.0×29.0cm. 아들

---

59) 오도일(吳道一) 1645(인조 23)∼1703(숙종 29) : 자는 관지(貫之), 호는

인 영유현감(永柔縣監) 오수엽(吳邃燁)이 1729년(영조 5) 철인(鐵印)한 것이다. 책의 첫머리에는 총목이 있다. 시는 연대별로 모아져 있으며, 1689~1691년 청풍부사 재직시 지은 시들을 모은 권 4의 「벽루록(碧樓錄)」에는 한벽루, 정방사, 풍혈, 유연재, 봉서암, 팔영루, 학암, 응청각, 무암사, 월악산, 의림지, 백련암, 도화동, 명월정 등 지역의 명승과 박수검, 강성복 등 지역의 인물과 관련된 정보를 전해준다. 권 17의 〈청풍지서(淸風誌序)〉는 그가 청풍부사 재직시에 읍지를 편찬했음을 보여주는 자료이다. 금수산과 월악산의 경치가 단구(丹丘)에 못지 않음을 강조하고 있다. 청풍부사 시절 관청 남쪽 방향에 언덕을 깎아 새로 명월정을 만들었던 것을 적은 〈명월정기(明月亭記)〉가 있다. 권 26 잡지에 수록된 〈정사남정일승(丁巳南征日乘)〉은 1677년(숙종 3) 왕명을 받아 영남지방으로 나갔을 때의 일기이며, 〈병인연행일승(丙寅燕行日乘)〉은 1686년 연행했을 때의 일기이다. 권 27~28의 〈困得編(곤득편)〉은 1670년(현종 11) 7월 그가 복상우거(服喪憂居)하는 동안 생각나는 것들을 모아 놓은 것이다. 끝에는 〈서후잡록(書後雜錄)〉과 윤증(尹拯)이 1711년 쓴 발문이 있다. 권 29 부록은 연보(年譜), 권 30의 부

서파(西坡), 본관은 해주(海州). 영의정 오윤겸(吳允謙)의 손자이다. 1673년(현종 14) 춘당대 문과에 급제해 승문원에서 관료생활을 시작했다. 여러 관직을 거쳐 1688년 대사성이 되었다. 1689년 청풍부사가 되었으며, 1690년 청풍의 읍지인 『청풍지(淸風誌)』를 편찬했으며, 부사 집무처인 명월정(明月亭)을 세웠다. 명월정은 1726년(영조 2) 부사 박필문이 옮겨 개축하고 금병헌(錦屏軒)이라 했다. 1694년 개성유수가 되었다가 주청부사(奏請副使)로 청나라에 다녀왔다. 이어 여러 관직을 역임했으며, 1700년 한성판윤과 병조판서를 역임했다. 1702년 업동(業同)의 옥사를 옹호했다는 이유로 충청도 임천(林川)에 유배되었다가 다시 전라도 장성에 이배되었다. 다음해 적소에서 죽었다. 울산의 고산서원(孤山書院)에 배향되었다. 문집으로 『서파집』이 있다. 〈참고문헌 『서파집』, 『숙종실록』, 『국조인물지』〉

록은 교서(敎書), 사제문(賜祭文), 제문(祭文), 만사(輓詞), 천릉제문(遷葬祭文) 등이 수록되어 있다. 1992년 이민수의 번역으로 『국역 서파집』을 간행했다. 1995년 민족문화추진회에서 『한국문집총간』 152로 영인했다.

* 『석포유고(石浦遺稿)』

目錄(石浦公遺稿)　詩 ; 五絶, 五律, 七絶, 七律. 附 : 輓詞, 祭文, 行狀.
目錄(石浦遺稿)　詩.

이종국(李鍾國)[60]의 시문집. 『석포공유고(石浦公遺稿)』(필사본, 1책 37장. 개인 소장, 20.5×30.0cm)의 첫머리에는 1948년 이수영(李守榮)이 쓴 서문이 있으며, 끝에는 이원우가 쓴 발문이 있다. 시에는 덕산 성암의 풍경을 노래한 〈성산팔경(誠山八景)〉, 제천의 풍

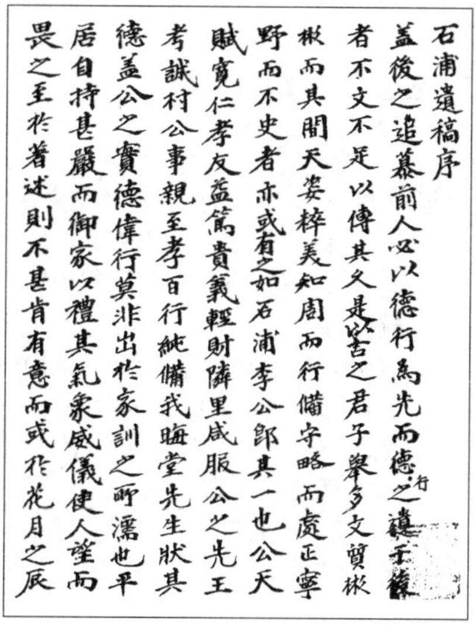
石浦遺稿序
盖後之追慕前人必以德行爲先而德行之遺
者不文不足以傳其久是以古之君子擧多文質彬
彬而其間天姿粹美知周而行備守略而處正寧
野而不史者亦或有之如石浦李公郎其一也公天
賦寬仁孝友益篤貴義輕財隣里咸服公之先王
考誠村公事親至孝百行純備我晦堂先生狀其
德盖公之實德偉行莫非出於家訓之所濡也乎
居自持甚嚴而御家以禮其氣象威儀使人望而
畏之至於著述則不甚肯有意而或作花月之辰

〈그림 128〉 『석포유고』(개인 소장)

60) 이종국(李鍾國) 1860(철종 11)~1939 : 자는 응천(應天), 호는 석포(石浦)·삼외당(三畏堂), 본관은 경주. 초휘는 종응(鍾應). 충주(현 제천) 덕산에서 태어났다. 제천의병에 참여하여 운량관(運糧官)이 되었다가 사직했다. 이강년이 탄지동 전투에서 패했을 때 숨겨 주어 재기할 수 있도록 했다. 의당 박세화와 회당 윤응선의 문인이면서, 양 선생의 생계를 오랫동안 도왔다. 만년에는 제천 구곡리에 이거했다. 〈참고문헌 『석포공유고』, 『직당집』, 『한말의 제천의병』〉

경을 노래한 〈제천팔경(堤川八景)〉 등 지역의 경관을 노래한 시가 있어
참고가 된다. 부록에는 지인과 문하생이 보낸 만사, 유지혁(柳芝赫)·
곽희소(郭熙召)가 쓴 제문, 1942년 신현국이 쓴 행장이 수록되어 있다.
행장은 신현국의 『직당집』 권 5에도 수록되어 있다.

　『석포유고(石浦遺稿)』(필사본, 1책 15장. 개인 소장, 17.0×24.6cm)는
시 초고를 수록했으며, 끝에는 아회(雅會)에서 운에 맞추어 만들었던
〈구곡아회(九曲雅會)〉 6수가 있다.

*『설봉유고(雪峯遺稿)』

目錄　卷 1 : 閑溪錄. 卷 2 : 歡城錄. 卷 3 : 海西錄, 吳州錄. 卷 4 :
　　　關東錄. 卷 5 : 靜觀錄. 卷 6 : 臨瀛錄. 卷 7 : 閑溪後錄. 卷 8
　　　: 凝淸錄. 卷 9 : 靜觀後錄. 卷 10 : 錦營錄. 卷 11 : 愁城錄.
　　　卷 12 : 關營錄. 卷 13 : 駱東錄. 卷 14 : 燕京錄, 海營錄. 卷
　　　15 : 驪江錄. 卷 16 : 城南一錄. 卷 17 : 城南二錄. 卷 18 : 城
　　　南三錄. 卷 19 : 城南四錄. 卷 20 : 城南五錄. 卷 21 : 城南六
　　　錄. 卷 22 : 敎命文, 冊文, 表箋, 詔誥制, 諭敎書, 批答, 上樑
　　　文, 勸善文, 賦. 卷 23 : 序, 跋, 說, 記, 論, 箴, 銘, 傳. 卷 24
　　　: 祭文, 策題. 卷 25 : 疏. 卷 26 : 箚, 啓辭. 卷 27 : 墓碣銘.
　　　卷 28 : 墓誌銘. 卷 29 : 墓表, 神道碑銘, 謚狀. 卷 30 : 附錄.

　　강백년(姜栢年)[61]의 문집. 목판본, 30권 8책. 19.8×32.4cm. 강백년이

---

61) 강백년(姜栢年) 1603(선조 36)~1681(숙종 7) : 자는 숙구(叔久), 호는
　　설봉(雪峯)·한계(閒溪)·청월헌(聽月軒), 본관은 진주(晉州). 좌의정에
　　추증된 강주(姜籒)의 아들이며, 김응서(金應瑞)의 외손자이다. 청풍군수를
　　역임했다. 1627년(인조 5) 문과에 급제했으며, 1646년에 강빈옥사(姜嬪獄
　　事)가 일어나자 억울함을 상소했다가 삭직당했다. 이 해에 문과중시에 급
　　제해 동부승지에 올랐다. 1648년 대사간으로 다시 강빈의 신원(伸冤)을 상
　　소했다가 청풍군수로 좌천되었다. 1653년(효종 4) 좌승지에 오르고 이후

생전에 대체로 정리해 두었던 것에 부록을 합부해 간행한 것이다. 시는 역임한 외직에 따라 한 권으로 만들었는데 권 8의 「응청록(凝淸錄)」은 청풍군수 재직시 지은 것이다. 또한 권 23에는 누이의 아들인 이일주(李一舟)와 한벽루에 올랐다가 지은 〈유한벽루설(遊寒碧樓說)〉, 1649년 도곡산인의 허와(盧窩)에 대해 허자의 뜻을 부연해 한벽루에서 적었던 〈허와기(盧窩記)〉 등 청풍군수 시절의 작품이 전한다. 부록에는 임상원(任相元)이 편찬한 행장·묘갈명·제문 등이 수록되어 있다. 1993년 민족문화추진회에서 『한국문집총간』 103으로 영인했다.

* 『**성암집(惺菴集)**』

目錄　卷 1 : 詩. 卷 2~6 : 書. 卷 7~14 : 雜著. 卷 15 : 記, 序, 跋, 昏書, 贊, 祝文, 祭文. 卷 16 : 墓碣, 墓表, 行狀. 卷 17 : 語錄. 卷 18 : 雜識上. 卷 19 : 雜食下. 卷 20 : 附錄 ; 語錄, 辨誣書, 門人錄

　박주순(朴胄淳)[62]의 시문집. 석인본, 20권 6책. 18.8×27.9cm. 1952년 연산 백석석판인쇄에서 간행했다. 박주순은 충주에 살다가 만년에 청주로 옮겼다. 1책 권 1의 시에서 의암 유인석과 관련 시와 〈만사의사(挽

여러 관직을 거쳐 판중추부사(判中樞府事)에 이르렀다. 1690년 영의정에 추증되었고 뒤에 청백리로 녹선(錄選)되었다. 문집으로 『설봉유고』가 있으며, 저서로는 『한계만록』이 있다. 시호는 문정(文貞). 〈참고문헌 『설봉유고』, 『인조실록』, 『국조인물고』〉

62) 박주순(朴胄淳) 1858(철종 9)~1929 : 자는 성열(聖悅), 호는 성암(惺菴), 본관은 순천. 1895년 제천의병에서는 대장소의 참모로 종군했으며, 정미의병에도 참여했다. 충주에 살다가 만년에 청주로 옮겼다. 〈참고문헌 『성암집』〉

四義士)〉, 〈만김경달(挽金敬達)〉,
〈만서경은상열(挽徐景殷相烈)〉
등 의병을 추모하는 만시가 있다.
서간은 스승인 유인석을 비롯해
의병 사우들과의 교환 편지가 수
록되어 있다. 3~4책의 잡저에는
천리, 주재, 심성, 도덕 등을 다룬
논설과 경전 해설 등이 수록되어
있다. 5책의 권 15에는 유중교, 이
직신, 이근원, 이강년, 원용팔, 이
조승 등과 관련된 글과 제문이 있
다. 〈윤효자하박행록후소지(尹孝子
河博行錄後小識)〉, 〈육의사찬(六義

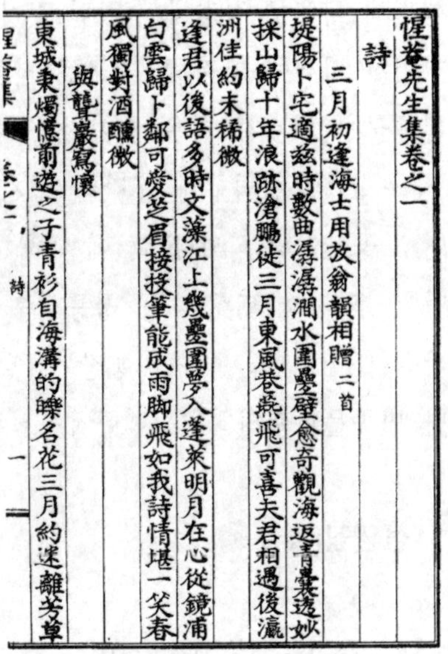

惺菴先生集卷之一

詩

三月初逢海士用放翁韻相贈 二首

堤陽卜宅適玆時 數曲溽溽澗水圍 巖壁愈奇觀海返青嶂遠妙

採山歸十年浪跡滄鵬徒三月東風巷燕飛可喜夫君相遇後瀛

洲佳約未稀微

逢君以後語多時文藻江上幾臺園夢入蓬萊明月在心從鏡浦

白雲歸卜鄰可愛芝眉接授筆能成雨脚飛如我詩情堪一笑春

風獨對酒釀微

與聾巖寫懷

東城秉燭憶前遊之子青衫自海溝的皪名花三月約遲離芳草

〈그림 129〉『성암집』(국립중앙도서관 소장)

士贊)〉 등도 제천과 관련된 기록들이다. 6책의 권 17은 〈어록〉이며, 권
18~19는 잡지(雜識)이다. 6책의 권 20은 부록으로 우종수(禹鍾洙), 이
윤섭(李允燮), 송재인(宋在寅), 어영덕(魚泳德), 윤상우(尹相禹) 등 제
자들이 기록한 어록과 「변무서(辨誣書)」, 문인록으로 구성되어 있다.
제천 의병연구에 많은 자료를 제공한다.

*『성운자록(醒雲自錄)』

目錄　醒雲自錄序. 卷 1 : 毅堂先生語錄. 經義疑問. 躋雲臺記. 茀億山
齋秋會以論語學而章分韻得之字. 卷 2 : 書, 告由文, 祭文, 序, 行
錄外.

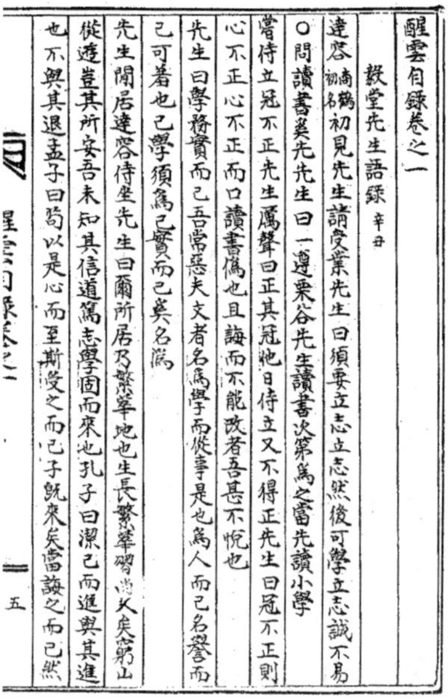
醒雲自錄卷之一
毅堂先生語錄 辛丑
達容 商鶴初名 初見先生請受業先生曰須要立志立志然後可學立志誠不易
○問讀書奚先先生曰一遵栗谷先生讀書次第爲之當先讀小學
嘗侍立冠不正先生厲聲曰正其冠他日侍立又不得正先生曰冠不正則
心不正心不正而口讀書僞也且誨而不能改者吾甚不悅也
先生曰學務實而已吾常惡夫文者名爲學而從事是也爲人而已名譽而
已可著也已學須爲己實而已矣名滿
先生閒居達容侍坐先生曰爾所居乃繁華地也生長繁華習久矣窮山
從遊豈其所安吾未知其信道篤志學固而來也孔子曰潔己而進與其進
也不與其退孟子曰苟以是心而至斯受之而已子旣來矣當誨之而已然
醒雲自錄卷之一 五

〈그림 130〉『성운자록』(의병전시관 소장)

김상학(金商鶴)[63]이 의당 박세화에게 받은 가르침을 기록해 편집한 책. 석인본, 2권 1책. 14.5×21.6cm. 1901년 박세화가 청풍 불억산에서 강학을 열었을 때 충주에 살았던 김상학(金商鶴)이 듣고 기록한 것과 경의에 대한 문답을 중심으로 편집했다. 아들인 김흥제(金興濟)가 주관해 간행했다. 책의 첫머리에 1959년 김상학이 편찬 경위를 적은 서문이 있다. 권 1에는 1901년 당시 의당에게서 수업한 내용을 적은 의당선생어록(毅堂先生語錄), 경의의문(經義疑問)이 있다. 그 외 청풍 용하동의 아름다움을 노래한 〈섭운대기(躡雲臺記)〉 등이 있다. 부록으로 의당 박세화의 강학설, 위학지요, 행장, 윤응선행장 등이 수록되어 있다. 권 2에는 김상학이 스승인 박세화, 윤응선과 여러 사우들에게 보낸 편지를 수록했다. 조병순(趙炳純), 송소용(宋炤用)에 대한 제문, 〈송석성효행록(宋錫星孝行錄)〉, 〈유인석정사(柳麟錫情辭)〉 등 자료의 글이 수록되어 있다. 충주 지역에 있던 의당학파의 학문적 전승 관계 파악에 도움이 된다.

63) 김상학(金商鶴) ?~? : 본관은 경주. 생부는 김수복(金秀復)이며 백부인 김수희(金秀喜)에게 출계했다. 충주 앙성면 용포리에 거주했다. 〈참고문헌 『성운잡고』〉

김상학의 시문으로는 『성운잡고(醒雲雜稿)』가 있다. 석인본, 2권 1책. 14.5×21.6cm. 권 1은 집안 인물에 대한 비지문, 자손들을 위한 훈계, 지역의 강학·제사처 관련 글, 건의서, 서간문 등 여러 잡문을 수록했다. 권 2는 시를 수록했으며, 시문에는 충주에 거주했던 화서학파와 의당학파 인사와의 교환시가 다수 수록되어 있어 이들의 동향을 알 수 있는 자료가 된다.

그 외 저술로 『성암선생종향실기(醒巖先生從享實記)』가 있다, 이 책은 경주 김씨 선조 6선생을 모신 지천서원(知川書院)에 성암(醒巖) 김종현(金宗鉉)을 추배한 것에 관련된 기록을 1958년 김상학(金商鶴)이 편집한 책이다. 석인본, 1책. 14.3×21.0cm.

* 『성재고(省齋稿)』

目錄 卷 1 : 詩稿, 疏. 卷 2 : 上華西李先生, 上李丹邱, 與黃溪, 與朴弘菴. 卷 3 : 剛克堂往復雜稿 ; 書. 卷 4~6 : 書. 卷 7 : 安城栗里鄕約敍, 甫山集跋, 書趙時菴乙丑封事後, 迷源六先生神壇誌跋, 朱子遺書敬齊箴帖後題辭, 書朱學士忠孝堂三大字後, 書栗谷先生學校模範後, 題家藏四書異同條辨後, 書陶庵集答從弟德章書後, 書華西先生手帖後贈姜景夏, 書華西先生手帖後贈姜伯三, 朝宗巖誌跋, 跋敬齋箴帖, 題華西先生讀書鵠菴詩後, 題家藏朱子語類匣, 敬題皇考戒家象辭後, 敬書先君遺墨弘毅果敢四大字後, 青華琴跋, 嘉靖甲子契帖跋, 題老稼李公家狀後, 烈皇帝御書頌, 敬義臺銘, 心箴, 書紳箴, 九容九思贊, 紫陽書社上樑文, 毅錫定書, 瀰沙李文人回庚序, 華西先生回巹宴序, 安分齋洪處士六十一歲生朝壽序, 鄭石華叔母姜孺人七十一歲生朝壽序, 贈江陵二辛君序, 高興柳氏族譜序, 族兄是菴居士六十一歲生朝壽序, 石村門下文會契序, 駱山堂記, 怡雲堂記, 奉審御製大報壇聯句帖記, 觀物臺記, 漢浦書社名堂室記, 朝宗巖見心亭鑛名記, 嘉陵郡玉溪山水記, 舞鳳瀑記, 紫泥臺卜居記, 玉溪精舍名堂室記, 勉菴記, 無名我屋牓後所記, 愚溪柳氏世孝記. 卷 8 :

小大學總說，小學說，大學說，明德說，論語篇義，孟子篇義．卷 9 ：中庸說一，中庸說二，三書衍義，心說源委，與同門諸公書，心與明德形而上下說．卷 10 ：宋元華東史合編綱目書法．卷 11 ：雜識，程子論志十條訓義，正統論，事親三儀，家衆戒辭，兩服通解，冠解，方喪儀節，鄕三物說，三綱五常說，兄女昏議，高興柳氏宗法，朝宗九義行祠隮配磐川滄海二王公議，記古今嫡庶之禮．卷 12 ：許衡正法論，三政策，書社禮食儀，先師李先生喪持服儀節，書社習禮節次，先師遺室措置，書社旬講儀，迷源書院撤享後設壇儀節，弟子贄見先生

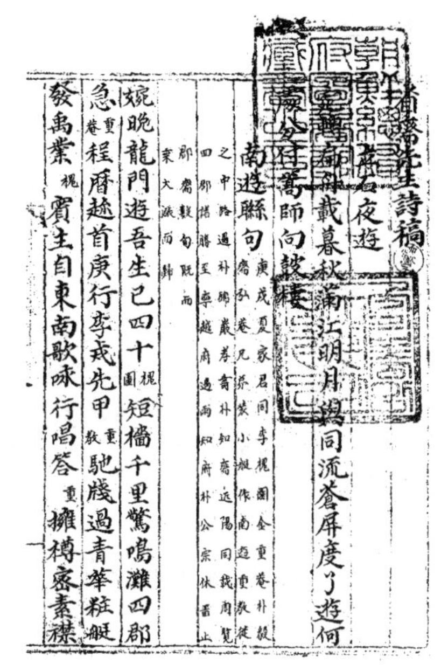

〈그림 131〉『성재고』(국립중앙도서관 소장)

禮，紫陽書社設施議，金基明字說，族弟重彜字辭，具中植字說，李秉珪字說，李承祖字辭，李汝吉三子名字說，金春善字說，書示同業諸君，書示金士綏，書示允和，書贈兪景善，書示許景章，示書社諸子，柯亭書社喩同講諸子文，書社講規重修節目，書辛巳諸儒疏後，玉溪散錄，待罪義禁府呈所懷狀，記待罪事始末，卷 13 ：華西先生語錄，重菴先生語錄，華西先生年譜．卷 14 ：墓碣銘，墓誌，墓誌銘，行狀，行錄，遺事，墓表，遺像文，祝文，祭文．卷 15 ：書．권 16 ：書．권 17 書，傳重說，傳重說後識，諭同社諸子，柳聖錫字祝，柳心錫字辭，老西齋尹公誄辭．絃歌軌範：序，第一律呂，第二琴律，第三樂章，附錄．承統考 乾：序，卷一弟繼兄，卷二姪繼叔．承統考坤：卷三孫繼祖，卷四附錄，跋．

유중교(柳重敎, 1832~1893)의 문집. 필사본, 불분권 20책. 국립중앙도서관 소장, 17.3×24.9cm. 필사자 미상. 편집 시기는 문집이 완성된 다음 문집을 기초로 필사한 것으로 추정된다.

『성재유중교기사(省齋柳重敎記事)』

目錄　答鄭景尊別紙. 張範卿等一書. 答白壽亭. 心說質疑中一條. 哀辭. 烈女行. 鄭斯文(在學)與小堂書. 答書. 宋斯文(勉憲)與小堂書. 答書. 雜文.

제목과는 달리 화서학파와 관련된 인물인 정경준, 장범경, 백수정, 유중교, 이직신, 정재학, 정해문, 송면헌 등과 관련된 자료를 모은 책. 필사본, 1책 29장. 국립중앙도서관 소장, 21.6×32.4cm. 이직신의 애사는 진상정(陳湘亭)이 적고 있어, 편집자는 이와 관련이 있을 것으로 추정된다.

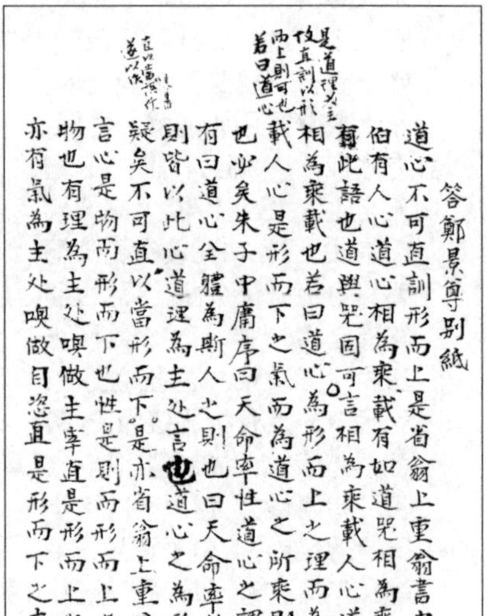

〈그림 132〉『성재유중교기사』(국립중앙도서관 소장)

『성재집(省齋集)』

目錄(木活字本)　卷 1 : 詞, 琴操, 詩. 卷 2 : 疏, 狀. 卷 3~22 : 往復雜稿. 卷 23~36 : 講說雜稿. 卷 37~46 : 柯下散筆. 別集 卷 1~2 : 帝王承統考. 卷 3~4 : 絃歌軌範. 附錄 ; 卷 1 : 年譜.

目錄(鉛印本) 卷 1 : 詞, 琴操,
詩. 卷 2 : 疏, 狀. 卷 3~
22 : 書. 卷 23~39 : 雜
著. 卷 40 : 雜著, 序. 卷
41 : 記. 卷 42 : 題跋,
箴, 銘, 贊. 卷 43 : 昏書,
上樑文, 告祝. 祭文. 卷 44
: 哀辭, 墓碣, 墓表, 墓誌.
卷 45 : 行狀. 卷 46 : 遺
事. 卷 47~48 : 帝王承統
考. 卷 49~50 : 絃歌軌範.
卷 51~56 : 附錄 ; 語錄.
卷 57 : 附錄 ; 祭文. 卷
58 : 附錄 ; 年譜. 卷 5
9~60 : 附錄 ; 行狀.

〈그림 133〉『성재집』(의병전시관 소장)

유중교(柳重教)의 문집으로 목

활자본과 연인본이 있다. 목활자본은 46권 23책, 별집 4권 2책, 부록 1
권 1책, 합 26책. 20.2×29.5cm. 별집에는 「제왕승통고」와 「현가궤범」을
수록하고 있으며, 부록에는 연보를 수록했다. 유치경(兪致慶)·주용규
(朱庸奎) 등의 발의로 1895년 제천 장담에서 문집 간행을 준비했으나
의병전쟁이 일어나면서 정지되었다가 오인영(吳寅泳), 변석현(邊錫鉉),
홍승의(洪承義) 등의 노력으로 1897년 황해도 평산 절곡에서 간행했다.
활자본의 「강설잡고(講說雜稿)」는 사서, 삼경, 태극, 심설, 인물성동이
등을 다루었다. 인물성동이 논쟁에서는 은연 중 호론(湖論)의 입장을
보였다. 그리고 〈정통론(正統論)〉, 〈영력기년설(永曆紀年說)〉, 〈갑신변
복령후시서사제자(甲申變服令後示書社諸子)〉 등에서는 척사적 입장을
잘 보여주고 있다. 「현가궤범(絃歌軌範)」에서는 우리 나라 음악과 시의

격식을 다루었다(〈사진 22〉).

연인본 『성재집』은 요동의 관전(寬甸)에서 이소응(李昭應)이 편차하고 이민응(李敏應, 1876~1955)이 출자해 이배인의 주관하에 60권 20책(교감표 1책 추가)으로 1927~1928년 간행했다. 15.3×25.3cm. 연인본은 1974년 동문사에서 영인했다. 목판본과 가장 큰 차이는 50권 17책 외에 18, 19책에는 어록과 제문, 20책에는 행장이 추가되어 별집까지 모두 50권 17책을 구성하고 있는 점, 부록으로 어록(語錄), 제문(祭文), 연보(年譜), 행장(行狀)이 수록되어 있는 점 등이다.

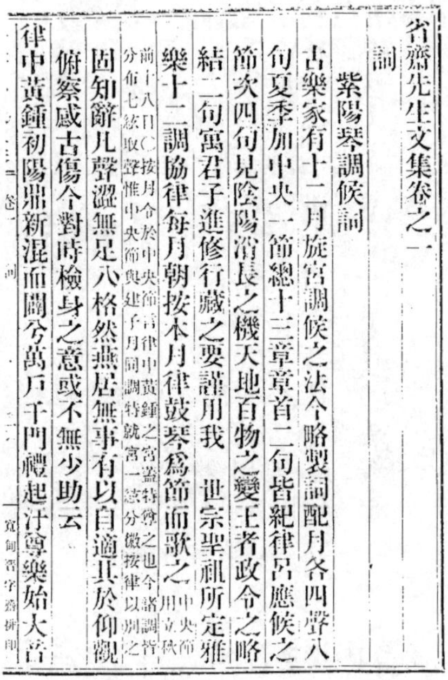
省齋先生文集卷之一

詞

紫陽琴調候詞

古樂家有十二月旋宮調候之法今略製詞配月各四聲八句夏季加中央一節總十三章章首二句皆紀律呂應候之節次四句見陰陽消長之機天地百物之變王者政令之略結二句寓君子進修行藏之要謹用我 世宗聖祖所定雅樂十二調協律每月朝按本月律鼓琴爲節而歌之中央節用立秋前十八日○按月令於中央節言律中黃鍾之宮蓋特尊之也今諸調皆分布七絃取聲惟中央節與建子月同調特就宮一絃分徵按律以別之固知辭凡聲澀無足入格然燕居無事有以自適其於仰觀俯察感古傷今對時檢身之意或不無少助云

律中黃鍾初陽鼎新混而闢兮萬戶千門禮起汙尊樂始大音

寬甸晉字齋排印

〈그림 134〉 『성재집』(의병전시관 소장)

의병전시관에는 이 외에도 유중교 관련 초고 자료로 소장되어 있다. 아래의 책들은 모두 의병전시관 소장본이다.

『강극당시초(剛克堂詩草)』는 유중교의 시집. 필사본, 1책 65장. 17.3×26.0cm. 내제는 『성재선생집(省齋先生集)』. 내용은 『성재선생문집』 권 1의 시(詩)와 권 2의 〈제사헌부지평후진정소(除司憲府持平後陳情疏)〉, 〈대죄의금부정소회장(待罪義禁府呈所懷狀)〉, 〈기대죄사시말(記待罪事始末)〉을 수록했다(〈사진 23〉).

『승통고(承統考)』는 유중교(柳重敎)의 「제왕승통고」 초고본. 필사본,

1책. 17.0×25.5cm. 의병전시관에는 건, 곤 두 책 가운데 곤 한 책을 소장하고 있다.

『왕복잡고(往復雜稿)』는 유중교의 문집 초고본으로 서간문을 수록. 내제는 『강극당왕복잡고(剛克堂往復雜稿)』. 필사본, 12책. 17.0×25.5cm. 『성재집』의 권 3~22에 해당한다. 일부 서간의 경우 문집에 수록되지 않은 것도 있어 유중교 연구에 있어서 중요한 자료가 된다.

『강설잡고(講說雜稿)』는 유중교의 문집 초고본. 필사본, 8책. 17.0×25.3cm. 목판본 『성재집』의 잡저 수록분인 권 23~36에 해당한다. 연인본에서는 『강설잡고(講說雜稿)』의 내용을 분리해 권 23~31, 권 34~35, 권 39, 권 37~38에 배치했다. 1책은 小大學總說, 小學說, 大學說, 2책은 語孟篇義, 中庸說, 三書衍義, 3책은 六經總說, 易說, 4책은 河圖洛書說, 5책은 太極圖說大指, 太極圖說雜識, 太極圖說續識, 西銘句節次第, 文行忠信說, 程子論志十條訓義, 敬齋箴圖, 夙興夜寐箴圖, 九容九思合圖, 三綱五常說, 正統論, 許衡正法論, 讀朱子論孟子操存章說五書小識, 6책은 兩服通解, 冠解, 傳重說, 傳重說後識, 十二律旋宮圖, 鄕三物說, 甲申變服令後示書社諸子, 甲申重修講規後告同講諸子文, 書社講規重修節目, 大老祠告同講諸子語, 7책은 講義發問, 8책은 燕居謾識으로 구성되어 있다.

그 외 문도들이 유중교의 글을 모은 것으로 『선사유독(先師遺牘)』이 있다. 필사본, 1책 36장. 16.7×25.2cm. 〈상임전재(上任全齋)〉에서부터 〈여서군필(與徐君弼)〉까지 유중교의 서간을 초록했다. 제천에는 이훈재 소장으로 『송자묘표(宋子墓表)』(1책 26장. 20.0×28.5cm)가 있다. 이는 의병전시관 소장 『선사유독』과 내용이 같으며, 별도로 앞에 권상하가 쓴 〈송자묘표〉를 필사하고, 뒤에 이필희(李弼熙) 명의의 〈팔도격고문(八道檄告文)〉을 추가해 편집한 것이다. 서간 부분이 『선사유독(先

師遺牘)』의 것과 동일하므로『선사유독』을 빌려서 필사하면서 묘표와 격문을 추가해 만든 것으로 추정된다.

『가정습유(家庭拾遺)』는 유중교의 서간문을 초록한 책. 필사본, 1책 23장. 17.0×26.3cm.

『선사성재선생어록(先師省齋先生語錄)』은 최재도(崔在道)가 선사인 성재 유중교와 의암 유인석의 어록을 기록한 책. 필사본, 1책 13장. 19.0×24.5cm. 1885∼1891년의「선사성재선생어록」, 1900년 경의「의암선생어록」, 의암에 대해 1915년에 쓴 제문(祭文)과 1923년에 쓴 고문(告文) 등이 수록되어 있다. 편집된 문집에 수록되지 않은 것으로 후일 추가해 받은 것으로 보인다(〈사진 24〉).

『성재집(省齋集)』은 유중교의 어록을 모아 편집한 책. 필사본, 2책. 20.2×29.5cm. 활자본 권 51∼56에 수록된 어록에 비해 많은 분량으로 편찬되었다. 당시 성재의 교육 내용과 계열 인사들의 면모를 파악할 수 있는 중요한 자료이다. 2책의「장담어록(長潭語錄)」을 제외하고는 대체로 인명별로 기록했다.

『성재집(省齋集)』은 유중교에 대한 제문을 모은 부록. 필사본, 2책. 18.7×28.4cm. 활자본 권 57에 수록된 제문에 비해 많은 분량으로 편찬되었다. 유중교의 사망 후 보낸 온 글을 모은 것으로, 당시 성재계열 인사들의 면모를 파악할 수 있는 중요한 자료이다.

『성재선생행장(省齋先生行狀)』은 성재 유중교(柳重敎)의 행장. 필사본, 1책. 19.0×29.3cm. 이직신(李直愼)이 편찬했다. 활자본『성재집』권 59∼60에 수록되기 전 초고본으로, 내용상으로는 차이가 없다. 그러나 교열과정에서 삭제된 내용이 남아 있어 참고가 된다. 활자본에는 1917년 완성한 것을 적었으나 초고본에는 “壬子六月十五日干支”가 남아 있어 1912년 초고를 거의 완성했음을 알 수 있다.

『중성유고(重省遺稿)』는 중암 김평묵과 성재 유중교의 유고를 모은 책. 필사본, 1책 39장. 19.5×28.9cm. 「중암선생수독(重菴先生手牘)」, 「성재선생수독(省齋先生手牘)」, 「중암선생어록(重菴先生語錄)」, 「성재선생어록(省齋先生語錄)」의 순으로 기록되어 있다. 「성재선생어록」 중 〈정질시유훈(貞疾時遺訓)〉은 다른 곳에는 보이지 않은 자료로 성재 사망 당시의 유훈을 전하고 있다.

『성재문자(省齋文字)』는 성재 유중교의 문장을 모은 책. 필사본, 1책 9장. 18.8×24.5cm. 원래 표제가 없으나 성재 유중교의 글이 수록되어 있으므로 추가했다. 〈삼강오상설(三綱五常說)〉, 〈갑신변복령후시서사제자(甲申變服令後示書社諸子)〉, 〈환성잠(喚醒箴)〉이 수록되어 있다.

* 『**소당집(小堂集)**』

目錄　卷 1 : 詩, 書. 卷 2 : 書. 卷 3 : 書, 雜著 ; 書贈, 字辭, 序, 記, 箴, 昏書, 上樑文, 告祝, 雜記, 辨. 卷 4 : 祭文, 哀辭, 墓表, 遺事. 卷 5 : 附錄.

정해문(鄭海文)[64]의 시문집. 석인본, 5권 2책. 17.6×23.9cm. 책의 첫머리에는 문인인 오완근(吳浣根)이 1973년에 쓴 서문이 있으며, 책 끝에는 1973년 정해승(鄭海昇)이 쓴 발문이 있다. 1974년 오완근이 중심

---

64) 정해문(鄭海文) 1888(고종 25)~1946 : 자는 윤명(允命), 호는 소당(小堂), 본관은 영일. 충북 충주 출신. 정해문은 성재 연원으로 습재 이직신에게 수학했다. 1919년 괴산군 만세시위를 벌이다 체포되었다. 만년에는 충주 산척면 석천리에서 살았다. 1993년 대통령 표창이 추서되었다. 〈참고문헌 『소당집』〉

이 되어 출판했다. 1책의 권 1 시(詩), 권 1~2의 서(書), 2책의 권 3 서(書), 서증(書贈)에는 스승인 이직신을 비롯하여 양두환, 이정규, 배진환, 유홍문, 유의석, 이배인, 윤정학 등 성재계열의 인사 외에 의당계열의 신현국, 유지혁 등과 교환한 글이 있어 양 계열에 종유했음을 보여준다. 권 4 제문과 애사에는 유인석, 이근원, 이직신, 박정수을 비롯하여 일제시기 제천과 충주에 거주했던 성재

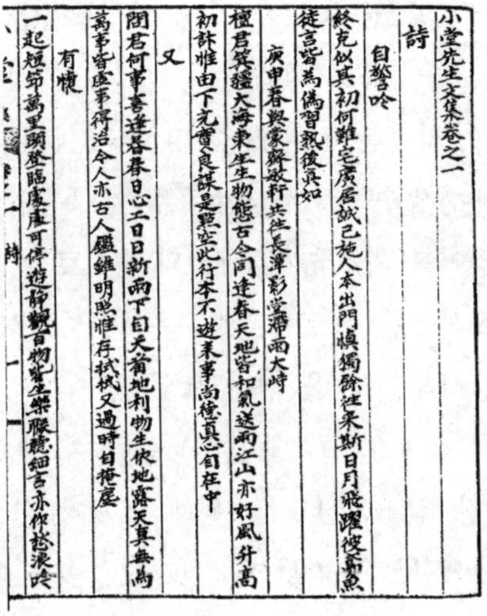
小堂先生文集卷之一
詩
自警吟
終克似其初何難宅廣居誠己施人本出門愼獨餘往來斯日月飛躍彼鳶魚
徒言皆爲僞習氣後眞如
庚申春與蒙齋敬軒共往長潭彩堂滯雨大峙
極目窮騷大海東生生物態古今同逢春天地皆和氣送雨江山亦好風升高
初許惟由下免費良謀是懸空此行本不遊來事尙德眞心自在中
又
問君何事喜逢春春日心工日日新雨下自天前地利物生依地露天眞無爲
萬事皆虛事將治今人亦古人鑑雖明照惟存拭拭又過時自稽塵
有懷
一起短節萬里頭登臨處處可停遊靜觀百物皆生樂聽細言亦作愁淚吟

〈그림 135〉『소당집』(의병전시관 소장)

계열의 인물에 대한 제문이 다수 수록되어 있어 화서학파의 행방을 살펴볼 수 있는 자료이다. 권 5 부록에는 이범식, 유제함・유제항, 이원우, 홍진오, 정영택, 유병열, 홍신유, 정해승, 권원상, 이호창, 유진수, 오완근 등이 쓴 제문과 지우들의 만사, 1973년 오완근(吳浣根)이 쓴 행장, 유제항(柳濟恒)이 쓴 묘갈명이 있다(〈사진 25〉).

*『소의신편(昭義新編)』

目錄 內篇 卷 1, 卷 2, 卷 3, 卷 4. 外篇 卷 5, 卷 6, 卷 7, 卷 8.
續編 卷 1, 卷 2.

유인석(柳麟錫)의 의병활동과 관련한 기록들을 중심으로 유인석과 그 제자들의 글을 정리한 책. 목활자본, 신편 8권 4책, 속편 2권 1책, 총

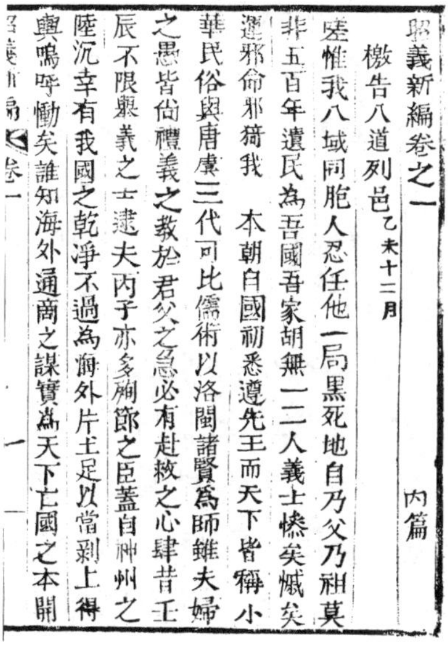

10권 5책. 18.2×28.8cm. 1899년 유인석의 문인인 김화식(金華植)[65]이 서간도에서 8권 4책으로 편집했으며, 1902년에는 문인인 백삼규(白三圭), 김형걸(金瀅杰) 등이 다시 속집 2권 1책을 편집해 서울에서 이정규(李正奎), 차재정(車載貞), 한승진(韓升鎭), 강진개(康鎭慨) 등의 노력으로 1902년 간행되었다. 이를 1981년 중앙출판문화사에서 영인하면서 윤희순의 「의병가사」 등 약간의 자료를 첨가하고 현토를 달아 간행했다. 1975년

昭義新編卷之一　　内篇

檄告八道列邑 乙未十二月

陸惟我八域同胞人忍任他一局黑死地自乃父乃祖莫非五百年遺民為吾國吾家胡無一二人義士憒矣憾矣邏邪俞邪猶我　本朝自國初悉遵先王而天下皆稱小華民俗與唐虞三代可比儒術以洛閩諸賢為師雖夫婦之愚皆尚禮義之教於君父之急必有赴救之心肆昔壬辰不限羈義之士逮夫内子亦多廁節之臣蓋自神州之陸沉幸有我國之乾淨不過為海外片土足以當剝上得興嗚呼慟矣誰知海外通商之謀寶為天下亡國之本開

〈그림 136〉『소의신편』(국립중앙도서관 소장)

에는 국사편찬위원회에서 활판으로 인쇄했다. 권 1~4는 내편으로 유인석의 글을 모았으며, 제천의병과 관련해서는 당시 배포되었던 격문류로 〈격고팔도열읍(檄告八道列邑)〉과 〈격고내외백관(檄告內外百官)〉 등이 수록되어 있다. 권 5~8는 외편으로 동문들의 글을 모은 것이다. 그 중 권 6에는 박정수(朴貞洙)가 적은 〈동지완의(同志完議)〉, 이정규(李正奎)의 〈수변(讎辨)〉, 최영와(崔永窩)의 〈우계기문(愚溪記聞)〉, 이필희(李弼熙)의 〈실곡기문(實谷記聞)〉·〈고곡부공부자묘문(告曲阜孔夫子廟

---

65) 김화식(金華植) ?~? : 자는 중일(仲一), 호는 복암(復菴). 유인석의 문인. 충남 보령에 거주했다. 제천의 유인석 의병에 가담했으며, 유인석의 요동행을 수행했다. 국내에 돌아온 뒤에는 『소의신편』의 편집을 담당했다. 1932년에는 열혈단 사건으로 재판을 받았다. 〈『한말의 제천의병』, 『충의효열록』〉

文)〉과 신석원(申錫元) 등의 〈요상영건성묘통문(遼上營建聖廟通文)〉,
김영록(金永祿)의 〈조선가(朝鮮歌)〉, 이소응의 〈제종형직헌선생진응문
(祭從兄直軒先生晉應文)〉과 〈실곡론(實谷論)〉 등이 실려 있다. 권 7에
는 이필희가 기록한 유인석과 여러 동지들의 언행을 적은 「팔왕동어록
(八王洞語錄)」, 윤정학의 「동산문답략(東山問答略)」, 심학수(沈學洙)의
「산인만필(山人謾筆)」이 있으며, 권 8에는 원용정(元容正)이 지은 「복
은(卜隱)」과 이직신(李直愼)의 「척화거의사실대략(斥和擧義事實大略)」
이 있으며, 모두 의병 기의의 정당성을 천명한 것이다. 권 8의 끝에는
1899년에 쓴 김화식의 발문이 있다. 속편도 권 1은 유인석의 글, 권 2는
문인들의 글을 모았다. 속편 권 2의 끝에는 1902년 백삼규(白三奎)가
쓴 발문이 있다.『소의신편』에 실린 서간문, 포고문, 논설 등은 제천의
병 봉기의 사상적 배경에서부터 거의 진행 과정, 북상 과정, 북상 후의
행방 등을 알려 주는 중요한 자료이다.

『소의신편』 출판과 관련된 자료로 추정되는 것으로 이정규가 1902년
12월 작성한 성금 모금 명단인『의조(義助)』가 있다. 필사본, 1책. 개인
소장. 123명의 기부자 명단이 있다.『제천의병과 전통문화』(제천문화원,
1998)에 영인 수록되어 있다.

*『송와집(松窩集)』

目錄 卷 1 : 詩. 卷 2~4 : 書. 卷 5 : 雜著. 辨, 說, 贈, 序, 記,
     跋, 文. 卷 6 : 祭文, 銘, 行狀. 附錄.
     後集 권 1 : 大學義, 中庸義, 孟子義, 詩義, 小學論, 論語論, 孟
     子論, 詩論, 易論. 卷 2 : 史論, 雜著.

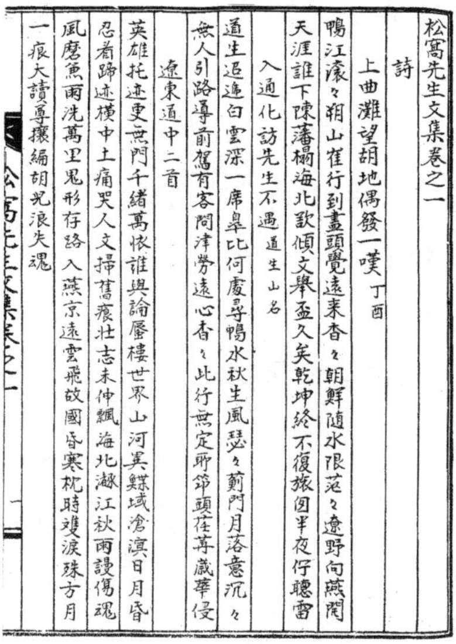
松窩先生文集卷之一
詩
上曲灘望胡地偶發一嘆 丁酉
鴨江滾々犄山崔行到盡頭覺遠來杳々朝鮮隨水限茫々遼野向燕開
天涯誰下陳藩榻海北歆傾文擧盃久矣乾坤終不復旅囱半夜佇聽雷
入通化訪先生不遇 通生山名
通生迢遞白雲深一席皐比何處尋鴨水秋生風瑟々薊門月落意沉々
無人引路導前駕有客問津勞遠心杳々此行無定所節頭荏苒歲華侵
遼東道中二首
英雄托迹更無門千緒萬恢誰與論蜃樓世界山河異鰈域滄溟日月昏
忍看蹄迹橫中土痛哭人文掃舊痕壯志未伸飄海北濊江秋雨謾傷魂
風磨魚雨洗萬里鬼形存路入燕京遠雲飛故國昏寒枕時雙淚殊方月
一痕大讀尋攘編胡兒浪失魂

〈그림 137〉『송와집』(의병전시관 소장)

배진환(裵縉煥)[66]의 문집. 석인본, 6권 2책. 20.5×29.0cm. 1965년 문인 오대영(吳大泳) 등에 의해 유고가 2책으로 간행되었다. 주용규, 안승우 등의 행장이 수록되어 있어 초기 의병장 연구에 참고가 된다. 통화에 있던 유인석을 뵙기 위해 1897년 5월 30일 출발해 12월 6일에 돌아온 과정을 적은 〈요동왕반일기(遼東往返日記)〉와 배진환의 「연보」는 당시 제천의병의 행방을 볼 수 있는 자료이다(〈사진 26〉).

배진환의 경전에 대한 글과 중국사에 대한 사론은 1978년 경문사에서 『송와후집』으로 영인 간행되었다. 필사 영인본, 1책. 17.0×25.2cm. 권 1의 경전에 대한 의는 대학·중용·맹자·시경을, 논은 소학·논어·맹자·시경·역경을 다루었다. 권 2는 사론과 잡저로 구성되어 있다. 후집의 끝에는 1967년 문인 오우선(吳禹善)이 쓴 발문이 있다.

---

66) 배진환(裵縉煥) 1871(고종 8)~1939 : 자는 태보(台甫), 호는 송와(松窩), 본관은 성주. 처음 이름은 동환(東煥)이며, 시강(是綱)이라고도 한다. 함경남도 영흥군 순녕면 덕포리에서 출생했으며, 12살 때 강원도 인제군 서화리로 이주했다. 유중교, 유인석, 이근원에게서 수학했다. 1895년 제천의병에서는 군무에 종사했으며, 1905년 원용팔 의병에서는 참모종사로 종군했다. 『화서집』 간행에도 공이 크다. 만년에는 횡성군 둔내면에 우용정사(右用精舍)를 열어 강학활동을 전개했다. 〈참고문헌 『송와집』, 『송와후집』〉

또한 배진환의 초고 가운데 일부인 『송와고(松窩稿)』가 있다. 필사본, 2책. 원주시립박물관 소장, 19.2×30.4cm 외. 1책에는 서간문이 대부분을 차지하며 그 외 제문, 서문 등이 수록되어 있다. 2책에는 성인의 말을 인용해 자신의 견해를 밝힌 수필 형식의 글이 수록되어 있다. 『의암학연구』 1(의암학회, 2002)에 영인되어 있다.

* 『송운집(松雲集)』

目錄　卷 1 : 詩, 賦. 卷 2 : 書, 雜著. 卷 3 : 序, 記, 跋, 說, 表, 單子, 銘, 贊, 頌, 婚書, 上樑文, 告由文. 卷 4 : 祭文, 通文, 行狀, 墓文, 書. 卷 5 : 附錄.

정운경(鄭雲慶)[67]의 시문집. 석인본, 5권 3책. 천은 권 1, 지는 권 2·3, 인은 권 4·5로 구성되어 있다. 18.5×28.5cm. 책의 끝에는 세계도와 정인태(鄭麟泰)의 발문이 있다. 1977년 제천에서 간행했다. 권 1의 시문 가운데 의병 참가자들에 대한 만시류는 의병 연구에 참고가 된다. 〈제천팔경(堤川八景)〉, 〈오석팔경(烏石八景)〉 등은 지역의 풍광을 시문으로 적은 것이다. 권 2의 잡저에는 평리원에서의 심문기록인 〈평리원공

---

67) 정운경(鄭雲慶) 1861(철종 12)~1908 : 자는 화유(和有), 호는 송운(松雲), 본관은 영일. 제천시 금성면 월림리에서 태어났다. 동학이 일어났을 때 지역 동학접소를 소각했다. 1895년 이춘영 등이 제천으로 입성하자 의병을 거느리고 참가해 전군장으로 활약했다. 거의가 실패로 끝난 후 유인석을 모시고 다니다가 영춘으로 되돌아 왔다. 1905년 원용팔의 거의 소식에 다시 단양에서 이규석(李圭錫)·김홍경(金鴻卿)·강수명(姜秀明)·지원영(池源永) 등과 함께 거병하려다가 체포되었다. 15년형을 언도받고 복역하다가 황해도로 유배되었다. 그 후 사면되어 고향으로 돌아왔으며 다시 민족운동을 계속 벌여나갔다. 1977년 건국훈장 독립장이 추서되었다. 1980년 금성면 월림리의 묘소 정화와 공적비가 세워졌다. 〈참고문헌『송운집』〉

사(平理院供辭)〉와 유배지에서 어부에게 거의의 대의를 천명한 〈어자문답(漁者問答)〉 등이 수록되어 있다. 권 3에는 영춘의 현곡리를 중심으로 횡행했던 동학군을 습격해 진압한 기록인 〈척동사실기(斥東事實記)〉와 황해도 해주로 유배갔던 이들에 대한 기록인 〈황강동유록기〉 등이 있다. 권 4에는 집안 친인척과 이세영(李世永)·이강년(李康秊)·김상태(金尙台) 등 의병관련 인사들에 대한 제문, 거의시 격문과 통문류, 이세영(李世永)·황청일(黃淸一)·전덕원(全德元)·권진(權璡)·안승우(安承禹)·고태노(高泰魯)의 행장 등이 수록되어 있다. 권 5의 부록에는 여러 사람이 보낸 수시(壽詩), 수송(壽頌), 수서(壽序), 만사(輓詞), 제문(祭文), 지구왕복서찰(知舊往復書札), 정원태(鄭元泰)가 쓴 행장 등이 수록되어 있다. 단양에서의 1905년 의병 거의에 대한 자료를 제공하고 있다.

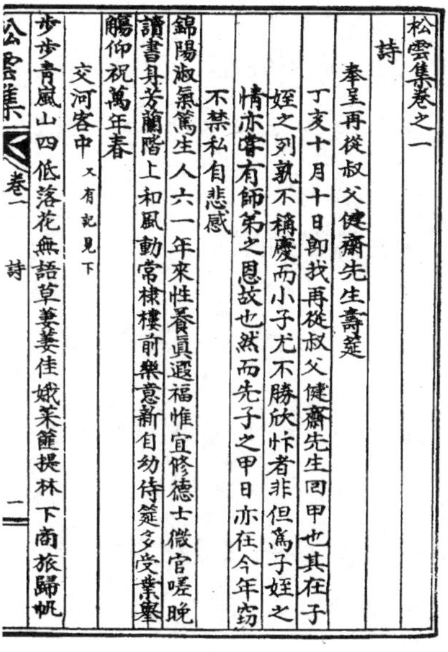
松雲集卷之一
詩
奉呈再從叔父健齋先生壽筵
丁亥十月十日卽我再從叔父健齋先生回甲也其在子
姪之列孰不稱慶而小子尤不勝欣忭者非但爲子姪之
情亦嘗有師弟之恩故也然而先子之甲日亦在今年窃
不禁私自悲感
錦陽淑氣篤生人六一年來性養眞遐福惟宜修德士微官嗟晩
讀書身芳蘭階上和風動常棣樓前樂意新自幼侍筵多受業
膓仰祝萬年春
交河客中 又有記見下
步步青嵐山四低落花無語草萋萋佳娥菜籃提林下商旅歸帆
松雲集 卷一 詩 二

〈그림 138〉『송운집』(의병전시관 소장)

정운경 관련 자료로 후손가에 『서도잡록(西島雜錄)』이 있다. 필사본, 1책 82장. 개인 소장, 15.5×23.8cm. 이 책의 일부를 초역한 것이 이구영 편역의 『호서의병사적』 2(사람생각, 2003)에 수록되어 있다. 시문 내용은 대부분 문집에 수록되어 들어갔다.

그 외 『북유건연(北遊巾衍)』이 있다. 필사본, 1책 7장. 개인 소장. 표지에 "丙申七月二十日"이라는 기가 있다. 1896년 요동으로 가면서 소회를 적은 시문초이다. 〈상현관표(上縣官表)〉, 〈국토무쌍(國土無雙)〉 등의 시문은 모두 문집에 수록되어 들어갔다.

*『수문록(隨聞錄)』

目錄   甲申變服令後示書社諸子外.

의당 박세화와 회당 윤응선의 제자인 사람이 적은 여러 자료를 모아 적은 잡록. 표제는 『수문록』이며, 내제는 『간독(簡讀)』. 필사본, 1책 86장. 국립중앙도서관 소장, 20.4×30.7cm. 내용은 대부분 의당계열의 교환 서간, 기문, 서증 등을 수록하고 있으며, 그 가운데 박세화, 윤응선, 김영식 등의 글이 많이 수록되었다. 병산서사에 관련된 학규나 서간이 있어

〈그림 139〉 『수문록』(국립중앙도서관 소장)

의당학파의 교육을 살펴볼 수 있는 자료이다. 그 외에도 유중교, 유인석, 주용규, 유중악의 글, 〈화서강규〉, 〈서사강의홀기〉, 〈사맹삭대강회시의절〉 등도 수록하고 있어 병산서사에서의 의절을 확립하는데 참고하기 위해 필사한 것으로 보인다.

* 『술헌유고(述軒遺稿)』

目錄　詩, 書, 雜著, 記, 跋, 祭
　　　文. 跋.

　이배인(李培仁)[68]의 문집. 석
인본, 1책. 19.9×27.6cm. 내용은
시(詩), 서(書), 잡저(雜著), 기
(記), 발(跋), 제문(祭文)으로 구
성되어 있다. 책 끝에는 1971년
이문백(李文白)이 쓴 발문이 있
다. 서간문과 비지문을 통해 제천
지역 화서학파 인사들의 동향을
엿볼 수 있다. 잡저의 〈척양설(斥
洋說)〉, 〈훼복훼형문답(毁服毁形
問答)〉 등에서는 이배인의 위정

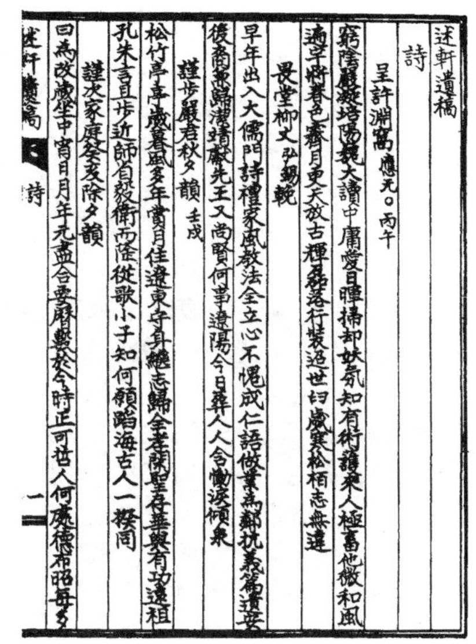

〈그림 140〉 『술헌유고』(의병전시관 소장)

척사적 논리를 볼 수 있다. 〈산음일기(汕陰日記)〉는 1894년 강원도 춘
천에 있을 때의 생활을 적은 것이며, 〈동악일기(東嶽日記)〉는 1896년
강원도 원주 배양산에 있을 때의 생활을 적은 것이다. 〈속동악일기후
(續東嶽日記後)〉는 제천 모정(茅亭)으로 옮긴 이후 남동막, 공전리, 청
풍 안간리, 요동 회인현 대황구 등으로 옮긴 과정을 적고 있다(〈사진
27〉).

---

68)　이배인(李培仁) 1873(고종 10)~1945 : 자는 학연(學淵), 호는 술헌(述
　　軒), 본관은 전주. 강원도 춘천시 남산면에서 출생. 습재 이소응의 아들.
　　1895년 제천의병과 1907년 이강년 의병부대에 참여했다. 그 후에는 제천에
　　서 살았다. 〈참고문헌 『술헌유고』〉

* 『습재집(習齋集)』

目錄 卷 1 : 詞, 詩. 卷 2~4 : 詩. 卷 5 : 疏狀, 書. 卷 6~22 : 書. 卷 23~42 : 雜著. 卷 43 : 序. 卷 44 : 記. 卷 45 : 題跋, 箴, 銘, 贊, 昏書, 上樑文, 告祝. 卷 46 : 祭文. 卷 47 : 哀辭, 墓碣. 卷 48 : 墓表, 墓誌. 卷 49~50 : 行狀. 卷 51 : 行狀, 遺事. 卷 52 : 語錄, 行錄, 傳. 卷 53 : 附錄 ; 語錄. 卷 54 : 附錄 ; 祭文, 哀辭, 輓章, 墓碣, 墓表, 墓誌. 卷 55 : 附錄 ; 年譜. 권 56 : 附錄 ; 行狀. 跋.

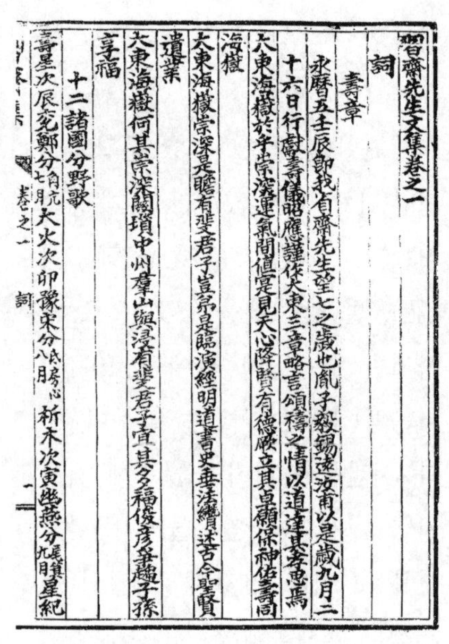

〈그림 141〉『습재집』(의병전시관 소장)

이소응(李昭應)[69]의 문집. 석인본, 권수 1권 1책, 문집 56권 12책, 총 13책. 19.7×27.8cm. 아들이었던 술헌 이배인(李培仁)과 여러 제자들이 편집한 것을 이문백(李文白) 등

---

[69] 이소응(李昭應) 1852(철종 3)~1930 : 자는 경기(敬器), 호는 습재(習齋), 본관은 전주. 일명 의신(宜愼), 직신(直愼). 춘천시 남산면에서 태어났다. 김평묵, 유중교, 유인석을 스승으로 받들었다. 1895년 12월 유중락(柳重洛)·이만응(李晩應) 등에 의해 의병대장으로 추대되었다. 그 뒤 제천의병에 합류해 의병활동을 계속했다. 제천의병이 서행할 때는 참여하지 않고 봉양·청풍 일대에 은거했으며, 장담서사의 강학을 이끌어가기도 했다. 한일합방 이후에는 요동과 몽고로 망명했다가 그곳에서 죽었다. 1935년 제천 공전리에 반장했다. 1962년 건국훈장 국민장이 추서되었다. 〈참고문헌『습재집』〉

이 중심이 되어 1969년 간행했다. 책의 첫머리에는 유제항(柳濟恒)의 서문이 있으며, 책 끝에는 송석성(宋錫星)의 발문이 있다. 이직신은 제천의병에 참여하고 후에 중국에 망명해 유인석과 행동을 같이했으므로 문집의 시문, 서간문, 잡저, 비지문 등 글에는 제천지역의 화서학파 인사들과 중국에 거주했던 의병 참여자들의 교류를 보여주는 자료를 제공하고 있다. 권 20의 서(書)는 통고문류로 자양영당, 이신계, 입의계 등의 일로 동지들에게 보낸 글이 수록되어 있다. 권 33에는 을미년 춘천 창의 때의 격문인 〈격고팔도(檄告八道)〉와 당시 동지들에게 보낸 서간인 〈서시춘천동의제사우(書示春川同義諸士友)〉, 의병봉기의 배경과 춘천의병의 제천의병으로의 합류과정을 정리한 〈척화거의사실대략(斥和擧義事實大略)〉, 이필희의 업적을 적은 〈실곡론(實谷論)〉, 거의의 대의를 천명한 〈문유인위의려위적이입론(聞有人謂義旅爲賊而立論)〉 등은 춘천의병과 제천의병에 관련된 중요한 자료들이다. 장담에서의 영당 건립 취지를 역설한 〈장담불완계설시입의(長潭不緩稧設施立議)〉와 강회기록인 〈장담강회고어(長潭講會告語)〉 등이 있으며, 이는 통고문에 보이는 영당 관련 글과 함께 자양영당의 설립 배경과 설립 과정을 보여주고 있다. 한편 자정노선에 기울었던 1920년대에는 독립단과 갈등을 빚고 있음을 권 37에 있는 〈의시독립단위아반대제인(擬示獨立團謂我反對諸人)〉 등의 기록을 통해 엿볼 수 있다. 권 53은 어록이며, 권 54에는 1945년 정영택(鄭靈澤)이 쓴 묘갈명, 1942년 이필우(李弼雨)가 쓴 묘표, 정해문(鄭海文)이 쓴 묘지가 수록되어 있으며, 권 56에는 1938년 이정규(李正奎)가 쓴 행장이 수록되어 있다.

* 『신우집(信宇集)』

目錄 序. 詩. 書. 雜著. 記. 題跋.
墓誌. 附錄.

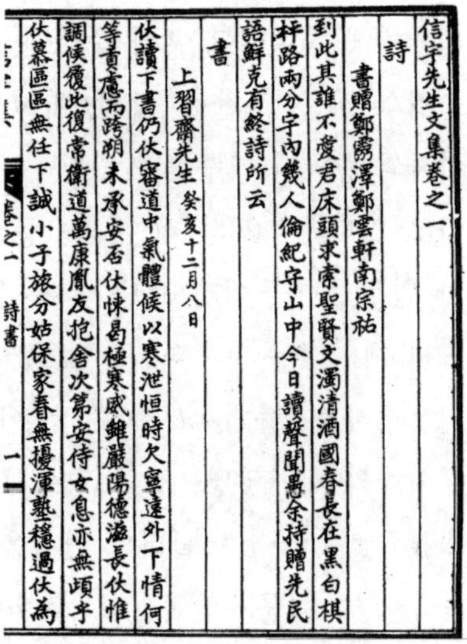
信宇先生文集卷之一
詩
書贈鄭霧澤鄭雲軒南宗祐
到此其誰不愛君床頭求索聖賢文濁清酒國春長在黑白棋
枰路兩分宇內幾人倫紀守山中今日讀聲聞愚余持贈先民
語鮮克有終詩所云
書
上習齋先生 癸亥十二月八日
伏讀下書仍伏審道中氣體候以寒泄恒時欠寧遠外下情何
等貢慮而跨朔未承安否伏悚曷極寒感雖嚴陽德滋長伏惟
調候履此復常衛道萬康胤友抱舍次第安侍女息亦無頉乎
伏慕區區無任下誠小子旅分姑保家春無擾渾塾穩過伏爲
卷之一 詩書 一

〈그림 142〉『신우집』(의병전시관 소장)

홍종각(洪鍾珏)[70]의 시문집. 석인본, 1권 1책. 20.1×27.2cm. 1977년 충북 제천 삼화인쇄사(三和印刷社)에서 출판했다. 1977년 사위인 이문백(李文白)이 쓴 서문이 있다. 책 끝에는 김용숙(金容肅)이 쓴 지문이 있다. 서간에는 습재 이소응과 성암 박주순에게 보낸 편지가 수록되어 있다. 잡저에는 〈서사학규〉, 〈서사강원좌차도〉, 〈서사매순검과도〉, 〈상읍례도〉, 〈서서순강설위도〉, 〈서사순강취위도〉, 〈서사사상견례도〉 등 자양영당에서 실시한 강규와 위차도가 있어 참고가 된다. 만필류에서는 간단한 언설이지만 위정척사적 논리가 그대로 드러나 있다. 그 외 여러 서사 동강제원(同講諸員)에게 보내는 서증류가 있다. 제발에는 유인석의 『우주문답』과 정윤영의 『뇌변』을 읽고 쓴 발문이 수록되어 있다. 『뇌변』에서는 전우의 글을 구체적으로 거명하면서 비판하고 있어, 이 문제에 대한 당시 제천지역 화서학파의 분위기를 엿볼 수 있

70) 홍종각(洪鍾珏) 1881(고종 18)~1927 : 자는 중옥(重玉), 호는 신우(信宇), 본관은 남양. 충북 중원 출신. 습재 이소응에게서 수학했으며, 제천지역 화서학파 인사들과 교류했다. 〈참고문헌 『신우집』〉

다. 부록에는 이직신, 이정규, 정필택의 만사와 이범식의 제문 및 행록 등이 수록되어 있다(〈사진 28〉).

*『양암집(陽庵集)』

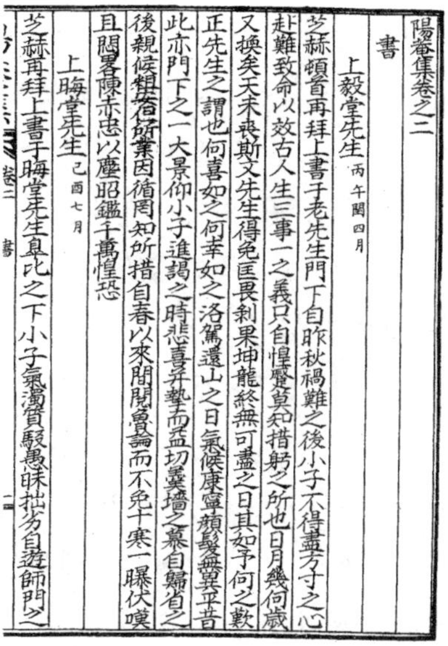
陽菴集卷之二

書

上毅堂先生 丙午閏四月

芝赫頓首再拜上書于老先生門下自昨秋禍難之後小子不得盡方寸之心赴難致命以效古人生三事一之義只自惶蹙莫知措躬之所也日月幾何歲又換矣天未喪斯文先生得免匡畏剝果坤龍終無可盡之日其如予何之歎正先生之謂也何喜如之何幸如之洛駕還山之日氣候康寧顏髮無異乎昔此亦門下之一大景仰小子進謁之時悲喜幷摯而益切羹墻之慕自歸省之後親候想否所業因循罔知所措自春以來間閱魯論而不免十寒一曝伏嘆且悶畧陳赤忠以塵照鑑千萬惶恐

上晦堂先生 己酉七月

芝赫再拜上書于晦堂先生皐比之下小子氣濁質駁愚昧拙劣自遊師門之

〈그림 143〉『양암집』(병산영당 소장)

目錄 卷 1 : 詞, 琴操, 賦, 詩. 卷 2 : 書. 卷 3 : 書, 雜著, 記, 序, 題跋, 說, 銘, 箴, 贊, 婚書, 上樑文, 告辭, 祭文, 行狀, 遺事, 墓表, 世系分派圖. 卷 4 : 附錄, 語錄, 年譜, 行狀, 墓碣銘, 祭文, 挽詞, 世系, 山圖.

目錄 冊 1 : 詞, 琴操, 賦, 詩 五古·六言·七絶. 冊 2 : 詩 五律·七律·長篇. 冊 3 : 書. 冊 4 : 講義 ; 書. 冊 5 : 雜著. 冊 6 : 銘, 箴, 贊, 說, 序, 記, 跋. 冊 7 : 婚書, 上樑文, 告辭, 祭文, 行狀, 遺事, 墓表, 撰圖, 世系分派圖. 冊 8 : 附錄 ; 語錄.

유지혁(柳芝赫)[71]의 문집. 연인본, 4권 4책. 19.5×28.7cm. 유지혁은

71) 유지혁(柳芝赫) 1886(고종 23)~1954 : 자는 수여(秀汝), 호는 양암(陽庵), 본관은 문화(文化). 금성면 개양동(開陽洞: 현 진리)에서 태어났다. 유흥무(柳興武)의 아들이다. 의당 박세화와 회당 윤응선에게서 수학했다. 향약을 제정해 효를 실행했다. 1950년 한국전쟁으로 용하영당이 불타버리자 1951년 청풍면 장선리에 병산영당을 창건했다. 금성면 사곡리에서 사망

의당-회당-직당으로 이어지는 의당학파의 정맥을 이은 이로 청풍 지역에 근거했기 때문에『양암집』은 의당학파의 행방과 그들의 교류관계를 아는데 중요한 자료가 된다. 일부 서간은 제천 화서학파의 이정규, 이배인 등과 교류했음을 보여준다. 고사(告辭)에는 병산영당 이건에 관련된 여러 자료가 있다.

한편 병산영당에서 유지혁의 문집인『양암집』교열본과 초고본이 남아 있다. 교열본『양암집』. 필사본, 4권 2책. 19.5×28.2cm.

문집 초고본의 표제는『개양사고(開陽私稿)』이다. 병산영당에는 이본으로 2종이 있으며, 모두 일부가 남은 낙질본이다. 필사본, 8책. 19.5×28.7cm. 4책의 강의(답김성립 이하)는 활자본에서는 서(書)로 통일되었다. 5책과 6책의 잡저는 활자본에서 일부 순서와 내용이 수정되었다. 잡저의 경우 활자본에서는 생략된 작성 연대가 적혀 있어 참고가 된다(〈사진 29〉). 다음은 작성 연대가 기록되어 있는 글을 정리했다.

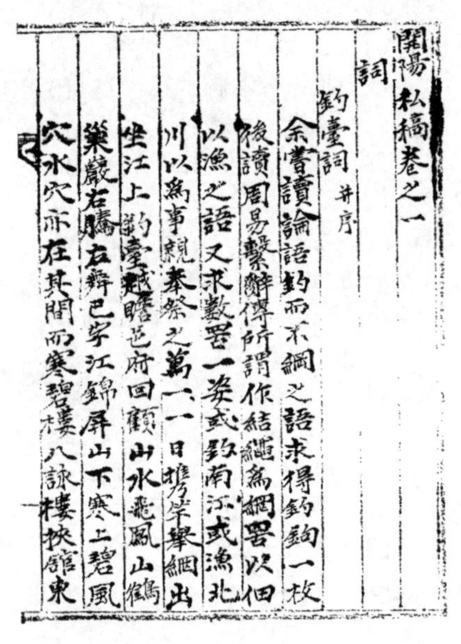

〈그림 144〉『개양사고』(병산영당 소장)

임휼계첩서 是日同契生文化柳芝赫謹序
睦婣계첩서 歲丙辰秋夕後日文化柳芝赫謹序
송족군백경선곤남귀밀주서 復月上澣宗下芝赫書
송족군지정상열서 乙丑菊月下浣族從芝赫謹書
송본계첩서 乙丑十月上浣從人芝赫謹書
좌전차요서 戊辰孟冬文化柳芝赫書
난득계서 丙子季冬從下芝赫書
육례제구록소서 丙子季冬文化柳芝赫書
통략서 己丑孟春文化柳芝赫謹書
집의당유고서 永曆六辛卯陽月吉朝文化柳芝赫序

* 『양촌집(陽村集)』

目錄 卷 1 : 應製詩. 卷 2~10 : 詩. 卷 11~33 : 文. 卷 34 : 「東國史略論」, 卷 35 : 「東賢史略」. 卷 36~40 : 文.

권근(權近)[72]의 문집. 아들인 권도(權蹈)가 발행한 초판본은 40권 10책이며, 발행 연대는 1426년(세종 8)으로 추정된다. 1674년(현종 15)에 후손인 권주(權儔)가 진주목사(晋州牧使) 남몽뢰(南夢賚)와

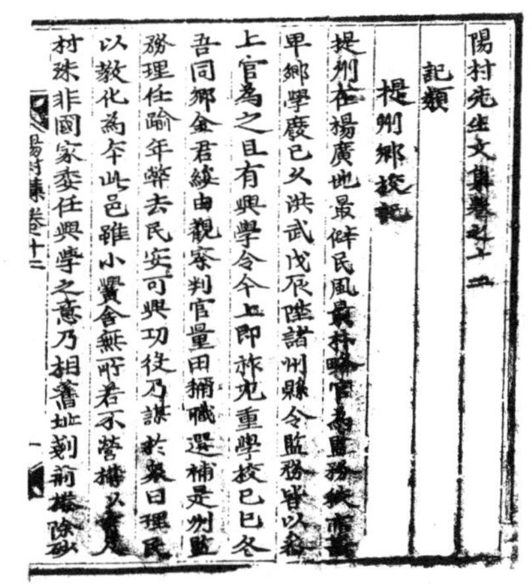

〈그림 145〉『양촌집』(국립중앙도서관 소장)

---

72) 권근(權近) 1352(공민왕 1)~1409(태종 9) : 자는 가원(可遠), 호는 양촌(陽村), 시호 문충(文忠), 본관은 안동(安東). 충주에 우거하던 중 조선 개국을 맞았다. 조선 초기 대표적인 문장가, 외교가로서 저명하다. 〈참고문헌 『양촌집』〉

협력해 목판본으로 중간했다. 그 후 1718년 거창에서 삼간했다. 목판본, 40권 10책. 16.0×26.3cm. 이 책에는 제천 향교에 관한 가장 이른 시기의 기록이 남아 있다.

* 『연곡집(蓮谷集)』

目錄　卷 1 : 詩. 卷 2~6 : 往復雜稿. 卷 7~12 : 講說雜稿. 卷 13~
　　　15 : 雜稿. 卷 16~17 : 雜著. 附錄 : 年譜.

　노정섭(盧正燮)73)의 문집. 1982년 현대사에서 3책으로 영인 간행했다. 권 1의 시에서는 기행 때의 소회를 적은 시가 많다. 권 2~6의 왕복잡고에서는 스승인 중암 김평묵, 성재 유중교를 비롯하여 유인석, 유중악, 주용규, 홍재구 등과 동학에게 보낸 편지가 수록되어 있다. 경기와 충남지역 화서학파의 인맥관계를 파악할 수 있는 자료이다. 권 7은 한포서사에서의 강의 내용과 연행 중의 잡록 등이 있다. 권 8~10까지는 대체로 심성정론에 대한 논의를 수록한 것으로 심(心)을 리(理)로 파악하여 심의 포괄성을 인정한 위에 논의를 전개하고 있다. 권 11에서는 〈오복원의(五服源義)〉와 신알(晨謁), 출입(出入), 참례(參禮), 시제(時祭),

---

73) 노정섭(盧正燮) 1849(헌종 15)~1902 : 자는 대중(大中), 호는 연곡(蓮谷), 본관은 광주. 경기도 개평군 풍덕면 상구리 출신. 9살 때 백부를 따라 경기도 광주군 실촌면 연곡리로 이주했으며, 1871년 이후 김평묵과 유중교에게 나아가 수학했다. 1869년 가평군 설악면 선촌리에 유중교가 한포서사(漢浦書社)를 열자 이에서 수학했다. 1895년 유인석이 제천에서 의병을 일으키자 이에 참가하려다가 패보를 듣고 되돌아왔다. 충주·진천·목천·아산을 거쳐 1900년 천안 백석리에서 백석정사(白石精舍)를 지어 강학활동을 전개했다. 〈참고문헌 『연곡집』, 『충의효열록』〉

헌수(獻壽) 등에서의 의절(儀節)을 정리했다. 권 12~14에서는 〈위학자고(爲學自考)〉, 〈상서금고문변〉, 〈춘추기술(春秋紀述)〉, 〈변효설(變爻說)〉 등 고전 경전의 해석을 통해 학문에 대한 자세를 밝히고 있다. 권 15는 서증으로 서숙(書塾)의 후학들에게 주는 글을 모았다. 권 16과 권 17에는 제천 인근 지역에 거주하고 있는 이들을 위한 서(序)나 기(記), 〈제성재선생문〉, 〈제사의사문(祭四義士文)〉 등 지역 관련 자료가 수록되어 있어 지역 연구를 위해 참고가 된다. 권 17의 〈기묘쇄언자경(己卯瑣言自警)〉, 〈무술원조자경(戊戌元朝自警)〉 등의 자경문과 부록의 「연보」에서는 시대 현실에 대한 고민과 삶의 자세를 엿볼 수 있다. 유고는 아들인 재훈(在勳)과 문인인 고익진(高翼鎭)이 수습하고 이어 아들인 재욱과 이철승(李喆承)이 교열하여 정리했다.

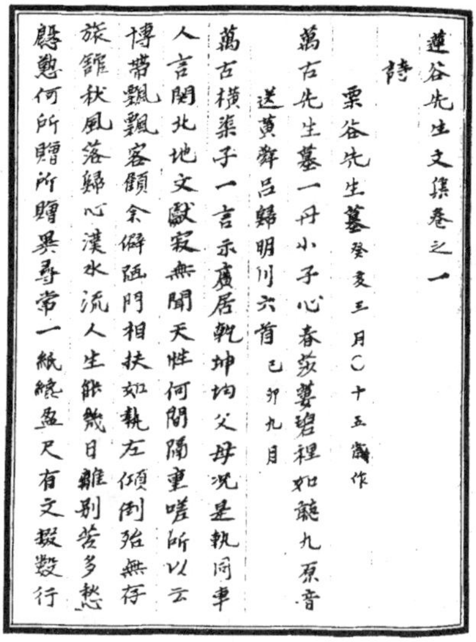
蓮谷先生文集卷之一
詩
栗谷先生墓 癸亥三月○十五歲作
萬古先生墓一丹小子心春菸萋碧裡如聽九原音
送黃聲呂歸明川六首 己卯九月
萬古橫渠子一言示廣居乾坤均父母況是執同車
人言關北地文獻寂無聞天性何間隔重嗟所以云
博帶飄飄客顧余僻陋門相扶如執左傾倒殆無存
旅館秋風落歸心漢水流人生能幾日離別苦多愁
臨歧何所贈所贈異尋常一紙纔盈尺有文綴數行

〈그림 146〉『연곡집』(현대사, 1982)

* 『**연와고(淵窩稿)**』

허명(許命)[74]의 문집 초고본. 시집 잡취. 필사본, 1책 44장. 의병전시

74) 허명(許命) 1876(고종 13)~ ? : 초명은 건(健)이며, 자는 응원(應元), 호는 연와, 본관은 양천. 의암 유인석과 습재 이소응의 문하에서 수학했다. 1907년 자영영당 영건시 유사의 임무를 맡았다. 만년에는 강원도 강릉 장

관 소장, 18.8×26.3cm.

의병전시관에는 이 외에도 허명 관련 자료를 다수 소장하고 있다.『연와과고(淵窩課稿)』는 허명이 을사년 5월 11일 시작한 과업의 내용을 정리한 책. 필사본, 1책 92장. 18.3×26.8cm. 허명(許命)이 을사년 여름에 적었다.

『연와과고 · 연와잡고(淵窩課稿 · 淵窩雜稿)』는 허명이 을사년 봄 과업의 내용을 정리하고, 이어 허명의 글을 모은 책. 필사본, 1책 68장. 18.7×27.5cm. 과고에서는 습재 이소응에게『맹자』에 대해 문의하고 답변한 내용을 모았다. 다음「습재선생어록(習齋先生語錄)」은 갑진년 허명이 이소응의 문하에 들어가 그때부터 어록을 모은 것이다. 잡고는 허명이 여러 글을 모은 것이다. 제문, 서, 발, 상량문, 고유문, 기문, 서간 등 다양하게 나타나고 있다. 대서한 글이 많다. 끝에는 낙천가숙에서 행했던〈몽학과정(蒙學課程)〉,〈목린계조약입의(睦隣契條約立議)〉,〈묘제홀기(墓祭笏記)〉등에서의 의절과 규정 등을 기록했다.

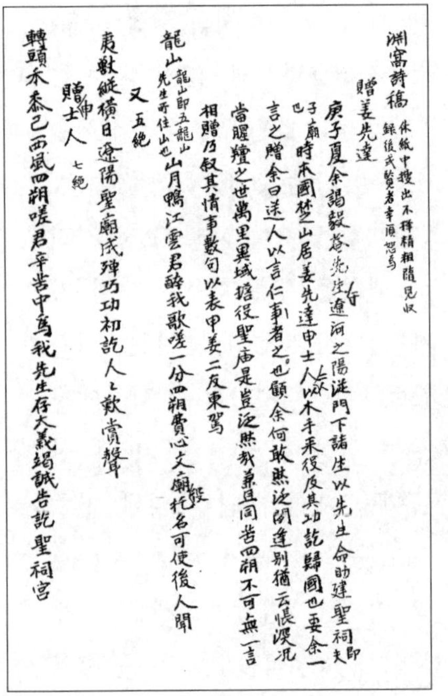
淵窩詩稿 休紙中搜出不擇精粗隨見收錄後我覽者幸須恕焉
贈姜先達
庚子夏余謁毅菴先生遼河之陽謁門下諸生以先生命助建聖祠(即夫子廟也)
時本國楚山居姜先達中士人亦木手來役及其功訖歸國也要余一
言之贈余曰送人以言仁事者之也顧余何敢然泛閱逢別猶云悵溟況
當腥羶之世萬里異域瘏役聖廟是豈泛然我輩且同苦四朔不可無一言
相贈乃叙其情事數句以表中姜二友東歸
龍山(龍山即五龍山先生所住山也)山月鴨江雲君辭我歌嗟一分四朔貫心丈廟役托名可使後人聞
又 五絶
夷歔縱横日遼陽聖廟成殫巧功初訖人人欽賞聲
贈仲士人 七絶
轉頭禾黍己西風四朔嗟君辛苦中爲我先生存大義竭誠吿訖聖祠宮

〈그림 147〉『연와고』(의병전시관 소장)

『왕복잡고(往復雜稿)』는 허명(許命)의 서간 잡록. 필사본, 1책 78장.

덕리에서 살았다. 〈참고문헌『연와고』〉

17.6×24.9cm. 스승인 습재 이소응을 비롯해 유인석, 이정규 등과의 서간, 설, 논, 제후, 상량문, 기, 서 등이 수록되어 있다.

『종학실기대략(從學實記大略)』은 허명이 여러 스승을 따라 배움을 얻게 된 내력을 정리한 책. 특히 화서학파 유인석, 이정규, 이소응에 연결되는 과정과 그 동문과의 교류양상은 화서학파의 확산과 관련된 한 사례 연구에 이용될 수 있다. 필사본, 1책 14장. 19.8×24.9cm.

* 『**연초재유고(燕超齋遺稿)**』

目錄　卷 1 : 五言古詩, 七言古詩. 卷 2 : 五言絶句, 七言絶句. 卷 3 :
　　　五言律詩, 七言律詩, 五言排律, 七言排律. 卷 4 : 詞, 賦, 騈儷,
　　　箴, 銘, 讚. 권 5 : 記, 序, 跋, 論, 說, 祭文, 雜著. 跋.

오상렴(吳尙濂)[75]의 문집. 목판본, 5권 2책. 영조 21년(1745) 오상렴의 생질인 이익정(李益炡)이 교서관에서 간행했다. 책 끝에는 이익정이 쓴 발문이 있다. 김이만의 『학고선생문집』에는 『연초재유고』에 미수록된 서문인 〈오택남집서(吳澤南集序)〉가 있어 참고가 된다. 오상렴의 시

---

75) 오상렴(吳尙濂) 1680(숙종 6)~1707(숙종 33) : 자는 유청(幼淸), 호는
　　연초재(燕超齋)·택남(澤南), 본관은 동복(同福). 판관을 역임했던 오시적
　　(吳始績)의 아들이며, 윤매(尹梅)의 외손자이다. 1699년(숙종 25) 사마시
　　에 입격했다. 백부 오시수(吳始壽)는 우의정, 조부 오정원(吳挺垣)은 관찰
　　사를 지낸 당대 저명한 가문 출신이었으나, 제천에 은거하면서 28세의 짧
　　은 생을 살았다. 숙종년간 남인 출신으로 정치적 좌절을 겪게되자 아버지
　　오시적이 제천으로 낙향하면서 오상렴도 제천에서 성장했으며, 그가 지은
　　시들은 대부분 제천을 배경으로 이루어졌다. 오상렴의 학문은 전고와 군사
　　를 비롯한 다방면에 정통했으며, 모두 육경(六經)에 근본을 두었다. 문집
　　으로 『연초재유고』가 있다. 〈참고문헌 『연초재유고』, 『학고선생문집』, 『약
　　산만고』〉

에서는 서정적인 내면묘사 외에 제천지역의 농촌생활과 풍광을 사실적으로 묘사한 작품이 적지 않다. 또한 〈세서가(洗鋤歌)〉에서 농민들의 민요를 수용해 한역 민요풍의 시를 짓는다든가, 〈계탄(鷄歎)〉, 〈이우가(二牛歌)〉 등에서 농촌의 구체적인 생활상을 시로 담아내고 있다. 한편 지역 경승지의 풍광을 노래한 시가 다수 수록되어 있으며, 특히 의림지에 대해서는 〈억임호(憶林湖)〉, 〈사월지회유임호(四月之晦遊林湖)〉 등 여러 편의 시를 남기고 있다. 의림지 주위의 16개 명소에 대해 소개한 〈창랑옹모산별업십육경소지(滄浪翁茅山別業十六景小識)〉에서는 진섭헌(振屧軒), 의림지(義林池), 우륵당(于勒堂), 연자암(燕子巖), 대송정(大松亭), 호월정(湖月亭), 대제(大堤), 선지(銑池), 폭포(瀑布), 용담(龍潭), 자연대(紫煙臺), 홍류동(紅流洞), 유만(柳灣), 순주(蓴洲), 외교(外郊), 내교(內郊)에 대한 정보를 제공해주고 있다. 채유후(蔡裕後), 이민구(李敏求) 이래 이서우(李瑞雨)로 이어지는 기호 남인의 시맥을 이었으며, 오광운(吳光運)과 강박(姜樸)이 그 뒤를 이어 조선 시문학사에서도 중요한 위치를 차지하고 있다. 유고는 1997년 경인문화사에서 한국역대문집총서(2498)로 영인했다.

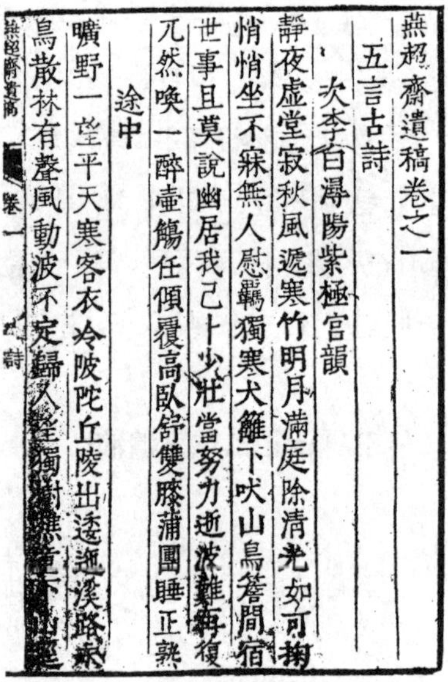
燕超齋遺稿卷之一
五言古詩
次李白潯陽紫極宫韻
靜夜虛堂寂秋風遞寒竹明月滿庭除清光如可掬
悄悄坐不寐無人慰羈獨寒犬籬下吠山鳥簷間宿
世事且莫說幽居我己卜少壯當努力逝波難再復
兀然喚一醉壺觴任傾覆高臥符雙膝蒲團睡正熟
途中
曠野一望平天寒客衣冷陂陀丘陵出逶迤溪路永
鳥散林有聲風動波不定歸人[illegible]獨樹[illegible]
燕超齋遺稿 卷一 詩

〈그림 148〉『연초재유고』(경인문화사, 1997)

* 『열은공행장급문집(洌隱公行狀及文集)』

目錄　洌隱文集序, 洌隱行狀, 墓
碣銘, 檄文, 隨聞錄, 論,
詩.

장충식(張忠植)[76]의　행장과
문집. 필사 영인본, 1책. 후손가
에 전해오던 장충식 관련 문건
들을 모두 모아서 1982년 편집
간행했다. 책의 첫머리에는 1981
년 황찬호(黃燦鎬)가 쓴 서문,
1904년 유인석이 쓴 행장, 1915
년 이근원이 쓴 묘갈명이 있다.
「격문」은 을미년 제천의병시
나온 격문류들을 모은 것이다.

洌隱行狀
公姓張氏諱忠植字事以以隱居甫雅所謂朝鮮洌
水之間故自號洌隱貫仁同縣上世有太師諱吉䢘
圉蔭佐麗太祖封開國功臣謚惠獻間有三世諱之
賢歸松溪官翰林享松壇有子五人俱封君長胤諱
孝翼封玉山君中世有諱桂集賢殿直提學終麗之
世世以蟬赫八　我朝有諱天叙官戶曹叅議子諱
安良行縣監　贈純忠積德補祚功臣吏曹判書封
玉山君歷數世有諱孟翼官禮賓寺判事自此世為
湖左之丹陽人而多登薦剡授官高祖諱相燁　贈

〈그림 149〉『열은공행장급문집』(개인 소장)

수록된 격문은 〈격고팔도열읍(檄告八道列邑)〉, 〈격고내외백관(檄告內
外百官)〉, 〈여홍주창의소(與洪州倡義所)〉, 〈여춘천의병소(與春川義兵
所)〉, 〈소모격(召募檄)〉이 수록되어 있으며, 당시 선유사 장기렴(張基
濂)이 내려와 장충식을 회유하기 위해 보낸 서신에 대한 장충식의 답장
인 〈회조장기렴(回照張基濂)〉 등이 수록되어 있다. 「수문록」은 장익환

---

76) 장충식(張忠植) 1836(헌종 2)~1901 : 자는 사이(事以), 호는 열은(洌隱),
　　본관은 인동. 단양 출신. 이필희 의진에 참여했으며, 유인석 의진에서는 사
　　객(司客)을 담당했다. 1992년 건국훈장 애족장이 추서되었다. 〈참고문헌
　　『열은공행장급문집』〉

이 쓴 장충식의 일대기와 각 지역 유생들이 지은 만사, 제문 등을 수록
했다. 그 외 의병참전기, 〈변인보부수론(辨人報父讐論)〉, 시 등을 모아
편집했다. 제천의병의 거의 이념과 단양에서의 상황을 살필 수 있는 자
료이다.

* 『염헌집(恬軒集)』

目錄　卷 1~25 : 詩. 卷 26 : 疏, 箚, 啓. 卷 27 : 論. 卷 28 : 記.
　　　卷 29 : 序. 卷 30 : 雜著. 卷 31 : 碑銘. 卷 32 : 墓表. 卷 33
　　　: 墓誌. 卷 34 : 行狀. 卷 35 : 祭文.

　임상원(任相元)[77]의 시문집. 목활자본, 35권 10책. 19.0×30.0cm. 손
자인 임광(任珖, 1686~1743)이 유고를 편집해 증손인 임희성(任希聖)
이 영조년간에 간행했다. 책의 첫머리에 총목록이 있다. 시는 연대순으
로 편찬되었는데, 권 4~8에는 1676~1680년까지 청풍부사 시절의 시가
수록되었다. 내용은 자연현상을 소재로 한 시가 다수를 차지하며, 일부
사행과 관련된 시가 있다. 권 28의 기에는 〈유구담기(遊龜潭記)〉, 〈유무
암기(遊霧巖記)〉, 〈무암사만세루기(霧巖寺萬歲樓記)〉 등 부사 시절 구
담·무암·무암사에 대한 기행문이 있다. 1995년 민족문화추진회에서

---

77) 임상원(任相元) 1638(인조 16)~1697(숙종 23) : 자는 공보(公輔), 호는
　　염헌(恬軒), 본관은 풍천(豊川). 이조참판에 증직된 임중(任重)의 아들이
　　며, 목사 이갱생(李更生)의 외손자이다. 1660년(현종 1) 사마시, 1665년 별
　　시문과에 급제해 성균관 전적, 평안도도사 등을 역임했다. 1673년 용강 현
　　령이 되었다가 1674년 숙종이 즉위한 후 수찬으로 소환되었다. 1676년(숙
　　종 2) 청풍부사가 되었다가 다음 해 중시에 급제했으며, 1680년 동부승지
　　가 되어 부사를 그만두게 되었다. 이어 대사간, 대사성, 대사헌, 도승지, 공
　　조판서, 우참찬, 한성부판윤 등을 지냈다. 문집으로『염헌집(恬軒集)』이 있
　　다. 시호는 효문(孝文). 〈참고문헌『염헌집』〉

규장각 소장본을 『한국문집총간』148로 영인했다.

* 『옥소집(玉所集)』

目錄　卷 1 : 詩. 卷 2 : 詩, 賦. 卷 3 : 疏, 啓. 卷 4 : 書. 卷 5 : 散錄. 卷 6 : 散錄. 卷 7 : 雜儀, 家儀. 卷 8 : 遊行錄, 序. 卷 9 : 記. 卷 10 : 題, 跋, 銘, 贊. 卷 11 : 告文, 祝文, 祭文, 哀辭. 卷 12 : 庭碑銘, 墓碣銘, 墓誌銘, 墓表. 卷 13 : 行狀, 遺事, 傳, 年譜. 권 14 : 附錄.

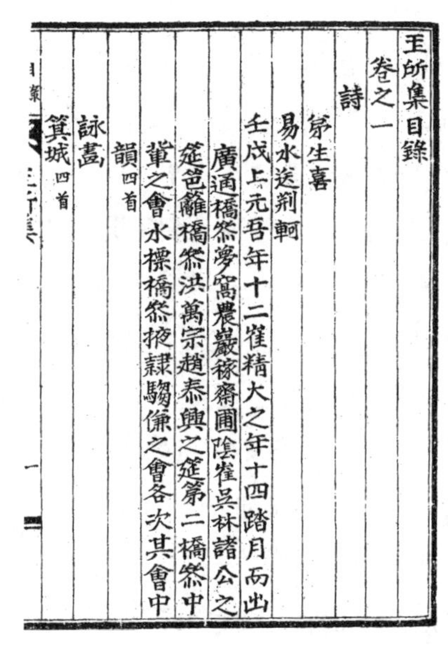

〈그림 150〉『옥소집』(개인 소장)

권섭(權燮)[78]의 문집. 석인본, 14권 8책. 18.2×28.5cm. 1936년 12대 손인 권희만(權熙萬)이 편집해 간행했다. 책의 첫머리에는 김영한(金甯漢)이 쓴 서문이 있

---

78) 권섭(權燮) 1671(현종 12)~1759(영조 35) : 자는 조원(調元), 호는 옥소(玉所)·백취옹(百趣翁)·무명옹(無名翁)·천남거사(泉南居士), 본관은 안동(安東). 집의(執義) 권격(權格)의 손자로, 이조참판에 추증된 권상명(權尙明)의 아들이며, 좌의정 이세백(李世白)의 외손자이다. 큰아버지는 권상하(權尙夏)이며, 작은아버지는 이조판서 권상유(權尙游)이다. 관계(官界) 진출보다 문필을 택해, 일생동안 전국의 명승지를 찾아서 탐방 여행을 하면서 보고 겪은 바를 작품화했다. 말년에는 제천 봉양읍 신리에서 생활했다. 가선대부 동중추부사에 추증되었다. 문집으로 간행본 『옥소집(玉所集)』과 필사본 유고 2종이 있다. 〈참고문헌 『옥소집』,『옥소장계』〉

다. 권 1~2의 시에는 자신이 거주했던 곳의 풍경을 읊은 시가 많다. 특히 청풍과 제천을 배경으로 한 유산시가 수록되어 있다. 권 2의 부에는 〈유영월부(遊寧越賦)〉 등 4편이 수록되어 있다. 권 4의 서간에는 백부인 한수재 권상하를 비롯하여 김창집, 이세필, 김창협, 이의현 등에게 보내는 편지가 수록되어 있다. 권 7의 「잡의(雜儀)」에서는 각종 집에서 준행한 각종 의절을 수록하고 있다. 권 8의 「유행록」에는 호서와 영남 지역을 유람했던 기록인 〈남유기(南遊記)〉, 속리산을 유람했던 기록인 〈화양속리선승기(華陽俗離選勝記)〉, 관동 8경을 유람했던 기록인 〈해산록(海山錄)〉이 수록되어 있다. 후손가에는 별도로 필사본『남천록(南遷錄)』이 있다. 권 9의 기(記)에는 〈황강영당기〉, 〈수암선생구택비기〉, 〈방학정중건기〉, 〈수일암중건기〉, 〈황강구곡도기〉 등 지역과 관련된 기문이 다수 수록되어 있어 지역 연구에 참고가 된다. 비지문에서는 집안 관련 인물에 대한 기록이 다수를 차지한다. 권 12의 〈자술묘명(自述墓銘)〉과 권 13의 〈자술연기(自述年紀)〉는 자신이 기록한 자명과 일생이다. 권 13의 끝에는 1938년 권제근(權濟謹), 1936년 권익상(權益相), 1938년 권희만(權熙萬)이 쓴 발문이 수록되어 있다. 권 14는 부록으로 행장과 부인 경주 이씨 묘표, 묘지명을 수록했다(〈사진 30〉).

  권섭은 이 외에 필사본 유고를 남기고 있는데 화지본(花枝本) 17책과 영수암본(永遂菴本) 45책 2종류가 전한다. 영수암본『옥소고』초본은 필사본 45책으로 구성되어 있다. 구성은 시(詩) 12책, 문(文) 5책, 묘산(墓山) 3책, 잡저(雜著) 5책, 잡의(雜儀) 1책, 정각(亭閣) 1책, 잡지(雜識) 1책, 잡록(雜綠) 1책, 필찰(筆札) 2책, 창수(唱酬) 5책, 문답(問答) 3책, 산록(散綠) 4책, 유행(遊行) 2책(중복된 1책은 제외) 등 45책이다. 필사본에는 권섭이 직접 그린 그림, 묘도 등이 수록되어 있다. 한

시, 시가, 시조 중 청풍 지역을 노래한 것이 다수 있으며, 그 가운데 제천에서 출발해 영월과 삼척을 여행하고서 느낀 심회를 그린 〈영삼별곡(寧三別谷)〉 등이 저명하다. 제천의 후손가에는 총독부 검정본 옥소집, 옥소가 남긴 옥소고 초본, 옥소와 교류했던 사람들과 교환한 시문과 간찰 등이 남아 있어 옥소 연구에 좋은 자료가 될 수 있다.

화지본은 시(詩) 5책, 문(文) 2책, 잡저(雜著) 1책, 잡의(雜儀) 1책, 창수(唱酬) 2책, 문답(問答) 1책, 유행(遊行) 2책, 사집(私集) 3책으로 구성되어 있다. 내용은 영수암본과 중복된다. 그 가운데 「몽기」와 일부 관련 자료를 번역한 『내 사는 곳이 마치 그림 같은데』가 2003년 문경새재박물관에서 간행되었다.

이 외 별도로 옥소의 글을 모은 『옥소장계(玉所藏呇)』가 있다. 필사본, 1책 33장. 개인 소장, 23.0×23.0cm. 주자(朱子)의 〈무이도가시(武夷櫂歌詩)〉, 율곡 이이의 친구인 최립(崔岦)이 고산구곡의 배경을 설명한 〈고산구곡기(高山九曲記)〉, 이이의 국문 〈고산구곡가〉, 이이의 〈고산구곡가〉를 번역한 송시열의 한문 〈고산구곡가시(高山九曲歌詩)〉, 송시열 외 9인(金壽恒, 宋奎濂, 鄭澔, 李畬, 金壽增, 金昌翕, 權尙夏, 李喜朝, 宋疇錫)의 연작시인 〈고산구곡무이도가운(高山九曲武夷櫂歌韻)〉, 주자의 무이도가에 차운해 지은 권섭의 한시 20수인 〈고산구곡가(高山九曲歌)〉, 율곡의 〈고산구곡기〉 내용을 설명한 〈고산구곡도설〉, 송시열이 거주하던 화양동의 경치를 설명한 권섭의 〈화양구곡도설(華陽九曲圖說)〉과 그 〈후기〉, 송시열의 사모하면서 지은 권섭의 〈구곡시〉, 스승인 송시열의 영정을 보고 그 소회를 적은 권상하와 김창협의 〈우암선생화상찬(尤菴先生畫像贊)〉, 황강에서 출발해 구담봉에 이르기까지 청풍의 유적을 유람하고서 느낀 심회를 그린 권섭의 국문 〈황강구곡가(黃江九

曲歌)〉, 주자의 〈무이도가〉에 차운해 번역한 권섭의 〈황강구곡용무이도
가운번소영가곡(黃江九曲用武夷櫂歌韻飜所詠歌曲)〉, 권상하와 황강 일
대 지역의 경치를 설명한 권섭의 〈황강구곡도기〉와 그 후기인 〈서황강
구곡도후〉, 스승인 권상하의 영정을 보고 그 소회를 적은 〈한수선생화
상찬(寒水先生畵像贊)〉, 한원진의 〈한수선생화상찬〉, 채지홍과 윤봉구
의 〈찬〉이 있다. 그리고 권섭의 〈황강서원묘정비(黃江書院廟庭碑)〉 등
이 수록되어 있다.『문암동유초』(대흥기획, 1991)에 영인된 것이 있다.
  그 외 후손가에는 권섭이 편찬한 여러 저술이 남아 있다. 선대의 서
찰을 모은『강상찰(江上札)』·『백부선생수필(伯父先生手筆)』·『사대수
묵(四代手墨)』·『선대유찰(先代遺札)』·『선묵(先墨)』·『선찰(先札)』·
『한수선생서(寒水先生書)』·『한수선생수적(寒水先生手蹟)』, 외가와 선
현으로부터 받은 서찰을 모은『고선유필(古先遺筆)』,『외가묘적(外家
墓蹟)』,『외왕고유필(外王考遺筆)』등의 서첩류, 비문을 필사한『묘표
(墓表)』·『역산비(繹山碑)』, 유행록으로 단양 지역에 대한 유행 기록들
을 수집하여 모은『단산유행록(丹山遊行錄)』등이 있다.

*『완이만록(莞爾漫錄)』

目錄　卷 1 : 詩. 卷 2〜3 : 書. 卷 4 : 雜著, 序, 記, 題跋, 上樑文,
　　　祭文. 卷 5 : 祭文, 哀辭, 行狀. 卷 7 : 箚, 記. 卷 8〜10 : 雜
　　　著.

이인구(李寅龜)[79]의 시문집 초고본. 필사본, 9책. 19.0×26.0cm. 모두

---

79) 이인구(李寅龜) 1809(순조 9)〜1896 : 자는 장여(長汝), 호는 완이(莞爾),
　　본관은 전주. 충정공 이후원(李厚源)의 후손으로, 아버지는 이충연(李忠

10책으로 구성되었을 것으로 보이나 6책이 결책되어 현재 9책이 남아 있다. 권 1의 시는 대부분 경치를 보고 소회를 적은 서경시 위주로 이루어져 있으며, 일부 차운시, 창화시가 있다. 권 2~3의 서간에는 이항로와 홍직필을 비롯하여 여러 동학에게 보낸 편지에서는 심성·태극 등 성리철학에 대한 내용이 다수를 차지한다. 권 4에 수록된 〈삼정책〉에서는 삼정의 문란을 지적하고 개혁을 주장하여 실천적 측면을 보여주기도 한다. 권 5의 비지문에서는 대부분 친인척에 대한 것이다. 권 7은 사서오경과 강목에 대한 문의에서는 경전과 사서를 논제로 삼아 해설하고 있다. 권 8은 1884~1890년, 권 9는 1890~1894년, 권 10은 1894~1896년에 이르는 시기의 생활 기록으로 서찰을 비롯하여 여러 다양한 문체의 글이 수록되어 있다. 1982년 성신여대출판부에서 4권 4책(1·2, 3·4, 5·7, 8·9·10)으로 영인했다.

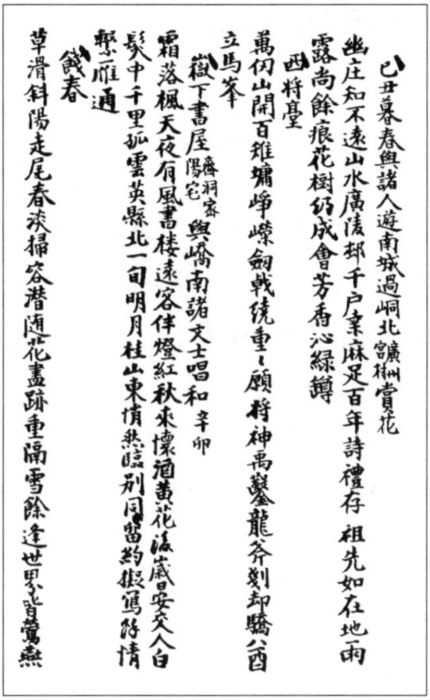
己丑暮春與諸人遊南城過峒北廣州賞花
幽庄知不遠山水廣陵郡千戶棄麻足百年詩禮存 祖先如在地雨
露尚餘痕花樹仍成會芳香沁綠罇
西將臺
萬仞山開百雉墉崢嶸劍戟繞重重顧將神禹鑿龍斧劃却驕酋
立馬峯
嶽下書屋 齋洞客 陽宅 與嶠南諸文士唱和 辛卯
霜落楓天夜有風書樓遠客伴燈紅秋來懷酒黃花後歲晏交人白
髮中千里孤雲英縣北一句明月桂山東情熱臨別同留約擬寫餘情
繫雁通
餞春
草滑斜陽走尾春淡掃容潛隨花盡跡重隔雪餘逢世界皆鶯燕

〈그림 151〉『완이만록』(성신여대출판부, 1982)

淵)이다. 관로에 뜻을 버리고 단양 산중에 은거하면서 매산 홍직필과 화서 이항로 문하에 출입했다. 장담의 유중교, 지평의 이근원 등과 결교가 있었다. 〈참고문헌『완이만록』〉

* 『외당집(畏堂集)』

目錄 序. 卷 1 : 詩, 歌辭, 書.
　　　卷 2 : 附錄.

유홍석(柳弘錫)[80]의 유고. 필사 영인본, 2권 1책. 19.2×26.4cm. 1980년 한글학회에서 할아버지인 낙은 유구의『낙은유고』와 합하여 간행했다. 책의 첫머리에는 1980년 오완근(吳浣根)이 쓴 서문이 있다. 권 1의 시〈병신춘고병정가(丙申春告兵丁歌)〉는 춘진의진이 무너지고 제천의진에 합세한 뒤 안승우가 제천 남산

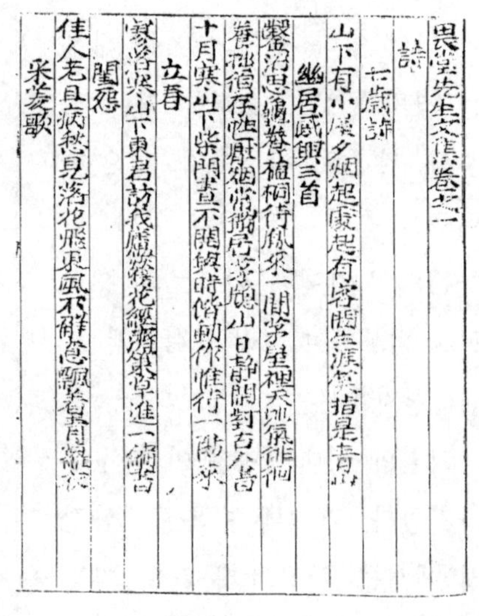

〈그림 152〉『외당집』(의병전시관 소장)

전투에서 사망하면서 의병들의 결의가 해이해지자 애국심과 항전의지를 진작하기 위해 지은 의병가사이다. 서간에는 성재 유중교와 입헌 유의석에게 보낸 것이 있으며, 유의석에게 보낸 것 가운데 일부는 의병거

---

80) 유홍석(柳弘錫) 1841(헌종 7)∼1913 : 자는 효백(孝伯), 호는 외당(畏堂), 본관은 고흥. 유중교의 조카이며, 유인석의 재종형이다. 학문은 성재 유중교에게서 수학했다. 1896년 1월 이소응(李昭應)·유중락(柳重洛)·유봉석(柳鳳錫)·김경달(金敬達)과 함께 의병을 일으켰다. 춘천의진이 함락되자 제천의진에도 참여했다. 유인석의 서행했다가 1897년 환국했다. 1907년 춘천 등지에서 유영석(柳寧錫)·유제곤(柳濟坤)·박선명(朴善明) 등과 더불어 의병을 일으켰다가 춘천과 가평에서 패했다. 1911년 만주 환인현(桓仁縣)으로 망명해 독립운동을 계속했다. 1968년 대통령표창, 1977년 건국포장, 1990년 건국훈장 애족장이 추서되었다. 〈참고문헌『외당집』〉

의 이후의 연락을 보여주고 있다. 부록에는 연보, 서간, 행장. 제문, 만사, 묘표, 연보후기, 충효열록기사, 발 등이 수록되어 있다.

그 외 외당 유홍석 관련 자료로『외당부군행장(畏堂府君行狀)』이 있다. 유홍석(柳弘錫)의 행장. 필사본, 1책 14장. 21.0×29.8cm. 1920년 이직신(李直愼)이 편찬했다. 끝에는 유돈상(柳敦相) 이하 추록이 있다.

*『운강선생유고(雲岡先生遺稿)』·『운강선생문집(雲崗先生文集)』

目錄　卷 1 : 詩, 書, 文, 銘, 雜著, 行狀. 卷 2 : 倡義事實記. 雲岡事實追錄. 卷 3 : 祭文, 輓詞.

이강년(李康秊)[81]의 유고.『운강선생유고』는 필사본, 3권 3책. 의병전시관 소장, 23.4×35.0cm. 1939년 이정규가 작성한 행장이 있는 것으로 보아 그 이후에 편집된 것으로 보인다. 1책의 본문은 시(詩), 서(書), 문(文), 명(銘), 잡저(雜著)로 구성되어 있으며, 1책의 부록 권 1은 이정규가 쓴 행장(行狀), 2책의 부록 권 2는 창의사실기(倡義事實

---

81) 이강년(李康秊) 1858(철종 9)～1908 : 자는 낙인(樂仁, 樂寅), 호는 운강(雲岡), 본관은 전주(全州). 경상북도 문경군 가은면 출신. 기태(起台)의 아들이다. 1880년(고종 17) 무과에 급제해 선전관이 되었으나, 1884년 낙향했다. 1896년 문경에서 의병을 일으켜 안동관찰사 김석중(金奭中) 등을 베고, 이어 제천의 유인석 부대에 합류했으며 유격장으로 활약했다. 그 뒤 단양에서 은거했다가 1907년 영춘(永春)에서 다시 의병을 일으켜 강원도·충청도·경상도 일원에서 활동했다. 1908년 7월 청풍(淸風) 작성산(鵲城山) 전투에서 왜군에 잡힌 뒤 서울로 압송되었다가 10월 순국했다. 시신은 유언에 따라 과천 효령대군의 무덤 아래에 임시로 묻었다가 제천 두학동으로 반장되었다. 그 후 이강년의 묘는 다시 후손에 의해 상주군 화북면 입석리로 이장되었다. 1962년 건국훈장 대한민국장이 추서되었다. 〈참고문헌『운강선생유고』,『창의사실기』〉

記), 운강사실추록(雲岡事實追錄), 3책의 부록 권 3은 제문(祭文)과 만사(輓詞)가 수록되어 있다. 이강년은 정미의병시 의병대장을 역임했으므로, 문집에 수록된 서간문, 격문, 통고문, 전령문 등은 정미의병 연구의 기초 자료이다. 이강년의 활동상을 정리한 『창의사실기』는 박정수가 시작하고 강순희가 1916년 완성한 것이다. 그 외 제문과 만사 등에서는 당시 의병동지들의 교류관계를 엿볼 수 있다. 이는 『제천의병의 종합적 이해』(백산출판사, 1996)에 영인되어 있다(〈사진 31〉).

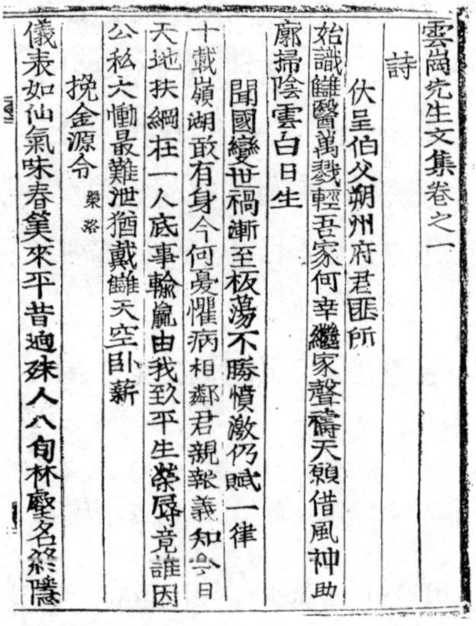

〈그림 153〉『운강선생문집』(기념사업회, 1986)

 『운강선생문집』은 이강년의 또 다른 유문집. 목활자본, 2권 1책. 19.0×26.5cm. 1949년 간행. 권 1은 시·서·격문·축제문·명, 권 2는 부록이다.『운강선생유고』와 구성과 내용에서 일부 차이를 보이고 있다. 시에는 창의정신을 보여주는 글과 체포 당시의 구호 등을 수록했으며, 편지는 대부분 의병 관련자와의 교류 서신이다. 격문은 1907년 이강년이 거의했을 때의 〈격고각도열읍문(檄告各道列邑文)〉, 〈통고각국영사관(通告各國領事館)〉, 〈효고선유위원(曉告宣諭委員)〉, 〈효유일진회(曉喩一進會)〉, 〈통고(通告)〉 등을 수록해, 이강년 의병의 거의 정신을 살필 수 있는 자료이다. 부록은 1939년 이정규(李正奎)가 쓴 행장(行狀), 김회진(金晦鎭)이 쓴 묘갈명(墓碣銘), 1919년 안재극(安在極)이 지은 전

(傳), 그 외 만사(輓詞), 뇌문(誄文), 제문(祭文), 발(跋), 지(識), 연관
인명록(捐款人名錄)의 순서로 수록되어 있다. 이에는 국역본(『국역 운
강 이강년전집』, 사단법인 청권사, 1993)이 있다. 최근 이구영 편역의
『의병운동사적』2(사람생각, 2003)에 수록되어 쉽게 볼 수 있다.

*『유재선생집(游齋先生集)』

目錄　卷 1 : 坡西錄. 卷 2 : 隋城錄, 舟橋錄. 卷 3 : 禁中錄. 卷 4 :
　　　北征錄. 卷 5 : 東郵錄, 鐵城錄, 優遊錄. 卷 6 : 南征錄, 花山錄,
　　　嶺南錄. 卷 7 : 市隱錄, 聞詔錄. 卷 8 : 東遊錄上. 卷 9 : 東遊
　　　錄下. 卷 10 : 寒碧錄, 藥城錄. 卷 11 : 閑居錄, 鶴城錄. 卷 12
　　　: 疏上. 卷 13 : 疏下. 卷 14 : 書. 卷 15 : 序. 卷 16 : 跋.
　　　卷 17 : 祭文, 上樑文, 敎書. 卷 18 : 記. 卷 19 : 說, 記夢說.
　　　卷 20 : 雜著上 ; 易義窺斑. 卷 21 : 雜著中 ; 論, 賦, 頌, 贊.
　　　卷 22 : 雜著下 ; 讀書雜錄, 觀省雜錄, 論史下落, 古人密機. 卷
　　　23 : 諡狀, 碑銘, 墓誌銘. 卷 24 : 墓碣銘.

　이현석(李玄錫)[82]의 시문집. 고활자본, 24권 8책. 18.6×30.3cm. 책의
첫머리에 목록이 있다. 시 가운데 권 10의 「한벽록(寒碧錄)」은 1694년

---

82) 이현석(李玄錫) 1647(인조 25)~1703(숙종 29) : 자는 하서(夏瑞), 호는
　　유재(游齋), 본관은 전주(全州). 1666년(현종 7) 사마시를 거쳐 1675년(숙
　　종 1) 증광 문과에 급제했다. 이듬해 예문관 검열에 보직된 뒤 삼사의 여
　　러 벼슬을 역임했다. 1682년 우승지가 되었으나 송시열과의 대립으로 철원
　　에 유배되었다. 1687년 다시 서용되어 경상도관찰사, 동지중추부사, 춘천부
　　사 등을 지냈다. 1695년에는 청풍부사를 자원해 나가 그곳에서 『명사강목
　　(明史綱目)』을 저술했다. 그 뒤 도승지·한성판윤·안변부사·형조판서
　　등을 역임했다. 1703년 명사(明史)를 마지막까지 손질하다가 죽었다. 경제
　　세무(經濟稅務)에 밝았으며, 지방관으로 있을 때는 진휼에 심혈을 기울였
　　다. 문집으로 『유재집』이 있으며, 저서로 『명사강목』이 남아 있다. 〈참고문
　　헌 『인조실록』, 『유재집』〉

겨울 『명사강목(明史綱目)』을 짓기 위해 사임하고 대신 1695년 청풍군
수로 전출된 다음 재직 중에 지은 시 모음이다. 1696년 10월에는 대사
헌에 제수되었으나 충주의 연원역촌에 있으면서 나가지 않았으며, 대신
〈사대사헌소(辭大司憲疏)〉를 올렸다. 1697년에는 〈걸병퇴졸찬명사소
(乞屏退卒撰明史疏)〉를 올려 외직에 보임되어 명사(明史) 편찬에 전력
할 수 있기를 청했다. 그 외 지역 관련 자료로 한벽루 누정 기문인 권
18의 〈한벽루기(寒碧樓記)〉, 문답형식으로 청풍태수로 있으면서 병이
든 것을 위로한 권 19의 〈청풍병태수해조설(淸風病太守解嘲說)〉 등이
있다. 1995년 민족문화추진회에서 규장각 소장본을 『한국문집총간』156
으로 영인했다.

* 『의당집(毅堂集)』

目錄　卷 1 : 詩. 卷 2 : 書. 卷 3 : 書, 禮疑問答, 雜著. 卷 4 : 雜
　　　著. 卷 5 : 雜著, 銘, 箴, 贊, 辭, 說, 序, 記, 題跋. 卷 6 : 祭
　　　文, 誄辭, 行狀, 遺事, 墓碣銘, 墓誌, 傳, 記蹟. 附錄 : 卷 1 ;
　　　語錄. 卷 2 : 年譜, 行狀.
目錄　卷 1 : 詩. 卷 4 : 經義問答. 卷 5 : 禮疑問答. 卷 8 : 雜著,
　　　自警錄. 卷 9 : 雜著. 卷 10 : 銘, 箴, 贊, 辭, 說, 序. 卷 11 :
　　　記, 題跋. 卷 14 : 附錄; 語錄上. 卷 15 : 附錄; 語錄下. 권 16
　　　: 年譜, 行狀.

　박세화(朴世和)[83]의 문집. 석인본, 6권 3책, 부록 2권 1책, 총 4책.

------

83) 박세화(朴世和) 1834(순조 34)~1910 : 자는 연길(年吉), 호는 의당(毅
　　堂), 본관은 밀양(密陽). 박기숙(朴紀淑)의 아들이다. 함경도 고원(高原)
　　출신으로 위정척사(衛正斥邪) 계열의 학문을 견지했다. 1884년(고종 21)
　　갑신정변이 일어나자 태백산으로 피했으며, 1893년 조정에 추천되었으나

19.6×28.9cm. 1960년 충청남도 논산군 두마면 용동리 이문사에서 간행했다. 문집에는 지역의 풍광에 대한 시, 지역 인물들과의 교류를 전하는 서간과 제문, 지역 명승지에 대한 기문 등을 수록해 당시 청풍 지역에 대한 자료를 남기고 있다. 권 3의 「예의문답」에서는 가례의 절차나 의미를 해명했으며, 「자경록」에서는 학문하는 과정에서 떠오른 단상들을 정리한 것이다. 권 4 잡저의 「계산문대(溪山問對)」에서는 계옹(溪翁)과 산옹(山翁)의 문답을 통해 학문의 정신과 요체를 밝히려고 했다. 권 5 잡저의 「서위학지요시학도(書爲學之要示學徒)」에서는 문인들에게 학문하는 기본원리로의 입지(立志), 거경(居敬), 존심(存心), 궁리(窮理), 역행(力行)의 5조를 제시했다. 부록에는 여러 제자들이 기록한 어록과 1920년 완성된

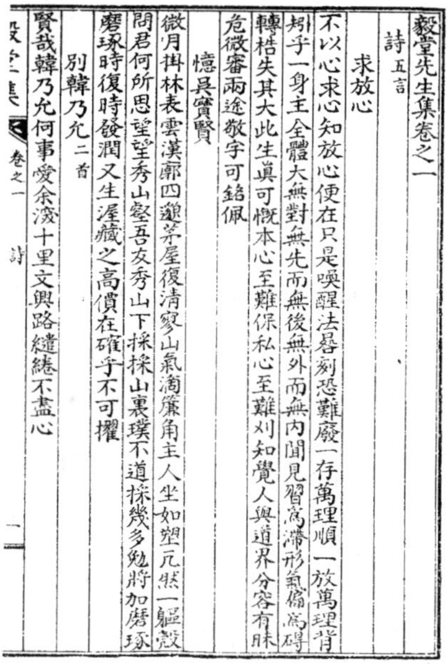

毅堂先生集卷之一

詩 五言

求放心

不以心求心知放心便在只是喚醒法晷刻恐難廢一存萬理順一放萬理背

矧乎一身主全體大無對無先而無後無外而無內聞見習爲滯形氣偏爲碍

轉梏失其大此生眞可慨本心至難保私心至難刈知覺人與道界分容有脉

危微審兩途敬字可銘佩

憶吳寶賢

微月掛林表雲漢廓四邈茅屋復淸寥山氣澹簾角主人坐如塑兀然一軀殼

問君何所思望望秀山壑吾友秀山下採採山裏璞不道採幾多勉將加磨琢

磨琢時復時發潤又生渥藏之高價在確乎不可擢

別韓乃允 二首

賢哉韓乃允何事愛余深十里文興路繾綣不盡心

毅堂集 卷之一 詩 一

〈그림 154〉『의당집』(내제문화연구회, 2002)

사양했다. 다시 1895년 영릉참봉에 제수되었으나 나아가지 않았다. 만년에는 청풍의 불억산(茀億山)에서 제자들을 기르는데 전력을 다했다. 을미의병에는 제자들을 보내어 지원했으며, 1905년 을사조약이 체결되자 거의할 것을 의논하던 중 붙잡혀 한성으로 압송되어 8개월간 구금되었다. 1910년 국권이 강탈되자 절식(絶食)하다가 23일 만에 순국했다. 음성의 충룡사(忠龍祠)와 제천의 용하영당(用夏影堂: 후에 屛山影堂)에 배향되었다. 1962년 건국훈장 국민장이 추서되었다. 문집으로 『의당집』이 있다. 〈참고문헌 『의당집』, 『회당집』〉

연보, 1917년 윤응선이 쓴 행장, 1919년 윤응선이 쓴 묘갈명이 수록되어 있다. 내제문화연구회에서 2002년 영인했다.

그 외 의당 관련 자료로 『의당선생행장(毅堂先生行狀)』이 있다. 윤응선(尹膺善)이 쓴 의당 박세화의 행장초이다. 필사본, 1책 21장. 개인 소장, 20.8×32.0cm. 동일한 내용이 『의당집』과 『회당집』에 각각 수록되어 있다.

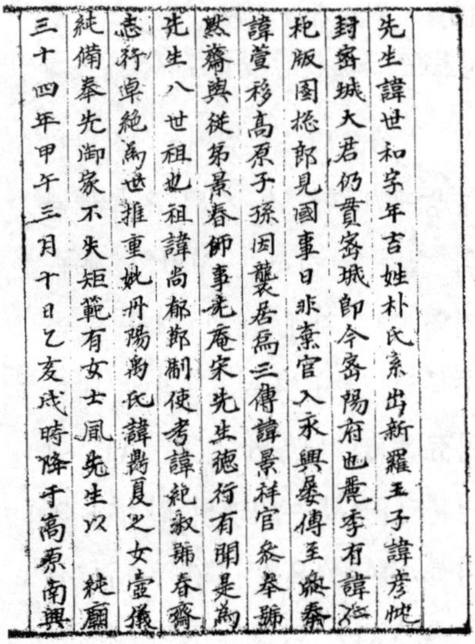
先生諱世和字年吉姓朴氏系出新羅王子諱彥忱
封密城大君仍貫密城卽今密陽府也麗季有諱江
杞版圖摠郎見國事日非棄官入永興屢傳至淼泰
諱萱移高原子孫因襲居爲三傳諱景祥官參奉號
默齋與從弟景春師事尤菴宋先生德行有聞是爲
先生八世祖也祖諱尚郁節制使考諱紀叙號春齋
懿行卓絶爲世推重妣丹陽禹氏諱夏之女壼儀
純備奉先御家不失矩範有女士風先生以 純廟
三十四年甲午三月十日乙亥戌時降于高原南興

〈그림 155〉『의당선생행장』(개인 소장)

한편 병산영당에는 『의당집』 출판을 위한 필사본 낙질 6책이 있다. 18.3×28.7cm. 유지혁이 정서한 것으로, 일부 수정된 구절이 석인본에는 고쳐져 있다. 이 책은 『의당집』의 편찬과정을 알 수 있는 자료이며, 일부 글 끝에는 석인본에서 생략한 집필연대가 수록되어 있어 의당 박세화를 연구하는 데 있어 중요한 자료가 된다(〈사진 32〉). 다음은 필사본에 수록된 작성연대를 초출한 것이다.

권 10
김성도자사 壬寅冬毅堂老友書
윤제욱자설 丁酉九月二十日喜其爲三加而書之
신태일자설 壬寅秋上澣茀億山毅堂書
김덕형자설 茀億山毅堂老人書
박학화자설 茀億山老友書
채형주자설 甲辰陽復月茀億山老友書

청송최씨족보서 永曆五癸卯夏四月下澣密陽朴世和序
송박주복서 辛巳冬天彌山人書
송윤자도서귀서 丙申冬至日長善山人書
송신순여서 戊子秋七月義湖居士書
송한성지서 己亥復月下澣毅堂老人書

권 11
충신신공괴정선암 정려기 玄黓攝提格秋九月上休密陽朴世和謹記
효자동몽교관한공 정려기 永曆五甲辰二月之望茀億山人朴世和記
여재실기 永曆五丁酉秋九月日不肖孫世和謹書
명륜당독서기 斗山居士世和書
토위산방독서기 乙未七月毅堂老人書
강재기 歲丙戌秋毅堂老友書
근재기 歲甲午春毅堂病友書贈李忠一
중재기 乙未春長善山人書
홍의재기 辛丑季冬上澣謹記
정와기 庚戌仲秋毅堂老人書
양계당기 庚子春正月下澣茀億山人朴世和書
봉산재기 永曆五己亥夏四月之上休日淸風茀億山人朴世和書
월악산기 時戊戌之扨三月晦前三日也
섭운대기 辛丑重七海左贅生書
발향약첩 是歲冬十月上澣末學朴世和敬書
서가보후 癸未冬至日不肖後孫世和拜手謹書
서초은조후 丁酉夏四月下澣海左贅生書
발홍씨소패록 永曆五己亥夏四月十七日茀億山人朴世和敬書
제가장격몽오결후 辛丑六月九日後學朴世和敬書
제열부표씨행록후 重光赤奮若季冬茀億山人朴世和書
제교관윤공가장후 永曆五乙巳夏季密陽朴世和跋

* 『**의암집(毅菴集)**』

目錄　卷 1~3 : 詩. 卷 4 : 疏, 情辭. 卷 5~26 : 書. 卷 27~40 :

雜著. 卷 41 : 序, 記. 卷 43 : 記, 題跋. 卷 44 : 題跋, 銘,
贊, 頌. 卷 45 : 檄, 上梁文, 告祝. 卷 46 : 祭文, 哀辭. 卷 47
: 碑, 墓碣. 卷 48 : 墓碣, 墓表, 墓誌. 卷 49 : 行狀. 卷 50 :
語錄, 傳. 卷 51 : 宇宙問答. 卷 52~54 : 道冒編.
　卷 55 : 附錄 ; 年譜. 卷 56 : 附錄 ; 行狀, 墓表. 卷 57 : 附
錄 ; 畵像讚, 從義錄, 祭文, 輓詞.

　유인석(柳麟錫)[84]의 문집. 목활자본. 본편 54권 28책, 목록 1책, 총
29책. 18.1×28.0cm. 1917년 만주의 회인현(懷仁縣)에서 문인 이직신
(李直愼), 백삼규(白三奎) 등이 중심이 되어 간행했으나 일제 경찰에
의해 압수되어 몇 질 남지 않게 되었다.

　권 1~3은 시(詩)로 날씨와 여행 중의 소회를 적은 시와 화답시가 대
부분을 차지한다. 시의 내용 속에는 존양척사 정신을 드러내는 구절이
곳곳에 나타나 있다. 권 4의 소(疏)와 정사(情辭)는 고종에게 올린 상
소와 진정서로 반역한다는 의심에 대해 자신의 거의는 이적을 토벌해
복수하려는 것임을 적고 있다. 권 5~26은 서(書)로 국권 회복과 학맥
의 진흥에 관련된 내용이 대부분을 차지한다. 특히 권 24~25의 동문사

---

84) 유인석(柳麟錫) 1842(헌종 8)~1915 : 자는 여성(汝聖), 호는 의암(毅庵),
　　본관은 고흥. 춘천시 남면 가정리 출신. 중곤(重坤)의 아들이며 중선(重
　　善)에게 입양되었다. 14살 때 화서 이항로에게 수학했으며, 그 뒤 김평
　　묵·유중교에게 수학했다. 1893년 성재 유중교가 장담에서 죽자 1895년 6
　　월에는 춘천 가정리를 떠나 제천 장담으로 옮겨 후진을 양성했다. 1895년
　　제천의병에서 의병대장으로 추대되어 활약하다가 만주의 통화현 오도구에
　　정착했다. 1900년 7월 의화단난을 피해 귀국한 뒤에는 서북지역에서 강학
　　활동에 전념했다. 1908년 다시 블라디보스토크로 망명해 1910년 13도의군
　　(十三道義軍)을 결성하고 도총재(都總裁)에 추대되었다. 1914년 3월 서간
　　도의 봉천성(奉天省) 서풍현(西豊縣)에 정착했다가 말년에는 관전현(寬甸
　　縣) 방취구(芳翠溝)로 옮겼다. 묘는 춘천 가정리에 있다. 1962년 건국훈장
　　대통령장(大統領章)이 추서되었다. 〈참고문헌 『의암집』〉

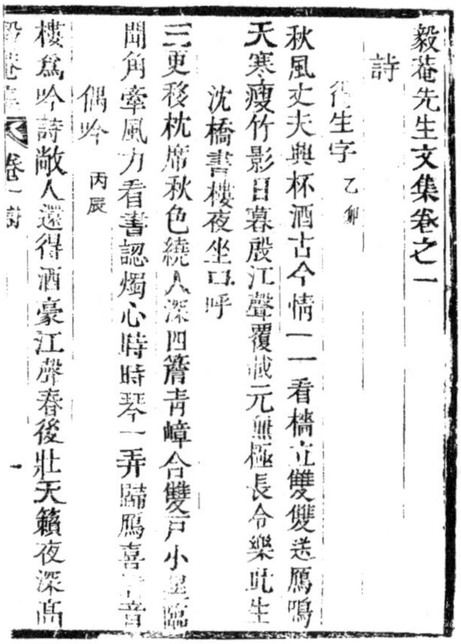
毅菴先生文集卷之一
詩
得生字 乙卯
秋風丈夫與杯酒古今情一一看橋立雙雙送鴈鳴
天寒瘦竹影日暮殷江聲覆載元無極長令樂此生
沈橋書樓夜坐口呼
三更移枕席秋色繞人深四簷青嶂合雙戶小星臨
聞角牽風力看書認燭心時時琴一弄歸鴈喜□音
偶吟 丙辰
樓為吟詩敞人還得酒豪江聲春後壯天籟夜深高
毅菴集 卷一 詩

〈그림 156〉『의암집』(국립중앙도서관 소장)

우, 동지, 창의소, 외국 등에 보낸 서간에서는 의병봉기를 촉구하는 내용이 수록되어 있다. 권 27~40은 잡저(雜著)로 의병관련 문건이 다수 수록되어 있으며, 권 46~49의 각종 비지문에도 의병관련 인물들의 각종 비지문자가 수록되어 있다. 권 50의 「어록(語錄)」에는 〈화서선생어록〉과 〈성재선생어록〉이 있다. 권 51의 「우주문답(宇宙問答)」은 성리학적 질서의 유지라는 명제 아래 시비의 득실을 논하여 국권 보전의 방안을 모색한 문건이다. 권 52~54의 「도모편(道冒編)」은 천지의 조화, 제왕의 다스림, 성현의 교화에 대해 문목을 나누어 설명한 문건이다. 유인석은 제천의 을미의병과 만주에서의 항일운동 근거지 창설운동을 주도하고, 십삼도의군 도총재를 역임했던 인물이므로 그의 문집은 의병운동사연구에서 중요한 자료가 된다(〈사진 33〉).

1973년 조용승(曺龍承)이 국립중앙도서관에 소장된 목활자본 문집 외에 권 55~57을 증보해 경인문화사에서 상·하 2책으로 간행했다. 추가된 권 55는 연보(年譜), 권 56은 행장(行狀)·묘표(墓表), 권 57은 화상찬(畵像讚)·종의록(從義錄)·제문(祭文)·만사(輓詞)이다. 〈행장〉은 1939년 이정규(李正奎)가, 〈묘표〉는 1916년 이직신이, 〈종의록〉은 이정규가 썼다. 책의 끝에는 1972년 오완근(吳浣根)이 쓴 발문이 있다.

『우주문답』(서준섭 외 공역, 종로서적, 1984)과『도모편』(한국유교학회 역, 1996)은 국역되었으며, 문집의 일부(김영덕 외 공역,『유인석전집』 1~3, 흥룡강조선민족출판사, 1990)가 해외에서 번역되었다.

　제천의 의병전시관에는 유인석 관련 필사본 자료가 다수 소장되어 있다. 먼저 제문을 모아 수록한 필사본『의암집』 2책이 있다. 17.7× 26.3cm. 이는 목활자본『의암집』과는 별도로 편집되었다. 활자본 권 57 에 수록된 제문과 만사에 비해 훨씬 많은 분량으로 편집되었다. 부록 상에는 제문, 부록 하에는 제문·화상찬·만사가 수록되어 있다. 유인 석이 사망한 후 지인들이 보낸 온 글을 모은 것으로, 당시 의암계열 인 사들의 면모를 파악할 수 있는 자료이다.

　한편 유인석의 글을 문집으로 편찬하면서 초고본으로 작성한『니봉 고』계열의 책이 소장되어 있다.『니봉고(尼峰稿)』는 총 47책 가운데 1~40책과 43~47책으로 총 45책. 20.0×30.0cm 외. 1~40책은 대체로 시간적 순서에 따라 해당 시기에 작성한 시문을 모았다. 43책은 도모편 (道冒編) 기초(起草)로「보총(補聰)」,「잡지(雜識)」,「산초(散草)」, 44 책은「도모편(道冒編)」상, 45책은「도모편(道冒編)」중, 46책은「도모 편(道冒編)」하, 47책은「지장습록(持杖拾錄)」으로 시(詩), 서(書), 가 (歌) 등으로 구성되어 있다(〈사진 34〉).

　또 다른『니봉고(尼峰稿)』는 위의 책『니봉고』가운데 하나로 보인 다. 필사본, 1책 15장. 15.5×21.1cm. 내용은 〈답최순명 임진육월(答崔舜 命 壬辰六月)〉의 서간 한편을 적은 것이다.

　『니봉초고(尼峰草稿)』는 위의 책『니봉고』가운데 하나로 보인다. 필 사본, 1책 122장. 19.0×28.0cm. 전반부는 서증·서간 등을 기록했으며, 후반부는 산언·어록 등을 기록했다.

『니봉선생초고(尼峰先生草稿)』는 제가에서 보내온 것을 초록한 것이다. 필사본, 1책 112장. 19.0×28.0cm. 인동 장씨 관련 문건, 〈천교재서(遷喬齋序)〉, 〈효자이창매전(孝子李昌梅傳)〉, 〈여동지사우서(與同志士友書)〉, 〈재고진신사림서(再告搢紳士林書)〉, 〈열녀유인이씨묘지(烈女孺人李氏墓誌)〉, 〈남산화록(南山話錄)〉 등의 문장과 서증, 서간, 행장 등이 수록되어 있다.

『니봉고습루(尼峰稿拾漏)』는 의암 유인석의 글을 니봉고로 수집하면서 그 가운데 빠진 것을 별도로 모은 것이다. 그러나 중복되는 글도 있으며, 이는 "重出"이라는 표시를 하고 있다. 필사본, 1책 93장. 20.0×29.5cm. 만세사봉안고유문(萬世祠奉安告由文), 자양동포은선생영당기(紫陽洞圃隱先生影堂記), 의사신공묘표(義士申公墓表), 봉시동강사우(奉示同講士友), 숭화계서(崇華契序), 장익원(張翊源)이 올린 〈남산화록(南山話錄)〉 등의 문장과 여러 서증(書贈), 자사(字辭), 서간 등이 수록되어 있다.

『니봉고소초(尼峰稿少抄)』는 의암 유인석의 글 가운데 중화의식과 관련된 부분을 문인인 박병강(朴炳疆)[85]이 뽑아서 만든 책. 필사본, 2권 1책 94장. 17.5×22.5cm. 책의 첫머리에는 1914년에 문인인 백삼규(白三圭)가 쓴 서문이 있으며, 책의 끝에는 박치익(朴治翼)이 쓴 발문이 있다. 권 상은 문편으로 그 목록을 약기하면 다음과 같다. "與柳恒窩書, 與李錦溪書, 再檄百官文, 遼上孔子廟奉安遺像文, 謁箕陵講洪範日告

---

85) 박병강(朴炳疆) 1879(고종 16)~1945 : 자는 경하(景夏), 본관은 밀양. 평안북도 박천 출신. 1906년 유인석 문하에 들어가 유인석을 수행해 노령에 갔다. 1921년 상해에 들어가 박은식과 함께 『사민일보』를 발행해 독립정신을 고취했다. 1990년에 건국훈장 애국장을 추서받았다. 〈참고문헌 『대한민국 독립유공자 공훈록』, 『의암문하동문록』〉

同會士友文, 宋元華東史合編綱目序, 致吳御史祿貞書, 宗華契序, 致中國諸省士君子書, 散言, 散言, 書遠東報紙, 病床記語, 再書遠東報誌, 散言, 散言, 散言, 書孔社會雜誌" 권 하는 시편으로 구성되어 있다. 인쇄본은 1914년 『우주문답』과 함께 천진(天津)에서 간행했다가 압수당하고, 다시 난천산(暖泉山)에서 간행했다.

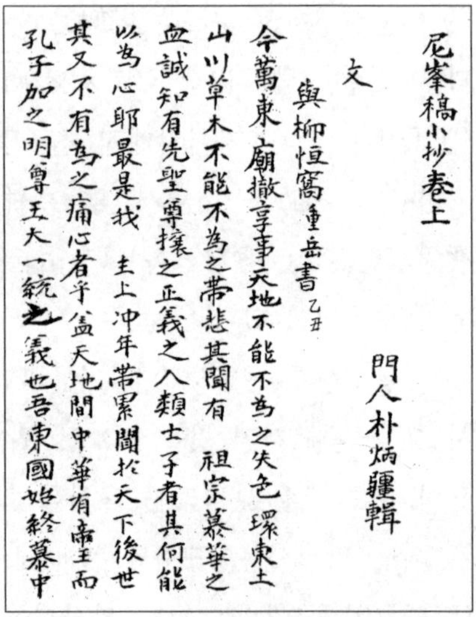
尼峯稿小抄卷上
文 門人朴炳疆輯
與柳恒窩重岳書 乙丑
今萬東廟撤享事天地不能不爲之失色環東土
山川草木不能不爲之帶悲其間有 祖宗慕華之
血誠知有先聖尊攘之正義之人類士子者其何能
以爲心耶最是我 主上冲年帶累聞於天下後世
其又不有爲之痛心者乎盖天地間中華有帝王而
孔子加之明尊王大一統之義也吾東國始終慕中

〈그림 157〉『니봉고소초』(의병전시관 소장)

『의암선생문집정오표(毅菴先生文集正誤表)』는 『의암집』에 별도로 제작한 정오표이다. 활자본, 1책. 15.2×27.0cm. 맨 앞과 맨 뒤가 낙장되었다.

필사본 『의암선생문집고이(毅菴先生文集考異)』는 인쇄본을 만드는 과정에서 나온 초고본이다. 필사본, 1책 12장. 16.0×27.0cm. 표지가 없이 바로 만들어져 있다.

다음 유인석 관련 문건의 초고 자료로 『초본(初本)』이 있다. 내제는 『의암선생연보(毅菴先生年譜)』. 필사본, 1책 36장. 15.7×20.4cm. 현재 『의암집』 권 55에 영인되어 있는 연보와 비교하면 일부 내용에서는 오히려 자세하게 언급한 부분도 있어 유인석 연구에 있어서 중요한 자료가 된다. 끝에는 1918년 문인인 백삼규(白三圭)가 동문사우에게 보이기 위해 김두운(金斗運)이 쓴 『현쾌록(莧夬錄)』의 끝에 쓴 글을 전재하고 있다. 이 글에서는 우병열이 스승을 버리고 1912년 결별해 간 것을 대해 비판하고 있다.

『강지(綱識)』는 의암 유인석의 연보를 작성하기 위해 강을 세워 만든 초고본. 필사본, 1책 138장. 17.0×22.5cm. 학술, 사행, 길흉, 거유의 각 분야별로 세부적인 행적을 정리했다. 각 기사의 말미에는 『의암집』과 『소의신편』에서의 근거를 기록했다. 끝에는 〈미고연의강사실(未考年擬綱事實)〉, 〈강실긴의(講實緊擬)〉, 〈종의록〉, 〈녹문(錄問)〉 등의 항목을 나누어 관련 사항들을 모았다(〈사진 35〉).

『성세유편(醒世類編)』은 의암 유인석의 글을 모은 잡문집. 필사본, 1책 62장. 15.3×20.5cm. 표제에 『성세유편』 하로 적혀 있어 원래는 상, 하 양권으로 구상했던 것으로 보인다. 내용은 잡문이며, 목록이 있다. 그러나 목록에 따라 완성된 것이 아닌 미완성 잡문집이다. 끝에는 『북해록』 중 초출한 시가 수록되어 있다.

『수첩(手籤)』은 『의암집』에 대한 고이와 편차 개정 등의 잡문이 수록된 책. 내제는 『고이』. 필사본 1책 50장, 18.2×25.6cm.

『초의(抄擬)』는 유인석의 서간문 가운데 일부 내용을 뽑아서 편집한 책. 필사본, 1책 17.7×22.0cm. 서간의 끝에는 『의암집』에 수록된 권수와 면수를 표시했다(〈사진 36〉).

『의암고(毅菴稿)』는 의암 유인석의 글을 초록한 책. 필사본, 1책 55장. 17.7×22.2cm. "庚子夏抄于遼東通化覇之槽觀龍山下訪花村經齋"라는 필사기가 있다. 필사자는 허명(許命)으로 추정된다. 내용은 〈재격백관문(再檄百官文)〉에서부터 〈여병산간소제공(與屏山刊所諸公)〉까지 유인석의 문장 13편을 수록하고 있다. 표제에는 "永曆四庚子夏錄裂于遼河之陽"이라는 장정기가 있다.

『의암문자(毅菴文字)』는 의암 유인석의 글을 초록한 책. 필사본, 1책

24장. 의병전시관 소장, 18.5×26.7cm. 〈서사약속(書社約束)〉, 명, 시, 서증, 〈의암선생산언초고(毅菴先生散言草稿)〉 등이 수록되어 있다.

『제문(祭文)』은 여러 제문류를 모은 책이나 그 가운데 의암 관련 제문과 화상찬 등이 있다. 필사본, 1책 13장. 의병전시관 소장, 19.0×29.0cm. 내용은 〈제의암선생문(祭毅菴先生文)〉, 〈재제의암선생문〉, 〈삼제의암선생문〉, 〈사제의암선생문〉, 〈의암선생화상찬(毅庵先生畫像贊)〉, 〈의암선생화상찬〉, 〈제이청양문(祭李靑陽文)〉, 〈제박처사양재문(祭朴處士陽齋文)〉, 〈제김소당문(祭金素堂文)〉, 〈김소당화상찬〉으로 구성되어 있다.

『의암선생행장(毅庵先生行狀)』은 1939년 이정규(李正奎)가 편찬한 유인석(柳麟錫)의 행장. 필사본, 1책 52장. 20.0×29.0cm. 끝에는 묘표가 별도로 기록되어 있으며, 1916년 이직신(李直愼)이 집필한 것이다. 묘표 끝에는 1935년 반장했다는 추기가 있다. 영인본 『의암집』 권 56에 수록되기 전 초고본으로, 내용상에는 차이가 없다. 그러나 교열과정에서 삭제된 구절이 남아 있어 참고가 된다.

그 외 지역에 소재한 유인석 관련 자료로 『존양편(尊攘編)』이 있다. 필사본, 1책 88장. 신항선 소장, 18.5×28.6cm. 구성은 격(檄), 소(疏), 왕복(往復), 종시(終始), 시(詩), 론(論), 시(詩)로 되어 있다. 내용의 대부분은 유인석의 소, 격문, 척독 등을 모았으며, 필사자는 학습재 신광묵(辛光默)이다.

* 『일재유고(一齋遺稿)』

目錄   詩, 書, 雜著. 附錄 ; 傳, 祭文, 再祭文, 行狀.

유원필(柳遠必)[86]의 문집. 목판본, 1책. 19.1×28.0cm. 책의 첫머리에는 1900년 윤응선(尹膺善)이 쓴 서문이 있다. 1903년 간행되었다. 잡저에는 〈심성기질물욕설(心性氣質物欲說)〉, 〈면위산방독서기(免危山房讀書記)〉, 〈의당선생어록(毅堂先生語錄)〉이 수록되어 있다. 부록의 전, 제문, 재제문은 박세화가 지었으며, 행장은 윤응선이 지었다. 책의 끝에는 1901년 이하령(李夏寧)이 쓴 발문과 1903년 신현국(申鉉國)이 쓴 발문이 있다(〈사진 37〉). 의당학파 초기 형성 과정과 교유 관계를 파악할 수 있는 자료이다.

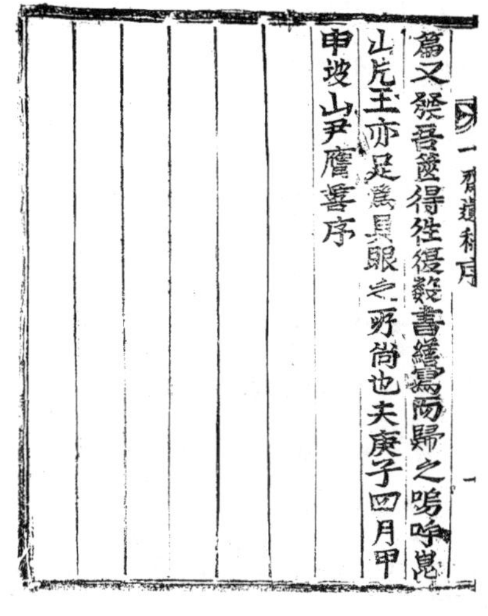

〈그림 158〉『일재유고』(병산영당 소장)

* 『임당유고(任堂遺稿)』

目錄　卷 1~2 : 詩. 卷 3 : 書, 論, 祭文, 雜著. 附錄 : 語錄, 毅堂先生書贈, 祭文, 挽詞, 行狀.

---

86) 유원필(柳遠必) 1851(철종 2)~1899 : 자는 성이(聖邇), 호는 일재(一齋), 본관은 진주(晋州). 벽파(碧波) 유진(柳璡)의 후손이며, 아버지는 유덕현(柳德鉉), 어머니는 강릉 최씨이다. 단양 기동(基洞) 출신. 의당 박세화의 제자이다. 근검절약하는 성품에 예를 좋아했고, 일을 처리함에 있어 겸손하고 조심했다. 바르고 진실하게 말하고 논설했으며, 부모님을 섬김에는 효를 다했다. 문집으로 『일재유고(一齋遺稿)』가 있다. 〈참고문헌 『일재유고』, 『회당집』, 『조선환여승람』〉

유의혁(柳毅赫)87)의 문집. 연인본, 3권 1책. 19.6×27.8cm. 권 1은 시(詩), 권 2는 시(詩), 권 3은 서(書), 논(論), 제문(祭文), 잡저(雜著)가 수록되어 있다. 시에는 〈황석팔경〉이 저명하다. 권 3의 제문에서는 초기 화서학파의 서상열(徐相烈), 의당학파의 유원필(柳遠必), 지역 인사인 박용로(朴用魯)를 다루었다. 부록에는 의당선생이 써 준 서증이 있다. 부록에 수록된 행장은 1925년 종제인 유지혁이 편찬했다. 책의 첫머리에는 1915년 윤응선(尹膺善)이 쓴 서문이 있으며, 책의 끝에는 1916에 쓴 신현국(申鉉國)의 발문이 있다. 그 외 초고본 『임당유고(任堂遺稿)』 2종이 병산영당에 소장되어 있다.

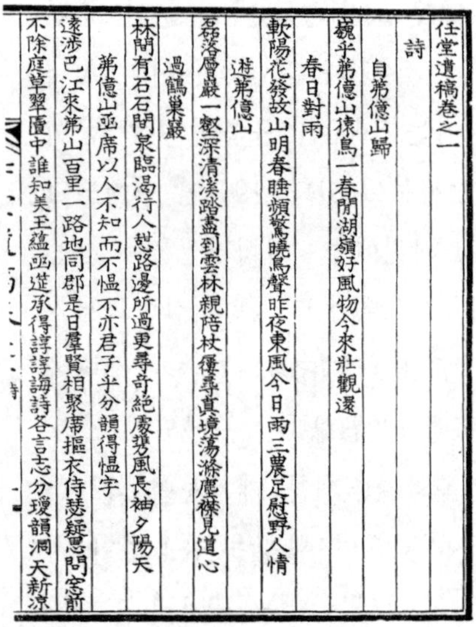
任堂遺稿卷之一
詩
自弟億山歸
巍乎弟億山猿鳥一春閒湖嶺好風物今來壯觀還
春日對雨
軟陽花發故山明春睡頻驚曉鳥聲昨夜東風今日雨三農足慰野人情
遊弟億山
磊落層巖一壑深清溪踏盡到雲林親陪杖屨尋眞境蕩滌塵襟見道心
過鶴巢巖
林間有石石間泉臨渴行人憩路邊所過更尋奇絶處颯風長袖夕陽天
弟億山函席以人不知而不慍不亦君子乎分韻得慍字
遠涉巴江來弟山百里一路地同郡是日羣賢相聚席摳衣侍瑟疑思問室前
不除庭草翠匱中誰知美玉蘊函筵承得諄諄誨詩各言志分璦韻凋天新凉

〈그림 159〉 『임당유고』(병산영당 소장)

* 『임호집(林湖集)』

目錄　序. 年譜. 行狀草, 墓碣銘. 卷 1 : 五言絶句, 七言絶句, 五言律

87) 유의혁(柳毅赫) 1863(철종 14)~1905 : 자는 우양(禹陽)으로, 호는 임당(任堂), 초명은 춘혁(春赫)이다. 청풍 개양동에서 태어났으며, 의당 박세화의 문인이다. 박세화가 이름을 바꾸도록 명해 자는 홍일(弘一), 호는 임당(任堂)이라고 했다. 정사를 짓고 일생동안 학문에 전념했다. 〈참고문헌 『임당유고』〉

詩. 卷 2 : 七言律詩 上. 卷 3 : 七言律詩 下. 卷 4 : 五言古詩, 七言古詩, 七言排律, 附七言行詩. 卷 5 : 奏, 表, 文, 雜著. 卷 6 : 序, 銘, 記, 書, 附策文. 林湖集跋.

박수검(朴守儉)[88]의 문집. 고목활자본, 6권 3책. 19.8×30.0cm. 1812년(순조 12) 현손인 박상순(朴尙淳)·박문순(朴文淳) 등이 간행했다. 서문은 김선(金銑), 강화석(姜華錫)이 썼다. 그리고 연보, 행장초, 이의현이 작성한 묘갈명이 수록되어 있

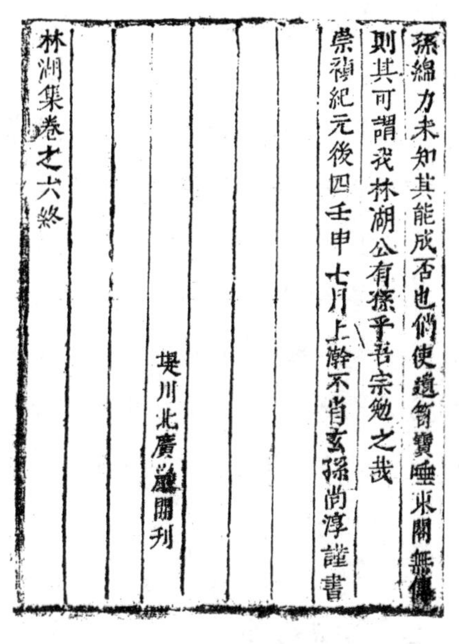

孫綿力未知其能成否也們使邊瞖寶唾來關無傳
則其可謂哉林湖公有孫乎芸宗勉之哉
崇禎紀元後四壬申七月上澣不肖玄孫尚淳謹書

林湖集卷之六終

堤川北廣巖開刊

〈그림 160〉『임호집』(개인 소장)

다. 책 끝에는 박상순이 쓴 발문이 있다. "제천북광암개간(堤川北廣巖

---

88) 박수검(朴守儉) 1629(인조 7)~1698(숙종 24) : 자는 양백(養伯), 호는 임호(林湖), 본관은 의흥(義興). 박경심(朴景諶)의 아들이다. 조석윤(趙錫胤)의 문인이며, 뒤에 송시열을 사사했다. 만지곡(晚知谷 : 현 송학면 무도리) 출신. 1662년(현종 3) 사마시에 입격하고, 1671년 문과에 급제해 성균관학유(成均館學諭)·학록(學錄)·학정(學正)·전적 등을 거쳐 예조좌랑·호조정랑 등을 지냈다. 외직으로는 무장현감(茂長縣監)과 안주판관(安州判官) 등을 역임하고, 다시 내직의 통례원 좌통례에 이르렀다. 인현왕후 민씨가 폐출되자 제천의 의림지 아래에 은거하면서 후학을 가르쳤다. 묘는 천남동 남산사 동쪽 기슭에 있다. 1827년(순조 27)에는 지역 인사들이 의림지 제방 위에 의호사(義湖祠)를 창건해 제향했으나 1871년 철폐되었다. 문집으로『임호집(林湖集)』이 있으며, 저서로『절위여편(絶韋餘編)』·『산일여편(删逸餘編)』·『중용연의(中庸演義)』·『진사통고(震史通考)』 등이 있다. 〈참고문헌『임호집』,『제천군지』,『의흥박씨가장』〉

開刊)"이라는 간기가 있어 제천에서 출판된 서적임을 알 수 있다. 문집에는 〈임호호운(林湖呼韻)〉, 〈의림호차운(義林湖次韻)〉, 〈우륵당중건권유문(于勒堂重建勸諭文)〉, 〈모암기(慕菴記)〉 등의 제천의 풍광, 유적, 인물과 관련된 시문이 다수 수록되어 있다(〈사진 38〉).

박수검 관련 여타 자료로는 국립중앙도서관에 『임호집』에 수록된 시의 일부분을 모은 필사본 『임호시선(林湖詩選)』과 행장초인 『둔곡곽일인행장(遯谷郭逸人行狀)』이 소장되어 있다. 『임호시선』(1책 29장. 16.7×25.5cm)은 임호 박수검의 시 가운데 7율을 모은 것이다. 『둔곡곽일인행장』(1책 23장. 17.6×25.9cm)은 둔곡(遯谷) 곽세익(郭世翼)을 위해 지은 행장이다.

* 『입암집(立菴集)』

目錄　立菴集序. 卷 1 : 詩. 卷 2 : 書. 卷 3 : 省齋先生語錄. 卷 4 : 雜著, 檄文, 記, 跋, 祭文. 附錄 卷 5 : 祭文, 行狀, 墓碣銘, 跋.

주용규(朱庸奎)[89]의 문집. 목활자본, 5권 2책. 20.8×32.0cm. 손자인 주윤문(朱允文)이 유고를 수습해 편찬했다. 책의 첫머리에는 1931년 유

---

[89] 주용규(朱庸奎) 1845(헌종 11)~1896 : 자는 여중(汝中), 호는 입암(立菴), 본관은 능성(綾城). 함경남도 영흥 출신. 생부는 기섭(箕燮)이며, 백부인 종섭(宗燮)에게 입양되었다. 1852년 강원도 양구군 해안(海晏)으로 옮겨왔다가 1878년 양구를 찾았던 성재을 만나 스승으로 받들었다. 1889년 유중교가 장담으로 이거하자 1891년 제천 동점으로 옮겼다. 1895년 유인석을 모시고 요동으로 가려다 영월에 들어가 유인석을 의병대장으로 추대했다. 당시 유인석의 휘하에서 각종 격문을 직접 지었다. 1896년 충주성에서 일본군과 싸우다가 전사했다. 묘는 제천시 동점산 남쪽 기슭에 있다. 1963년 대통령 표창, 1991년에는 애국장이 추서되었다. 〈참고문헌 『입암집』〉

의석(柳毅錫)이 쓴 서문이 있으며, 책 끝에는 1930년 배진환(裵縉煥)이 쓴 발문이 있다. 권 1은 시(詩), 권 2는 서(書), 권 3은 성재선생어록(省齋先生語錄), 권 4는 잡저(雜著)·격문(檄文)·기(記)·발(跋)·제문(祭文)으로 구성되어 있으며, 권 5의 부록은 제문(祭文)·행장(行狀)·묘갈명(墓碣銘)·발(跋)로 되어있다. 권 3의 〈성재선생어록〉은 유중교의 가르침을 기록한 것으로 심설에 있어 스승에 대한 적극적인 옹호 논리를 엿볼 수 있다. 권 4의 〈채

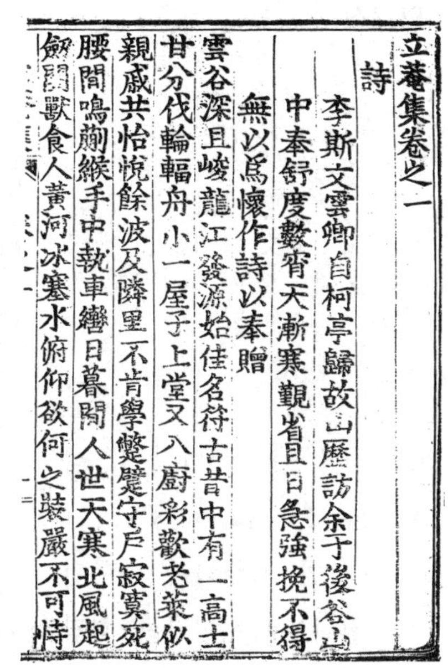

立菴集卷之一

詩

李斯文雲卿自柯亭歸故山歷訪余于後谷山

中奉舒度數宵天漸寒觀省且曰急強挽不得

無以爲懷作詩以奉贈

雲谷深且峻龍江發源始佳名符古昔中有一高士

甘分伐輪輻舟小一屋子上堂又八廚彩歡老萊似

親戚共怡悅餘波及隣里不肯學戀孿守戶寂寞死

腰間鳴蠲綬手中執車轡日暮閶闔人世天寒北風起

劍閟獸食人黃河冰塞水俯仰欲何之裝嚴不可恃

〈그림 161〉『입암집』(내제문화연구회, 2003)

리별지변(茝里別紙辨)〉은 1888년 유기일(柳基一)의 백운강설(白雲講說)에 기초해 유중교가 스승의 심설에 잘못 이의를 제기했다는 내용의 별지를 최익현이 보내온 것에 대해 그 반박문을 적은 것이다. 권 4에 수록된 〈격고팔도열읍(檄告八道列邑)〉과 〈격고내외백관(檄告內外百官)〉 등의 초기 의병 격문류는 주용규가 집필했다. 시문, 서간, 비지문 등에서는 당시 제천의병 거의 인사들의 교류관계를 엿볼 수 있다. 부록에는 여러 동문이 쓴 제문, 이직신(李直愼)이 쓴 행장, 이정규(李正奎)가 묘갈명이 수록되어 있다. 『입암집』은 내제문화연구회에서 2003년 영인했다.

한편 주용규는 김평묵과 유중교 간의 심설논쟁에 대한 왕복서신을 모아 『운가왕복(雲柯往復)』을 편집했다. 필사본, 2책. 개인 소장.

272 제천 관련 고문헌 해제집

* 『입재집(立齋集)』

目錄　卷 1 : 詩, 賦, 策. 卷 2
　　　: 書. 卷 3~5 : 雜著. 卷
　　　6 : 序, 記, 題跋, 箴, 銘,
　　　婚書, 通文, 上樑文. 卷 7
　　　: 告文, 祭文, 墓碣銘, 行
　　　狀, 遺事. 續編 卷 1~3 :
　　　雜著.

이범식(李範植)90)의 문집. 석
인본, 10권 4책. 19.4×28.2cm. 1
책의 권 1의 시(詩)에 수록된
실곡 이필희, 운강 이강년, 회당
박정수, 용회실 지원영, 괴은 이
춘영, 하사 안승우 등 초기 의병
참여자들에 대한 만시는 의병사
연구의 자료가 된다. 시는 창화

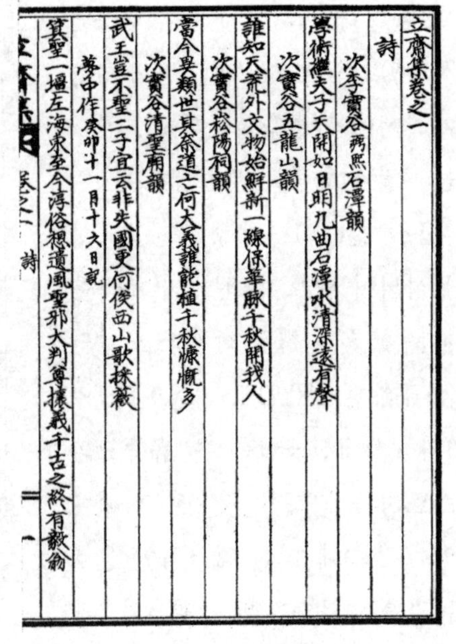

立齋集卷之一

詩

次李實谷羲熙石潭韻

學術繼夫子天開如日明九曲石潭水淸深遠有峯

次實谷五龍山韻

誰知天荒外文物始鮮新一線保華脈千秋開我人

次實谷松陽祠韻

當今興頹世其奈道之何大義誰能植千秋慷慨多

次實谷淸聖廟韻

武王豈不聖二子宜云非失國更何俊西山歌採薇

夢中作癸卯十一月十六日記

箕聖一壇左海東至今遺俗想遺風聖邪大判尊攘義千古之終有斅翁

〈그림 162〉『입재집』(의병전시관 소장)

시, 차운시, 만시가 대부분을 차지하며, 지역적으로는 충주 거주 화서학
파 인사들과의 교환시가 다수이다. 권 2의 서간에서는 스승인 금계 이
근원, 경재 양두환, 습재 이소응을 비롯하여 제천·충주 지역의 화서학

---

90) 이범식(李範植) 1880(고종 17)~1958 : 자는 사홍(士洪), 호는 입재(立
　　齋), 본관은 전주. 조부는 이인학(李寅鶴)이며, 아버지는 이윤하(李允夏,
　　1857~1919)이다. 1880년 영춘 외가에서 출생. 의암 유인석, 금계 이근원,
　　경재 양두환의 문하에서 수업했다. 입재라는 호도 유인석이 지어 주었다.
　　단발령이 내려지자 원주 백운산과 청풍 면위산으로 이주했으며, 만년에는
　　충주 동량면 용교리(龍橋里) 용대정사(龍臺精舍)에서 후학을 양성했다. 〈참
　　고문헌 『입재집』, 『충의효열록』〉

파 인물에게 보낸 편지가 수록되어 있다. 2책의 권 3~5는 잡저(雜著)이며, 수록되어 있는 도설(圖說)과 소학류는 후세대 교육을 위한 글이다. 3책의 권 7에 수록된 비지문에는 의암 유인석 이하 제천의병 참여자들에 대한 기록이 다수 수록되어 있어 의병 연구에 참고가 된다. 4책의 속편 권 1~권 3은 잡저이다. 책의 끝에는 문인인 정춘택(鄭春澤)이 1972년에 쓴 발문이 있다(〈사진 39〉).

 2책 권 5, 잡저에 수록된 『광수가학(光秀家學)』을 별책으로 간행한 것도 있다. 석인본, 1책 27장. 18.0×26.2cm. 이는 이범식(李範植)이 송의 현인과 우리 나라 유자들의 말을 편집해 집안의 어린아이들이 보아 도학의 흐름을 알도록 한 책이다. 강령(綱領), 위학(爲學), 독서(讀書), 입지(立志), 존심(存心), 치지(致知), 성신(省身), 역행(力行), 서창(舒暢), 신언(愼言), 사수(辭受), 출처(出處), 어가(御家), 접인(接人), 처사(處事), 위정(爲政)의 16편으로 나누어져 있다. 이범식은 의암 유인석, 금계 이근원, 경재 양두환의 문하에서 수업했으므로 인용된 구절에는 이들의 글이 많다. 책의 끝에는 1941년 이범식이 쓴 지문이 있으며, 부록에는 김용숙이 쓴 〈입재이선생묘갈명〉이 수록되어 있다.

* 『장암선생집(丈巖先生集)』

目錄 卷 1 : 五言絶句, 七言絶句, 五言律. 卷 2 : 七言律, 五言排律, 七言排律, 五言古詩. 卷 3~8 : 疏箚. 卷 9 : 啓辭, 書啓, 筵啓, 議. 卷 10 : 書. 卷 11 : 經義問答, 讀書漫錄. 卷 12~14 : 墓誌銘. 卷 15 : 神道碑. 卷 16~17 : 墓碣. 卷 18 : 墓表. 卷 19 : 謚狀. 卷 20~21 : 行狀. 卷 22 : 祭文. 卷 23 : 序. 卷 24 : 記. 卷 25 : 跋. 卷 26 : 雜著 ; 上樑文, 箴, 銘, 贊, 詞, 辨, 說, 傳, 應製錄.

정호(鄭澔)[91]의 시문집. 철활자본, 26권 15책. 17.8×27.8cm. 아들 정희하(鄭羲河)가 편집해 종손인 안동부사 정실(鄭實)이 1756년 철활자로 간행했다. 책의 첫머리에는 총목이 있다. 충주 출신으로 연풍에 거주했으므로 지역과 관련된 시가 다수 있으며, 청풍에 유배되었을 때 지은 시가 일부 수록되어 있다. 서간문과 비지문은 대부분 노론 인사들을 대상으로 했다. 권 24의 〈팔영루중건기(八詠樓重建記)〉는 청풍부사 이기홍의 부탁으로 지었다. 1995년 민족문화추진회에서 『한국문집총간』 157로 영인했다.

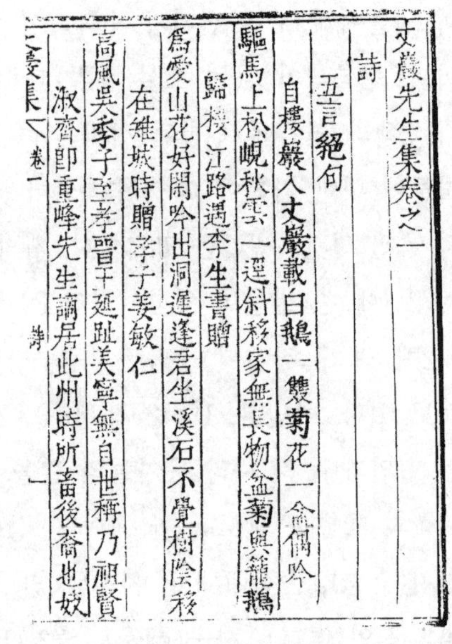

〈그림 163〉 『장암선생집』(국립중앙도서관 소장)

---

91) 정호(鄭澔) 1648(인조 26)~1736(영조12) : 자는 중순(仲淳), 호는 장암(丈巖), 본관은 영일(迎日). 정철(鄭澈)의 현손으로, 감찰 정경연(鄭慶演)의 아들이다. 송시열(宋時烈)의 문인이다. 충주 출신이며, 이기홍의 부탁으로 청풍 팔영루의 중건기를 썼다. 1682년(숙종 8) 사마시, 1684년(숙종 10) 문과에 급제해 관직에 나갔다. 1689년 기사환국으로 경성 판관에 좌천되었다. 1694년 갑술옥사로 다시 임용되었다. 그 후 동래부사, 광주부윤(廣州府尹), 함경도관찰사 등을 역임했다. 1706년 부인의 장례 산송으로 인해 청풍에 사배되었다. 그 뒤 여러 관직을 역임했으며, 신임옥사로 노론 4대신과 함께 파직되어 강진에 유배되었으나, 1725년 영조 집권으로 풀려났으며 관은 영의정까지 올랐다. 충주 지장리(知藏里) 화영산(花英山)에 장사지냈다. 문집으로 『장암집(丈巖集)』이 있다. 시호는 문경(文敬). 〈참고문헌 『장암집』, 『단암만록』〉

* 『정관재집(靜觀齋集)』

目錄　靜觀齋集敍. 卷 1~3 :
　　　詩. 卷 4 : 敎書, 疏. 卷
　　　5~6 : 疏. 卷 7 : 啓. 卷
　　　8~13 : 書. 卷 14 : 序,
　　　跋, 祭文, 公移. 卷 15 :
　　　附錄上. 卷 16 : 附錄下.
　　　別集 卷 1 : 詩拾遺. 卷
　　　2 : 書拾遺. 卷 3 : 書拾
　　　遺. 卷 4 : 附錄拾遺. 卷
　　　5 : 附錄拾遺. 卷 6 : 附
　　　錄拾遺. 跋. 年譜.
　　　續集 卷 1~8 : 雜著. 卷
　　　9 : 附錄. 卷 10 : 附錄.

이단상(李端相)[92]의 시문집.
목판본, 16권 6책. 19.0×31.0cm.
아들 이희조(李喜朝)의 편집과
문인 함경도관찰사 윤지선(尹趾

為収拾傳後計不肖自在草土乃始日夜搜訪遍考家藏文籍又從大小知舊間収還前日往来書牘粗成原集一本旣巳刊板而後亦續有所得裒聚成編論者以為泯没可惜且附錄中諸文字扵叢揮先君子志業似益有助不可無傳此今日別集之所以刊也刻旣訖託謹略識李末扵卷後如此云時　崇禎紀元後七十九年丙戌正月日不肖孤喜朝泣血書

〈그림 164〉『정관재집』(국립중앙도서관 소장)

---

92) 이단상(李端相) 1628(인조 6)~1669(현종 10) : 자는 유능(幼能), 호는
정관재(靜觀齋)·서호(西湖), 본관은 연안(延安). 좌의정 이정구(李廷龜)
의 손자이며, 대제학 이명한(李明漢)의 아들이다. 이희조(李喜朝)의 아버
지이다. 1661년 청풍부사가 되었다. 1648년(인조 26) 사마시, 다음해 정시
문과에 급제해 설서·대교·봉교·부수찬·교리 등을 역임했으며, 외직으
로는 청풍부사와 인천부사를 지냈다. 1664년(현종 5) 집의로 재직시 입지
권학(立志勸學)에 관한 상소를 하고는 관직을 떠났으며, 1665년 양주(楊
州)의 동강(東岡)에 우거했다. 그 후 여러 차례 관직을 제수받았으나 모두
사양했다. 뒤에 이조판서를 추증받았다. 문집으로『정관재집』이 있다. 시호
는 문정(文貞). 〈참고문헌『정관재집』,『효종실록』,『국조인물고』〉

善)의 개판(開板) 주선으로 1681년 시편 3권 1책이 간행되었으며, 문고
를 합해 1682년(숙종 8) 간행되었다. 책의 첫머리에는 송시열(宋時烈)
과 박세채(朴世采)의 서문이 있으며, 책 끝에는 임영(林泳)과 윤지선
(尹趾善)의 발문이 있다. 『정관재별집(靜觀齋別集)』(목판본, 6권 2책.
17.9×27.8cm)은 1706년(숙종 32) 아들 이희조(李喜朝)가 수집해 청풍
에서 『연보』(2권 2책)와 함께 간행했다. 『정관재속집』(목판본, 10권 3
책. 15.7×20.0cm)은 19세기 간행되었다. 송시열은 이석형(李石亨)의
문장을 이정구(李廷龜)가 조술(祖述)하고, 그 아들 이명한(李明漢)이
이를 계승했고, 다시 이단상(李端相) 같은 문장이 잇게 되었다고 칭송
했다. 그의 문하에서 다시 아들인 이희조(李喜朝)와 김창협(金昌協)·
김창흡(金昌翕)·임영(林泳) 등이 배출되었다. 청풍부사를 역임했으므
로 지역과 관련된 시가 전한다. 권 14에는 1661년 청풍부사로 부임해
오면서 사대부와 백성들에게 소회한 것이 있으면 진달할 것을 명한 〈유
고일읍문(諭告一邑文)〉이 있다. 서간이나 비지문에서는 서인에 속했던
당대 대표적인 문사들과의 교류를 보여주고 있다. 1994년 민족문화추진
회에서 『한국문집총간』 130으로 영인했다.

* 『**정암선생문집(靜菴先生文集)**』

目錄　　권 1 : 詩. 卷 2 : 書, 序, 說, 箴. 卷 3 : 記, 論, 辭, 跋, 銘,
　　　　墓碣銘, 墓誌銘, 墓表, 贊. 卷 4 : 雜著. 卷 5 : 雜著, 祭文, 行
　　　　狀. 附錄.

　　송석성(宋錫星)[93]의 문집. 필사 영인본, 5권 5책. 19.1×26.3cm. 책의
끝에는 1979년 문인인 유재홍(柳在洪)이 쓴 발문이 있다. 권 1의 시

(詩)에 수록된 수시(壽詩), 만
시(輓詩) 등과 권 2의 서(書)
는 충주 거주 화서학파 인사들
과의 교유 관계를 보여 준다.
권 5에 수록된 〈오륜가〉는 신
우 홍종각(洪鍾珏)이 지은 것
에 처음과 끝 두 장을 추가해
수록한 것이다. 운곡에 있을
때의 기록인 「산필(散筆)」에
는 화서학파 선현들의 가르침
을 중심으로 적고 있다. 「제문」
에는 회당 윤응선, 소운 한성
리, 일와 윤정학 등에 대한 제
문이 수록되어 있다. 권 5 말
미에는 부록이 부가되어 있다.

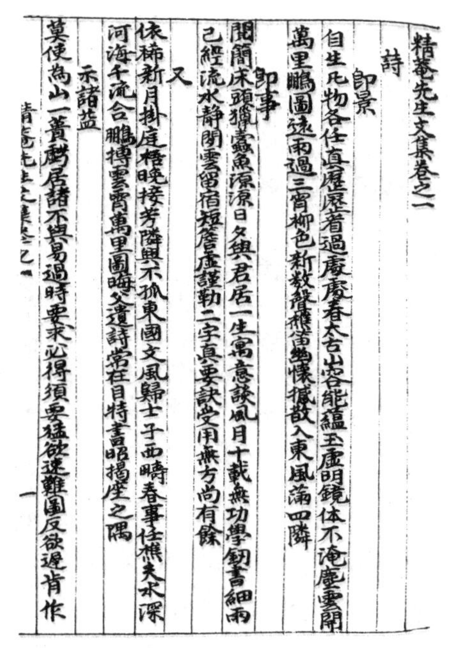

〈그림 165〉『정암선생문집』(의병전시관 소장)

부록은 「정암서설은박윤화서정(精菴序雪隱朴倫和書呈)」, 권태순(權泰
舜)을 비롯한 여러 사람이 쓴 만사(輓詞), 김용숙(金容肅) 등이 쓴 제
문, 1979년 문인 한익수(韓益洙)가 중요한 행적을 연대기적으로 정리한

---

93) 송석성(宋錫星) 1898～1973 : 자는 용운(龍雲), 호는 정암, 본관은 은진.
　　초휘는 석주(錫宙). 충주 설성 주포마을에서 출생. 청담 송소용(宋炤用)의
　　아들이며, 아버지를 이어 화서, 중암, 성재, 금계의 4선생의 유지를 받들었
　　으며, 소운(少雲) 한성리(韓星履)의 문인이다. 향리에서 후학 양성에 진력
　　해 성취된 제자가 많았다. 문인들은 경양사(景陽祠)를 세워 주자, 우암, 화
　　서, 성재, 금계, 청담, 정암을 제향하고 있다. 〈참고문헌『정암집』,『충의효
　　열록』〉

행록, 김용숙이 쓴 행장이 수록되어 있다. 일제하 화서학파와 의당학파 인사들의 행방을 살필 수 있는 자료이다.

*『정와집(貞窩集)』

目錄　　貞窩先生私稿序. 卷 1 : 詩, 書, 序, 記, 跋. 卷 2 : 雜著 ; 講義. 卷 3 : 講義, 經義問答. 卷 4 : 說, 論, 上樑文, 祭文, 哀辭, 遺事. 卷 4 下 : 附錄.

임기정(林基貞)[94]의 문집. 석인본, 4권 2책. 18.5×27.0cm. 아들 임복현(林復鉉)이 유문을 수습해 직당 신현국의 교수를 거쳐 간행했다. 책의 첫머리에는 1961년 정규해(鄭糺海)가 쓴 서문이 있으며, 끝에는 1976년 김용숙이 쓴 발문이 있다. 권 1은 시와 서간을 수록했다. 스승인 의당, 회당과 동문 신현

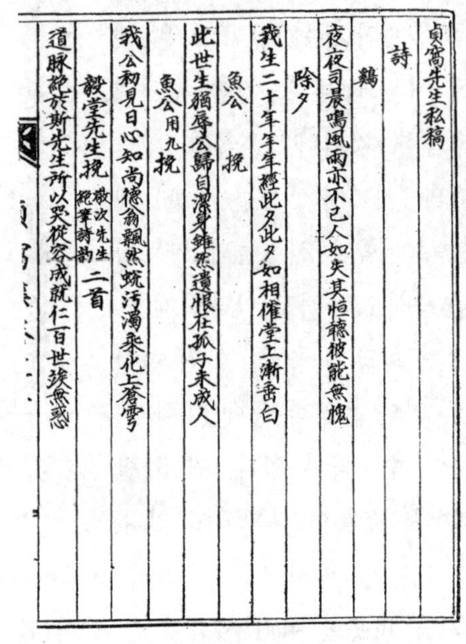

<그림 166> 『정와집』(의병전시관 소장)

---

94)　임기정(林基貞) 1877(고종 14)~1929 : 자는 공일(公一), 호는 정와(貞窩), 본관은 평택. 아버지는 임의환(林宜煥)이다. 학문은 의당 박세화와 회당 윤응선에게서 수학했다. 정와라는 호도 박세화가 지어 주었다. 의당을 따라 청풍 불역산 등지에서 지냈으며 충주 수주(守周)로 나와서는 강학에 주력했다. 회당은 강학장소를 수정재(守靜齋)라고 이름지어 주었다. <참고문헌『정와집』>

국, 박면기 외에 화서학파의 이직신, 이정규, 신익균 등에게 보낸 편지
가 있어 양자의 교류관계를 볼 수 있다. 권 2~3은 경전의 해석과 관련
된 내용이 수록되어 있다. 권 4 하편은 부록으로 1948년 신현국이 쓴 행
장과 1929~1930년 신현국, 이정규, 박면기, 신익균, 한경석, 유태열, 이
수영, 맹의섭, 조승식, 어재락 등이 쓴 제문, 그리고 지인들의 만사가 수
록되어 있다(〈사진 40〉).

* 『정일당유고(靜一堂遺稿)』

目錄　序. 詩, 書, 尺牘, 附別紙, 記, 題跋, 墓誌銘, 行狀, 祭文, 銘, 雜
　　　著, 拾遺 : 詩, 尺牘. 附錄 : 行狀, 墓誌銘, 祭文, 誄文, 輓章, 靜
　　　一堂詩跋, 靜一堂筆帖跋, 剛齋宋先生覆書略二度, 靜一堂筆蹟, 書
　　　靜一堂姜氏遺稿後, 靜一堂遺稿跋.

　강정일당(姜靜一堂)[95]의 문집. 목활자본, 1책 77장. 19.0×29.6cm. 남
편 윤광연(尹光演)이 유문을 편집해 헌종(憲宗) 2년(1836)에 간행했으
며, 그 뒤 1926년 김석곤(金晳坤)에 의해 중간되었다. 1998년 성남문화
원에서는 문집을 영인하고, 일부 번역본을 덧붙였다. 책의 첫머리에는
1834년 윤제홍(尹濟弘)이 쓴 서문이 있으며, 책 끝에는 1836년 송치규

---

95) 강정일당(姜靜一堂) 1772(영조48)~1832(순조 32) : 호는 정일당(靜一
　　堂), 본관은 진주(晉州). 제천 근우면 신촌(新村)에서 태어났다. 강재수(姜
　　在洙)의 딸이며, 윤광연(尹光演)의 처이다. 윤광연은 자가 명직(明直), 호
　　는 탄원(坦園)이다. 슬하에 9남매를 두었으나 모두 잃어 버려 강씨 사망
　　후 양자 윤전규(尹田圭)를 입적했다. 강씨는 1791년 출가한 뒤 집이 가난
　　해 바느질로 생계를 이으면서도 남편을 도와 함께 공부했다. 시문에도 뛰
　　어났으며, 글씨에도 능해 황운조(黃運祚)의 필법을 이은 것으로 평가되었
　　다. 사람들이 그의 남편에게 글을 청하면 대신 지어주기도 했다. 문집으로
　　『정일당유고』가 있다. 〈참고문헌『정일당유고』〉

(宋穉圭)와 1835년 윤수경(尹守慶)이 쓴 발문이 있다. 부록에 있는 강원회(姜元會)가 쓴 행장, 홍직필(洪直弼)이 쓴 묘지명을 보면 곤궁한 생활 가운데서도 남편의 공부를 위해 노력하고, 손님 접대에 정성을 다하며 스스로도 경서공부를 했던 모습을 엿볼 수 있다. 남편을 대신해 쓴 각종의 글이 다수 남아 있어 주목이 된다. 국역본으로는 이영춘이 번역한 『강정일당』(가람기획, 2002) 등이 있다.

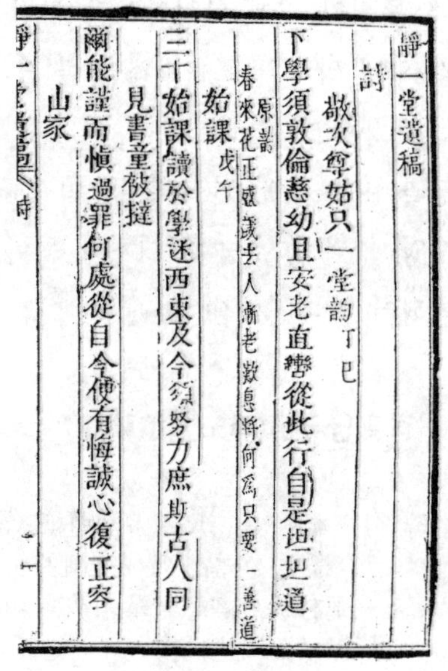

靜一堂遺稿

詩

敬次尊姑只一堂韻丁巳

下學須敦倫慈幼且安老直欲從此行自是坦坦道

原韻

春來花正盛議去人稀老數息將何爲只要一善道

始課戊午

三十始課讀於學迷西東及今須努力庶期古人同

見書童敬撥

彌能謹而慎過罪何處從自令便有悔誠心復正寧

山家

〈그림 167〉『정일당유고』(장서각 소장)

* 『존재선생유고(存齋先生遺稿)』

目錄　存齋先生遺稿序. 卷 1 : 詩. 卷 2~4 : 書. 卷 5 : 雜著. 卷 6 : 序, 跋, 祭文. 附錄 : 銅巖講記. 卷 7 : 語錄, 先生略系及遺事, 祭文. 跋.

유진하(兪鎭河)[96]의 시문집. 활자본, 7권 3책. 18.7×28.3cm. 손자인 유배근(兪培根)과 제자인 정재화(鄭在華) 등의 노력에 의해 간행되었

---

96) 유진하(兪鎭河) 1846(헌종 12)~1906 : 자는 천일(千一), 호는 존재(存齋), 본관은 기계. 경기도 고양군 벽제에서 출생. 학문은 성재 유중교에게 수학했다. 진천, 천안, 서산, 당진 등으로 옮겨다니면서 강학활동에 주력했다. 충남 서산 운산면 추계정사에서 세상을 떠났다. 〈참고문헌 『존재선생유고』〉

다. 책의 첫머리에는 1981년 박종화(朴宗和)가 쓴 서문이 있으며, 끝에도 박종화가 쓴 발문이 있다. 1책 권 1의 시에는 〈문충주진애통교(聞忠州陣哀痛敎)〉, 〈분오적불참(憤五賊不斬)〉 등 의병과 애국지사에 대한 시가 있다. 권 2~4의 서간에는 성재 유중교를 비롯해 최익현, 유인석, 노정섭, 주용규 등 여러 사우에게 보낸 서간이 있다. 권 5 잡저의 〈서령향약중수의(瑞寧鄕約重修議)〉, 〈정학이단설(正學異端說)〉, 〈대최면암격고(代崔勉菴檄告)〉 등은 의병 관련 자료이다. 권 6 제문의 〈고삼의사문(告三義士文-서상열, 주용규, 안승우)〉은 금병산(錦屛山)에 우거했을 때 3의사의 순절 소식을 듣고서 신위를 설치하고 지은 제문이다. 권 7에서는 제자인 심원성, 정재화, 이철승, 민태직이 기록한 어록, 선생 약력과 유사, 정재화, 이병재·민태직, 이병세, 이규석, 민정식, 김재철, 고익진, 윤세휘·세건·세동이 쓴 제문이 수록되어 있다. 서령 향약과 동암(銅巖) 강규의 시행 등을 통해 성재계열의 강학 방식과 활동이 충남 서산, 천안 등지로 확대되는 모습을 볼 수 있다.

*** 『중암고(重菴稿)』**

目錄   권 1 : 七吊, 六責, 賦, 詩. 권 2 : 詩. 권 3~20 : 書. 卷 21 : 闢邪錄. 卷 22~23 : 書. 卷 24 : 雨村散錄, 花山散錄(庚戌), 鷺江隨錄(庚戌), 汕上講禮時雜攷(庚戌), 江上散錄(辛亥), 三江問答, 葛懷問答, 華陽問答(甲子), 北洲問答(乙丑), 大谷問答(丙寅), 龜谷問答, 北山問答(癸亥), 甫西問答(甲子). 卷 25 : 大谷問答, 漢浦問答(甲戌), 鏡山問答(丙子), 龜岡疾書, 龜山問答(庚辰), 記星田夜話(丙子), 南征記聞(丙子), 書說(庚辰), 詩說(丁卯), 詩說上(癸未), 詩說下(甲子), 讀綱目唐史(甲申), 小學七去章說, 論語箚說, 讀論語澹臺滅明章老感, 孟子箚說, 孟子先名實章小記, 子思

作大學傳文考, 大學經文小識, 看大學或問(甲申), 邵子太極圖, 先天八卦方位圖西山蔡氏說解, 性理大全考上, 性理大全考下, 讀濂洛風雅. 卷 26 : 文廟管見一, 文廟管見二, 學統考, 讀肅廟朝寶鑑, 朋黨嚮背始末, 朱子劾唐仲友問答, 看學規類編隨記, 讀朱子祧廟箚子有感而記, 大一統同異辨上, 大一統同異辨下, 魏孝文與三主同異辨, 讀歷年圖, 看通鑑燕昭王事偶志, 漢文帝徒淮南王問答, 答人問漢昭帝始元五年事, 寶瀛誌記疑, 高麗終始論, 看錢謙益詩志感, 魏芳瑞寶瀛誌

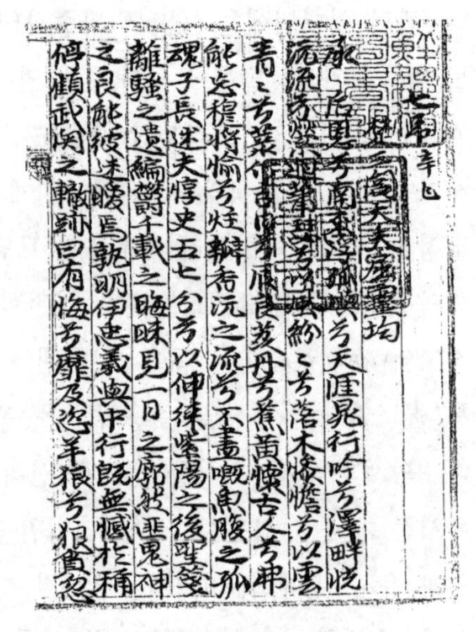

<그림 168> 『중암고』(국립중앙도서관 소장)

跋文追辨(甲申), 棼綸者編之曰寶瀛誌, 看巍巖集小志(己丑), 策略小辨(庚辰), 周禮三物賓興講義, 讀乙亥儒疏, 丙寅回咨私議, 禦洋論(丙寅), 尹重其東郡客問答辨(乙酉), 漢城旬報辨(癸未). 卷 27 : 海上箚疑, 海上看書錄, 以理具理該小解, 海上錄(辛巳), 周司徒三物說, 科學說上, 科學說下, 古文眞寶說, 讀書之序, 能所能說(己卯), 讀鹿廬雜識, 未發說(乙亥), 問金聖心啓運(乙亥), 生道說, 陰陽說, 元初說, 消長說, 感應說(丙戌), 天運說, 元亨利貞說(丁亥), 變於夷說, 剛說上, 剛說下, 宗子法說, 節義說, 智島記略(辛巳), 居謫說, 答陸人說, 洛書問答, 再謫後語類(壬午), 釋疑(癸未), 讀漁夫辭, 漁夫辭(壬午), 强哉歌(甲申), 鵬舍雜錄(癸未). 卷 28 : 王陽明年譜辨(辛未), 谿谷張文忠公中庸說辨(甲辰), 退溪先生集質疑(庚辰), 擊蒙要訣考訂(乙丑), 鶴臯遺稿附籤(丙寅), 讀老峯集漫識, 朝野輯要訂誤, 同春先生集記疑(癸亥), 栗谷先生語錄記疑(辛亥), 南塘臨時取考記疑, 讀農巖先生年譜(己酉), 讀農巖集送從弟仲習昌說宰鎭川序, 讀陶庵李先生答從弟帖柳稺程跋語, 看丹巖漫錄, 讀潛谷筆談小記, 蘆沙集管見說, 華西李先生事狀辨(丁丑), 徐嘐嘐

齋忠輔語孟說記疑, 讀洪思伯抵其宗相書. 권 29 : 天君篇, 栗里小識, 檗山心說淵源(庚辰), 心說因得始末, 性爲心宰辨, 艮田是非問答, 閱姜伯三復善心說偶識, 追看海上時心性說往復小辨(乙酉), 斥洋大意(丙子), 看省齋書贈金士綏帖, 記崔元甫事, 看洋人詩小志, 讀梅山洪先生與朴龍潭宗塾書, 秦襄公論, 魏無知論, 記成永春近壽事, 記梁西原柱石事, 記柳處士秉喆事, 記梁豊川事(丁丑), 記洪文甫事, 記金漢甫北學事, 華西李先生丙寅出處辨, 栗谷李先生秘訣辨僞, 潭上記聞, 向中室雜箚, 槼中偶識, 雅言小識, 華西先生祭任執義翼常文辨, 丙戌九月小志, 庶孼通顯當否說(乙亥), 程子孀不可取條問答, 胎敎問答, 讀三綱五常說志感, 五常相克說示柳聖存(戊戌), 立後說(庚辰), 繼母黨稱親當否考(庚辰), 從師須知(丁亥), 童蒙須知附錄, 昏禮要義, 春善婚事託付洪思伯大槩, 華西李先生遺室措置儀(庚午), 城洞墓祭儀(乙巳), 卦山漫錄(甲辰), 柘軒詩說, 更張問答, 木牛流馬論, 白雲錄(丙戌). 卷 30 : 代京畿江原兩道儒生論洋倭情迹仍請絶和䟽(丙子), 代京畿儒生等嶺儒被罪後繼䟽(辛巳), 江原道儒䟽尾附(辛巳), 奉示畏軒朴景胃夔祐(乙丑), 書示社中諸生, 示孫兒春善, 海上筆語, 戊子元日自訟示孫男及諸生, 書贈李而王, 五戒贈朴明集正浩, 書贈都天季亨默, 丙子月正元日曉書示孫息春善, 書贈李士極範五, 書贈柳潤和旼(丁丑), 書贈沈舜明相悳, 書贈趙雲瑞, 書贈江陵二辛君奎集秀集, 書贈沈夏綱能昱, 書贈李景祖崙相, 書贈趙公七秉斗, 雲潭精舍小揭. 卷 31 : 書贈沈宴綱諸人(丙辰), 海上寄贈孫兒春善(壬午), 族譜說寄贈春善, 又贈春善, 九容九思書贈金學卿, 書贈具士正(癸未), 七條申贈具士正, 四民說示朴丱, 書贈魏大彦琫植, 書示講座諸生, 書贈張黃二君, 柳重培字說, 李陽鉉字說, 柳重欽字說, 柳重弘字說, 柳毅錫字說, 李淵模字說(癸酉), 李秀健字說(癸酉), 柳履錫字說(丁丑), 柳曾錫字辭(丁丑), 金道南字說(戊寅), 李在一字說, 李魯應字說, 具正植字說, 金永瑗字辭(己卯), 李道杰字詞(己卯), 尹克榮字說, 李鍾卨字說, 張基晉字說, 柳濟鶴字說, 羅有英字說, 李元基改名字說(丙戌), 安益杰改字說, 朴時性改名字說, 安大植字說, 金世鎭改名字說, 崔永益字說, 沈宜克字說, 龜谷書室客位咨目, 高金孝行錄, 朝宗大統行廟助財通文(丙子), 加平郡學以伏閤事通境內文(辛巳), 以華西李先生文集經紀傳寫事通士林文(戊子), 亡子基朋葬後手記. 卷 32 : 程書分類集疑序, 隆師錄序, 太極圖說通書諺解序, 栗里柳公榮五回榜識序, 送柳

德潤序, 東陽甲氏旌閭宴序, 隨聞錄提要序, 送崔處士日昇榮昇歸忠原序, 甫山集序, 飮禮錄序, 送李周瑞序, 送李聖濬序, 宗兄校洞丈人偶默回昏譏詩序, 洪範五大碩人李氏六十一歲壽序, 瑯琊鄭氏傳家寶覽序, 升安洞社鄕飮禮籍序, 送柳士星序榮奎, 柳陽吾馥六十一歲生朝壽序, 送安汝翼北歸序, 李公明大人六十一歲生朝序, 周衣先生詩集序, 仁同兪氏族譜序, 加平郡左里閭約序, 石村遺槁序, 送李道源義瑞序, 前參判崔公恩譏序, 送李舜朝健序, 明岩李公年譜序(辛巳), 送金公仁基炳序, 東葵集序, 明月樓送具士正序, 永思齋遺稿序, 送魏貫一衡良序, 送梁元敎東歸序, 送丁朶文炳序序, 送奇穉學敎衍金學卿志學南歸序, 送李子文載郁序, 送黃伯憲度聖北歸序, 獨樂齋家史序, 大明洞麗澤契帖序, 送徐復卿相圭序, 康衢宋氏宗契帖序, 竹山安氏派譜序, 靑海李氏家史序, 滄海集序, 柳景茂六十一歲生朝序, 不泯錄序. 卷 33 : 敬窩記, 存省齋記, 拙窩記, 重菴後記, 兼山齋記, 不換藏記, 亭亭亭記, 暎波亭重修記, 四時亭記, 臨齋記, 天山坮記, 省岩記, 新川精舍記, 孝婦咸平李氏旌閭記, 自得窩抱川時焚巢記, 鳳凰臺記, 三湖新臺記, 棄棄臺記, 含翠亭記, 鏡波亭記, 崔孝婦事行記, 安容鉉事行記, 李太平事行記, 加平郡華陽洞記, 畏軒記, 香下記, 加平郡道大里傳令鏤板記, 學習齋記, 觀善臺記, 漢浦書社記, 迷源六先生神壇記, 加平郡學重修記, 松蘿山洪氏齋舍記, 風泉里展謁皇壇記, 華陽咏風臺記, 龍邪洞水石錫名記, 遠淸堂記, 靈源洞記, 愛蓮亭記, 信齋記. 卷 34 : 鷺立軒記, 崔永晧入黑山島記, 遺安齋記, 石華齋記, 聽天堂記, 篁谷莊記, 遜志堂記, 石磨軒記, 知窩記, 華岳書社記, 三希堂記, 剛窩記, 向中室記, 馬山金氏書社記, 晦尤堂記, 智海謫舍新構記, 正豪齋記, 長興烈婦李氏旌閭記, 明月樓記, 竹軒記, 咸平五柳洞記, 思復齋記, 康津大明洞記, 月山樂英齋記, 農窩記, 鼓瑟臺記, 學文菴事實記, 智島鳳凰峯記, 南遷記, 居然臺記, 淸潭洞記, 西山松泉瀑記, 雲潭精舍記, 反招坮記, 曷曷臺記, 說樂臺記. 卷 35 : 與嶠南疏儒書後題, 書李重仙家乘後, 書讀東坡詩長句後, 洛書箚錄跋, 三綱五常說跋, 書智藏齋金勳黑山錄後, 黃芩朴氏故蹟跋, 書柳穉程壬牛陳情疏後, 黃芩朴氏故蹟再跋, 書敬惜字紙帖後, 禹篆帖跋, 敬齋箴帖跋, 忠州池氏顯祖錄跋, 書鄭君祚胤永詩帖後, 書五柳洞金氏孝烈狀後, 書金道源家藏三學士傳後, 象山李氏家訓跋, 書松林書院記後, 衛正新書跋, 書蘆沙奇公猥筆後, 書宋氏二公疏藁後, 書寶瀛誌後, 羅有英手寫擊蒙要訣

跋, 愍貞嬪楊兵使二傳跋, 書婦人輪誦後, 三世墓文跋, 六先生手帖摹本跋, 尤菴宋夫先生手帖跋, 同春宋先生手帖跋, 帝王承統考跋, 金性有寶盖山詩帖跋, 金汝馨蘭根家藏青蓮詩跋, 書行詩格後, 閔宋鎬所藏疑禮問解跋, 洪明五家藏學規類編跋, 楊湖集跋, 書宗人穉受益恒楓嶽錄後, 書洪在龜手寫擊蒙要訣後, 隆師錄後識, 書家禮全圖後, 江門記略跋, 書金性有金剛錄後, 華陽洞日記跋, 宋貞甲家乘跋, 書家藏獨對說話後, 張景仁學洙家藏英宗大王御製大報壇聯句帖跋, 書鶴皐李公顗田制奏議後, 亡兒基朋手寫朴景胃夔祐所作華西李先生回巹詩序跋, 徐汝心應淳丙寅書帖跋, 亡兒基朋手寫大學或問跋, 西行錄跋, 尤菴宋先生事實記後語. 권 36 : 書洪聞叔書後, 書四門語錄合部後, 斥洋錄跋, 書臨漳飮禮錄後, 書陶菴李先生雲山書塾記後, 書首陽精舍記後, 書大東小學後, 書曾孫益曾見課詩卷後, 冠山宣君翼欽詩帖跋, 書蹈海亭集後, 書任全齋贈李聲集帖後, 李聲集所藏華西李先生書帖跋, 書華西先生乙巳書小帖後贈李景瑞承經, 家藏曆書跋, 書畵綱巾先生傳後, 紀年通彙跋, 書崔參判乙亥手藁後, 書林陳漂海錄後, 書柳穉程重敎贈踈儒金士綏永祿帖後(丙子), 書春善所寫太極西銘卷後, 書同敦寧蘆沙奇公文抄後, 書聽蟬齋遺稿後, 書愚溪柳氏世孝記後, 王溪九曲記後識, 書華西李先生甫山柳公詩卷後, 書社三典跋, 書栗谷李先生高山九曲歌帖後, 書洪文杓行中華西先生雅言後, 毅宗皇帝御書簇跋, 洪汝章大心筆蹟跋, 書說樂臺習禮員錄後, 書贈冊子跋, 春善所藏栗谷先生筆蹟跋, 朝宗巖圖跋, 王溪圖跋, 東賢書帖跋, 書李重九與徐政淳第二帖後, 書任祭酒書帖後, 周衣先生詩集後識, 書嶺南吏人北關儒生伏閤通文後, 尤菴先生筆蹟跋, 書申執義忭墓碣卷後, 晩悔齋銘(戊戌), 恒窩銘(己巳), 不黨書樓銘(庚午), 說樂臺銘(丁丑), 直軒銘(丁丑), 容習齋銘, 勵志堂銘, 直菴銘, 嚮中室銘, 不軒銘, 聽溪齋銘, 醉琴軒銘, 桃竹杖銘, 存心齋銘, 景晦堂銘, 爲山堂銘, 慶雲冠銘(乙丑), 印札板銘(辛未), 掃畚銘, 劒銘(己卯), 座右箴, 舍己箴, 誠敬箴贈李聖元鉉周兪景善致慶(癸酉), 直箴(丁丑), 深衣帶箴(丁丑), 精一齋箴(丁丑), 久齋箴, 自箴, 實箴訓島中學徒, 三先生畵像贊, 趙文敬公秉悳畵像贊, 弟穉平婚書(乙巳), 回申氏婚書(戊午), 回洪氏定書(辛酉), 同洪氏納幣書, 子基朋婚書, 孫春善定書, 春善納幣書, 沈夏綱能昱兒子初度祝詞, 雲潭精舍上樑文, 迷源書院埋安五先生位版告文, 代人告其先妣几筵文, 雅言印出告華西李先生影幀文, 自漢浦移嘉陵告家廟文, 龜谷新

居祭土神文, 柳陽吾哀辭, 洪而文哀詞, 徐汝謹廉淳哀詞. 권 37 ：
朝宗行祠從享盤川滄海二王公時告九先生文,　自海上歸告家廟文(壬
午),　擬告先祖東泉文毅公先生府君墓文,　告龜谷所奉三先生影幀文,
告周衣先生李公墓文,　再入智島後告家廟文,　松林書院遺墟告先伯祖
拙灘忠簡公文,　戊子正朝老傳告文,　告蹈海亭具公邦俊墓文,　祭任祭
酒憲晦文,　祭甫山柳公文,　祭安分齋洪處士禳文,　祭柳義元始秀文,
祭崔禹洪寅夏文(壬午),　祭金晚悔晉靑文(壬午),　祭李黃溪墣文,　擬
祭龜峰宋先生文(壬午),　祭柳景彦曘文,　祭李秀直浩文(乙酉),　祭王
季善傚說文,　祭王溪宗兄潤默文,　祭三立齋章叔基憲文(庚辰),　祭李
加平種永文,　祭宗兄夙夜公蘭默文,　祭李穉瓊珣榮文,　祭族子大叔基
宇文,　祭崔伯亨泰錫文(丙子),　祭金仲文鳳植文,　祭金德三禹鉉文(丙
戌),　祭芝軒崔同知岱文(丁亥),　祭洪汝章大心文,　三祭洪汝章文,　祭
任德老得準文,　祭洪聞叔在鶴文,　祭李戚集在成文,　祭黃文裕益鎭文,
祭金漢甫基卓文(戊寅),　祭洪主文在武文,　祭金汝馨蘭根文,　祭宋左
濱甸文,　祭都天季亨默文. 卷 38 ：工曹參判甫山柳公神道碑銘,　安
分齋洪公墓碣銘,　承旨贈大司憲陽村鄭公墓碣銘,　禮賓寺直長柳公墓
碣銘,　三山金公墓碣銘,　碧梧軒洪公墓碣銘(丙子),　一三軒洪公墓碣
銘(丙子),　百忍洪公墓碣銘,　竹巖梁公墓碣銘,　贈承政院左承旨金公
墓誌銘,　贈戶曹參判佳谷金公墓誌銘,　吉州收使金公墓誌銘,　誠敬堂
金君墓誌銘,　成均進士洛隱柳先生墓誌銘,　孝子通德郎柳公墓誌銘,
孺人李氏墓誌,　孺人新平李氏墓誌,　老稼堂李公墓誌銘,　心齋柳公墓
誌銘,　學生黃公墓誌,　確齋洪君墓誌銘,　妹甲任痤銘,　妹元順族妹敬
順痤記,　孺人柳氏墓誌記,　亡弟穉平墓記,　重菴老翁自誌,　學生鄭公
墓表,　孝子柳公墓表,　學生柳公墓表,　都天季墓表. 卷 39 ：輸忠舊
義決策昭武功臣嘉善大夫鰲山君贈資憲大夫戶曹判書兼知義禁府事五
衛都摠府都摠管諡毅靖李公行狀,　折衝將軍曹司五衛將贈嘉善大兵曹
參判兼同知義禁府事訓鍊院都正棄齋李公行狀,　鼓巖李公行狀,　柳氏
三孝子行狀,　贈童蒙敎官長柳公少柳公,　亡兒基朋行錄,　素齋金先生
行狀,　孺人李氏行狀,　東霱張公行狀,　勉窩李公行狀,　同知中樞府事
睡窩公行狀,　議政府左贊成贈領議政忠齋崔公行狀,　故嘉善大夫工曹
參判兼五衛都摠府副摠管甫山柳公行狀,　鳳西沈公行狀,　整齋李公行
狀,　贈淑人沈氏行狀,　八代祖宣敎郞顯陵參奉贈大匡輔國崇祿大夫議
政府領議政兼領經筵觀象監事府君行狀,　七代祖宣敎郞贈通政大夫承
政院左承旨兼經筵參贊官府君行狀,　六代祖折衝將軍僉知中樞府事贈

嘉善大夫戶曹參判兼同知義禁府事五衛都摠府副摠管府君行狀. 卷 40
： 三悔齋李公行狀, 軍資監判官竹軒朴公行狀, 復性窩宋公行狀, 三
立齋金君行狀, 孺人安氏行狀, 刑曹參判雲窩朴公行狀, 滄海王先生
行狀, 養性齋宣公行狀, 直養齋徐公行狀, 恒湖趙公行狀, 綾州牧使
守翁金公行狀, 梅山洪先生遺事, 鼓山任公遺事, 潛谷文貞公事實記,
大谷先生事實記, 錦川先生任君事實記. 卷 41 ： 華西先生雅言凡
例, 華西先生雅言目錄, 華西先生事狀, 華西李先生語錄. 卷 42 ：
梅山洪先生語錄, 漢上記事, 先祖大司成文毅公先生年譜, 年譜後語,
九義士傳, 朝宗巖三賢傳, 磐川滄海二王先生傳(甲戌), 周衣李先生
傳(乙亥), 皇明陪臣李重明傳(辛巳), 自得窩李先生傳(丙辰), 烈婦
成氏傳, 成而强傳(乙亥), 金主簿傳(丙子), 烈婦李氏傳, 朴柏堂達
鎭傳, 烈女羅氏傳(甲申), 金弼大傳(癸丑), 劉興燁傳(丁卯), 金漢
龍傳(乙酉). 卷 43 ： 宋元華東史合編綱目發明上. 卷 44 ： 宋元華
東史合編綱目發明中. 卷 45 ： 宋元華東史合編綱目發明下

　김평묵(金平默, 1819~1891)의 시문집(詩文集) 초고본. 필사본, 불분
권 45책. 국립중앙도서관 소장, 17.7×26.3cm. 문집을 만들기 위해 김평
묵의 글을 집성한 자료로 보인다. 문장 가운데 일부는 문집과 별집에서
누락된 것이 있으며, 또한 각 문장에는 작성 시기가 기록되어 있어 김
평묵 연구에 중요한 자료가 된다.

* 『중암선생문집(重菴先生文集)』

目錄　卷 1 ： 操, 詞賦, 詩. 卷 2~4 ： 詩. 卷 5 ： 疏, 書. 卷 6~32
　　： 書. 卷 33~40 ： 雜著. 卷 41 ： 序. 卷 42~43 ： 記. 卷 44
　　： 跋, 銘, 箴, 贊, 婚書, 上樑文, 告文. 卷 45 ： 祭文, 哀詞. 卷
　　46 ： 神道碑銘, 墓碣銘, 墓表. 卷 47 ： 墓誌銘. 卷 48~51 ： 行
　　狀. 卷 52 ： 年譜, 遺事, 傳. 別集 卷 1 ： 事實記(尤庵宋先生事
　　實記)
　　別集 卷 1 ： 賦, 詩, 疏. 卷 2~4 ： 書. 卷 5~7 ： 雜著. 卷 8

: 序, 記, 跋, 銘, 箴, 贊, 行狀, 遺事, 墓碣銘. 권 9 : 墓誌銘, 祭文, 附錄. 권 10 : 附錄. 권 11 : 附錄. 重菴先生文集附錄 : 誅辨.

김평묵(金平默)97)의 시문을 모은 문집. 고목활자본, 목록 1책과 본집 52권 26책, 별집 1권 1책 등, 총 28책. 19.0×29.0cm. 본집의 끝에는 1906년에 유인석(柳麟錫)이 쓴 발문이 있다. 권 1~4는 조(操)·사부(詞賦)·시(詩)가 수록되어 있다. 권 5의 소(疏)는 병자수호조약 체결시 다른 사람 이름으로 제출된 척화상소로, 김평묵이 초안을 지었다. 권 5~32의 서(書)에서는 스승인 매산 홍직필·화서 이항로를 비롯하여 화서학파 인사들과의 교류관계를 보여준다. 권 33의 〈학통고(學統考)〉는 청대 성리학자 웅사리(熊賜履)의 『학통』을 검토하면서 도학의 정통의식을 재확인한 것이다. 권 35의 〈치도사의(治道私議)〉는 경세론의 방책으로 15책을 제시한 것이다. 권 37의 〈천군편(天君篇)〉은 심주리설(心主理說)을 바탕으로 저술한 철학 논술이며, 〈벽산심설연원(檗山心說淵源)〉은 화서 이항로의 심설이 고전 경전에 근거했음을 입증하고자

---

97) 김평묵(金平默) 1819(순조 19)~1891 : 자는 치장(穉章), 호는 중암(重庵), 시호는 문의(文懿), 본관은 청풍(淸風). 경기도 포천 출신. 화서 이항로(李恒老)의 문인. 이항로의 학문을 계승했으며, 홍직필(洪直弼), 임헌회 등에게도 배웠다. 1874년(고종 11) 이항로의 언설을 모아 만든 『화서아언(華西雅言)』의 수정 편찬을 완료했다. 1881년(고종 18) 이만손(李晚孫)을 비롯한 1만여 명의 영남 유생들의 위정척사(衛正斥邪) 상소를 후원했으며, 그 해 7월 다시 척사소를 초안했다가 유배되었다. 1886년 경기도 영평(현 포천군 이동면) 백운산 아래에 운담정사(雲潭精舍)를 지어 강학활동에 주력했다. 1900년 규장각 제학(提學)에 추증되었으며, 미원서원(迷原書院)·보산서원(寶山書院)에 배향되었다. 문집 외에 『정서분류집의』, 『근사록부주』, 『웅사록』, 『송자사실기』, 『벽사록』 등을 저술했다. 〈참고문헌 『중암선생문집』, 『중암선생별집』〉

한 논술이다. 권 38의 〈어양론〉·〈병인회자사의(丙寅回咨私議)〉, 〈척양대의〉 등은 척사론의 입장에서 척양(斥洋) 대책을 논술한 것이며, 〈기성전야화(記星田夜話)〉는 1876년 김평묵과 임헌회의 회동 기록이다. 권 41~44는 서(序), 기(記), 발(跋), 명(銘), 잠(箴), 찬(贊), 혼서(婚書), 상량문(上樑文), 고문(告文) 등으로 구성되어 있다. 권 45~47은 제문과 비지문이 수록되어 있다. 권 48~51의 행장(行狀)에는 집안

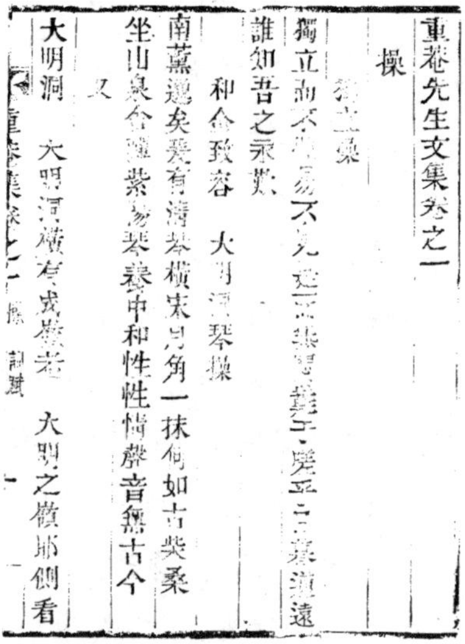
重菴先生文集卷之一
操
獨立操
獨立而不[illegible]遠
誰知吾之永歎
和介致吝 大明洞琴操
南薰邈矣奚有清琴橫束[illegible]角一抹何如古柴桑
坐山泉兮[illegible]紫[illegible]琴琴中和性性情聲音無古今
又
大明洞 大明洞橫有戊巖若 大明之嶺邪側看

〈그림 169〉『중암집』(국립중앙도서관 소장)

관련 인사들과 우인의 행장이 수록되어 있다. 권 52는 노천(老泉) 김식(金湜)의 연보(年譜), 매산 홍직필과 고산 임헌회의 유사(遺事), 9의사·조종암 3현 등에 대한 전(傳)으로 구성되어 있다. 당시 본집과 함께 별집으로 『우암송선생사실기』 1책을 합하여 간행했다(〈사진 41〉).

그 뒤 김평묵의 글을 모은 별집이 1912년 간행되었다. 목활자본, 11권 5책. 19.1×28.7cm. 권 2~4의 서(書)에는 화서 이항로 이하 동학·문인에게 보낸 서간이 다수를 차지한다. 권 5에는 〈벽사변증기의〉, 〈고려종시론〉 등의 논설이, 권 6에는 설과 서증, 권 7에는 성리·이기와 관련된 철학 논설이, 권 8에는 서(序)·기(記)·발(跋)·명(銘)·잠(箴)·찬(贊)·행장(行狀)·유사(遺事)·묘갈명(墓碣銘) 등이 수록되었다. 권 9에는 집안 인사들에 대한 묘지명(墓誌銘)과 임헌회·홍재학 등을 위

한 제문(祭文)이 있다. 부록으로 편성된 권 9에는 〈지도일기(智島日記)〉·〈강수계첩서(講修契帖序)〉·〈해상필어발(海上筆語跋)〉, 권 10에는 홍재구(洪在龜)가 편찬한 행장, 권 11에는 최익현(崔益鉉)이 쓴 묘표, 유중교(柳重敎)·최익현·유기일(柳基一)·홍재구·정의림(鄭義林)이 쓴 제문이 있다. 끝에는 1912년 기우만(奇宇萬)·김익용(金益瑢)·박희원(朴熙元)이 쓴 발문과 〈강수원성씨(講修員姓氏)〉가 수록되어 있다. 〈이천훈요(移天訓要)〉, 〈변어이설(變於夷說)〉, 〈해상필어(海上筆語)〉, 〈고산임공유사(鼓山任公遺事)〉 등 일부 내용은 본집에 수록된 것과 중복된다. 별집은 1996년 경인문화사에서 2책으로 영인했다.

한편 별집의 끝에 『중암선생문집』 부록으로 정윤영(鄭胤永, 1883~1898)의 『뇌변(誄辨)』 1책을 합하여 간행했다. 『뇌변』은 1876년 임헌회가 죽고나서 1877년 김평묵이 만든 제문을 중심으로 일어난 논란을 문건별로 정윤영이 정리한 책이다. 제천에는 필사본 『뇌변(誄辨)』(1책 30장. 21.2×33.2cm)이 의병전시관에 소장되어 있다.

그 뒤 1935년 『중암선생문집부록』을 전남 보성군에서 송기세(宋棋世)가 간행했다. 목활자본, 6권 3책. 20.9×31.8cm. 부록의 권 1은 1925년 문인인 경현수(慶賢秀, 1861~1928)가 홍재구의 행장을 바탕으로 다시 쓴 〈행장〉, 권 2는 최익현이 쓴 〈묘표〉, 권 3~6은 증손인 김익증(金益曾)이 편찬한 것을 바탕으로 경현수가 수정한 〈연보〉로 구성되어 있다. 연보의 끝에는 1925년 경현수가 쓴 발문이 있다. 1975년 우종사에서 2책으로 『중암선생문집』을 영인하면서 본집 27책에 부록 3책을 합해 영인했다.

그 외 중암 김평묵 관련 자료로 『벽사록(闢邪錄)』이 있다. 김평묵이 편찬한 서학 비판서. 필사본, 1책 34장. 국립중앙도서관 소장, 21.5×

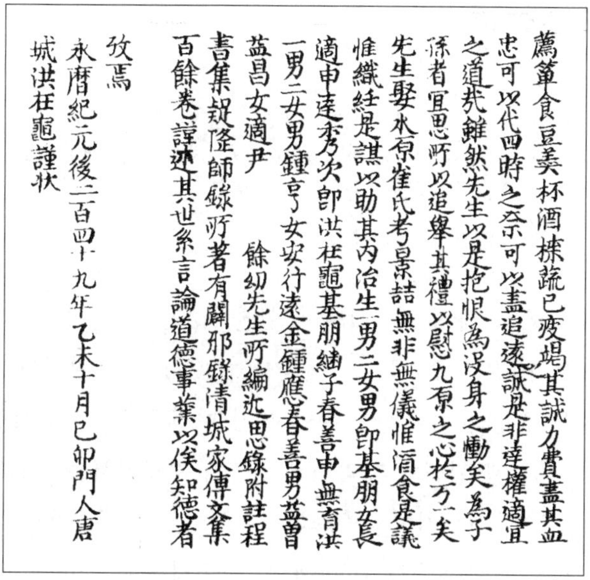

薦簞食豆羹杯酒椋蔬已疲竭其誠力費盡其血
忠可以代四時之祭可以盡追遠之誠是非違權適宜
之道歟雖然先生以是抱恨爲沒身之慟矣爲子
孫者宜思所以追擧其禮以慰九原之心於万一矣
先生娶水原崔氏考景喆無非無儀惟酒食是議
惟織紝是謀以助其內治生一男二女男卽基朋女長
適申達秀次卽洪在龜基朋繼子春善申無育洪
一男二女男鍾亨女安行遠金鍾應春善男益曾
益昌女適尹　　餘幼先生所編近思錄附註程
書集疑隆師錄所著有闢邪錄淸城家傳文集
百餘卷謹述其世系言論道德事業以俟知德者
攷焉
永曆紀元後二百四十九年乙未十月己卯門人唐
城洪在龜謹狀

〈그림 170〉『중암선생행장』(국립중앙도서관 소장)

34.0cm. 이정관(李正觀)의 『벽사변증(闢邪辨證)』에 나타난 이익·안정복의 서학에 대한 비판을 더욱 강화해 1847년 초고본을 완성했다. 그 후 1866년 병인양요가 일어나자 내용을 개작하면서 더욱 강경한 대외배척론을 전개했다. 『중암선생별집』 권 5, 「잡저」에는 "벽사변증기의(闢邪辨證記疑)"의 제목으로, 『중암고』 권 21에는 "벽사록(闢邪錄)"의 제목으로 수록되어 있다.

국립중앙도서관에는 필사본 『중암선생행장(重庵先生行狀)』(1책 58장. 21.7×24.0cm)이 있다. 1895년 문인인 홍재구(洪在龜)가 편찬한 김평묵(金平默)의 행장. 표지에 "歲在庚戌秋八月日"이라고 적혀 있으며, 이는 1935년 필사한 날짜를 표시한 것으로 추정된다. 별집 권 10(경인문화사, 1996)에도 수록되어 있다.

* 『중와사고(重窩私稿)』

目錄 卷 1~ 3 : 書. 卷 4 : 書, 雜著. 卷 5 : 序. 卷 6 : 記. 卷 7 : 題跋. 卷 8 : 婚書, 告祝, 祭文. 卷 9 : 碑, 神道碑銘, 墓碣銘, 墓誌銘. 卷 10 : 墓表. 卷 11 : 墓誌. 卷 12 : 行狀. 卷 13 : 遺事, 續輯.

김용숙(金容肅)[98]의 문집. 필사 영인본, 13권 4책. 23.0×30.5cm. 책의 첫머리에는 1983년 오완근이 쓴 서문과 1969년 쓴 자서가 있다. 1책 권 1~3과 2책 권 4의 서에는 스승인 항재 이정규 외 여러 사람에게 보낸 서간이 있다. 2책 권 5의 서와 3책 권 7의 제발에서는 『항재집』, 『상곡집』, 『직암집』, 『성헌시고』, 『송재집』, 『확암집』, 『신암집』, 『몽노유고』, 『명와집』, 『벽계연원록』, 『항와집』, 『치당유고』, 『병의록』, 『신우집』, 「휘암유고』, 『정와집』, 『경재집』, 『경암집』, 『운강집』 등 최근까지 발간된 충주·제천지역 출신 인사 혹은 의병관련 인사들의 문집에 대한 서문과 발문을 수록하고 있다. 화서·의당 양 계열의 제천·충주지역에서의 동향을 엿볼 수 있는 자료이다. 2책 권 6의 기문과 3책 권 8의 고축에는 〈자양영당중수기〉, 〈자양영당분향기〉, 〈자양영당개축시이안신위고유문〉, 〈자양영당중수후환안신위고유문〉, 〈의병기념거행시자양영당고유문〉, 〈매년제천의병기념행사시봉고자양영당문〉, 〈자양영당묘정비수립고문〉, 〈고자양영당문〉 등 자영영당과 관련된 기문과 고축이 있다. 3책의 권 8 제문과 권 9의 비지문, 4책의 권 10 묘표, 권 11 묘지, 권 12

---

98) 김용숙(金容肅) 1920~2002 : 자는 백경(伯敬), 호는 중와(重窩), 본관은 광산. 의암 유인석 연원이면서 항재 이정규의 제자로 충주에 거주하면서 성재·의당 양 계열 인사들과 교유해 이와 관련된 많은 기록을 남기고 있다.

행장에는 제천·충주지역 인사들의 행적에 대한 정보가 자세하다. 이와는 별도로 『중와수록(重窩隨錄)』 3권 1책이 있으며, 이는 독서나 견문 중 관련 자료를 기록한 것이다. 권 1은 「문견록(聞見錄)」, 권 2는 「상제례의처변(喪祭禮疑處變)」, 권 3은 「법계록(法戒錄)」으로 구성되어 있다.

*『중재공행장급문집(中齋公行狀及文集)』

目錄　　中齋行狀, 張中齋先生立碑及遺稿序, 日記, 海東晚錄.

장익환(張益煥)[99]의 행장과 문집. 필사 영인본, 1책. 후손가에 전해오던 관련 문건들을 모두 모아서 1982년 편집 간행했다. 책의 첫머리에는 1980년 조봉윤(趙鳳允)이 쓴 행장이 있다. 「일기(日記)」는 제천의병 참전일기로 원본의 표지에는 부제로 "장익환의사진중일기(張益煥義士陣中日記)"가 적혀있다. 1815년 12

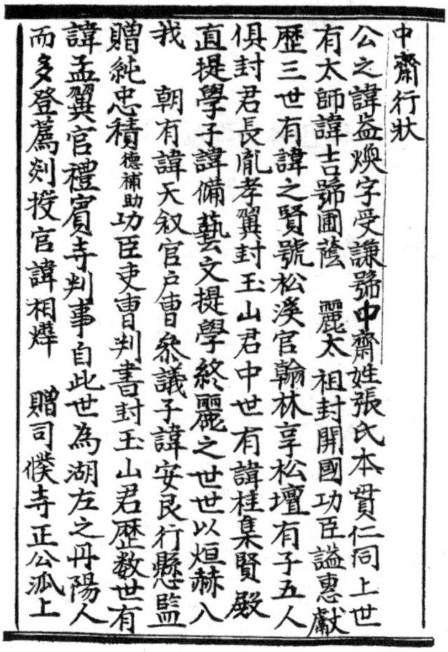

中齋行狀

公之諱益煥字受謙號中齋姓張氏本貫仁同上世有太師諱吉蹄圖蔭　麗太祖封開國功臣諡惠獻歷三世有諱之賢號松溪官翰林享松壇有子五人俱封君長胤孝翼封玉山君中世有諱桂集賢殿直提學子諱備藝文提學終麗之世世以烜赫入我　朝有諱天叙官戶曹參議子諱安良行縣監贈純忠積德補助功臣吏曹判書封玉山君歷敎世有諱孟翼官禮賓寺判事自此世為湖左之丹陽人而多登薦剡授官諱相輝　贈司僕寺正公孤上

〈그림 171〉『중재공행장급문집』(개인 소장)

---

99) 장익환(張益煥) 1866(고종 3)~1937 : 자는 수겸(受謙), 호는 중재(中齋), 본관은 인동. 단양 출신. 장충식(張忠植)의 아들이다. 유인석, 정운경, 이강년 의병 부대에 참여했다. 이강년 의병부대에는 좌종사로 참여했다. 1990년 건국훈장 애족장이 추서되었다.〈참고문헌『중재공행장급문집』〉

월에서 다음해 4월말까지 제천의병의 창의와 전투상황을 기록했다. 특히 본진이 서북으로 이동한 다음 제천부근의 의병상황을 기록해 잔류세력의 동향을 파악할 수 있는 자료이다. 원본은 『한국독립운동사자료집-의병편-』(한국정신문화연구원, 1993)에 영인되어 있으며, 이구영이 편집한 『호서의병사적』(제천문화원, 1994)에 번역 수록되어 있다. 「해동만록」에는 유인석, 박정수, 이강년에 대한 서간과 제문, 시문, 〈여객문답(與客問答)〉·〈이기설(理氣說)〉·〈효위백행지원(孝爲百行之源)〉·〈치국요도(治國要道)〉 등 논설 및 추도문이 수록되어 있다.

* 『중재유고(重齋遺稿)』

目錄 重齋遺稿序. 卷 1 : 詩. 卷 2 : 詩, 書. 卷 3 : 書. 卷 4 : 雜著, 語錄, 通文, 呈文, 序, 記, 題跋, 婚書, 字說. 卷 5 : 祭文, 墓碣銘, 墓表, 行狀, 傳. 卷 6 : 附錄.

김영식(金永植)[100]의 문집. 석인본, 6권 2책. 19.2×28.1cm. 손자인 김용준의 노력으로 1944년 유고를 완성했다가 1980년 2책으로 간행했다.

---

100) 김영식(金永植) 1849(헌종 15)~1924 : 자는 치직(致直), 호는 중재(重齋), 본관은 광산(光山). 충주 거곡리(居谷里) 상사정(上沙亭) 출신. 수직으로 부호군에 오른 인암(忍菴) 김재혁(金在赫)의 손자. 간재 전우(田愚)와 의당 박세화(朴世和)의 제자. 인근 제천 장담의 화서학파 인물들과도 활발히 교류했다. 상소를 통해 현실문제에 접근해오다가 유인석 의진이 충주에 입성한 후 경암(敬菴) 서상열(徐相烈)의 소모참모(召幕參謀)가 되었다. 그후 1905년 억산(億山)에서 박세화 등과 거의를 모의했다가 실패한 후 강회활동에 주력했다. 1914년 화양동(華陽洞)의 만동묘(萬東廟) 복설에 충청북도 도유사에 차정되었다. 문집으로 『중재집(重齋集)』이 있다. 그외 저술로 1884년(고종 21) 1월 1일부터 1924년 임종 2일 전인 8월 19일까지 기록한 일기인 『사정일기(沙亭日記)』가 있다. 〈참고문헌 『중재집』〉

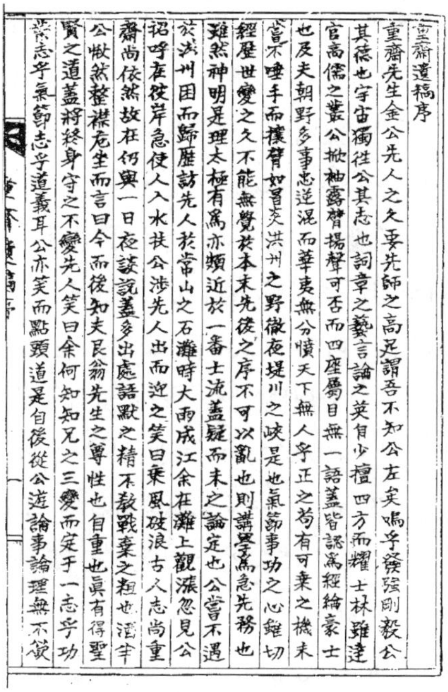
重齋遺稿序
重齋先生金公先人之久要先師之高足謂吾不知公左矣嗚乎發强剛毅公
其德也宇宙獨往公其志也詞章之藝言論之英自少擅四方而耀士林雖達
官高儒之叢公掀袖露臂揚聲可否而四座屬目無一語盖皆認爲經綸豪士
也及夫朝野多事忠逆混而華夷無分憤天下無人爭正之苟有可棄之機未
嘗不唾手而攘臂如胥炎洪州之野徹夜堤川之峽是也氣節事功之心雖切
經歷世變之久不能無覺於本末先後之序不可以亂也則講學爲急先務也
雖然神明是理太極有爲亦頗近於一番士流盖疑而未之論定也公嘗不遇
於洪州困而歸歷訪先人於常山之石灘時大雨成江余在灘上觀漲忽見公
招呼在彼岸急使人入水扶公涉先人出而迎之笑曰乘風破浪古人志尚重
齋尚依然故在仍與一日夜談說蓋多出處語默之精不数戰棄之粗也語半
公愀然整襟危坐而言曰今而後知夫艮翁先生之尊性也自重也眞有得聖
賢之道蓋將終身守之不變先人笑曰余何知知兄之三變而定于一志乎功
業志乎氣節志乎道義耳公亦笑而點頭道是自後從公遊論事論理無不欲

〈그림 172〉『중재유고』(의병전시관 소장)

김영식은 간재 전우와 의당 박세화에게 수학했다. 책의 첫머리에는 1944년 오진영(吳震泳), 신현국(申鉉國)이 쓴 서문이 있다. 끝에는 1943년 손자인 김용준(金容駿)이 쓴 지문과 1980년에 쓴 추기가 있다. 1책의 권 1과 권 2 시에는 의당계열과 화서계열의 인사들과 교환한 시가 수록되어 있다. 권 2~3의 서에는 전우, 박세화, 최익현, 유인석 외에 의당과 화서계열의 지인들에게 보낸 서간이 수록되어 있다. 2책의 권 4 잡저에 수록된 1896년 자신과 유인석과의 교류를 적은 〈조의사실(助義事實)〉, 1897년과 1898년 만나는 사람들에게 의병 거의의 정당성을 역설했던 〈훼의변(毁義辨)〉 등은 당시 의병에 대한 향촌지식인들의 여론과 반응을 엿볼 수 있는 자료이다. 어록에는 〈간재선생어록〉와 〈의당선생어록〉이 있다. 충주에서 교육에 전념했으므로 권 4의 정문과 서에는 이와 관련된 〈충주향교통유유림문(忠州鄕校通諭儒林文)〉, 〈충주교유정도청문(忠州校儒呈道廳文)〉, 〈오촌향약서(梧村鄕約序)〉, 〈노은병산향음주례서(老隱屛山鄕飮酒禮序)〉 등이 수록되어 있다. 기문에는 1884년 변복령이 내려졌을 때 소를 제기한 사실을 적은 〈의제변련소기(衣制變聯疏記)〉, 1901년

박세화의 용하구곡기를 보고 적은 〈상용하구곡기(賞用夏九曲記)〉, 1905
년 의당계열에서 의병을 일으키려고 했다가 체포되었던 일을 적은 기록
인 〈을사동부난기(乙巳冬赴難記)〉 등이 있으며, 그 외 〈관서행기〉, 〈남
유기〉 등 기행유기 등이 있다. 제발에는 주자, 자암(自菴), 간재, 의당
등의 유필·서첩에 대한 글이 있다. 권 5 제문에는 전우(田愚), 박세화
(朴世和), 최익현(崔益鉉), 최영승(崔榮昇), 윤병의(尹秉義), 이낙용(李
樂容), 홍대주(洪大疇), 김준영(金駿榮), 김사우(金思禹), 서상열(徐相
烈), 박승규(朴勝奎), 유원필(柳遠必), 황만수(黃晩秀), 한원택(韓遠
澤), 정운교(鄭雲敎) 등과 집안 사람들을 위해 지은 제문이 수록되어
있다. 권 6 부록에는 서증(書贈), 1897년 박세화가 쓴 〈중재기(重齋
記)〉, 1913년 스승인 전우를 계화도에 배알할 때 친우들이 준 증시, 홍
승의(洪承義), 박준구(朴準龜), 박창현·정운한·박창근·박제철, 신현
국, 신직균, 정영택, 박상동, 홍철후, 김병수 등이 쓴 제문, 지인들의 만
사, 1944년 김용준이 쓴 〈가장초기(家狀草記)〉와 〈묘표(墓表)〉, 〈연보〉
등이 수록되어 있다(〈사진 42〉).

* 『**중재유고(中齋遺稿)**』

目錄   序. 卷 1 : 詩. 卷 2 : 書. 卷 3 : 雜著, 語錄, 序, 記, 跋, 箴,
    贊, 告祝. 卷 4 : 祭文. 附錄.

    정화용(鄭華鎔)[101]의 문집. 목활자본, 4권 2책. 21.0×32.0cm. 동생인

---

101) 정화용(鄭華鎔) 1878(고종 15)~1898 : 자는 건중(建中), 호는 중재(中
    齋), 본관은 영일. 강릉 출신이다. 아버지는 정대기(鄭大基)이다. 1891년
    제천으로 와서 성재 유중교의 문하에 들어갔으며, 성재와 의암을 스승으

정기용(鄭起鎔)이 유문을 수습해 간행했다. 책의 첫머리에는 1928년 이규현(李奎顯)과 1929년 신익균(申益均)이 쓴 서문이 있으며, 책의 끝에는 1928년 권대설(權大卨)이 쓴 발문이 있다. 1책 권 1의 시는 장담, 복암, 백련사, 선사유택, 구암 등 제천 지역의 풍광과 관련된 시가 다수 수록되어 있으며, 유인석, 이필희, 유중악, 이소응 등 성재 문인 인사들과의 시문 교환이 다수 차지하고 있다. 시에 따르면 1894년 하사 안승우, 1898년 원

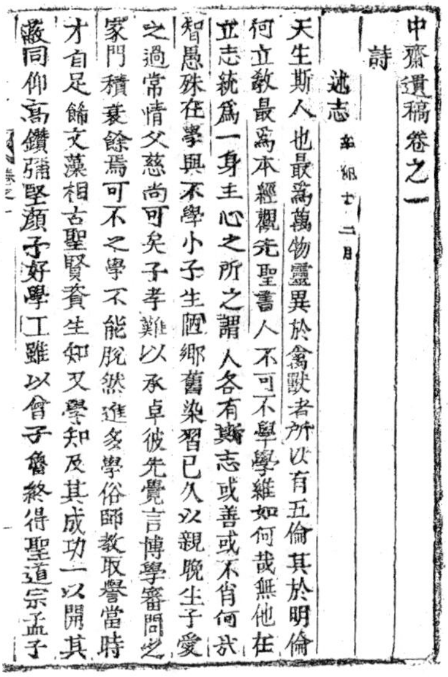
中齋遺稿卷之一
詩
述志 辛卯十二月
天生斯人也最爲萬物靈異於禽獸者所以有五倫其於明倫
何立敎最爲本經觀先聖書人不可不學學維如何哉無他在
立志統爲一身主心之所之謂人各有其志或善或不肖何哉
智愚殊在學與不學小子生僻鄉舊染習已久以親晩生子愛
之過常情父慈尚可矣子孝難以承卓彼先覺言博學審問之
家門積衰餘焉可不之學不能脫然進多學俗師敎取譽當時
才自足飾文藻相古聖賢資生知又學知及其成功一以開其
蔽同仰高鑽彌堅顔子好學工雖以曾子魯終得聖道宗孟子

〈그림 173〉『중재유고』(의병전시관 소장)

세영와 함께 백련사에서 공부했다. 권 2의 서에는 유중교, 유인석, 이근원, 유중악, 이필희, 양두환, 강준회, 안승우, 배진환, 이규현, 이조승, 윤호, 이교인, 원철상 등에게 보낸 편지가 수록되어 있다. 2책의 권 3 잡저에는 1894년 백련사에서 공부하면서 세운 〈일용과정(日用課程)〉, 1895년 성재문집 간행시 동문에게 보낸 편지 등이 수록되어 있다. 어록에는 〈성재선생어록〉, 〈의암선생어록〉, 〈제선진어록〉이 있다. 서문으로 〈처의록서(處義錄序)〉, 〈유묘향산서(遊妙香山序)〉, 〈송안의헌입북서(送安

로 모시고 장담에서 수학했다. 제천의병이 만주로 이동했을 때 유인석을 따라 갔다가 21살의 어린 나이로 이국 땅에서 순절했다. 유인석은 애석히 여겨 고향으로 반장토록 했으며, 묘소는 제천시 왕암동 판항산(板項山)에 있다. 〈참고문헌 『중재유고』〉

義軒入北序)〉가 있다. 기문으로는 〈유금강산기〉, 〈백하당기〉, 〈백련산
방독서기〉가 있다. 찬에는 〈성재선생찬〉이 있으며, 제문에는 유중교, 주
용규, 홍순항, 이춘영 등 의병과 관련된 인물의 제문이 있어 의병사 연
구에서 중요한 자료가 된다. 부록에는 만장, 유인석, 유중악, 변석현, 박
정수(朴貞洙), 이규현(李奎顯), 권인수(權寅洙), 이재열(李載烈) 등이
지은 제문, 배진환이 쓴 행장, 동생인 정기용(鄭起鎔)이 쓴 연보, 송소
용(宋炤用)이 쓴 애사, 윤정학(尹正學)이 쓴 묘갈명 등이 수록되어 있
다(〈사진 43〉).

* 『직당집(直堂集)』

目錄 卷 1 : 詩. 卷 2~3 : 書. 卷 4 : 雜著, 說, 序, 記. 卷 5 : 跋,
    銘, 贊, 辭, 上樑文, 祭文, 行狀, 墓碣銘, 墓誌銘, 墓表, 遺事. 卷
    6 : 附錄 ; 年譜, 家狀, 行狀, 祭文, 輓詞.

신현국(申鉉國)[102]의 문집. 석인본, 6권 3책. 19.6×29.2cm. 신현국은
의당 박세화의 제자이면서도 유인석, 이근원, 이직신, 신익균 등의 화서
학파나 오진영, 권순명 등의 간재학파 인사들과 폭넓게 교류했으며, 문
집의 시문, 서간문, 비지문 등에서는 이러한 인물들과의 교류를 전하는

____

102) 신현국(申鉉國) 1869(고종 6)~1949 : 자는 사현(士賢), 호는 직당(直
    堂), 본관은 평산(平山). 신만균(申萬均)의 아들이며, 이직서(李稷緒)의
    외손자이다. 여주군 소곡리 출생. 1881년부터 곽정현(郭鼎鉉)에게서 수학
    했으며, 1896년부터는 박세화(朴世和)에게서 수학했다. 1905년 박세화가
    투옥되자 일본을 꾸짖다가 오히려 구금되어 대구에서 감옥살이를 했다.
    1910년 박세화가 순절한 후에는 여주 대포산(大布山)에서 후진 양성에
    전념했다. 제천의 병산영당에 배향되었다. 문집으로 『직당집』이 있다. 〈참
    고문헌 『의당집』, 『직당집』〉

자료가 수록되어 있다. 〈남여동등설변(南女同等說辨)〉에서는 남녀의 분별을 강조하고, 1946년에 쓴 〈칠실사담(漆室私談)〉에서는 왕정복고를 주장하는 등 유교문화의 우월성에 대한 신념을 끝까지 견지했다. 1947년에 쓴 〈양씨설약변(梁氏說略辨)〉에서는 보수적 춘추론을 견지해 양계초의 진취정신에 대해 강상의 윤리를 깨뜨리는 것으로 비판했다. 부록에는 1956년 완성한 연보, 1950년 아들 신정순(申正淳)이 쓴 가장, 1955년 정규해(鄭糺海)가 쓴 행장, 여러 사람이 보낸 제문 등이 있다. 내제문화연구회에서 2002년 영인했다(〈사진 44〉).

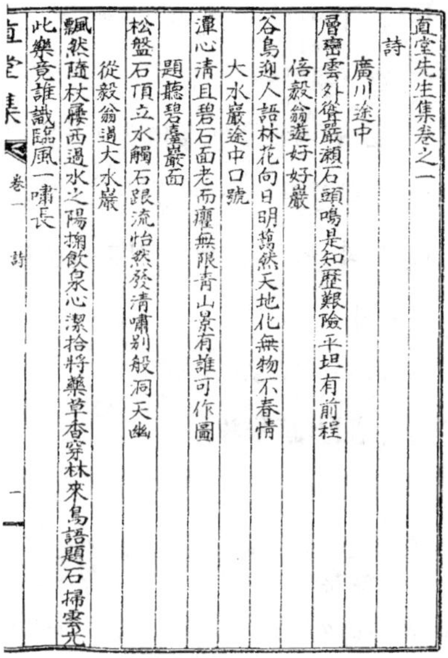
直堂先生集卷之一
詩
廣川途中
層巒雲外聳巖瀨石頭鳴是知歷艱險平坦有前程
倍穀翁遊好好巖
谷鳥迎人語林花向日明藹然天地化無物不春情
大水巖途中口號
潭心清且碧石面老而癯無限青山景有誰可作圖
題聽碧臺巖面
松盤石頂立水觸石跟流怡然發清嘯别般洞天幽
從穀翁過大水巖
飄然隨杖屨西過水之陽掬飲泉心潔拾將藥草香穿林來鳥語題石掃雲光
此樂竟誰識臨風一嘯長
直堂集 卷一 詩 一

〈그림 174〉『직당집』(내제문화연구회, 2002)

*『직암집(直庵集)』

目錄 序. 卷 1 : 詩. 卷 2~4 : 書. 卷 5~6 : 散錄. 卷 7 : 講錄. 권 8 : 講錄, 雜識.

이철승(李喆承)[103]의 문집. 석인본, 8권 4책. 18.8×28.5cm. 책의 첫머

103) 이철승(李喆承) 1879(고종 16)~1951 : 자는 중길(重吉), 호는 직암(直菴), 본관은 연안. 충남 서산 출신이다. 학문은 화서와 성재 연원이며, 존재 유진하(兪鎭河)에게서 수학했다. 여러 곳에서 가르쳤으며, 만년에는

리에는 1961년 제자인 남상혁(南相赫)이 쓴 서문이 있으며 책의 끝에는 남상찬(南相瓚)의 발문, 유필과 남상혁의 근지가 있다. 성재와 관련된 것으로 권 5에 〈성재집이사기〉, 〈연곡선생서성재수첩발〉, 권 8에 〈성재선생대학강의〉 등이 있다. 오완근이 교수해 간행했다. 잡지에는 〈존재선생어록〉이 수록되어 있다. 부록의 〈동지록〉에는 문인과 종유자 명단이 있다.

*『직암집(直庵集)』

目錄　卷 1 : 詩, 書. 卷 2~4 : 雜著. 卷 5 : 雜著, 序, 記, 題跋, 銘, 行錄, 祭文. 卷 6 : 講義問對, 附錄.

정운오(鄭雲五)[104]의 문집. 석인본, 6권 1책. 18.2×26.2cm. 책의 첫머리에는 1979년 김용숙(金容肅)이 쓴 서문이 있다. 책의 끝에는 1979년 오완근(吳浣根)이 쓴 발문이 있다. 권 1의 시(詩)에는

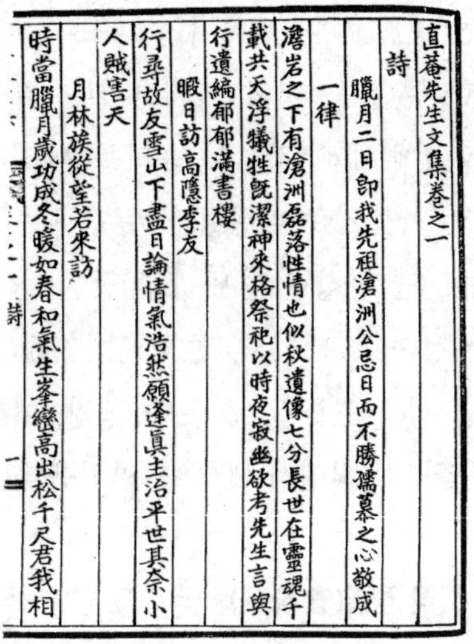
直菴先生文集卷之一
詩
臘月二日卽我先祖滄洲公忌日而不勝孺慕之心敬成
一律
滄岩之下有滄洲磊落性情也似秋遺像七分長世在靈魂千
載共天浮犧牲旣潔神來格祭祀以時夜寂幽欲考先生言與
行遺編郁郁滿書樓
暇日訪高隱李友
行尋故友雪山下盡日論情氣浩然願逢眞主治平世其奈小
人賊害天
月林族從塗若來訪
時當臘月歲功成冬暖如春和氣生峯巒高出松千尺君我相

〈그림 175〉『직암집』(의병전시관 소장)

예산에 상평정사(上坪精舍)를 세워 강학했다. 〈참고문헌 『직암집』, 『충의효열록』〉

104) 정운오(鄭雲五) 1882(고종 19)~? : 자는 치서(致瑞), 호는 직암(直庵), 본관은 영일. 송강 정철과 창주 정일환의 후손이다. 제천 요곡 출신. 정운오는 의암·금계·항와·습재 4선생의 문하에서 공부했으며, 의당학파와도 교분이 있었다. 충주 산척을 거쳐, 만년에는 제천 봉양 구곡리에 거주했다. 〈참고문헌 『직암집』〉

경치·계절과 관련된 소회를 적은 것이 다수이다. 일부 화서학파 인사들의 만시가 수록되어 있다. 권 5의 기(記)에는 〈구곡기(九曲記)〉, 〈장담기(長潭記)〉 등 지역 명승지에 대한 기문이 수록되어 있다. 권 6의 〈강의문대(講義問對)〉는 스승인 습재 이소응에게서 배운 내용을 적은 것으로 이소응의 평가인 첨(籤)이 수록되어 있다. 부록에는 소당 정해문이 쓴 생조수서(生朝壽序), 최동봉(崔東鳳)이 쓴 수연시(晬宴詩), 유지혁 등이 쓴 만시(輓詩)가 수록되어 있다(〈사진 45〉).

* 『직와유고(直窩遺稿)』

目錄　書, 祭文, 題跋, 墓碣銘, 墓表, 墓誌, 行狀, 附錄.

유제함(柳濟咸)[105]의 문집. 필사본, 1책. 18.9×26.2cm. 서(書), 제문(祭文), 제발(題跋), 묘갈명(墓碣銘), 묘표(墓表), 묘지(墓誌), 행장(行狀), 부록으로 구성되어 있다. 유제함은 유인석의 망명 이후 국내 인사들과의 연결을 담당했으며, 서간문이나 비지문에는 의병 참여자들의 행방과 그 후예에 대한 많은 정보를 수록하고 있다. 제문에는 습재 이소응, 소당 정해문 등, 묘표에는 집의당 김태원, 청담 송소용, 희암 정용곤, 금포 정해찬 등 화서학파 인물에 대한 자료가 수록되어 있다. 부록에는

---

105) 유제함(柳濟咸) 1884(고종 21)~1960 : 자는 사형(士亨), 호는 직와(直窩), 본관은 고흥. 생부는 유의석이며, 유인석의 양자가 되었다. 강원도 남면 가정리에서 출생. 술헌 이배인과 회당 박정수에게서 수학했다. 유인석을 수행해 문서를 전달하는 등의 일을 했다. 1908년에는 블라디보스토크에 망명해 부친의 의거를 뒷받침했다. 고국에 돌아와서는 충주군 산척면 석천리(石川里)에서 살았다. 1990년 국민훈장을 추서받았다. 묘는 충북 중원군 엄정면 괴동리에 있다. 〈참고문헌『직와유고』, 『고흥유씨부학공파보』〉

동문들이 보내 온 제문과 만사가 수록되어 있다. 의병전시관 소장 필사본의 끝에는 "丁未正月十六日 校正 柳然壽"라는 교정기가 있다.

1999년 유연수(柳然壽), 유남균(柳南均)가 『직와연보초(直窩年譜草)』와 합집해 제천 대유문화사에서 별도의 『직와유고』를 영인했다. 영인본 연보의 끝에는 부록으로 이문백(李文白)과 김용숙(金容肅)이 집필한 묘표가 추가되어 있다.

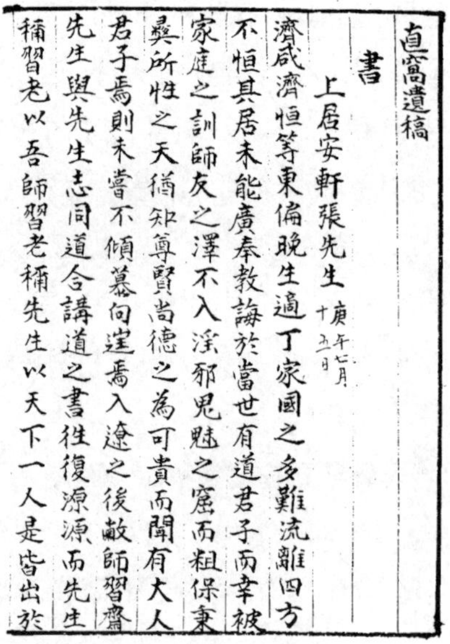

直窩遺稿

書

上居安軒張先生 庚午七月二日

濟咸濟恒等東偏晚生過丁家國之多難流離四方
不恒其居未能廣奉教誨於當世有道君子而幸被
家庭之訓師友之澤不入溪邪鬼魅之窟而粗保東
奚所性之天猶知尊賢尚德之爲可貴而聞有大人
君子焉則未嘗不傾慕向崖喬入遼之後敢師習齋
先生與先生志同道合講道之書往復源源而先生
稱習老以吾師習老稱先生以天下一人是皆出於

〈그림 176〉『직와유고』(의병전시관 소장)

* 『직재집(直齋集)』

目錄 卷 1 : 賦, 詩. 卷 2~3 : 疏. 卷 4~7 : 書. 卷 8 : 序, 記, 跋, 銘, 雜著. 卷 9 : 祭文, 墓誌, 墓碣, 墓表, 行狀. 卷 10 : 附錄.

이기홍(李箕洪)[106]의 문집. 고활자본, 10권 5책. 20.0×31.0cm. 1887

---

106) 이기홍(李箕洪) 1641(인조 19)~1708(숙종 34) : 자는 여구(汝九), 호는 직재(直齋), 본관은 전주(全州). 초명은 기주(箕疇). 부사과(副司果) 이숙(李塾)의 아들이며, 군수 송현(宋鉉)의 외손자이다. 이지렴(李之濂)·송시열(宋時烈)의 문인이다. 학명이 높았으나 과거에 응시하지 않다가 1687년(숙종 13) 학행으로 효릉참봉(孝陵參奉)에 임명되었다. 그러나 송시열을 위해 변무하다가 1689년 회령에 유배되었으며, 1693년 사면되었다. 그 뒤 여

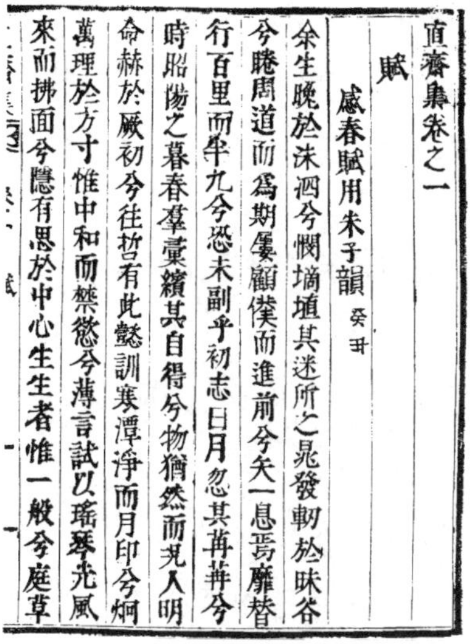
直齋集卷之一
賦
感春賦用朱子韻 癸丑
余生晩於洙泗兮憫擿埴其迷所之晁發軔於昧谷
兮瞻周道而爲期屢顚僕而進前兮矢一息焉靡替
行百里而半九兮恐未副乎初志日月忽其荏苒兮
時昭陽之暮春羣彙續其自得兮物猶然而况人明
命赫於厥初兮徃哲有此懿訓寒潭淨而月印兮炯
萬理於方寸惟中和而禁慾兮薄言試以瑤琴光風
來而拂面兮隱有思於中心生生者惟一般兮庭草

〈그림 177〉『직재집』(국립중앙도서관 소장)

년(고종 24) 그의 7대손 이승근(李承根)이 간행했다. 5대손 이주면(李周冕)이 원고를 수집해 정서하고 다시 그 아들 이민현(李敏鉉)이 경비를 주선하다가 이루지 못한 것을 그의 조카인 이승근이 송근수(宋近洙)의 교정을 받아 완성했다. 부록에는 이희조가 쓴 행장, 정호가 쓴 묘지명, 권상하가 쓴 묘갈명 등이 수록되어 있으며, 끝에 1887년(고종 24) 송근수(宋近洙)가 쓴 발문이 있다. 청풍 관련 자료로는 권 1 시 가운데 1700년 청풍부사를 배수받은 후 그 소회를 적은 〈득배청풍제명발행도청심루차김생유경주중시(得拜淸風除命發行到淸心樓次金甥有慶舟中詩)〉, 한벽루에 대한 〈한벽루차판상운(寒碧樓次板上韻)〉·〈우차절구(又次絶句)〉·〈한벽루근차퇴도운(寒碧樓謹次退陶韻)〉, 팔영루를 중수한 후 서와 함께 적은 〈제팔영루(題八詠樓)〉 등이 있다. 권 3에 수록된 〈청풍체임시사장령겸진소회소(淸風遞任時辭掌令兼陳所懷疏)〉는 1702년 청풍부사 체임 때, 청풍군의 각종 민생 상황을 개진한

러 번 관직을 제수받았으나 대부분 사임하고 나아가지 않았다. 1700년 청풍부사가 되었으며, 1702년 청풍부의 팔영루를 중수했다. 1702년에는 연풍(延豊) 문산(文山)에 수락정(壽樂亭)을 세워 그곳에 살면서, 황강에 살던 권상하(權尙夏)와 장암에 살던 정호(鄭澔) 등과 교유하면서 지냈다. 문집으로 『직재집(直齋集)』이 있다. 〈참고문헌 『직재집』, 『조선환여승람』〉

것이다. 서간문과 비지문은 송시열 문하의 여러 서인 인사에 대한 것이다. 1995년 민족문화추진회에서 규장각 소장본을『한국문집총간』149로 영인했다.

*『집의당유고(集義堂遺稿)』

目錄 集義堂遺稿序. 詩, 書, 雜著,
    祭文, 通文, 附錄.

김태원(金泰元)107)의 문집. 1책, 필사본. 서문은 아들인 김성모(金性模)의 청으로 1951년 유지혁(柳芝赫)이 썼다. 잡저에 수록된〈을병사략(乙丙事略)〉에서는 1895년 민비 시해 이후 이천(利川)에서 창의하게 된 경위에서부터 제천의병과의 결합과 패퇴, 1896년 강원도 낭천(狼川)에서 같이 가던 서상열의 전

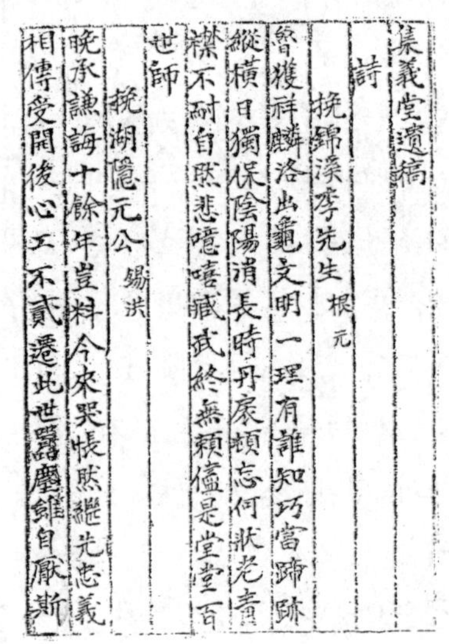

〈그림 178〉『집의당유고』(한국독립운동사연구소, 1989)

---

107) 김태원(金泰元) 1863(철종 14)~1932 : 자는 춘백(春伯), 호는 집의당(集義堂), 본관은 해풍. 1895년 단발령이 공포되자 이천과 여주 등지에서 의병을 일으켜 남한산성을 근거지로 의병활동을 전개했으며, 1896년에는 제천의병의 서상열 부대에 합류했다. 유인석을 수행해 요동에 가기도 하고 국내에 돌아와서는 1905년에는 원용팔(元容八) 의병, 1906년에는 최익현 의병, 1907년 이강년 의병에 참여하는 등 여러 의병부대에 지속적으로 참여했다. 1993년 건국훈장 독립장이 추서되었다. 만년에는 영월군 주천면 공순원에서 살았으며, 묘는 영월 금마에 있다. 〈참고문헌『집의당유고』, 『경암집』,『한말의 제천의병』,『취정록』〉

사와 낙오, 요동에 스승 유인석을 찾아갔다가 돌아오기까지의 과정을 기록했다. 유인석, 이강년, 이근원에 대한 제문(祭文)과 유중교, 이근원의 묘의(墓儀)에 대한 통문(通文)이 있다. 부록에는 유사(遺事), 이규현(李奎顯)이 쓴 행장, 유제함(柳濟咸)이 쓴 묘표가 수록되어 있다. 1895년 단발령이 공포되자 김태원은 경기도 이천에서 의병을 봉기했으며 남한산성, 제천, 단양 등지에서 의병활동을 했다. 따라서 이 문집에 수록된 서간문과 비지문은 경기의병과 제천의병과의 연결관계를 보여주고 있다. 유고는『한말의병자료집』(독립기념관 한국독립운동사연구소, 1989)에 영인되어 있다.

*『청담집(淸潭集)』

目錄　卷 1~2 : 詩. 卷 3~5 : 書. 卷 6 : 序, 記. 卷 7 : 記, 跋, 箴, 銘. 卷 8 : 贊, 字辭, 婚書, 上樑文, 雜著. 卷 9 : 雜著. 卷 10 : 雜著. 卷 11 : 祭文, 哀辭, 祝文. 卷 12 : 行狀. 卷 13 : 墓表, 墓碣, 墓誌, 傳.
　附錄 : 卷 1 : 父師遺言, 室堂銘記, 像贊, 贈別詩, 輓詞, 祭文. 卷 2 : 行錄, 行狀, 墓表, 墓誌.

송소용(宋炤用)[108]의 문집. 석인본, 본문 13권 부록 2권, 총 15권 5책. 17.2×25.5cm. 아들인 정암(精菴) 송석성(宋錫星)이 편찬해 간행했다. 책의 첫머리에는 1961년 문인인 전태진(全泰鎭)이 쓴 서문이 있으며, 끝에는 1961년 문인 한익수(韓益洙)가 쓴 발문이 있다. 1책 권 1~2의 시

---

108) 송소용(宋炤用) 1864(고종 1)~1946 : 자는 국현(鞠賢), 호는 청담, 본관은 은진. 초휘는 인배(仁培). 충주 복성면 세포리 출신이다. 지와(知窩) 최영승(崔榮昇)과 금계(錦溪) 이근원(李根元)의 제자이다. 경술국치 후 상영죽리(上嶺竹里) 구룡으로 이주해 자정했다. 〈참고문헌『청담집』〉

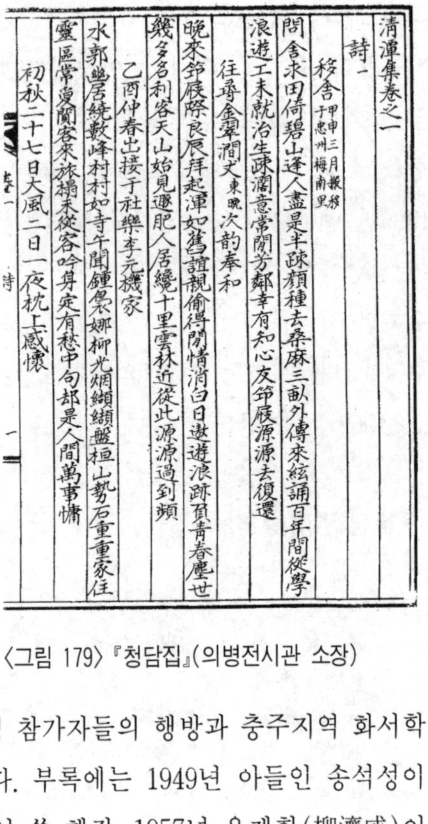
淸渾集卷之一
詩一
移舍 甲申三月撤移于忠州梅南里
問舍求田倚碧山逢人盡是半踈顔種去桑麻三畝外傳來絃誦百年間從學
浪遊工未就治生踈濶意常閒芳鄰幸有知心友節展源源去復還
往尋金聾澗丈東曉次韵奉和
晩來節屐際良辰拜起渾如舊誼親偷得閒情消白日邀遊浪跡負靑春塵世
幾多名利客天山始見遯肥人居纔十里雲林近從此源源過到頻
乙酉仲春出接于社樂李元機家
水郭幽居繞數峰村村如寺午聞鍾景娜柳光烱纈盤桓山勢石重重家住
靈區常漫閒客來旅榻未從容吟身定有愁中句却是人間萬事慵
初秋二十七日大風二日一夜枕上感懷

〈그림 179〉『청담집』(의병전시관 소장)

와 2책 권 3~5의 서간에 따르면 화서학파 인사와의 교류를 살필 수 있으며, 의당학파와도 교류가 있었음을 볼 수 있다. 3책의 권 6~8, 4책의 권 9~11, 5책의 권 12~13에는 〈금계이선생화상찬(錦溪李先生畵像贊)〉·〈금상어록(錦上語錄)〉 등 이근원 관련 기록, 의당 박세화의 마지막 모습을 담은 〈창동어록(昌洞語錄)〉, 〈화이변〉·〈정통론〉 등 위정척사적 논리를 펼친 잡저의 논과 변, 초기 의병 관련 인사들에 대한 제문과 애사 등이 수록되어 있다. 제천 의병 참가자들의 행방과 충주지역 화서학파의 동향을 알 수 있는 자료이다. 부록에는 1949년 아들인 송석성이 쓴 행록, 1949년 정영택(鄭靈澤)이 쓴 행장, 1957년 유제함(柳濟咸)이 쓴 묘표, 1958년 유제항(柳濟恒)이 쓴 묘지명이 수록되어 있다(〈사진 46〉).

***『청전시집(靑氈詩集)』**

目錄　文簡公遺稿, 夏亭公遺稿, 文肅公遺稿, 島峰公遺稿, 錦湖公遺稿, 任堂公遺稿.

유지혁이 문화 유씨 선조들의 시문을 모아 편집한 책. 필사본, 1책. 병산영당 소장, 18.7×28.0cm. 문간공 유공권(柳公權) 1편, 하정공 유관(柳寬) 2편, 문숙공 유사눌(柳思訥) 10편, 도봉공 유흥문(柳興文) 8편, 금호공 유대혁(柳大赫) 23편, 임당공 유의혁(柳毅赫) 37편의 시문을 모았다. 별도로 1913년 유지혁이 쓴 서문이 있다. 후일 1967년 간행된 『문화유씨문숙공파문헌록(文化柳氏文肅公派文獻錄)』의 시문에 대부분 수렴되었다.

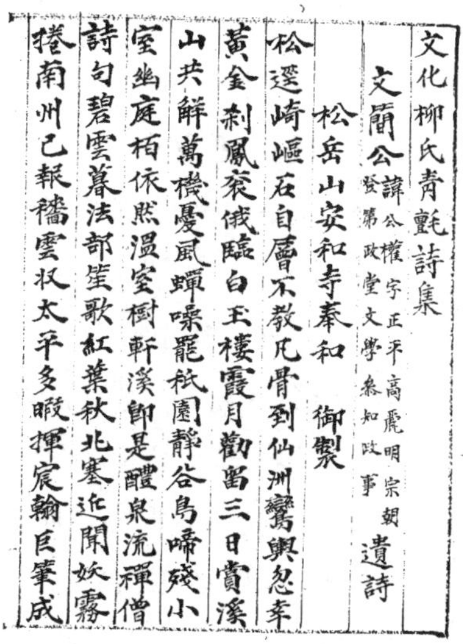
文化柳氏青氈詩集
文簡公諱公權字正平高麗明宗朝登第政堂文學參知政事遺詩
松岳山安和寺奉和　御製
松逕崎嶇石自層不教凡骨到仙洲鸞輿忽幸
黃金刹鳳蓋俄臨白玉樓霞月勸留三日賞溪
山共辭萬機憂風蟬噪罷秖園靜谷鳥啼殘小
室幽庭栢依然溫室樹軒溪卽是醴泉流禪僧
詩句碧雲暮法部笙歌紅葉秋北塞近聞妖霧
捲南州已報瑞雲收太平多暇揮宸翰巨筆成

〈그림 180〉『청전시집』(병산영당 소장)

* 『체소집(體素集)』

目錄　體素集序. 體素集跋. 體素集跋. 卷 上 : 五言絶句, 五言律詩, 七言絶句, 七言律詩, 卷 中 : 七言律詩, 五言排律, 七言排律, 五言古詩, 七言古詩. 卷 下 : 詞·辭, 賦, 雜著, 書·跋, 序, 神道碑銘, 祭文·頌·文·祈雨文·挽·教書, 補遺.

이춘영(李春英)109)의 문집. 목판본, 3권 3책. 21.8×16.4cm. 아들인 이시재(李時材)가 집에 소장했던 유문을 편집하고 1626년 신흠(申欽)이

---

109) 이춘영(李春英) 1563(명종 18)~1606(선조 39) : 자는 실지(實之), 호는 체소재(體素齋), 시호는 문숙(文肅), 본관은 전주. 성혼(成渾)의 문인이다. 시문에 능했으며, 문집으로는 『체소집』이 있다. 〈참고문헌 『체소집』〉

교정을 보고 또 서문을 써서 간행
을 준비했으나 뜻을 이루지 못했
다. 그 뒤 충청도 관찰사였던 김육
이 1638년 일부를 가려 뽑아 1권
으로 간행했다. 그 후 1647년 차남
인 전라도관찰사 이시해(李時楷)
가 김상헌(金尙憲)과 정홍명(鄭
弘溟)의 발문을 받아 1648년(인조
26)에 3권 3책의 중간본을 간행했
다. 규장각 소장본을 1991년 민족
문화추진회에서 『한국문집총간』
66으로 영인했다.

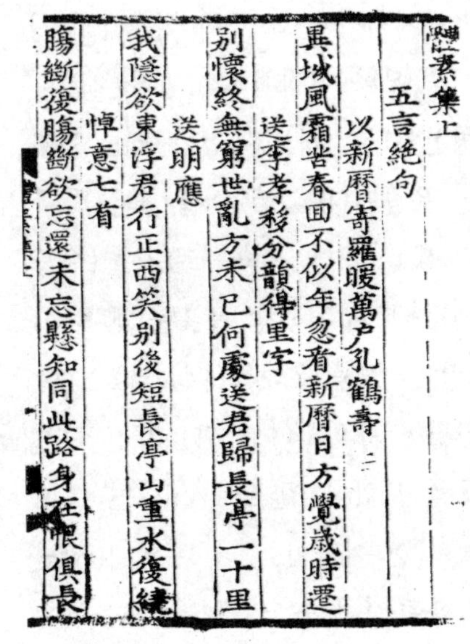

〈그림 181〉『체소집』(국립중앙도서관 소장)

* 『취정록(就正錄)』

目錄 冊 1~25 : 詩文, 雜錄.

이규현(李奎顯)110)의 시문집. 필사본, 25책. 개인 소장, 19.0×28.0cm
외. 여러 글을 대체로 시기순으로 모았다. 1책은 시문류, 2책은 명·제

---

110) 이규현(李奎顯) 1874(고종 11)~1951 : 자는 우문(于文)·명오(明五),
    호는 광암(廣菴), 본관은 덕수. 숙부인 이필희에게서 수학했으며, 이근원
    과 유인석의 문인이다. 1895년 제천의병에 참여했다가 실패후 단양 장정
    리에서 살았다. 1905년 정운경 부대, 1907년 이강년 부대에도 참여했다.
    단양에서 별곡서사(別谷書社)를 열었으며, 말년에는 여주군 흥천면에서
    살았다. 1993년 건국훈장 애국장을 추서받았다. 〈참고문헌 『취정록』, 『호
    서의병사적』〉

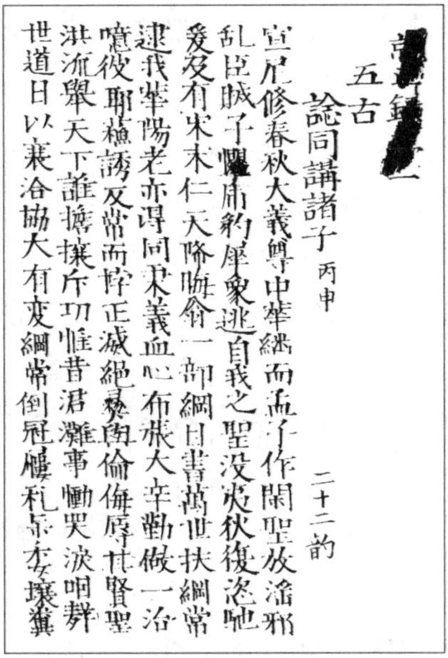
五古
諭同講諸子 丙申 二十二韵
宣尼修春秋大義尊中華繼而孟子作闢聖放淫邪
乱臣賊子懼而約厓象逃自我之聖沒[illegible]秋復[illegible]馳
爰及有宋末仁天降晦翁一部綱目書萬世扶綱常
逮我華陽老亦得同宋義血心布張大辛勤做一治
噫彼耶穌誘反常而悖正滅絕彝與倫侮辱[illegible]賢聖
洪流擧天下誰[illegible]擯斥切惟昔[illegible][illegible]事慟哭淚咽[illegible]
世道日以衰洽協大有变綱常倒冠屨[illegible][illegible][illegible][illegible]

〈그림 182〉『취정록』(개인 소장)

문·기·설·발·문·잠·애사·서·론·결·록 등을 수록했다. 2책에는 이종복(李種復)·장복규(張復圭)·지운상(池運象) 등 단양 출신 인물에 대한 자료가 다수 수록되어 있으며, 초기 제천 의병과 관련해서는 육의사·유중교·정화용·지원영 등에 대한 내용은 의병 연구의 자료가 된다. 3책은 문답·서간·혼서·증어(贈語) 등으로, 내용에서는 성리학적인 논설이 주를 이룬다. 4책은 기문류를 주로 수록했다. 5책은 잡저류로 학규·강의와 추원홀기(追遠笏記) 등을 수록했다. 6~12책은 단양과 여주 등지에서 집필한 잡록류로 기문·제문·서간·화상찬 등을 수록했다. 〈고숙부실곡선생문(告叔父實谷先生文)〉, 〈제이기중문(祭李紀中文)〉, 〈제의암선생문〉, 〈치재기〉, 〈학습재기〉, 〈숙재유고서〉, 〈차윤효자하박시묘송(次尹孝子河博侍墓訟)〉, 〈숙재유공묘지(肅齋柳公墓誌)〉 등은 제천지역 인물을 다룬 것이다. 13~16책은 집의당 김태원의 아들인 김성모(金性模)[111]의 글을 수록했다. 원주와 여주를 중심으로 스승인

111) 김성모(金性模) 1889~? : 자는 도존(道存), 호는 경당(敬堂), 본관은 해풍(海豊). 집의당 김태원의 아들. 회당 박정수(朴貞洙)와 광암 이규현(李奎顯)의 문인이다. 만년에는 영월 주천면 금마리에서 살았다. 〈참고문헌 『집의당유고』, 『취정록』〉

박정수, 이근원, 이규현에 보낸 서간·제문 등 관련 자료가 다수 수록되어 있다. 17책은 「최근록(最近錄)」, 18책은 「수록」, 19책은 「자배신편(煮背新編)」, 책 20~22는 잡록으로 모두 이규현의 글을 수록했다. 「자배신편」은 81강(綱)으로 나누어 정치의 방략을 정리한 것이다. 23책은 「광거재묘지명(廣居齋墓誌銘)」, 24~25책은 강학처인 동소재(東小齋)에 있던 잡록이다. 이규현은 주로 단양을 중심으로 의병활동에 가담했으므로, 단양지역 의병활동의 동향을 알 수 있는 자료이다. 그리고 김성모(金性模)의 글을 수록한 13~16책은 부친인 집의당 김태원과 그 외 제천의병 참가자에 대한 자료를 수록하고 있다. 한국정신문화연구원에서 아들인 이민구(李敏龜) 소장의 책을 MF로 촬영했다.

* 『치당유고(耻堂遺稿)』

目錄   卷 1 : 詩, 疏, 書. 卷 2 : 書. 卷 3 : 書. 卷 4 : 序, 記, 題跋, 雜著. 卷 5 : 日錄. 卷 6 : 通文, 祭文, 告文, 墓碣銘, 行狀, 附錄.

이승구(李承龜)[112]의 시문집. 석인본, 6권 2책. 19.0×25.5cm. 책의 끝에는 1969년 김용숙이 쓴 발문이 있다. 1책 권 1~3의 서에는 스승인 성재 유중교를 비롯해 여러 사우에게 보낸 서간이 수록되어 있으며, 의당 박세화·회당 윤응선 등 의당학파 인사에게 보낸 서간도 있다. 권 4의

---

112) 이승구(李承龜) 1865(고종 2)~1931 : 자는 성문(聖文), 호는 치당(耻堂), 본관은 벽진(碧珍). 충북 괴산 출신. 성재 유중교의 제자이다. 유인석이 의병을 일으켰을 때 군자금을 지원했다. 1995년 건국포장이 추서되었다. 〈참고문헌 『치당집』〉

〈포세옹서(逋世翁序)〉에서는 국권상실 이후 청풍에 들어와 살았던 민동식(閔東植), 〈휘암육순연서(徽庵六旬宴序)〉에서는 휘암 이주승(李冑承)을 소개했다. 권 5의 〈화양일록〉은 1923년 화양동 강회 참석 기록이며, 〈동유해산일록〉은 1917년 동해안을 유람한 일기 기록이다. 제문은 유중교, 윤치익(尹致翼), 이강년(李康秊), 고모, 한원택(韓遠澤), 누이, 윤응선(尹膺善), 박익동(朴益東), 정술원(鄭述源), 박주순(朴冑淳), 외조 등에게 보낸 제문을 수록하고 있다. 부록에는 아들인 이치화(李致和)가 쓴 〈황고치당부군가장(皇考恥堂府君家狀)〉이 수록되어 있다.

恥堂遺稿卷之一

詩

參屏鄉飲禮後吟丁酉

此理元來有此人屏山秋社禮容新十分儀則模賢聖三代衣冠共賓主樂章無筭終非俗醇酒交酬是養眞今天之下群陰裏獨保微陽萬古春

華陽洞鄉飲禮後吟并小引

崇禎五壬寅三月十九日先生嗣孫宋在慶奉邀淵齋山長宋秉璠於華陽洞行鄉飲酒禮余聞而進往觀瞻於賓席之末而仰審雨皇廟守退謁先生遺像自不勝悲憤感慕之情矣是日卽毅宗皇帝殉社之日也淵齋於泣弓巖下率諸生講春秋一篇各賦五絶一首以寄匪風下泉之恩余雖不作不敢不次

〈그림 183〉『치당유고』(의병전시관 소장)

* 『치재집(恥齋集)』

目錄　卷 1(元) : 失傳. 卷 2(亨) : 書, 序, 墓表, 墓誌銘, 墓碣銘, 後敍, 行狀, 雜著, 遊錄. 卷 3(利) : 記, 說, 論, 祭文, 告墓文, 祝文, 上樑文, 跋, 散錄. 卷 4(貞) : 附錄.

강순희(姜順熙)[113]의 시문집. 필사본, 4권 4책. 개인 소장, 23.5×33.5cm. 현재 1권은 분실되어 3권 3책(117장)만이 남아 있다. 의병전쟁에 직접 참여한 경험이 있으면서 제천에 세거하고 있던 강순희의 글은 의병후예들의 행방에 대한 많은 자료를 남기고 있다. 특히 권 3에 수록된 윤영철(尹永哲), 이인영(李仁榮), 강익수(姜翼秀), 지원영(池源永), 이강년(李康秊), 유치삼(兪致三), 유인석(柳麟錫), 김상태(金尙台), 강수명(姜秀明), 권정수(權珽洙), 원석홍(元錫洪), 박정수(朴貞洙), 이재열(李載烈), 이근원(李根元), 유흥문(柳興文), 김창재(金昌在), 이복연(李福淵) 등에 대한 제문은 당시 제천지역

〈그림 184〉『치재집』(개인 소장)

의 문사들의 인맥관계와 활동상을 엿볼 수 있다. 권 4에 수록된 이규현(李奎顯)이 쓴 치재기(恥齋記), 종제 강달희(姜達熙)의 행장, 만사, 제문, 아들인 강인원(姜仁遠)이 쓴 묘지문 등을 통해 저자의 업적을 파악할 수 있다(◆사진 47〉).

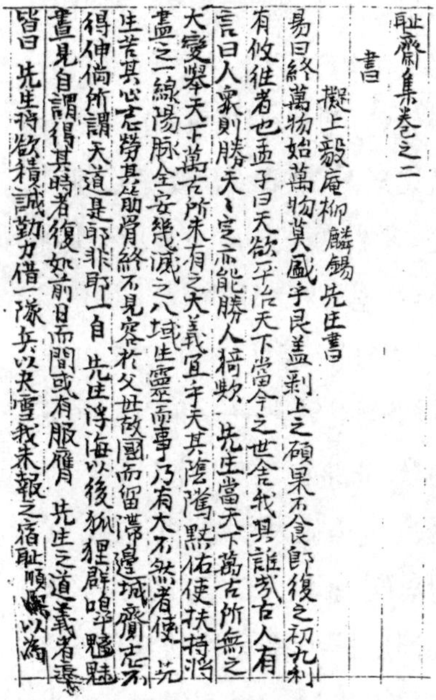

---

113) 강순희(姜順熙) 1868(고종 5)~1929 : 자는 성약(聖若), 호는 치재(恥齋), 본관은 진주. 제천 두학동 오석 출신. 1895년 제천 유인석 의병, 1905년 정운경 의병, 1907년 이강년 의병 등에 참여해 종군했다. 이강년이 순국한 후에는 박정수를 이어 『창의사실기』를 집필했다. 1995년 건국훈장 애국장이 추서되었다. 〈참고문헌 『치재집』, 『국사산록』〉

* 『치재집(致齋集)』

目錄　卷 1 : 詩, 書. 卷 2 :
　　　雜著, 序, 記, 跋, 祭文,
　　　行狀, 墓碣, 墓表, 墓誌,
　　　語錄. 卷 3 : 附錄.

김인수(金麟洙)[114]의 시문집.
석인본, 3권 1책. 22.7×30.5cm.
시문·서간문·비지문 등에는 제
천의 화서학파 인사들과 교류를
전하는 기록이 남아 있어, 화서
학파의 행방을 추적할 수 있는
중요한 자료이다. 책 끝에는 1976
년 장자인 김용숙(金容肅)이 쓴
발문이 있다. 권 2에는 해방 이

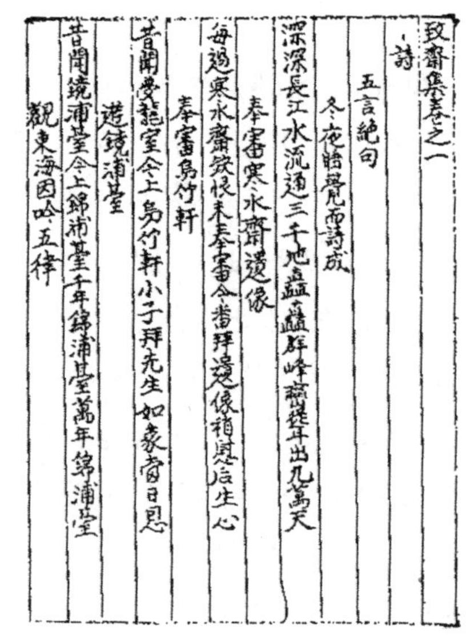

〈그림 185〉『치재집』(정문연, 1994)

후의 동향을 적은 〈을유해방기(乙酉解放記)〉와 남북전쟁이라고 명명했
던 한국전쟁 당시의 소회를 적은 〈경인동란기(庚寅動亂記)〉 등 시사와
관련된 기문이 있다. 스승인 항재 이정규에 대해서는 〈제항재선생문(祭
恒齋先生文)〉, 〈항재선생어록(恒齋先生語錄)〉 등의 자료가 있다. 부록
에는 여러 사람이 보낸 만장(輓章), 제문, 1967년 유제항(柳濟恒)이 쓴

---

114) 김인수(金麟洙) 1892(고종 29)~1962 : 자는 국서(國瑞), 호는 치재(致
齋), 본관은 광산. 충북 괴산 출신. 김인수는 성재 유중교 학맥의 이정규
(李正奎)를 스승으로 모셨다. 1925년 이후 충북 중원군 동량면(東良面)
하곡(荷谷) 개천산(開天山)에서 두문불출하면서 살았다. 〈참고문헌『치재
집』, 『치재일기』〉

행장, 1969년 정규해(鄭糺海)가 쓴 묘갈명, 1971년 송석성(宋錫星)이 쓴 묘지명, 1973년 이강협(李康協)이 쓴 묘표가 수록되어 있다.

*『탁사정연운(濯斯亭聯韻)』

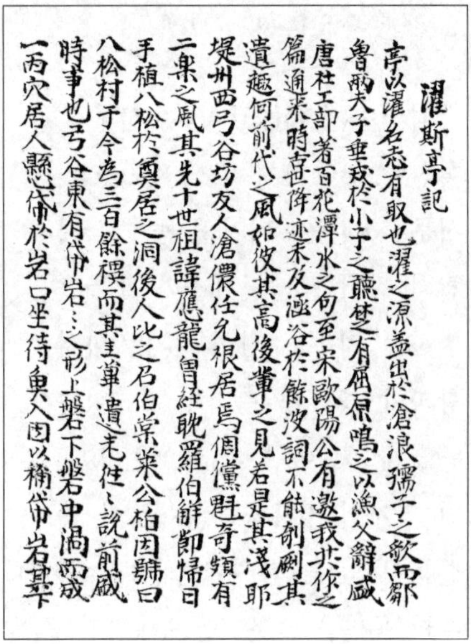

濯斯亭記

亭以濯名志有取也濯之源盖出於滄浪孺子之歌而鄒魯两夫子垂戒於小子之聽楚之有屈原鳴之以漁父辭盛唐杜工部著百花潭水之句至宋歐陽公有邀我共作之篇適来時去任降迹未及涵谷於餘波詞不能刷其遺趣何前代之風如彼其高後輩之見若是其淺耶堤州西弓谷坊友人滄儂任允根居焉倜儻瑰奇頗有二渠之風其先十世祖諱應龍曾經耽羅伯爵節帰曰手植八松於奠居之洞後人比之召伯棠萊公柏因號曰八松村于今為三百餘稷而其主華遺老任々說前蔵時事也弓谷東有佛岩々之形上磐下磐中渦而成一丙穴居人懸佛於岩口坐待魚入因以稱佛岩其下

〈그림 186〉『탁사정연운』(개인 소장)

탁사정과 관련된 여러 자료와 시문을 모은 책. 필사본, 1책 52장. 개인 소장, 18.2×23.2cm. 1925년에 쓴 청은(靑隱) 이병선(李炳善)의 기문과 옥천(玉川) 조동헌(趙東憲)의 기문, 김병훈(金秉勳)이 쓴 〈탁사정가(濯斯亭歌)〉, 여러 사람의 탁사정에 대한 시, 창농(滄儂) 임윤근(任允根, 1865~1928)의 수연(晬宴) 때의 시문, 탁사정 낙성연 때의 시문, 임윤근에 대한 만사, 1926년 이학기(李學器)가 쓴 〈탁사정상량문(濯斯亭上樑文)〉 등이 편집되어 있다. 책의 끝에는 "甲戌八月日謄寫于濯斯亭 潛淵書"라고 적혀 있으며, 이는 1934년 잠연 임명순(任明淳)이 필사한 것이다. 1920년대 봉양 일대의 문사들을 파악할 수 있는 자료이다.

*『탁사집(濯斯集)』

최병헌(崔炳憲)[115]의 문집. 1책, 연세대중앙도서관 소장. 1900년대 초기 『황성신문』과 『대한매일신보』 등의 잡지에 기고한 글을 모아 1908년 성책했다.

그 외 최병헌의 저술로는 『예수텬쥬량교변론』, 『성산명경』, 『만종일련』, 『한철집요』 등이 있으며, 연세대중앙도서관에 소장되어 있다.

『예수텬쥬량교변론(耶蘇天主兩敎辯論)』은 최병헌이 역술하고 홍한식(洪翰植)이 교열하여 1908년 정동야소교회사무소(貞洞耶蘇敎會事務所)에서 간행했다. 개신교와 천주교를 비교한 저술로 최병헌의 서문, 양교를

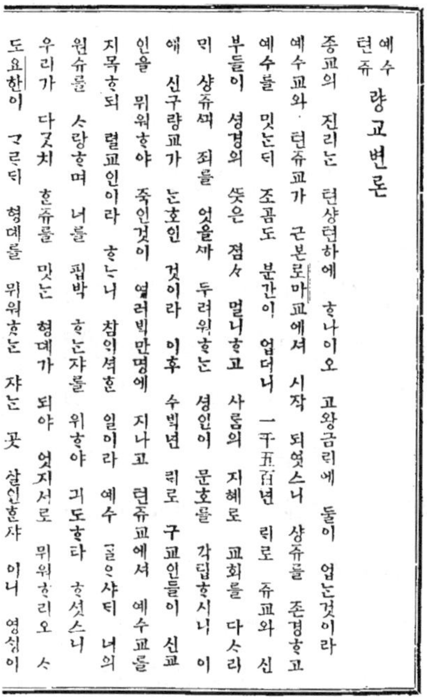

예수
텬쥬 량교변론

종교의 진리는 텬샹텬하에 ᄒᆞ나이오 고왕금리에 둘이 업는것이라 예수교와·텬쥬교가 근본로마교에셔 시작 되엿스니 샹쥬를 존경ᄒᆞ고 예수를 밋는디 조곰도 분간이 업더니 一千五百년 리로 쥬교와 신부들이 셩경의 뜻은 졈ᄉ 멀니ᄒᆞ고 사롬의 지혜로 교회를 다스리미 샹쥬씌 죄를 엇울새 두려워ᄒᆞ는 셩인이 문호를 각립ᄒᆞ시니 이애 신구량교가 논호인 것이라 이후 수빅년 릭로 구교인들이 신교인을 뮈워ᄒᆞ야 죽인것이 열러빅만명에 지나고 텬쥬교에셔 예수교를 지목ᄒᆞ되 렬교인이라 ᄒᆞᄂᆞ니 참익셕흔 일이라 예수 ᄀᆞᆯᄋᆞ샤티 너의 원슈를 ᄉᆞ랑ᄒᆞ며 너를 핍박 ᄒᆞᄂᆞ쟈를 위ᄒᆞ야 긔도ᄒᆞ라 ᄒᆞ셧스니 우리가 다긋치 흔쥬를 맛는 형뎨가 되야 엇지서로 뮈워ᄒᆞ리오 ᄉ도요한이 ᄀᆞᆯᄃᆡ 형뎨를 뮈워ᄒᆞ는 쟈는 곳 살인ᄒᆞ쟈 이니 영싱이

〈그림 187〉 『예수텬쥬량교변론』(개인 소장)

---

115) 최병헌(崔炳憲) 1858(철종 9)~1927 : 호는 탁사(濯斯), 본관은 전주. 제천 신월리에서 출생. 감리교 목사로서 한국적 신학 형성의 선구자. 어려서 『영환지략(瀛環志略)』을 읽으면서 기독교에 접했다. 1888년(고종 25) 선교사 존스(Jones)에게 우리말을 가르치고 다음해 배재학당의 한문교사가 되면서 선교사들과 교제를 가졌다. 1893년 세례를 받고 정동교회의 전도사로 활동하면서 성서번역위원 및 독립협회 간부, 제국신문 주필, 신학월보 편집인 등을 역임했다. 그리고 각 신문에 개화사상을 역설하는 글을 발표했다. 1902년 목사안수를 받았으며, 정동교회의 창설자인 아펜젤러(Appenzeller)가 해난사고로 사망하자 담임목사직을 이어받아, 1903년부터 1914년까지 목회활동을 했다. 1914년부터 1922년까지는 인천·서울의 감리사를 담당했다. 1922년 목회직에서 은퇴한 후 감리교 협성신학교 교수로 초빙되었다. 〈참고문헌 『최병헌선생약전』〉

비교하면서 개신교의 장점을 열거한 「십론」, 천주교가 마음대로 고친 것이 11가지라는 「텬쥬교변경론」, 천주교를 비판한 「서론」으로 구성되어 있다.

『성산명경(聖山明鏡)』은 존스(趙元時)의 교열로 1911년 동양서원(東洋書院)에서 간행했다. 1907년 『신학월보』 제5권 1~5호에 걸쳐 발표한 「성산유람기」를 간행한 것이다. 1922년 『증뎡성산명경(增訂聖山明鏡)』이 간행되었다. 이 책은 자신이 개종하게 된 사연을 산 위에 있던 종교인들의 대화 형식을 빌어 설명했다.

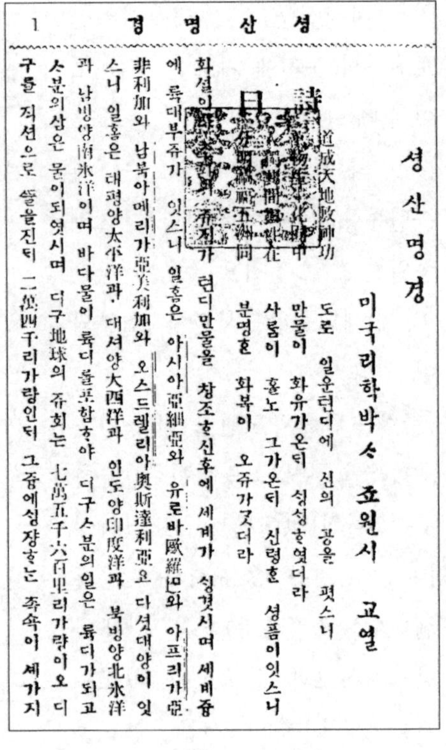

〈그림 188〉 『성산명경』(개인 소장)

『만종일련(萬宗一臠, The world of religion)』은 1916년에서 1920년까지 『신학세계』에 연재한 「종교변증론(宗敎辨證論)」을 정리하여 1922년 조선야소교서회(朝鮮耶穌敎書會)에서 간행한 것이다. 여러 종교서를 수집하여 각 종교의 약사(略史)와 주의(主義)를 비판적으로 소개하고서, 그 가운데 제일이 예수교라는 주장을 수록했다.

『한철집요(漢哲輯要)』는 1922년 박문서관(博文書館)에서 선장본 1, 2, 3집과 별도로 이를 합집한 1책으로 간행했다. 신학을 연구하는 사람들이 성서는 숙독하나 동양의 전통 학문에는 익숙하지 않으므로, 경전

을 수집하고 제자백자의 요지를 정리하여 전통 학문에 대한 교과서로
편집한 책이다.

　1998년 최병헌의 저술과 집안에 전하는 약전을 모아『탁사 최병헌 목
사 대표저서 전집·약전』(정동삼문출판사)이 영인 간행되었다. 약전은
필사본『최병헌선생 약전』이며, 차남인 최재원이 1930년대에 쓴 것으로
알려져 있다. 최병헌이 태어난 1858년부터 목사로 시무한 1906년까지의
일을 기록했다.

　최근 최병헌의 강연집인『몽양원(蒙養園)』(탁사출판사, 1999)이 이
주익의 번역으로 간행되었다.

*『포옹집(抱翁集)』

目錄　序. 卷 1 : 七言絶句, 五言律詩, 七言律詩. 卷 2 : 書. 卷 3 :
　　　疏·啓. 卷 4 ; 祭文, 哀辭. 卷 5 : 雜著. 卷 6 : 世系圖. 卷 7
　　　: 年譜. 卷 8 : 附錄.

　정양(鄭瀁)[116]의 문집. 석인본, 8권 2책. 20.1×27.5cm. 포옹 정양의 9
대손 정일원(鄭一源)이 봉화의 준덕사(竣德祠), 각화사(覺華寺) 등에

---

116) 정양(鄭瀁) 1600(선조 33)~1668(현종9) : 자는 안숙(晏叔), 호는 부익
　　자(孚翼子)·포옹(抱翁), 본관은 영일(迎日). 정철(鄭澈)의 손자이며, 강
　　릉부사 정종명(鄭宗溟)의 아들이다. 1618년(광해군 10) 사마시에 입격했
　　으나, 1636년 병자호란이 일어나자 강화, 삼척에 은거생활을 하다가 1645
　　년 동몽교관에 제수된 뒤 내외의 여러 관직을 역임했다. 1655년에는 태백
　　산 도심리(道深里)에 들어가 우거했다. 그 뒤 주부, 현감, 지평, 군수 등을
　　역임했으며, 1668년 장령에 제수되었으나 병이 심해 죽었다. 묘와 신도비
　　가 금성면 월림리에 있다. 뒤에 이조판서에 추증되었다. 문집으로『포옹집』
　　이 있다. 초시(初諡)는 정절(貞節)이었으나 뒤에 문절(文節)로 개시되었
　　다. 〈참고문헌『포옹집』,『국조인물고』,『사마방목』,『조선환여승람』〉

서 유문을 수집하고, 그의 아들 정운호(鄭雲灝)가 원집을 만들고 연보, 세계 등을 합부해 1914년 제천 월림리 계산에서 인쇄했다. 책의 첫머리에 1913년 김학수(金鶴洙)가 쓴 서문이 있으며, 책 끝에는 1913년 정운호(鄭雲灝)가 쓴 발문이 있다. 이 책을 1970년 정원태가 다시 중간했다. 권 4는 계부, 중씨, 아내와 아들 등 가족과 산신에 대한 제문이 수록되어 있다. 권 6의 세계도, 권 7의 연보, 권 8의 부록은 정양의 행적과 관련된 기록으로 부록의 제문은 송시열, 홍석, 윤선거가 지었으며, 손자인 첨의당 정천(鄭洊)이 쓴 묘표음기, 박세채(朴世采)가 쓴 묘지명, 8대손인 정해기(鄭海箕)가 쓴 행장, 김병학(金炳學)이 쓴 시장, 김상현(金尙鉉)이 쓴 신도비명 등을 수록했다.

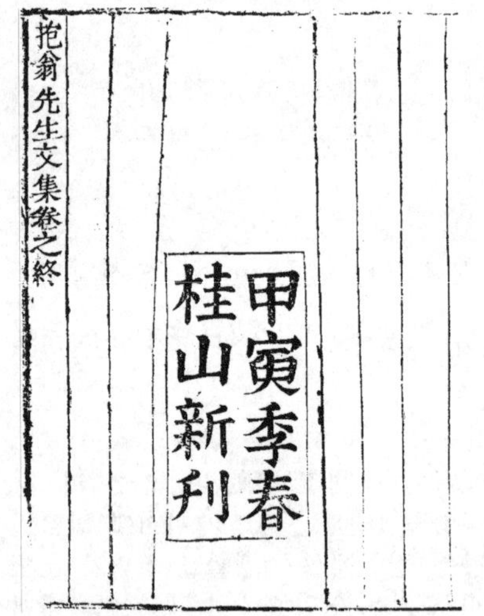
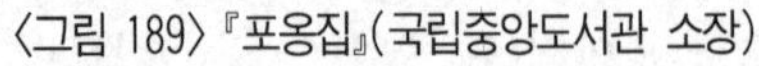

抱翁先生文集卷之終

甲寅季春
桂山新刊

〈그림 189〉『포옹집』(국립중앙도서관 소장)

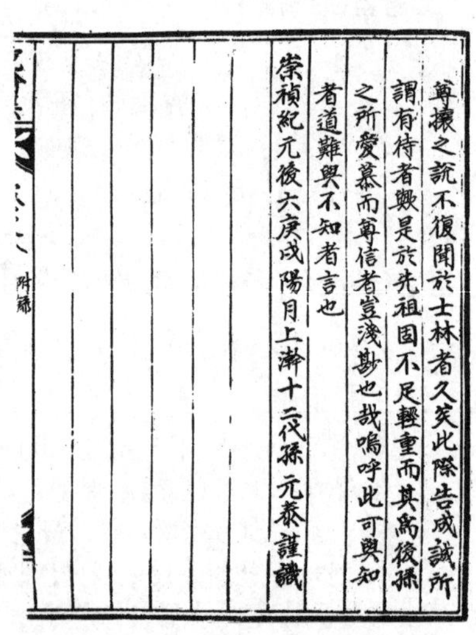

尋攘之訛不復聞於士林者久矣此際告成誠
謂有待者歟是旅先祖固不足輕重而其爲後
之所愛慕而尋信者豈淺尠也哉嗚呼此可與
者道難與不知者言也
崇禎紀元後六庚戌陽月上澣十二代孫元泰謹識

〈그림 190〉『포옹집』(병산영당 소장)

* 『풍암집(楓巖集)』

目錄　詩, 五言, 七言.

　김종필(金終弼)[117]의 시문집. 목판본, 1책 27장. 19.5×25.5cm. 책의 첫머리에는 1635년 신익성(申翊聖)이 쓴 서문이 있으며, 책의 끝에는 같은 해 김육(金堉)이 쓴 발문이 있다. 방손인 김육이 숙부집에 가장되어 있던 시집을 발견해 1635년(인조 13) 간행했다.

* 『하담집(荷潭集)』

目錄　卷 1 : 關北紀聞上. 卷 2 : 關北紀聞下. 卷 3 : 涪溪紀聞上. 卷 4 : 涪溪紀聞下. 卷 5 : 紫海筆談. 卷 6 : 破寂錄上. 卷 7 : 破寂錄下. 卷 8 : 疏箚. 卷 9 : 論, 序, 記, 跋, 說, 祭文, 書, 傳, 詔, 上樑文, 墓誌, 雜著. 卷 10 : 賦辭, 詩. 卷 11 : 詩, 附錄, 遺事.

　김시양(金時讓)[118]의 시문집. 필사본, 11권 8책. 「부계기문(涪溪紀

117) 김종필(金終弼) : 자는 해중(諧仲), 호는 풍암(楓巖)·풍담(楓潭), 본관은 청풍(淸風). 김육의 6대조인 태상공(太常公)의 세째 아들. 1495년(연산군 1) 소년시절에 사마시에 입격했으며, 시로써 당시에 이름이 높았다. 벼슬은 하지 않고 해주(海州) 풍암 계곡 위에 살았다. 스스로 호를 풍암(楓巖)이라 하고 평생 학문에만 힘썼다.

118) 김시양(金時讓) 1581(선조 14)~1643(인조 21) : 초명은 시언(時言), 자는 자중(子中), 호는 하담(荷潭), 본관은 안동. 비안현감 김인갑(金仁甲)의 아들이다. 이대수(李大邃)의 사위로 혼인 후 제천으로 이거했다. 1605년(선조 38) 문과에 급제해 홍문관에 들어갔다. 1607년 주서(注書), 1609년(광해군 1) 예조좌랑이 되었으며, 1610년 동지사의 서장관(書狀官)으로 명나라에 다녀왔다. 1612년 전라도도사(全羅道都事)가 되었다가 향시에 출제

320 제천 관련 고문헌 해제집

聞)」,「자해필담(紫海筆談)」,「파적록(破寂錄)」 등의 필기류에서는 시론을 비교적 객관적으로 정리했다. 야사총서인 『대동야승(大東野乘)』 등에도 수록되어 있다. 소차와 시문에서는 관의 횡포를 기술하고 군정과 부역의 개선을 주장하는 사회의식을 보여주고 있다. 권 11의 〈임자일기〉에서는 광해군대 시제(試題)사건으로 유배가게 된 시말을 기록했으며, 김곡(金穀)이 찬한 〈유사〉와 조경(趙絅)이 찬한

荷潭集卷之一
關址紀聞上　光海壬子公以試題事竄址鍾城、叙錄址關事實故名曰關址紀聞
陵寢
穆王德陵　慶興　移自安興　在咸興移興
翼王智陵　在安　邊在安
度王義陵　興在咸
桓王定陵　與在咸
紀事
孝恭王后安陵　興在咸
貞淑王后淑陵　在文　川在文
敬順王后純陵　與在咸
懿惠王后和陵　與在咸
庚寅　太宗十年八年　永樂八年
太祖始置慶源于孔州
太宗移置于蘇多老以重歧豊舊地胡人提空信

〈그림 191〉『하담집』(『하담 김시양 문집』, 2001)

〈신도비명〉에서는 김시양의 인물과 가계를 정리했다. 지역과 관련해서는 권 9에 이식(李植), 김식(金湜), 정세규(鄭世規)119) 등 인사와의 교

한 시제가 문제가 되어 종성에 유배되었으며 1618년 영해(寧海)로 이배되었다. 1623년 인조반정으로 풀려나 여러 관직을 거쳤으며, 1626년(인조 4) 경상도관찰사, 1631년 병조판서 등을 역임했다. 1633년 후금과의 화의를 끊으려는 사신을 붙잡아 두고 상소를 올렸다가 영월에 유배되었으나 바로 복직된 후 여러 관직을 역임했다. 1636년 청백리에 뽑혔으며, 판중추부사(判中樞府事)가 되었으나 사직하고 향리인 충주 가금면 하담리로 내려갔다. 전적(典籍)과 경사(經史)에 밝았다. 저서로는 『하담파적록(荷潭破寂錄)』, 『부계기문(涪溪記聞)』, 『하담잡기(荷潭雜記)』 등이 있으며, 문집으로 『충익공하담선생유고(忠翼公荷潭先生遺稿)』가 있다. 시호는 충익(忠翼). 〈참고문헌『충익공하담선생유고』, 『안동김씨제학공파세보』〉
119) 정세규(鄭世規) 1583(선조 16)~1661(현종 2) : 자는 군칙(君則), 호는

류를 보여주는 서간문이 있으며, 제천 관아의 복설과 관련된 〈제천관아 상량문(堤川官衙 上樑文)〉이 있다. 가계 기록에서는 지역 인사들과의 혼맥관계가 자세하다. 2001년 후손인 김익수(金益洙)가 『하담 김시양 문집』으로 번역해 간행했다.

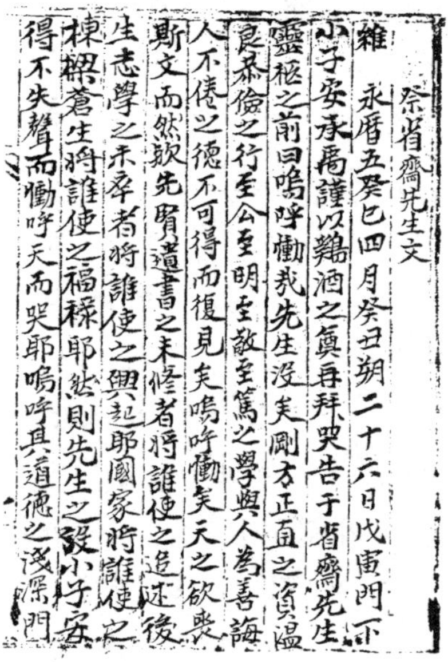
祭省齋先生文
維 永曆五癸巳四月癸丑朔二十六日戊寅門下
小子安承禹謹以鷄酒之奠再拜哭告于省齋先生
靈柩之前曰嗚呼慟哉先生沒矣剛方正直之資温
良恭儉之行至公至明至敬至篤之學與人爲善誨
人不倦之德不可得而復見矣嗚呼慟矣天之欲喪
斯文而然歟先賢遺書之未修者將誰使之追述後
生志學之未卒者將誰使之興起耶國家將誰使之
棟樑蒼生將誰使之福祿耶然則先生之沒小子安
得不失聲而慟呼天而哭耶嗚呼其道德之淺深門

〈그림 192〉『하사유고』(의병전시관 소장)

＊『하사유고(下沙遺稿)』

目錄　祭文, 書, 書贈, 詩, 語錄.

안승우(安承禹)[120]의 유고. 필

동리(東里), 본관은 동래(東萊). 좌의정 정언신(鄭彦信)의 손자이며, 정율(鄭慄)의 아들이다. 동생인 정세구(鄭世矩)는 사마시와 문과를 거쳐 감사를 역임했으며, 아들인 정담(鄭儋)은 사마시를 거쳐 뒤에 영월군수에 이르렀다. 정세규는 은퇴후 수산면 오치리(오티마을)에 거주했으며, 현재 묘는 제천시 봉양읍 삼거리에 있다. 1613년(광해군 5) 사마시에 합격하고, 문음(門蔭)으로 의금부도사를 거쳐 화순현령·안산군수를 역임했는데, 모두 선정을 베풀었다. 1636년(인조 14) 충청도관찰사로 특진되었으며, 그 해 병자호란으로 왕이 남한산성에서 포위되자 근왕병을 이끌고 남한산성에 가다가 패군했다. 이어 여러 관직을 번갈아 역임하고 이조판서에 이르렀다. 1654년(효종 5) 강화유수가 되었다. 문음 출신으로 육경에 오른 대표적 인물이다. 시호는 경헌(景憲). 〈참고문헌 『인조실록』, 『효종실록』, 『조선환여승람』〉

120) 안승우(安承禹) 1865(고종 2)~1896 : 자는 계현(啓賢), 호는 하사(下沙·夏史), 본관은 순흥. 경기도 양평군 양동면 출신. 아버지는 안종응(安

사본, 1책 28장. 의병전시관 소장, 17.3×26.0cm. 문집은 제문(祭文), 서(書), 서증(書贈), 시(詩), 어록(語錄)으로 구성되어 있다. 제문에서는 〈제성재서생문(祭省齋先生文)〉 외에 다른 사람들을 대신해 성재의 제문을 작성한 것이 여러 점 있다. 1895년 2월 관란정(觀瀾亭)에 올랐다가 원호의 충절을 기록한 문장과 유인석, 이근원, 신석원, 유치경, 홍사구, 정화용, 유중악 등에게 보낸 서신, 서증, 1894년 일본군이 대궐을 범할 때 평양 출신의 조병정의 의기를 기록한 〈조병정사실략(趙兵丁事實略)〉, 그 외 여러 시문, 〈의암선생어록〉 등이 수록되어 있다.

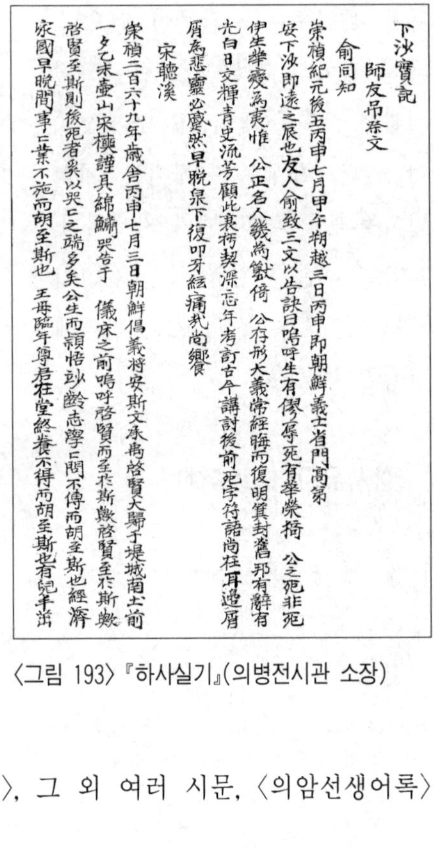
下沙實記
師友吊祭文
俞同知
崇禎紀元後五丙申七月甲午朔越三日丙申即朝鮮義士省門高第
安下沙即遠之辰也友人俞致三文以告訣曰嗚呼生有僇辱死有華榮猗 公之死非死
伊生華癈爲夷惟 公正名人幾爲獸倚 公存形大義常經晦而復明箕封舊邦有辭有
光白日交輝青史流芳顧此衰朽契深忘年考訂古今講討後前死字符語尚在耳邊屑
屑爲悲靈必蹙然早脫泉下復叩牙絃痛哉尚饗
宋聽溪
崇禎二百六十九年歲舍丙申七月三日朝鮮倡義將安斯文承禹啓賢大歸于堤城南土前
一夕乙未壺山宋樸謹具綿觽哭告于 儀床之前嗚呼啓賢而至於斯歟啓賢至於斯歟
啓賢至斯則後死者奚以哭〻之端多矣公生而穎悟妙齡志學〻問不傳而胡至斯也經濟
家國早晚問事〻業不施而胡至斯也 王母臨年尊君在堂終養不得而胡至斯也有兒半歯

〈그림 193〉『하사실기』(의병전시관 소장)

鍾應, 1845~1906)이다. 화서연원의 유중교에게서 수학했다. 1985년 의병기의에서 이필희를 대장으로 추대한 후, 자신은 의병 소모를 담당한 군무도유사를 자임했다. 유인석이 의병대장으로 추대된 후에는 전군장으로 활약했다. 1896년 4월 중군장으로서 제천의 남산 전투에 참가했으며, 여기서 홍사구와 함께 전사했다. 동문인 박정수·이정규가 시신을 찾아 화산동에 안장했다. 이 묘를 1973년 가을 제천시 화산동(현 제천예식장 자리)에서 찾아 정비했다. 그러나 1980년 5월 후손들에 의해 경기도 양평군 양동면 석곡리로 이장되었다. 1962년에 건국훈장 독립장이 추서되었다. 〈참고문헌 『하사유고』, 『하사실기』, 『하사안공을미창의사실』, 『안하사행장』〉

그 외 제천 의병전시관에는 후손에 의해 기탁된 『하사실기(下沙實記)』, 『하사안공행장(下沙安公行狀)』 등 안승우 관련 자료가 있다. 『하사실기』는 안승우(安承禹)가 전사한 후 스승과 사우들이 쓴 조제문(弔祭文), 만사, 뇌사를 모은 책. 필사본, 1책 17장. 21.5×32.7cm. 제문(祭文)은 유치삼, 송석, 이정규, 조준교, 이종하 · 이채, 이석영, 신현묵, 이흔영, 이기익, 박정화, 이근원, 유중악, 박정수, 원용정 · 원용석, 어중선, 이강년, 나상헌, 안승설, 윤병의, 윤정학, 유인석이 썼다. 만사(輓詞)는 이정규, 송석, 이규석, 이창로, 안홍원, 이규현 등이 썼으며, 뇌사(誄辭)는 오태정이 썼다.

『하사안공행장』은 의병장 안승우의 행장과 묘갈명을 수록한 책. 필사본, 1책 10장. 21.8×31.6cm. 안승우가 순절한 지 39년이 지난 1934년 송와 배진환(裵縉煥)이 작성한 〈하사안공행장(下沙安公行狀)〉과 장손인 안수룡(安洙龍) 등이 중심이 되어 묘비를 세우면서 정익수(鄭益洙)가 작성한 〈하사안공묘갈명병서(下沙安公墓碣銘幷序)〉가 수록되어 있다. 행장은 배진환의 『송와집』에도 수록되어 있다.

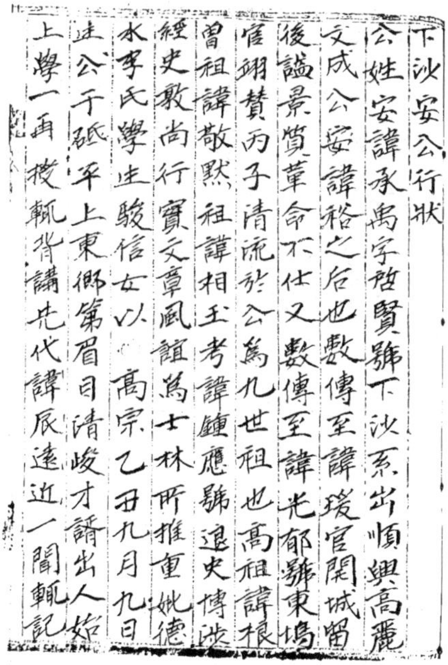
下沙安公行狀
公姓安諱承禹字啓賢號下沙系出順興高麗
文成公安諱裕之后也數傳至諱瑗官開城留
後謚景質革命不仕又數傳至諱光郁號東塢
官翊贊丙子淸流於公爲九世祖也高祖諱根
曾祖諱敬默祖諱相玉考諱鍾應號退史博涉
經史敦尚行實文章風誼爲士林所推重妣德
水李氏學生駿信女以 高宗乙丑九月九日
生公于砥平上東鄕第眉目淸峻才諝出人始
上學一再授輒背講先代諱辰遠近一聞輒記

〈그림 194〉 『하사안공행장』(의병전시관 소장)

* 『학고선생문집(鶴皐先生文集)』

目錄 卷 1 : 賦, 詩初稿. 卷 2 :
詩中稿. 卷 3~ 6 : 詩晚稿.
卷 7 : 疏, 箋, 書. 卷 8 :
序, 記跋, 祝文 祭文. 卷 9
: 雜著. 卷 10 : 雜著, 碑碣
表. 卷 11 : 行狀. 附錄.

김이만(金履萬)[121]의 시문집. 목
판본, 11권 6책. 제천에서 태어나
오래 거주했으며, 〈임호부(林湖賦)〉
를 비롯해 〈학고초당기(鶴皐草堂
記)〉, 〈임호채수기(林湖採蒪記)〉 등
제천의 역사와 풍광과 관련된 시
문이 다수 전한다. 권 9 잡저 중

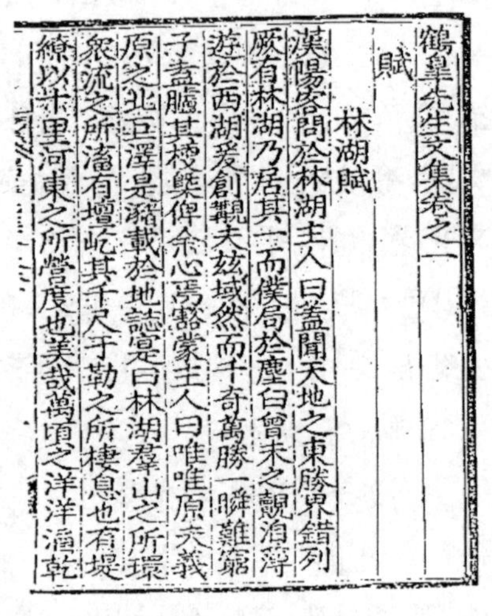

〈그림 195〉 『학고집』(『예안김씨예천파문
집』, 1994)

〈산사(山史)〉는 평소 경력한 전국의 산수의 역사를 기록한 것으로 유
행록 형식이면서도 조선 한문학사에서 특이한 작품이다. 그 가운데 제
천과 관련해서는 월악산, 한벽루, 의림지, 대암(구학리), 단곡(연박리)
등을 소개한 부분이 있어 참고가 된다. 권 10의 잡저 중에도 〈동유록

---

121) 김이만(金履萬) 1683(숙종 9)~1758(영조 34) : 자는 중수(仲綏), 호는
학고(鶴皐), 본관은 예안(禮安). 경주부윤 김해일(金海一)의 아들이다.
1713년(숙종 39) 사마시와 증광문과에 급제, 전적·병조랑 등을 거쳐 양
산군수가 되었다. 양산군수 재직 때에는 제방을 쌓아 치수에 공이 있다.
1745년 장령을 거쳐 정언, 사간, 집의 등의 청요직을 지냈다. 1756년 통정
대부에 올랐고 이어 첨지중추부사에 이르렀다. 문장이 뛰어났으며, 제천
을 배경으로 많은 시문을 남겼다. 문집으로『학고집』이 있으며, 그 외『학
고만언』 등의 저술이 있다. 〈참고문헌『학고집』〉

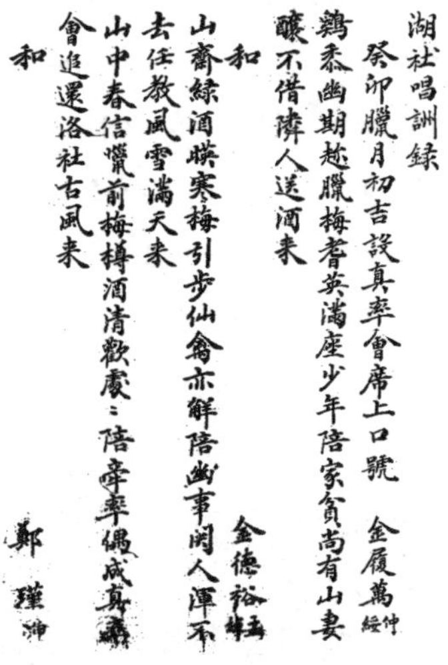

〈그림 196〉『학고만언』(규장각 소장) 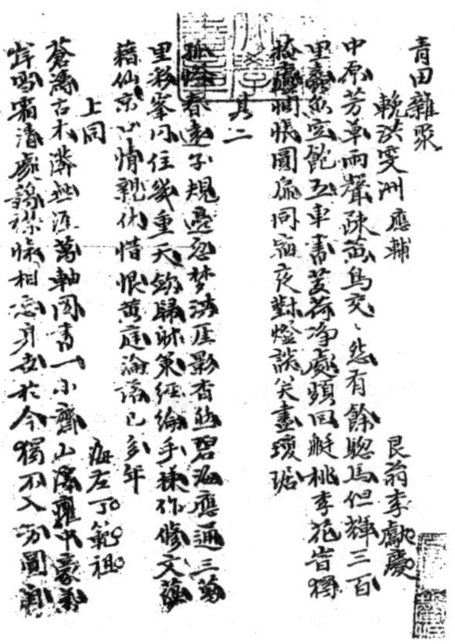 　〈그림 197〉『학고만언』(규장각 소장)

(東遊錄)〉과 〈유단양산수록(遊丹陽山水錄)〉 등 유행록이 수록되어 있다. 당대에 시로 저명했던 이수대(李邃大), 오상렴(吳尙濂), 이서주(李瑞胄) 등과 친교가 있었으며, 부록에 이병원(李秉遠)이 쓴 행장, 이익(李瀷)이 쓴 묘갈명, 그리고 이익(李瀷), 신종악(申宗岳), 박손경(朴孫慶), 정홍유(鄭弘儒)가 쓴 만사가 수록되어 있다. 이를 통해 경기·경상북도 북부지방 남인 인사들과의 교류관계를 엿볼 수 있다. 1994년 후손가에서 단계 김해일의 『단계집』 등과 합하여 『예안김씨예천파문집』으로 간행했다.

또 다른 김이만의 저작으로 규장각에 필사본 10책의 『학고만언(鶴皐漫言)』이 있다. 그 내용은 시문의 초고를 모은 것이다. 구성은 1책 : 복운(覆韻), 2책 : 호사창주록(湖社唱洲錄), 3책 : 학고만언(鶴皐漫言), 4책 : 청전잡취(青田雜聚), 5~6책 : 청전삼고(青田三稿), 7책 : 학고만언(鶴皐漫言), 8책 : 시고(詩稿), 9책 : 학명산고(鶴鳴散稿), 10책 : 담유(談腴)로 되어 있다. 이 가운데 2책의 「호사창주록」은 문집에 수록되지 않은 수창록(酬唱錄)이며, 4책의 「청전잡취」는 여러 사람들의 시문을 모은 것이다. 그 외는 모두 문집에 수록되어 있으며, 10책의 「담유」는 〈산사(山史)〉를 수록하고 있다.

*** 『학습재집(學習齋集)』**

目錄　序. 卷 1 : 詞, 辭, 詩, 賦, 箴, 銘, 戒. 卷 2 : 書. 卷 3 : 雜著 ; 說, 序, 記, 贊, 昏書. 卷 4 : 祭文. 卷 5 : 附錄.

신광묵(辛光默)[122]의 문집. 석인본, 5권 1책. 19.8×26.3cm. 아들인 신재윤(辛在允)이 유고를 모아 1978년 제천 배문사에서 간행했다. 책의 첫머리에는 1955년 배규철(裵圭喆)이 쓴 서문이 있으며, 권 5 부록에는 1955년 신승만(辛承萬)이 편찬한 행장

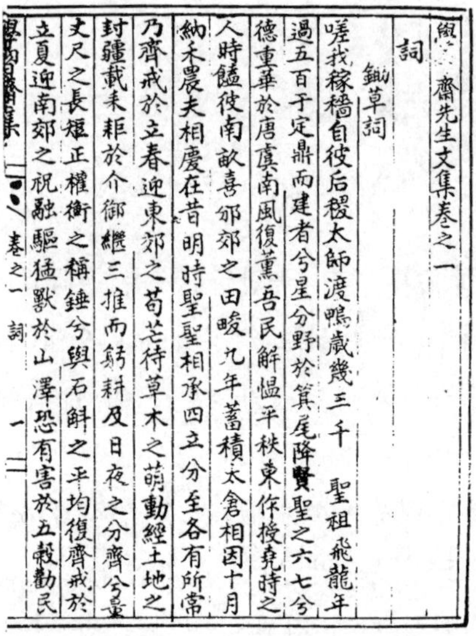
學習齋先生文集卷之一
詞
鋤草詞
嗟我稼穡自彼后稷太師渡鴨歲幾三千 聖祖飛龍年
過五百于定鼎而建者兮星分野於箕尾降賢聖之六七兮
德重華於唐虞南風復薰吾民解慍平秩東作授堯時之
人時饁彼南畝喜邠郊之田畯九年蓄積太倉相因十月
納禾農夫相慶在昔明時聖聖相承四立分至各有所當
乃齋戒於立春迎東郊之苟芒待草木之萌動經土地之
封疆載耒耜於介御繼三推而躬耕及日夜之分齊兮量
丈尺之長短正權衡之稱錘兮與石斛之平均復齊戒於
立夏迎南郊之祝融驅猛獸於山澤恐有害於五穀勸民
學習齋集 卷之一 詞 一二

〈그림 198〉 『학습재집』(의병전시관 소장)

122) 신광묵(辛光默) 1872(고종 9)~1949 : 자는 응삼(應三), 호는 학습재, 본관은 영월. 당시 단양군 어상천면 자작리에서 태어났다. 단양의 지원영 문하에서 공부하다가 제천 장담의 유인석에게서 수학했다. 1895년 을미의병과 1907년 이강년의병에 참여했다. 이강년이 순국한 후에는 이강년의 시신을 자작리 장치미에 반장하는데 공이 있다. 〈참고문헌 『학습재집』〉

이 있다. 권 3의 〈동방용하설(東方用夏說)〉과 〈척화설(斥和說)〉에서는 존화양이적 인식이 잘 나타나 있으며, 서간문, 잡저, 제문 등을 통해 제천 화서학파의 동향을 살필 수 있다.

　제천 의병전시관에는 학습재 신광묵 관련 필사본 2종이 있다.『학습재사집초(學習齋私集抄)』는 신광묵이 성편한 문집 초고본이다. 필사본, 1책. 22.5×30.0cm. 표제에 "永曆二百八十四年(1930)庚午八月十日成編"이라는 표기가 있다. 이규복(李圭復), 김홍경(金鴻卿) 등을 대신해 적은 글이 있으며, 문집에서는 대부분 생략되었다. 목록을 문집과 비교해 적으면 다음과 같다. 鄭松雲壽宴序, 代(무), 朴參奉六十一年生朝序, 又代, 金義堂壽宴序, 姜恥齋六十一年生朝序, 金進士六十一年生朝序, 徐進士六十一年生朝序, 李參判六十一年生朝序(代, 무), 安參奉六十一年生朝序(代, 무), 祭族大夫文(무), 祭姜景全文, 祭朴晦堂文, 祭亡子在敎文, 再祭文, 祭柳肅齋文, 祭朴惺菴文(代, 무), 祭族侄文, 祭族兄文, 祭姜恥齋文, 祭族侄文(代, 무), 祭李濟安文(代, 무), 祭亡弟文(代, 무), 書贈族侄在英文, 書上惺菴先生, 又, 與李廣庵(무), 代(무), 李廣庵弔狀(무), 代(무), 戒書社同志, 示書社同志(무), 講義說, 兒在弘定書, 憤談(무), 問答說(무), 族譜說, 毅菴先生畵像贊, 敍六月二十八日心情(무), 祭毅菴先生文, 李又樵回巹序, 李圭錫六十一年生朝序, 弔狀朴鍾億大人(무).

　『학습재잡저(學習齋雜著)』는 신광묵의 유문을 모은 책이다. 필사본, 1책 97장. 20.9×32.8cm. 일부 축문, 〈종국설〉, 〈처빈설〉, 〈춘사조공사실〉 등은 석인본『학습재집』에 미수록된 것이다. 목록을 문집과 비교해 적으면 다음과 같다. 改洞名義說, 藏在洞感舊, 禁養, 種菊說(무), 菊辭, 叔父甲日祝文(무), 民社祭祝文(무), 處貧說(무), 隱居辭(무), 山中記聞, 菽田驅野鷄辭(무), 祭雲岡李先生文, 祭白愚金公文, 祭勉窩姜公文, 祭荷峴

族丈文, 祭墨山李公文, 斥邪說, 山中問答, 春史集序, 春史曺公事實(무), 兒在敎定書(무), 兒在敎字說(무), 侄在衡字辭, 在敎字說(무), 又(무), 人說圖說, 婚姻定書(무). 끝의 〈재교자설〉과 〈혼인정서〉는 치재 강순희의 글이며, 〈재교자설우〉는 국사 강달희의 글이다(〈사진 48〉).

그 외 후손가에는 학습재 신광묵 관련 글로 『과정(課程)』(1책 22장. 19.0×27.0cm · 1책 30장. 19.0×31.0cm), 『학습재저(學習齋著)』(1책 49장. 18.2×27.0cm), 『눌어(訥語)』(1책 33장. 18.0×30.5cm), 『사집(私集)』(1책 27장. 22.0×32.0cm · 1책 34장. 22.5×33.0cm), 『사초(私草)』(1책 26장. 18.8×31.5cm), 『장편(長篇)』(1책 8장. 20.0×33.0cm), 『잡저(雜著)』(1책 68장. 22.5×32.5cm), 『아사(我師)』(1책 73장. 18.0×28.8cm), 『사우록(師友錄)』(1책 37장. 19.5×30.2cm), 『화동잡록(華東雜錄)』(1책 34장. 23.0×31.5cm) 등 필사본 자료가 있다. 이에는 문집에 수록되지 않는 글도 있어 신광묵 연구에 필요한 자료이다.

* 『학음선생유집(鶴陰先生遺集)』

目錄 鶴陰先生遺集序文. 詩, 遊桃川記, 遊玉泉洞記, 擬作跋尾, 擬作跋尾, 擬作延豊徐厚坤獄跋尾, 擬作平昌以俊伊獄跋尾, 晩芝谷崔汝七子婦尹女獄跋尾, 堤川幕府揭板小序, 玉泉歸放鶴山居序, 贈別左游適原州序, 睡夢銘, 萬克錫名說, 贈金生夏玄遊京序, 送洪海士祐定之京序, 送鄭生序, 關西記行
　　鶴田先生遺集 詩, 海州玉溪亭上樑文, 尋樂堂上樑文, 堤川鄕校重建上樑文, 跋.

김휘두(金輝斗)[123]의 유고집. 필사본, 1책. 사종손(四從孫)인 김창진

___

123) 김휘두(金輝斗) 1831(순조 31)~1907(융희 1) : 자는 공칠(公七), 호는

(金昌鎭)이 시문과 관서기행을 엮어 편집했다. 근대기 제천지역 사족의 동향을 엿볼 수 있다. 책의 첫머리에는 1984년 김창진이 쓴 서문이 있다. 권말에는 김성진(金誠鎭)의 문집인 『학전선생문집(鶴田先生遺集)』을 합집했으며, 책 끝에는 글을 수집하고 합집하게 된 경위를 적은 김창진이 쓴 발문이 있다. 시문에서는 외국과의 수교나 문물 수용 등 서구의 근대 문명에 대해 적극적으로 평가하는 모습을 보여주고 있다.

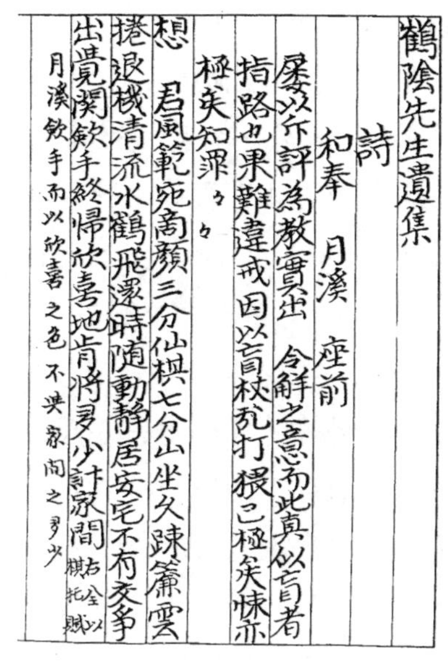

〈그림 199〉『학음선생유집』(개인 소장)

* 『한수재선생문집(寒水齋先生文集)』

目錄　寒水齋集序. 卷 1 : 詩, 卷 2 : 疏. 卷 3 : 疏, 書啓, 收議. 卷 4~20 : 書. 卷 21 : 雜著, 通文, 呈文, 語錄. 卷 22 : 序, 記, 題, 跋, 贊. 卷 23 : 祭文, 告文, 祝文, 哀辭. 卷 24 : 神道碑. 卷 25 : 神道碑, 庭碑. 卷 26~28 : 墓碣. 卷 29~30 : 墓誌. 卷 31~33 : 墓表. 卷 34 : 行狀. 世系圖. 年譜.

권상하(權尙夏)[124)]의 시문집. 목판본, 34권 15책, 연보 1책, 총 16책.

학음(鶴陰), 본관은 예안(禮安). 학고(鶴皐) 김이만(金履萬)의 6세손이다. 제천 청전동에서 출생했다. 진잠현감을 지냈는데 문장에 능했다. 문집으로 『학음선생유집』이 전한다. 〈참고문헌 『학음선생유집』, 『구곡산고』, 『제천군지』〉

20.0×31.5cm. 1761년(영조 37)에 증손 권진응(權震應)의 주도와 경상도관찰사 황인검(黃仁儉)의 협조로 대구감영에서 목판으로 간행했다. 책의 첫머리에는 1761년에 문인인 윤봉구(尹鳳九)가 쓴 서문이 있다. 서문에서는 권상하가 이이와 송시열의 정통을 잇고 있음을 밝히고 있다. 시문·서간문·비지문 등을 보면 스승 송시열과 그 문하 동문 및 강문팔학사와의 교류를 보여주고 있다. 특히 제자들에 보낸 편지에서는 성리학과 예학에 대한 질문에 답하

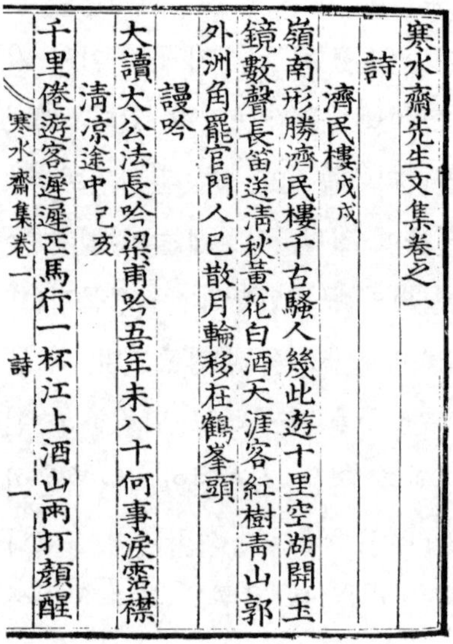

寒水齋先生文集卷之一

詩

濟民樓 戊戌

嶺南形勝濟民樓千古騷人幾此遊十里空湖開玉鏡數聲長笛送淸秋黃花白酒天涯客紅樹靑山郭外洲角罷官門人已散月輪移在鶴峯頭

謾吟

大讀太公法長吟梁甫吟吾年未八十何事淚霑襟

淸凉途中己亥

千里倦遊客遲遲匹馬行一杯江上酒山兩打顏醒

寒水齋集卷一　詩　一

〈그림 200〉『한수재선생문집』(국립중앙도서관 소장)

124) 권상하(權尙夏) 1641(인조 19)~1721(경종 1) : 자는 치도(致道), 호는 수암(遂菴)·한수재(寒水齋), 본관은 안동. 집의 권격(權格)의 아들이며, 이초로(李楚老)의 외손자이다. 송준길(宋浚吉)·송시열(宋時烈)의 문인이다. 1662년(현종 3)에 사마시에 입격했다. 1675년 송시열이 관작을 추탈당하고 덕원(德源)에 유배되자 청풍의 산중에 은거해 학문에 전념했다. 그 이후 연이어 관직이 제수되었으나 사직소를 올리고 나가지 않았다. 그리고 송시열이 남긴 유언에 따라 괴산 화양동(華陽洞)에 만동묘(萬東廟)와 대보단(大報壇)을 세워 명나라 신종(神宗)과 의종(毅宗)을 배향했다. 만년에는 청풍의 황강(한수면)에서 강문팔학사(江門八學士)로 불리우는 제자(한원진, 윤봉구, 이간, 최징후, 현상벽, 한홍조, 윤혼, 채지홍)를 길러 냈다. 1721년 병이 나 한수재에서 사망했으며 충주 북촌 개천동(開川洞) 속곡(束谷)에 장사지냈다. 청풍의 황강서원, 충주의 누암서원(樓巖書院) 등에서 배향되었다. 문집으로『한수재집』이 있다. 시호는 문순(文純).〈참고문헌『한수재집』,『제천군지』〉

는 글이 대부분이다. 권 21 정문(呈文)의 〈청풍일향증부백문(淸風一鄕呈府伯文)〉은 통덕랑(通德郎) 이서(李緖) 처 윤씨의 효행을 표창하기 위해 부사에게 올린 글이다. 이 외 권상하의 문집에 수록되지 않은 부록 문자 가운데 일부를 1990년 민족문화추진위원회에서 수집해 탈초·정서하고 함께 국역해 권말에 첨부했다.

* 『항와집(恒窩集)』

目錄   恒窩先生文集序. 卷 1 : 賦, 詩. 卷 2 : 詩. 卷 3~14 : 書. 권 15~20 : 雜著. 卷 21 : 序, 記. 卷 22 : 跋, 銘, 箴, 贊, 婚書. 卷 23 : 上樑文, 告祝, 祭文. 卷 24 : 哀辭, 墓碣銘, 墓表, 墓誌銘, 行狀, 傳. 卷 25 : 語錄. 卷 26 : 附錄. 恒窩先生文集跋.

유중악(柳重岳)[125]의 시문집.

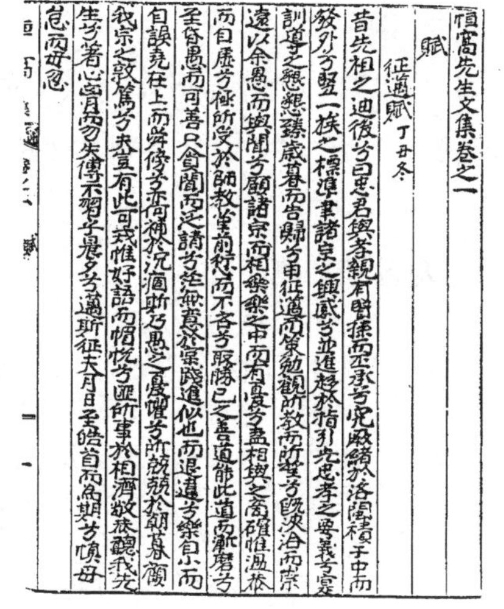

〈그림 201〉 『항와집』(경원문화사, 1977)

---

125) 유중악(柳重岳) : 1843(헌종 9)~1909 : 자는 백현(伯賢), 호는 항와(恒窩), 본관은 고흥. 강원도 춘천출생. 이항로(李恒老)와 김평묵(金平默)을 스승으로 받들었으며, 유중교(柳重教)의 문하에서 수업했다. 족질인 유인석(柳麟錫)은 의리, 이근원은 덕행, 유중악은 문장으로 화서학파(華西學派)에서 저명했다. 1896년 유중락·이만응 등과 함께 이소응을 대장으로 추대해 의병을 일으켰다. 1907년에는 다시 춘천 가정리에서 유홍석·유영석 등과 의병을 일으켰다가 패배하자 가정리로 돌아와 후진을 양성했다. 1982년 건국포장이 추서되었다. 〈참고문헌 『항와집』, 『한말의 제천의병』, 『유학근백년』〉

필사 영인본, 26권 2책. 문인이었던 소당 정해문이 필사한 것을 소당 문인이었던 오완근이 다시 정서해 1974년 경원문화사에서 영인 간행했다. 책의 첫머리에는 1974년 오완근(吳浣根)이 쓴 서문이 있으며, 끝에는 김용숙이 쓴 발문이 있다. 춘천 가정에 거주하면서 제천 출신 의병 참여자와 교환한 시와 서간이 다수 수록되어 있어 의병사 연구에 참고가 된다. 권 23의 제문에는 안승우, 주용규, 서상열, 정화용 등 1895년 제천 의병에 참여했다가 사망한 인물들에 대한 업적이 잘 묘사되어 있다. 권 25의 어록은 〈중암선생어록〉과 〈성재선생어록〉을 수록했다. 권 26의 부록에는 〈연보〉와 족손인 유해동(柳海東)이 쓴 〈행장〉이 수록되어 있다.

* 『항재집(恒齋集)』

目錄　恒齋先生文集序. 卷 1 : 詩. 卷 2~4 : 書. 卷 5 : 雜著 ; 讀易記. 卷 6 : 雜著 ; 讀書記. 卷 7 : 雜著 ; 從義錄, 義兵情事. 卷 8 : 雜著 ; 愚契錄, 山亭問答, 閑中問答, 雙川問答, 山齋閑話. 卷 9 : 雜著. 卷 10 : 雜著. 卷 11 : 序. 卷 12 : 記, 跋, 贊. 권 13 : 昏書, 上樑文, 告祝, 祭文. 卷 14 : 神道碑銘, 墓碣銘, 墓誌銘, 行狀. 卷 15 : 行狀. 卷 16 : 遺事, 語錄, 傳. 續輯 : 神道碑銘, 墓碣銘. 附錄 卷 1 : 語錄, 祭文, 行狀.

이정규(李正奎)[126]의 문집. 석인본, 16권 4책. 18.9×28.5cm. 『항재

---

126) 이정규(李正奎) 1865(고종 2)~1945 : 자는 치심(致心), 호는 옥산(玉山)·항재(恒齋), 본관은 평창. 충북 제천 출신. 1895년 이래 유인석 휘하에 종군했으며, 종군기록인 『종의록』, 창의문건을 집성한 『창의견문록』, 6의사의 업적을 적은 『육의사열전』 등을 남겼다. 1905년에는 제천향약을 주도했다. 유인석이 망명한 뒤에는 국내에서 연락을 담당했다. 만년에는 제천에서 강학활동에 주력했다. 1977년 건국훈장 애국장이 추서되었다. 문집으로는 『항재집(恒齋集)』이 있다. 〈참고문헌 『항재집』, 『종의록』, 『육의사열전』〉

집』은 그의 제자인 김인수(金麟洙), 김용숙(金容肅) 부자가 정리한 유고를 중심으로 편찬되었으며, 동문인 조용학(趙鏞學), 이건모(李建模) 등의 도움으로 1974년 대전 명신사(明信社)에서 석인 간행했다. 책의 첫머리에는 이강협(李康協)이 쓴 서문이 있으며, 책 끝에는 이호창(李鎬昌)이 쓴 발문이 있다. 권2~4의 서에는 주로 의병 관련 인사들과의 서간이 수록되어 있어 제천의병의 거의 논리와 정신을 파악할 수 있는 자료

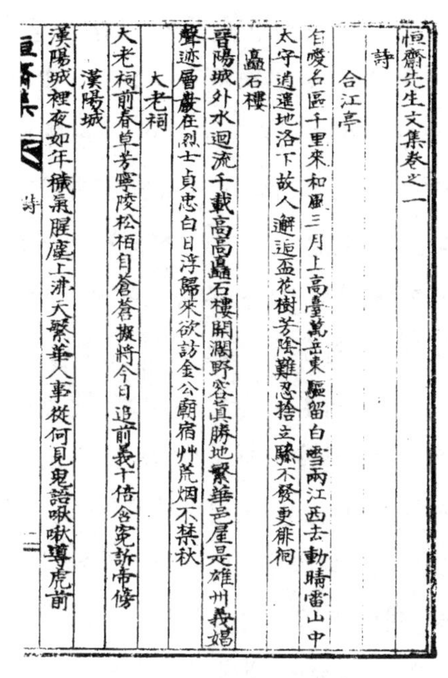

〈그림 202〉『항재집』(내제문화연구회, 1997)

이다. 권 7의 〈종의록〉은 제천의병의 전개과정을 밝힌 것이며, 〈의병정사〉는 의병을 비도라고 선전했던 관군측 논리에 대해 의병봉기의 정당성을 주장하는 의병측 입장을 밝힌 것이다. 권 9의 〈수변(讐辨)〉은 의병 대의가 부자의 사사로운 정리를 넘어서고 있음을 적은 것이며, 〈전설변(田說辨)〉은 전우(田愚) 계열의 출처관을 비판한 것으로 의병의 거의 논리가 잘 나타나 있다. 권 12의 〈북정일기(北征日記)〉는 1900년 스승인 유인석을 찾아 요동에 갔다가 귀국하는 과정을 기록한 것이며, 〈제천향약일기(堤川鄕約日記)〉는 일제의 침략에 대항해 여러 사람의 힘을 결집시키기 위해 만든 제천 향약의 조직과정과 시행내용을 적은 것으로 제천 지식인계의 동향을 파악할 수 있는 자료이다. 그 외 유인

석·이소응·이강년 등에 대한 행장이나 서상열·안승우·이춘영 등에 대한 유사 등의 비지문(碑誌文), 잡기, 유사, 어록 등에는 당시 실제 의병 참여자인 이정규 본인이 견문한 내용을 중심으로 자세히 수록함으로써 제천의병 거의 인사들의 교류관계와 이념을 파악할 수 있는 자료이다. 부록에는 김인수(金麟洙), 이호창(李鎬昌), 구영회(具永會)가 각각 기록한 어록, 제문, 김용숙이 쓴 행장 등이 수록되어 있다. 1997년 내제문화연구회에서 이를 다시 영인했다(〈사진 49〉).

그 외 이정규 관련 자료로 『통정잡고(通情雜稿)』가 있다. 여러 잡문을 모은 책이나 대부분 옥산(玉山) 이정규(李正奎) 관련 자료이다. 필사본, 1책 24장. 의병전시관 소장, 18.5×28.6cm. 이정규가 유인석(柳麟錫), 이근원(李根元), 김영록(金永錄), 원용정(元容正), 박정수(朴貞洙) 등 여러 지인에게 보낸 서간과 경암 서상열에 대해 쓴 제문 등이 수록되어 있으며, 그 외 일부 서간류가 수록되어 있다. 이정규의 『항재집』에 수록되지 않은 자료가 일부 수록되어 있어 이정규 연구에 중요한 자료가 된다.

*** 『해산재유고(海山齋遺稿)』**

目錄　海山齋遺稿序. 卷 1 : 詩, 雜著. 卷 2 : 附錄. 卷 3 : 附錄.

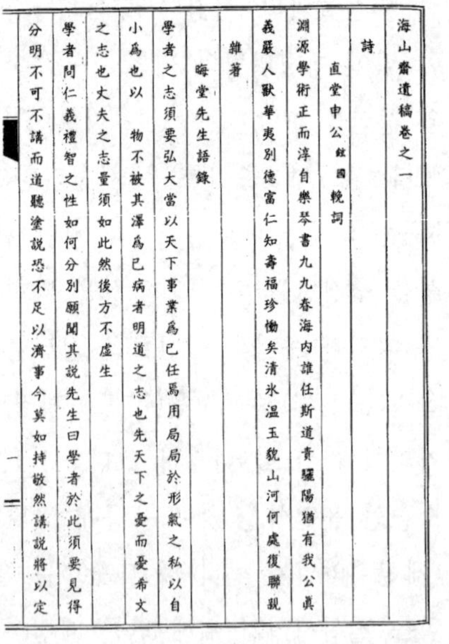
海山齋遺稿卷之一
詩
直堂申公 鉉國 輓詞
淵源學術正而淳自樂琴書九九春海內誰任斯道責驪陽猶有我公眞
義嚴人獸華夷別德富仁知壽福珍慟矣清氷溫玉貌山河何處復聯親
雜著
晦堂先生語錄
學者之志須要弘大當以天下事業爲己任焉用局局於形氣之私以自
小爲也以　物不被其澤爲己病者明道之志也先天下之憂而憂希文
之志也丈夫之志量須如此然後方不虛生
學者問仁義禮智之性如何分別願聞其說先生曰學者於此須要見得
分明不可不講而道聽塗說恐不足以濟事今莫如持敬然講說將以定

〈그림 203〉『해산재유고』(개인 소장)

양재명(梁在明)[127]의 문집. 1권 1책. 19.0×28.2cm. 『해산재유고』는 아들인 양태석이 선친의 유고를 모아 1985년 간행했다. 책의 첫머리에는 1982년 김용숙이 쓴 서문이 있으며 끝에는 안태석의 후지와 정동휘(鄭東暉)의 발문이 있다. 권 1의 시는 신현국에 대한 만사이며, 잡저는 〈회당선생어록〉을 수록했다. 끝에는 부록으로 〈용하강계첩(用夏講契帖)〉이 수록되어 있다.

* 『화서선생문집(華西先生文集)』

目錄　卷 1~2 : 詩. 卷 3 : 疏箚. 卷 4~13 : 書. 권 14~25 : 雜著. 권 26 : 雜著, 序, 記. 卷 27 : 題跋, 銘, 贊, 昏書, 上樑文, 告祝, 祭文. 卷 28 : 神道碑銘, 墓碣銘, 墓表, 墓誌銘, 行狀, 遺事, 傳. 卷 29 : 周易傳義同異釋義上. 권 30 : 周易傳義同異釋義下, 易說. 卷 31 : 閭塾講規, 卷 32 : 拾遺.
　　　附錄　卷 1~7 : 語錄. 卷 8 : 行狀. 卷 9 : 年譜.

이항로(李恒老)[128]의 문집. 목활자본, 목록 1책, 본집 32권 16책, 부

---

127) 양재명(梁在明) 1883(고종 20)~1951 : 자는 경덕(敬德), 호는 해산재(海山齋), 본관은 남원(南原). 아버지는 수당 양일환(梁一煥)이다. 덕산면 억수리에서 태어났다. 의당 박세화와 회당 윤응선에게서 수학했다. 용하영당의 창건과 관리에 공이 있으며, 후진 양성에 힘썼다. 제천의 병산영당에 배향되었다. 문집으로 『해산재유고』가 있다. 〈참고문헌 『해산재유고』〉
128) 이항로(李恒老) 1792(정조 16)~1868(고종 5) : 자는 이술(而述), 호는 화서(華西), 본관은 벽진(碧珍). 초명은 광로(光老)였으나 개명해 항로(恒老)로 했다. 이회장(李晦章)의 아들이며 이의집(李義集)의 외손자이다. 제천의 장담마을에 있는 자양영당에서는 영정을 봉안해 제향하고 있다. 1808년(순조 8) 반시(泮試)에 응시하려고 갔다가 당시 재상의 과거부정을 보고서 끝내 과거에 응하지 않았다. 그리고 사서삼경과 『주자대전(朱子大全)』등 성리학연구에 힘을 쏟았다. 학덕이 조정에 알려지면서 1840년(헌

록 9권 5책으로 구성된 총 42권 22책. 19.4×29.6cm. 이근원(李根元)과 유중악(柳重岳)이 중심이 되어 충주(忠州) 병산(屛山)에 있던 홍승의(洪承義)[129]의 서재(書齋)에서 광무 3년(1899)에 간행했다. 권 3의 소차(疏箚)는 벼슬을 사직하면서 서구 열강의 침입에 따른 존왕양이(尊王攘夷)와 위정척사(衛正斥邪)를 견지할 것을 건의한 내용이 대부분을 차지한다. 권 4~13의 서간은 제자들과 주로 성리학에 관해 논의한 내용으로 이루어져

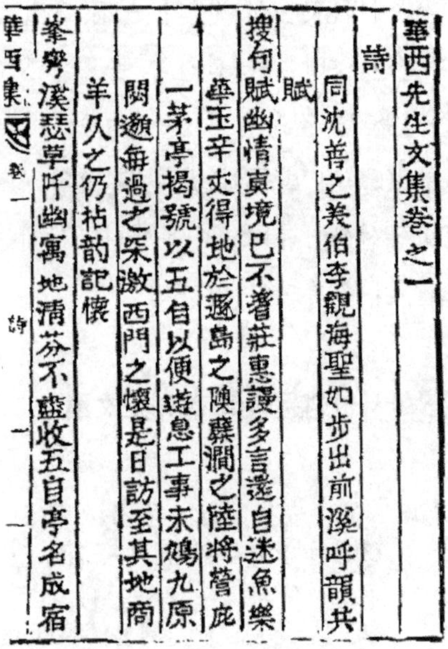
華西先生文集卷之一
詩
同沈善之羲伯李觀海聖如步出前溪呼韻共
賦
搜句賦幽情眞境已不著莊惠護多言遂自迷魚樂
畢玉辛丈得地於遯島之陳蘖澗之陸將營庇
一茅亭揭號以五自以便遊息工事未鳩九原
閼邀每過之采激西門之懷是日訪至其地商
羊久之仍枯韵記懷
峯齊溪瑟草阡幽寓地清芬不盡收五自亭名成宿
華西集 卷一 詩 一

〈그림 204〉『화서집』(조용승가, 1974)

종 6) 휘경원 참봉에 제수되었으나 사양하고, 그 뒤에도 여러 차례 관직에 제수되었지만 고사하고 향리에서 강학했다. 이 때 최익현(崔益鉉)·김평묵(金平默)·유중교(柳重敎) 등이 문하에서 수학했다. 1864년(고종 1) 조두순(趙斗淳)의 천거로 장원서 별제가 되었다가 전라도도사·사헌부지평·사헌부장령을 역임했다. 1866년에는 여러 관직을 제수받았으나 모두 사직했다. 그리고 대원군의 비정(秕政)을 비판한 병인상소를 올리고서 벽계(檗溪)로 낙향했다. 문집으로는 『화서집』이 있다. 그 외 저술로는 『주자대전차의집보(朱子大全箚疑輯補)』, 김평묵이 편찬한 『화서선생아언(華西先生雅言)』 등이 있다. 시호는 문경(文敬). 〈참고문헌 『화서집(華西集)』〉

129) 홍승의(洪承義) ?~? : 자는 원방(元方), 호는 각재(覺齋), 본관은 풍산이다. 유인석의 문인이다. 충주 금가면 잠병리에 거주했다. 1899년 『화서집』 간행 때 자신의 서재에서 작업해 『화서집』 발간에 공이 많다. 〈참고문헌 『한말의 제천의병』, 『벽계연원록』〉

있다. 가장 많은 분량을 차지한 잡저 가운데 권 14~16에 수록된 〈계상수록(溪上隨錄)〉, 권 17에 수록된 〈봉강질서(鳳岡疾書)〉·〈용문잡지(龍門雜識)〉 등에서는 성리 철학과 관련해 자신의 견해를 개진했다. 권 29~30의 「주역전의동이석의」에서는 정자(程子)의 전(傳)과 주자(朱子)의 본의(本義) 사이의 차이점을 정리하고 이에 해석을 가했다. 부록 권 1~7의 어록(語錄)은 아들 준(埈)·복(墣)과 제자 김평묵·유중교·유인석, 유중악, 이근원, 유기일 등이 선생과 문인들과의 질의 응답, 토론 등을 기록한 내용을 바탕으로 편집되었다.

1974년 조용승 등이 문집에 『화서선생아언』 12권과 이재완(李載完)이 쓴 「시장(諡狀)」을 합해 2책으로 영인 간행했다. 1986년 부록 권 10 연보속편과 최익현의 〈화서이선생신도비명병서〉를 보집해 학고방에서 재영인했다. 그 외 1985년 한국학자료원에서 『주자대전차의집보』 121권 70책을 14책으로 영인했다.

* 『**확암집(確庵集)**』

目錄　卷 1 : 詩. 卷 2 : 書, 雜著, 祭文, 哀辭, 墓表, 行錄, 序, 記.
　　卷 3 : 附錄 ; 行狀.
目錄　精一稿 卷 1 : 詩. 卷 2 : 文.

이필우(李弼雨)[130]의 문집. 석인본, 3권 1책. 19.2×26.0cm. 책의 첫머리에는 1980년 김용숙(金容肅)이 쓴 서문이 있다. 끝에는 1980년 어경

---

130) 이필우(李弼雨) 1881(고종 18)~1948 : 자는 중량(仲亮), 호는 확암(確庵), 본관은 경주. 조부는 이규복(李圭復)이며, 아버지는 이종선(李鍾璿)이다. 의암 유인석, 금계 이근원, 항와 유중악, 습재 이직신의 문인으로 천등산에 있으면서 화서학파의 인물들과 교류했다.

학(魚敬學)이 쓴 발문이 있다. 필사자는 이초용(李迢鎔)이다. 권 1의 시(詩) 가운데 술헌 이배인, 옥산 이정규, 운강 이강년 등에 대한 만시류가 있어 참고가 된다. 권 2에는 스승인 항와 유중악, 습재 이소응 등과 친우들에게 보낸 서간이 있다. 잡저(雜著)는 「강의문답」으로 이소응(李昭應), 박제덕(朴濟悳)의 발문(發問)에 따른 문답이 수록되어 있다. 제문과 비지문에는 이소응, 이근원 등 화서학파 인사들을 다루고 있다. 권 3은 부록으로 1980년 김용숙이 쓴 행장이 수록되어 있다. 끝에는 아들인 이상호(李相晧)의 『정일고(精一稿)』가 합편되어 있다. 『정일고』의 권 1은 시, 권 2는 문으로 구성되어 있다(〈사진 50〉).

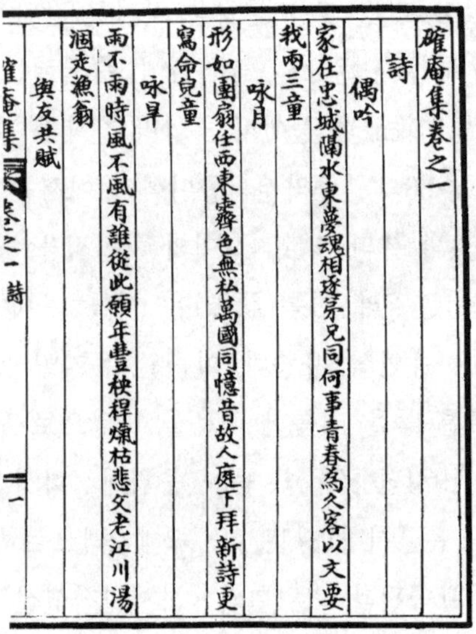

〈그림 205〉 『확암집』(의병전시관 소장)

* 『회당집(晦堂集)』

目錄   卷 1 : 辭, 賦, 詩, 書. 卷 2~8 : 書. 卷 9 : 雜著. 卷 10 : 說. 卷 11 : 序, 記. 卷 12 : 題跋, 箴, 銘, 贊 上樑文, 告文, 祭文, 哀辭, 碑, 墓碣銘. 卷 13 : 墓碣銘, 墓表, 墓誌銘. 卷 14 : 行狀, 傳. 附錄 : 卷 1 : 語錄. 卷 2 : 年譜, 行狀.

윤응선(尹膺善)131)의 문집. 석인본, 14권 7책, 부록 2권 1책, 총 8책. 19.4×28.7cm. 1927년 직당 신현국이 행장을 작성했다. 1960년 충청남도 논산군 두마면 용동리 이문사에서 간행했다. 시문에서는 〈용하동부(用夏洞賦)〉를 비롯해 〈용하동유상기(用夏洞遊賞記)〉, 〈유월악기(遊月岳記)〉, 〈용하동가숙상량문(用夏洞家塾上樑文)〉 등 월악산과 용하계곡 일대의 풍광을 노래한 글을 다수 수록하고 있다. 서간과 비지문에는 화서학파의 이근원과 유인석, 간재학파의 전우와 오진영 등에게 보낸 편지와 제문이 수록되어 있어 의당학파 인사들의 폭넓은 교류관계를 엿볼 수 있다. 부록에는 여러 제자들이 기록한 어록과 신현국(申鉉國)이 지은 행장을 수록했다(〈사진 51〉).

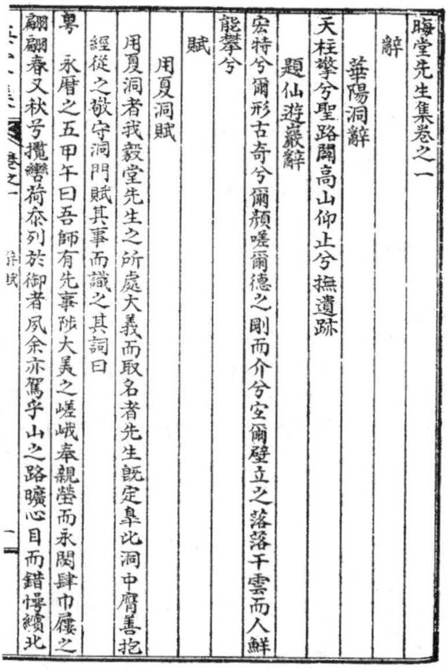
晦堂先生集卷之一
辭
華陽洞辭
天柱擎兮聖路闢高山仰止兮撫遺跡
題仙遊巖辭
宏特兮爾形古奇兮爾顔嵯爾德之剛而介兮空爾壁立之落落千雲而人鮮
能攀兮
賦
用夏洞賦
用夏洞者我毅堂先生之所處大義而取名者先生既定臯比洞中膺善抱
經從之敬守洞門賦其事而識之其詞曰
粤永曆之五甲午曰吾師有先事陟大美之嵯峨奉親塋而永閟肆巾屨之
翩翩春又秋兮攬轡荷衮列於御者夙余亦駕乎山之路曠心目而錯愓續北

〈그림 206〉『회당집』(병산영당 소장)

131) 윤응선(尹膺善) 1854(철종 5)~1924 : 자는 군서(君瑞), 호는 회당(晦堂), 본관은 파평(坡平). 경기도 양평 출신. 윤교명(尹敎明)의 아들이며, 신각모(申慤模)의 외손자이다. 의당 박세화(朴世和)의 문인이다. 1889년(고종 26) 학행으로 천거되어 의금부도사(義禁府都事)에 임명되었으나 나아가지 않았다. 1905년 청풍(淸風)에서 유림들이 향약(鄕約)을 조직했을 때 원헌(元憲)으로 추대되었다. 을사조약이 체결되자 월악산(月岳山)에서 의거할 것을 의논했는데 박세화와 함께 감옥살이를 치르기도 했다. 음성의 충룡사(忠龍祠)와 제천의 병산영당(屛山影堂)에 배향되었다. 문집으로 『회당집』이 있다. 〈참고문헌『의당집』, 『회당집』〉

한편 병산영당에는 윤응선의 문집 초고본으로, 『회당선생문집(晦堂先生文集)』과 『용하사고(用夏私稿)』가 있다. 『회당선생문집(晦堂先生文集)』(필사본 낙질 3책. 18.5×28.0cm)은 시(詩), 서(書), 서(序)·기(記)·제발(題跋) 등이 남은 초고본이다.

다른 문집 초고본인 표제명 『용하사고(用夏私稿)』(필사본, 1책. 18.2×29.0cm)는 〈잡지(雜識)〉(『회당집』 권 10에 수록)를 수록했다(〈사진 52〉).

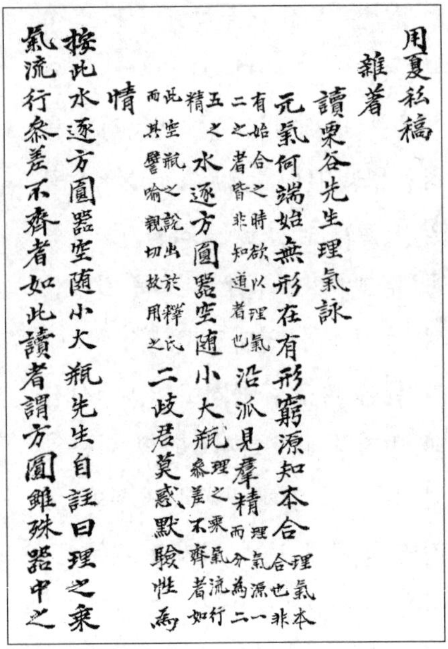
用夏私稿
雜著
讀栗谷先生理氣詠
元氣何端始無形在有形窮源知本合理氣本合也非
有始合之時欲以理氣二之者皆非知道者也沿派見羣精理氣源一而分為二
五之精水逐方圓器空隨小大瓶理之乘氣流行參差不齊者如
此空瓶之說出於釋氏而其譬喻親切故用之二岐君莫惑默驗性爲
情
按此水逐方圓器空隨小大瓶先生自註曰理之乘
氣流行參差不齊者如此讀者謂方圓雖殊器中之

〈그림 207〉 『용하사고』(병산영당 소장)

표제명 『용하사고잡초』(필사본, 1책. 19.7×29.4cm)는 잡저로 〈독율곡선생이기영〉, 〈독이제십변〉, 〈이제후변〉, 〈독외필후변〉, 〈두신변〉, 〈지각문대〉, 〈답임공일〉, 〈답김성노〉, 〈만락헌기〉, 〈답오이견진영〉, 〈독근사록정자생지위성장〉, 〈위학십잠〉, 〈고자음의〉(『회당집』 권 4~권 11의 일부 내용 수록)를 수록했다. 이 초고본류는 『회당집』의 편찬과정을 알 수 있는 자료이며, 제발의 일부 글 끝에는 석인본에서 생략한 집필연대가 수록되어 있어 윤응선을 연구하는 데 있어 중요한 자료이다. 다음은 집필연대가 수록된 것을 정리한 것이다.

　　의당선생생조수서　是日門人尹膺善敬書
　　송윤자도서　伏乞鑑正屠維大淵獻仲春哉　生魄用夏山宗友膺善敬書
　　공회계첩서　歲己酉七月上浣族弟膺善謹書
　　운곡승보계서　歲甲寅三月下浣後學坡山尹膺善謹書
　　송최중표귀암문서　於其歸也敬書　此以爲贐時七月晦日也
　　의당선생친산천장기　永曆五甲午臘月下浣門人尹膺善謹記
　　여재실기　辛丑二月二十一日　不肖孫膺善謹書
　　겸당기　上章涒灘菊秋之日天山老叟書
　　암암기　遂忘其固陋力疾　書此以爲記　是歲五扐上旬日坡山尹膺善謹書于嘉山
之戰兢齋
　　인재기　關逢困敦之流頭日天山老叟書

　이원우 후손가인 이성희 소장으로 회당 윤응선의 일부 글을 초록한
『잡고(雜稿)』(필사본, 1책 35장. 19.0×26.7cm)가 있다. 이에는 문집에
수록되지 않은 〈서증전대년(書贈全大年)〉, 〈송정사술교원서(送鄭士術
敎源序)〉, 〈서증정경장진원(書贈鄭敬長震源)〉, 〈위정척사설(衛正斥邪
說)〉, 〈서증이사선(書贈李士善)〉, 〈임병일자설(林炳一字說)〉, 〈유찬자
설(柳瓚字說)〉 등이 있어 윤응선 연구에 참고가 된다.

* 『후조선생문집(後凋先生文集)』

目錄　卷 1 : 詩. 卷 2~4 : 書. 卷 5 : 雜著. 卷 6 : 序, 記, 跋, 上
　　樑文, 告祝. 卷 7 : 祭文, 哀辭, 神道碑銘, 墓碣銘, 傳. 卷 8 :
　　警省. 卷 9 : 附錄.

　고석노(高錫魯)[132]의 문집. 9권 5책. 연활자본. 14.4×22.6cm. "民國

---

132) 고석노(高錫魯) 1840(헌종 6)~1922 : 자는 능선(能善), 호는 후조(後
　　凋), 초명은 석규(錫奎)이다. 황해도 벽성군 나덕면 출신. 1887년부터 성
　　재 유중교에게서 수학했다. 1892년 고향에 돌아온 이후에는 안태훈의 집

十二年癸亥八月"이라는 간기가 표제 이면에 있다. 책의 첫머리에는 1923년 이직신(李直愼)이 쓴 서문이 있다. 1책의 권 1은 시이며, 권 2와 2책의 권 3, 권 4는 서간이며, 3책의 권 5는 잡저(雜著), 권 6은 서(序), 기(記), 발(跋), 상량문(上樑文), 고축(告祝)이며, 4책의 권 7은 제문, 애사, 신도비명, 묘갈명, 전이며, 권 8은 경성(警省)이며, 5책의 권 9는 부록이다. 권 2~4의 서에는 김평묵, 유중교, 유인석을 비롯해 화서계열 인사들과 제천

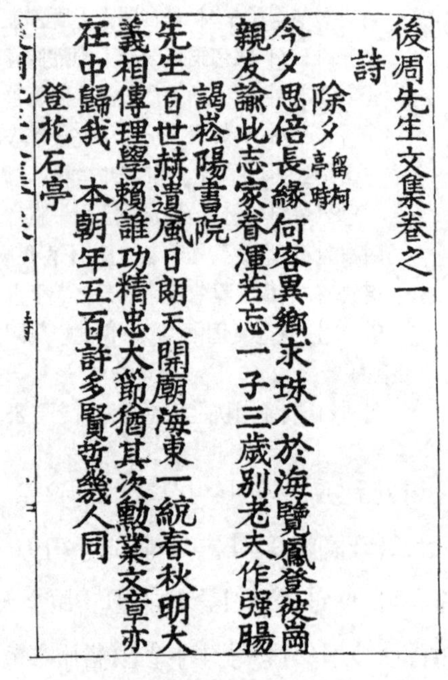

〈그림 208〉『후조선생문집』(의병전시관 소장)

지역 사우들과의 교환 서간이 수록되어 있다. 1907년의 〈시동지사우(示同志士友)〉나 〈여의려소(與義旅所)〉 등의 서간은 의진에 보낸 것으로 조그마한 업적이라고 반드시 기록하고 공을 이루면 반드시 상을 주어야 한다는 제언을 하고 있다. 〈학계서(學稧序)〉 등 강학활동에 대한 자료를 수록하고 있다. 제문에서는 김평묵, 유중교, 유치경 등 화서연원의 학자들에 대한 제문이 수록되어 있다. 부록에는 세계도, 연보, 행장, 묘지명 등이 수록되어 있다. 경인문화사에서 한국역대문집총서 584, 585로 영인했다.

인 황해도 신천군 두나면 청계리에서 김구, 김유술, 안중근 등을 가르쳤다. 〈참고문헌『후조선생문집』,『벽계연원록』,『충의효열록』〉

고문서류

1) 안동 권씨 소장 고문서

　연잠(淵潛) 권상명(權尙明)[133]의 후손가에 소장되어 있다. 안동 권씨는 권성원(權聖源, 1602~1662)이 청풍 황강에 낙향하면서 지역에 자리 잡았다. 권성원은 안산(安山) 선향에 모셨던 아버지 권주(權霔, 1574~1626)의 묘를 청풍 수하면 명오리(현 충주시 동량면 명오리) 수월암으로 옮겼다. 그 뒤 권성원(權聖源, 1602~1662)과 그의 아들 권격(權格, 1620~1671)의 묘도 근처 자리에 마련했다. 권격의 아들 권상하(權尙夏, 1641~1721)는 그의 나이 35세 때 황강으로 내려온 다음 평생 그 곳을 떠나지 않았다. 조선후기에도 안동 권씨는 청풍을 중심으로 사마시 입격자와 관직자를 다수 배출해 지역 내 유력 사족으로서의 위상을 유지했다. 청풍 권상하계의 유력 관직자를 살펴보면 다음과 같다.

---

133) 권상명(權尙明) 1652(효종 3)~1684(숙종 10) : 자는 현도(顯道), 호는 연잠(淵潛), 본관은 안동. 학행으로 통덕랑에 제수되었다. 1674년 예송이 일어나면서 윤헌(尹攇)과 함께 송시열을 변호하는 소를 올렸다가 효험이 없자 청풍의 황강으로 이거했다. 후일 이조참판에 추증되었다. 묘는 제천 봉양읍 신리 문암마을에 있다. 〈『안동권씨화천군파세보』〉

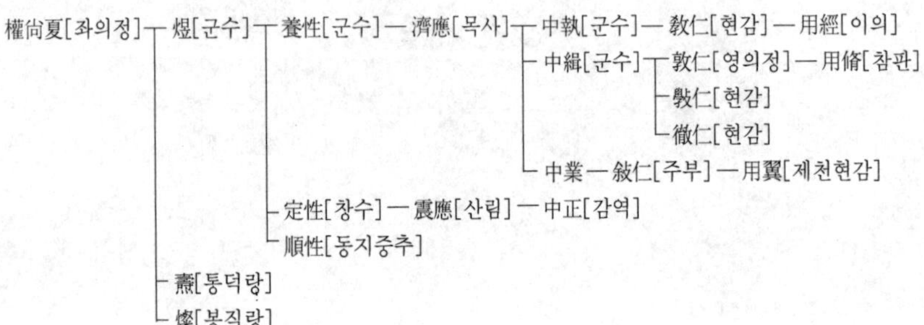

　한수면 송계리 황강영당(黃江影堂)에는 송시열(宋時烈), 권상하(權尙夏), 한원진(韓元震), 권욱(權煜), 윤봉구(尹鳳九)의 영정이 있다.

　한편 권상하의 동생인 권상명계는 제천 신리에 세거지를 마련했으며, 특히 그 아들인 권섭(權燮)은 지역의 풍광을 노래한 많은 문학작품을 남긴 이로 저명하다. 권상유(權尙游)[134]는 중앙 관직 생활을 역임했다. 제천 신동에 자리잡은 권상명계의 관직자는 다음과 같다.

權聖源[진사, 부사] ― 格[진사, 문과, 집의] ┬ 尙夏[진사, 좌의정] ― 煜[진사, 군수]
　　　　　　　　　　　　　　　　　　├ 尙明[통덕랑] ┬ 燮[동추] ― 初性[통덕랑]
　　　　　　　　　　　　　　　　　　│　　　　　　└ 瑩[진사, 문과, 참의]
　　　　　　　　　　　　　　　　　　└ 尙游[문과, 판서] ┬ 熽
　　　　　　　　　　　　　　　　　　　　　　　　　　├ 爄[생진, 문과, 판서]
　　　　　　　　　　　　　　　　　　　　　　　　　　└ 煒

---

134) 권상유(權尙游) 1656(효종 7)~1724(경종 4) : 자는 계문(季文)·유도(有道), 호는 구계(癯溪), 본관은 안동. 권격(權格)의 아들이며, 돈녕부도정(敦寧府都正) 이초로(李楚老)의 외손자이다. 처음에는 맏형 권상하(權尙夏)에게서 글을 배우다가 뒤에 송시열(宋時烈)의 문하에서 수학했다. 여러 관직을 거쳐 대사간, 전라관찰사, 개성유수, 평안감사, 도승지, 대사헌 등을 역임했다. 시호는 정헌(正獻). 〈참고문헌『숙종실록』,『국조인물고』〉

시문과 가사에 능했던 옥소(玉所) 권섭(權燮)은 자신의 글을 문집으로 만들어 남겼을 뿐만 아니라(〈사진 53〉), 선대의 서찰을 많은 첩으로 보존했다(〈사진 54〉, 〈사진 55〉, 〈사진 56〉). 그 후손들은 후대에도 집안의 서찰을 첩으로 만들어 보존하고 있다.

교지류는 연잠 권상명(權尙明)과 부인 용인 이씨, 옥소 권섭(權燮)과 부인 경주 이씨와 임천 조씨, 필농(筆農) 권협(權浹)에게 내려진 교지류가 있다.

영정으로는 제천에 한수재 권상하, 초당(草堂) 권욱(權煜),[135] 옥소 권섭(64세), 청은(淸隱) 권영(權瑩)[136]의 영정이 있으며, 문경에도 권섭(54세)의 영정이 있다.

---

135) 권욱(權煜) 1658(효종 9)~1717(숙종 43) : 자는 유회(幼晦), 호는 초당(草堂), 본관은 안동. 권상하(權尙夏)의 아들이며, 김진수(金震粹)의 사위이다. 1681년(숙종 7) 진사가 되었으며, 과거를 폐했다가 1696년(숙종 22) 영릉참봉에 임명되었다. 1704년 보은현감, 1714년 단양군수, 1716년 선산부사에 이르렀으며, 청백리로 유명했다. 천문, 지리, 의약, 복서 등에 통달했다. 후에 이조참판에 증직되었으며, 황강영당에 배향되었다. 〈참고문헌 『한수재집』, 『제천군지』〉

136) 권영(權瑩) 1678(숙종 4)~1745(영조 21) : 자는 중온(仲蘊), 호는 청은(淸隱), 본관은 안동. 권상명(權尙明)의 아들이며, 옥소 권섭(權燮)의 동생이다. 1721년(경종 1) 사마시에 입격하여 좌랑을 지냈으며, 1732년(영조 8) 문과에 급제하여, 이듬해 지평이 되었다. 이때 왕의 실정을 상소하다가 제주도 대정현(大靜縣)과 전라도 해남현(海南縣)으로 유배갔다. 1734년 귀양에서 풀려나 1737년 문학(文學)에 기용되었으며, 1739년에는 부교리·교리·수찬을 역임했다. 1740년에 대사간과 승지를 거쳐 1743년에 대사간이 되었으며, 그 뒤 사직(司直)을 역임했다. 〈참고문헌 『영조실록』, 『국조방목』〉

2) 병산영당 소장 고문서

제천 금성면 사곡리에는 의당 박세화와 그 문하의 선현을 배향하는 병산영당이 있다. 근대 유학의 한 분파로 충청도를 중심으로 자리잡은 의당학파는 박세화가 청풍 용하일대에서 강학활동을 펼치면서 하나의 학파로 성장했다. 의당학파는 청풍과 충주를 중심으로 크게 학풍을 일으켰으며, 충북 음성으로 외연을 넓혀가면서 많은 제자들을 양성했다.

의당학파의 제향 공간으로 세운 병산영당(屛山影堂)은 1907년 4월 덕산면 억수리 용하동에서 박세화(1834~1910)가 창건했던 용하영당(用夏影堂)에서 시작한다. 처음에는 주자와 우암 송시열의 영정을 봉안했다. 그 뒤 박세화가 한일합방 때 충북 음성 창동에서 순절하자 청풍에 남아있던 제자들이 박세화의 영정을 배향했다. 박세화의 영정은 화사(畵士) 권퇴반이 제작했다. 1924년 박세화의 제자인 윤응선(1854~1924)이 음성에서 죽자 윤응선도 추가로 배향했다. 1950년 한국전쟁으로 용하영당이 불타버리자 영정들을 잠시 성헌(省軒) 이수영(李守榮)의 집에 봉안했는데, 유지혁은 자신의 거주지인 암서재에 선사들의 영정을 모시고 분향하다가 융보계를 조직해 1951년 청풍면 장선리에 병산영당으로 개칭해 이건했다.

그리고 1973년 9월 박세화의 문인인 신현국(申鉉國, 1869~1949)과 유지혁 양 선생을 추가로 배향했으며, 1988년에는 이원우(李元雨)와 양재명(梁在明)을 추가로 배향했다. 그 후 장선리 소재의 영당이 도로 확장으로 인해 헐리게 되자, 다시 1994년 7월 금성면 사곡리 현 위치에 이전했다. 이에 따라 현재 병산영당에는 주자·송시열·박세화·윤응선·신현국·이원우·양재명·유지혁이 배향되어 있다. "병산영당(屛山影

堂)"이라는 편액은 이원우가 적었다.

유지혁은 이 병산영당의 창립과 유지에 많은 공을 세웠다. 제천의 문화 유씨는 고려 삼한공신으로 알려진 유거달(柳車達)을 시조로 하는 성관이다. 그 6대손은 중조라고 할 수 있는 문간공(文簡公) 유공권(柳公權)이며, 그 후 11대손 유안택(柳安澤)을 거쳐 12대손으로 유림(柳臨)과 유관(柳寬) 형제가 나왔다. 그 다음 대는 유사눌(柳思訥, 1365~1432)로 조선 1393년 문과에 급제해 고위 관직을 역임했다. 청풍 사곡리의 문화 유씨는 문숙공 유사눌을 파조로 모신다. 다음 유갱생(柳更生)과 유경조(柳敬祖)를 거쳐 유희석(柳熙錫)으로 이어진다.

이 계열에서 최초로 청풍과 관련된 기록은 유희석(柳熙錫)의 묘를 청풍 북면 성내리에 마련했다는 것으로, 대체로 그 윗대인 유경조(柳敬祖)137)나 혹은 유희석 대에 이미 청풍에 일정하게 자리잡았을 것으로 추정된다. 그 자손들은 이후 대체로 청풍 일대에 자리잡고 있다.

이후 청풍의 문화 유씨는 柳敬祖-柳熙錫-柳繼種-柳光新-柳埴-柳時弼-柳濟-柳世元-柳樵-柳成霖로 이어지는 가맥을 잇고 있다. 이들은 음직으로 참봉이나 증직을 받아 가세를 유지했다. 이 계열에서는 문과나 관직을 통해 크게 현달한 인물은 보이지 않고 있으며, 그러한 모습은 유지혁 당대까지도 마찬가지였다. 유성림(柳成霖) 이후로는 다음과 같다.

---

137) 유경조(柳敬祖) 1461(세조 7)~1548(명종 3) : 자는 윤보(胤甫), 본관은 문화(文化). 유사눌(柳思訥)의 손자이며, 유갱생(柳更生)의 아들이다. 1506년(중종 1) 문과에 급제하여 주부와 좌랑을 거쳐 함경도도사, 예조참판에 이르렀다. 제사를 근신하게 지내고 종족들과는 화목하여 행신이 취할 만한 인물이라는 평을 얻었다. 〈참고문헌『중종실록』,『문과방목』,『제천군지』,『문화유씨세보』〉

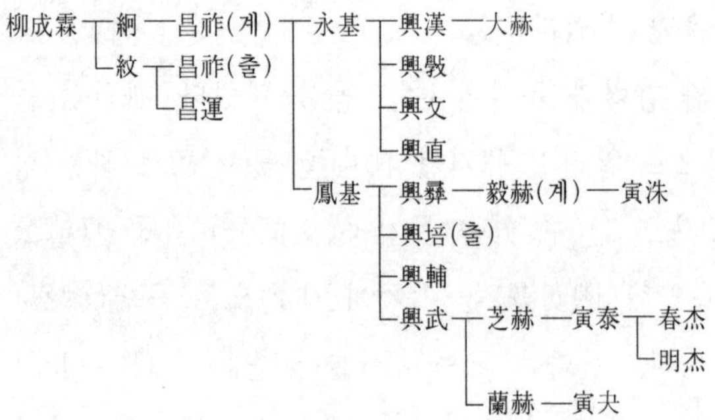

병산영당에 소장된 성책고문서로는 필첩류를 들 수 있다. 성책자는
유지혁으로, 스승이었던 박세화와 윤응선의 서간을 모두 모아서 필첩으
로 만들었다. 위사정신과 함께 의당학파 연구를 위한 자료적 가치가 돋
보인다.

『의당선생필적(毅堂先生筆蹟)』
은 박세화가 유흥무(柳興武)와 유
의혁(柳毅赫)에게 보낸 서간과 처
방을 모은 첩으로, 첩의 끝에는 1906
년 유지혁이 쓴 지문이 있다(〈사
진 57〉).

『의회양선생필적(毅晦兩先生筆
蹟)』은 박세화와 윤응선이 유지혁
에게 보낸 글을 모은 첩으로, 박세
화의 글은 1910년 순국하기 직전에
'양암(陽庵)'이라는 호를 적어 준
20자이며, 그 외는 모두 윤응선이

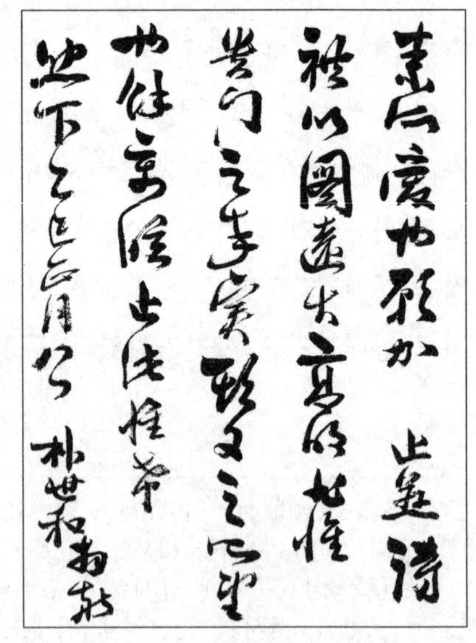

〈그림 209〉『의당선생필적』(병산영당 소장)

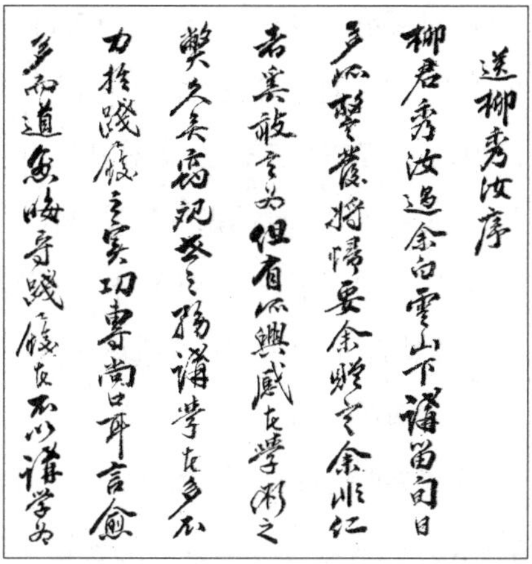

쓴 서간, 묘갈명, 임당유고서, 자관설 등이다. 첩의 끝에는 1929년 유지혁이 쓴 지문이 있다(〈사진 58〉).

『지구왕복첩(知舊往復帖)』은 유지혁이 친구들과 교환한 서간을 모은 첩으로, 상에는 유지혁이 1929년에 쓴 지문이 있으며, 하 일에는 유지혁이 1950년에 쓴 지문이 있다(〈사진 59〉·〈사진 60〉).

〈그림 210〉『의회양선생필적』(병산영당 소장)

『수친시첩(壽親詩帖)』은 유흥무(柳興武)의 회갑을 맞이해 수습된 시를 아들인 유지혁이 모아 만든 첩으로, 서 2장, 축하시 10장(芝赫, 蘭赫, 興文, 大赫, 朴基洙, 朴用大, 尹師赫, 朴基璉, 柳仁基, 李道範), 삭망의(朔望儀)와 수의(壽儀) 절차를 적은 문서 2장으로 만들었다.

그 외 아들과 조카의 관례 때의 예원을 기록한『가행삼가례원록(家行三加禮貝錄)』과 병산영당 제향 행사시 예원들의 명단을 적어 나가는 문서인『예원록(禮貝錄)』등 유원록류가 있다.

그 외 유지혁(柳芝赫)이 소장하고 있는 서적을 정리한『가장서적목록(家藏書籍目錄)』(필사본, 1책 4장. 19.3×27.6cm) 등이 있다.

3) 청풍향교 소장 고문서

청풍향교는 조선 건국과 함께 전국 각 지역에 향교를 설치할 때 물태리에 건립했으나, 부침을 거듭하다가 임진왜란 후 1610년(광해 2) 군수 이대기(李大期), 훈도 우득중(禹得中)이 중심이 되어 재건했다. 그 후 1779년(정조 3) 교리로 옮겼다가, 1822년(순조 22)에 부사 윤제홍(尹濟弘), 도유사 유강(柳綱) 등에 의해 다시 중건되었다. 최근에는 충주댐 건설로 문화재단지로 이설하여 복원했다.

청풍향교에 남은 향교 관련 문헌으로, 먼저 각 제향시 임원의 명단을 적은 재임록류가 있다.

『재임록(齋任錄)』은 1831년(신묘)∼1853년(계축), 1853년(계축)∼1870년(경오) 제향시 임원의 명단을 적었다. 『청금록(靑衿錄, 靑襟錄)』은 1871년(신미)∼1891년(신묘), 1891년(신묘)∼1910년(경술), 1911년(신해)∼1925년(을축) 제향시 임원을 적었다.

향교에 비치되어 있는 유생들의 인적사항을 적은 명부인 청금록류가 있다. 현재 4책이 있다. 1책은 김하정(金夏鼎)·유우영(柳友榮)·안세혁(安世赫)·유상직(劉尙直) 등이 기록되어 있다. 2책은 김하정(金夏鼎)·유상직(劉尙直)·김익상(金翊商) 등이 기록되어 있다. 3책은 절목 4조와 1840년 박중영(朴重榮)이 쓴 〈속청금록서(續青衿錄序)〉와 함께 명단이 수록되어 있다. 4책은 『향교서재청금록(鄕校西齋青衿錄)』으로 1912년부터 적었다.

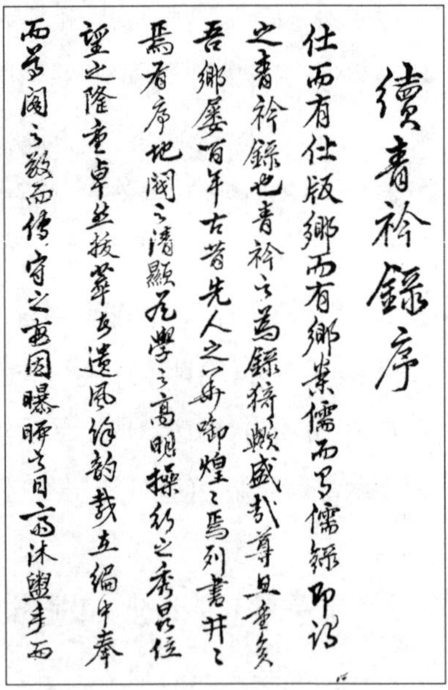

〈그림 211〉『속청금록』(청풍향교 소장)

었으며, 김일주(金日柱) 이하 명단이 수록되어 있다(〈사진 61〉).

그 외 유생의 인적 명단을 적은 것으로 『허유록(許儒錄)』, 『운금회록(雲襟會錄)』, 『향약록(鄕約錄)』 등이 있다. 『허유록』은 유생들의 인적 사항을 적은 명부으로 김구봉(金九鳳)·김구백(金九伯) 등 39명의 명단이 기록되어 있다. 『운금회록』은 유생들이 맺은 강계(講契)의 좌목으로, 도정(都正) 유원기(柳元基), 유학(幼學) 박기호(朴基鎬), 유학 김학해(金學海) 이하 유생들의 명단이 수록되어 있다. 책의 첫머리에는 박기호, 김학해 등의 명의로 1904년 작성된 강계 결성 통문이 있으며, 다음 1904년 박기호와 김학해가 쓴 서문, 절목 8조가 수록되어 있다(〈사진 62〉). 『향약록(鄕約錄)』은 청풍향교를 중심으로 교풍을 진작하기 위해 향약을 수행하기 위한 좌목을 수록한 책으로, 19세기 후반기의 명단으로 보인다. 유학 박상철(朴相喆), 오위장 신지태(辛志泰), 유학 박중림(朴重林), 박중식(朴重植) 등 340명의 명단이 수록되어 있다(〈사진 63〉).

또한 청풍향교에는 다양한 문서류가 소장되어 있다. 홀기류로는 먼저 「기우제(祈雨祭)·여제(厲祭) 홀기(笏記)」가 있다. 〈기우제홀기(祈雨祭笏記)〉, 〈성황발고제축문(城隍發告祭祝文)〉, 〈여제홀기(厲祭笏記)〉, 〈여제축문(厲祭祝文)〉 등을 적은 문서이다.

「홀기(笏記)」는 석전홀기(釋奠笏記)을 비롯해 1903년 동서위에 복설한 14위 선현을 위한 고사(청풍 향교 전교 김연조가 작성), 1884년 작성한 축문, 석전대향제물단자(釋奠大享祭物單子), 약속문, 설찬지도(設饌之圖), 축문 등이 수록되거나 붙여져 있다.

「홀기(笏記)」는 석전홀기(釋奠笏記)를 비롯해 축문, 종향자, 사직향례정식(社稷享禮定式), 향사시 제물, 향교입규분향정식(鄕校立規焚香定

式), 변통지도(變通之道), 제기(祭器), 설찬지도(設饌之圖) 등이 수록되어 있다(〈사진 64〉).

「왕복서류철(往復書類綴)」은 1925년 이후 청풍향교를 중심으로 왕복했던 서류들을 철한 문서첩 이다.

상서문으로는「향교재회유생등근재배상서(鄕校齋會儒生等謹再拜上書)」가 있다. 향교의 유사·재임·유생들이 1905년 청풍군수에게 제수비용의 지원의 청하는 상서문으로, 당시 청풍군수 이병화(李秉化)의 지원을 성급해 준다는 제사가 접연되어 있다.

통문류로는 1899년 청풍향교에서 요구한 향교 복설 통문에 대한 답장을 청풍군의 동반수(東班首) 유모(柳某)와 서반수(西班首) 한모(韓某)가 청풍향교에 보낸 통문, 1902년 중봉 조헌의 문집 간행 건으로 금산(錦山) 종용당(從容堂)에서 보낸 통문을 충주향교에서 등사해 청풍향교에 보조비를 청하는 통문, 가을 향사부터 행사가 완전히 향교에 위임되었으나 제향금이 부족해 경내 사군자에게 부조를 청하는 1903년 향교에서 발행한 통문, 송시열의 화양동 서원 추복 건으로 연원이 있는 집안의 문학이 높은 두 사람을 내년 경성의 도회에 보내줄 것을 청하는 통문 등이 있다.

완문류로는 1838년 청풍향교 재임 유창섭(柳昌燮) 등이 낸 교위전을 부에 합당한 7결을 지원해 달라고 하는 상서(上書)에 따라 관찰사가 지원을 약속하고 이에 발급해 준 증명서, 1842년 정월 당시 부사였던 현인복이 교위전 지원에 대해 발급해 준 증명서(〈사진 65〉), 1905년 향교에서 청풍군수에게 보낸 제수비용 지원을 청하는 상서문에 대해 지원을 약속하면서 발급해 준 증명서 등이 있다.

청풍향교에는 지금은 없어진 봉강서원 관련 문건이 2점 남아 있다.

봉강서원(鳳崗書院)은 1671년(현종 12) 청풍 김씨 출신인 김식(金湜),[138] 김권(金權),[139] 김육(金堉)[140]을 배향하기 위해 세워졌다. 이에는 봉강서원첨배록(鳳崗書院瞻拜錄)인 『심원록(尋院錄)』이 있다. 책의 첫머리에는 1829년 당시 청풍부사였던 삼주(三州) 이식(李埴)이 쓴 지문이 있다. 첨배록에는 1829년 이식을 비롯해 1833년 김이강(金履鋼), 1839년 현인복(玄仁福), 1849년 이휘재(李彙載), 1853

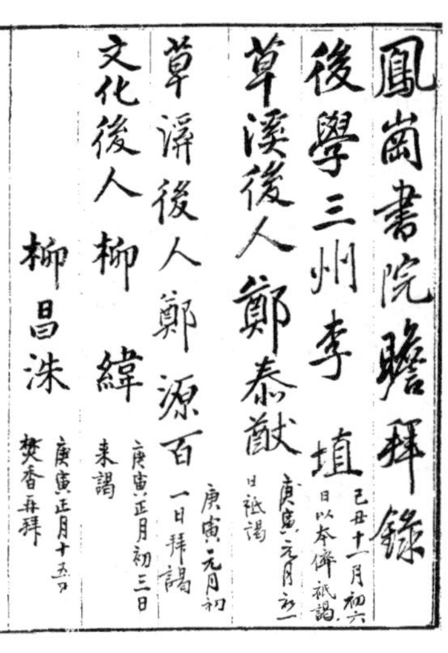

〈그림 212〉 『심원록』(청풍향교 소장)

---

138) 김식(金湜) 1482(성종 13)~1520(중종 15) : 자는 노천(老泉), 호 사서(沙西)·동천(東泉)·정우당(淨友堂), 본관은 청풍. 김숙필(金叔弼)의 아들이다. 부제학(副提學)·대사성(大司成)에 올랐으나 기묘사화 때 선산(善山)에 유배되었다. 신사무옥으로 다시 절도로 이배(移配)된다는 말을 듣고 거창으로 피했다가 자결했다. 시호 문의(文毅). 〈참고문헌 『중종실록』, 『동유사우록』, 『제천군지』〉

139) 김권(金權) 1549(명종 4)~1622(광해군 14) : 자는 이중(而中), 호는 졸탄(拙灘), 본관은 청풍(淸風). 참봉 김덕무(金德懋)의 아들이며, 윤인(尹麟)의 외손자이다. 성혼(成渾)의 문인이다. 1580년(선조 13) 문과에 급제했으며, 여러 관직을 거친 후 호조참판이 되었다. 임진왜란 때 광해군을 호종한 공으로 청풍군(淸風君)에 봉해졌다. 시호는 충간(忠簡). 〈참고문헌 『선조실록』, 『광해군일기』, 『국조인물고』〉

140) 김육(金堉) 1580(선조 13)~1658(효종 9) : 자는 백후(伯厚), 호는 잠곡(潛谷)·회정당(晦靜堂), 본관은 청풍(淸風). 대사성 김식(金湜)의 현손이며, 참봉 김흥우(金興宇)의 아들이다. 여러 관직을 거치면서 대동법의 시행을 건의하고, 수차를 보급했으며, 화폐를 유통하고, 시헌력을 제정하는 등 관료로서 많은 업적을 낳았다. 시호는 문정(文貞). 〈참고문헌 『잠곡전집』, 『국조인물고』〉

년 여중섭(呂重燮), 1867년 윤종의(尹宗儀) 등이 청풍부사로 있으면서 참배한 명단이 있다. 끝에는 1871년 춘향시 참배자 명단까지 기록되어 있다.

「봉강서원제물단자(鳳岡書院祭物單子)」는 청풍부사가 봉강서원에 제사용 제물을 내면서 적은 단자이다. 발급자는 "庚午年二月 日 行府使 李某"이므로, 1869년 청풍부사에 부임했던 이직현(李稷鉉)으로 추정된다.

4) 의병전시관 소장 고문서

제천 봉양읍 공전리에는 화서학파 선현들의 영정을 모신 자양영당이 있다. 자양영당은 영정을 모신 영당, 『송원화동사합편강목』과 『화서아언』의 목판을 수장한 장판각, 추모 사당인 숭의사(崇義祠) 등으로 구성되어 있다. 영당에는 주자(朱子), 송시열(宋時烈), 이항로(李恒老), 유중교(柳重敎), 유인석(柳麟錫), 이직신(李直愼)의 영정이 봉안되어 있다. 한편 2001년에 개관한 의병전시관이 있으며, 의병전시관에서는 그동안 꾸준히 지역에서의 의병관련 문건들을 기증, 기탁 등을 받아 수집해 왔다.

의병전시관에 기증 기탁된 고서와 고문서의 대부분은 의암 후손인 유연수와 성재 후손인 유성균이 제공했다. 그리고 안승우 관련 자료는 안재규, 서상열 관련 자료는 서홍석, 권용일 관련 자료는 권재선, 신광묵 관련 자료는 신항선 등이 제공했다. 그 외에 여러 의병장들의 유품과 자료가 기증 기탁되어 소장되어 있다.

유제함은 유인석의 계후로 입양되었으나 유중교의 손자인 제항의 실

형이기도 하다. 유중교와 유인석의 고문헌 자료가 수입된 경로는 다음
과 같다.

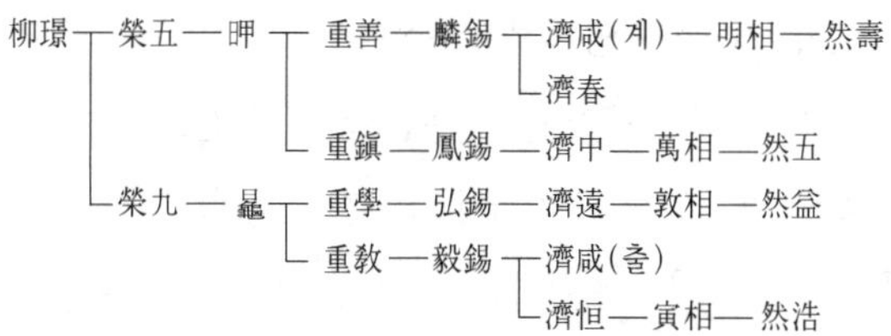

이 가운데 고문서류는 대부분 유인석-제함-명상으로 이어지는 의암
집안과 유중교-의석-제항-인석으로 이어지는 성재 집안의 것이 대부분
을 차지한다.

고문서 가운데 서간이 대부분을 차지한다(〈사진 67〉, 〈사진 68〉, 〈사
진 71〉). 일부 시문이나 어록류 등도 소장되어 있다(〈사진 66〉, 〈사진
70〉). 그리고 유의석가에서 나온 것으로 1933년 유의석(柳毅錫)[141]이
사망했을 때의 조장, 만사, 제문도 상량 분량을 차지한다. 유인석가에서
나온 것으로 유인석이 부인에게 쓴 한글 서간(〈사진 69〉), 유씨 집안에
시집온 딸에게 보낸 한글편지 등이 있어 한글 연구에도 좋은 자료가 될
것이다.

---

141) 유의석(柳毅錫) 1857(철종 8)~1933 : 자는 원여(遠汝), 호는 입헌(立
軒)·신암(愼菴), 본관은 고흥. 유중교의 아들이다. 족숙인 항와 유중악에
게서 학문을 배웠다. 1911년 요동으로 옮겨갔다가 1930년 충주 산척면 석
천리로 돌아왔다. 묘는 석천리에 있다. 〈참고문헌『고흥유씨부학공파보』〉

5) 한계군영당 소장 고문서

제천의 한산 이씨 이공기 후손은 제천시 도화동 일대에 거주하고 있다. 한산 이씨는 이공기(李公沂)[142]가 임진왜란 때 왕을 호종한 공으로 3등 호성공신으로 책봉되었으며, 그 뒤 이빈계 후손들이 제천으로 들어왔다. 이들은 습봉과 추증을 통해 족세를 유지했다. 현재 송학면 도화리에 이공기의 부조묘(不祧廟)가 있다. 청풍에는 선조대 이전에 이지번-이지함 형제에 대한 설화가 있으나 재지사족적 성격은 보이지 않는다.

제천 한산 이씨는 가정 이곡(李穀, 1298~1351)과 목은 이색(李穡, 1328~1406)의 후손이다. 이들은 이종선(李種善, 1368~1438, 良敬公)-이계전(李季甸, 1404~1467, 文烈公)-이파(李坡, 蘇溪)를 잇고 있다. 제천의 한산 이씨는 이공기-이영남-이빈 계열이다. 문서에 의하면 이빈은 구지도에 살고 있었으며 묘는 고양에 있었다. 그런데 그 아들인 이두룡이 영월에 살고 있던 영월 신씨와 결혼했으며 이빈의 배위인 진주 유씨의 묘를 영월 서면 광탄리에 조성했으므로 아마도 이두룡 대에 처향인 영월에서 가까운 제천 도화동에 정착한 것을 보인다. 이두룡의 묘는 현재 제천 송학면 대아동 마을회관 앞에 있다.

---

142) 이공기(李公沂) 16세기 말엽 : 본관은 한산(韓山). 목은 이색의 6세손이며, 문열공 이계전의 현손이다. 의관 출신으로 임진왜란 때 왕을 호종한 공으로 1604년(선조 37) 호성공신에 책록되고 한계군(韓溪君)에 봉해졌다. 후에 한성부윤에 추증되었다. 1644년에는 아들인 한풍군(韓豊君) 이영남(李英男)의 품계에 따라 판돈령부사겸오위도총부도총관에 추증되었다. 송학면 도화리에 영당을 세워 제사하고 있다. 〈참고문헌 『선조실록』, 『뿌리 한산이씨』, 『조선환여승람』, 『제천군지』〉

李穀—穡—種善—季甸—坡—德潤—泠—公沂

李公沂[한계군]—英男[한풍군]┬霈[진사]
                          └霖[부사용]—斗龍[한천군]┬有輝—聖章—元極—培根—應茂
                                                   ├萬輝[동지]
                                                   ├祥輝—聖洽
                                                   ├瑞輝
                                                   ├重輝
                                                   ├廷輝
                                                   └明輝

제천 한산 이씨 소장의 문서 가운데 옥축은 1점이다. 옥축은 대나무실로 만든 종이에 적은 것이다. 이공기가 호성공신 3등에 봉함을 받았을 때 선조로부터 받은 것이다.

고신은 모두 30점이 있으며, 이영남(李英男)·이덕윤(李德潤)·이공기(李公沂)·이빈(李霖)·이두룡(李斗龍)·이만휘(李萬輝)·이성흡(李聖洽) 등에 발급된 것이다. 이공기의 것을 제외하고는 증직에 따른 것이다.

차정첩은 2점이 있다. 이성흡의 차정때 발급된 것이다. 그런데 이성윤(李聖尹)의 이름으로 차정첩 낙질이 있으나, 이는 이성흡과 같은 내용을 담고 있어 이성흡과 관련된

〈그림 213〉 이빈이 올린 「소지」(한계군영당 소장)

것으로 추정된다.

소지는 모두 4점으로 이빈(李霦)과 이응무(李膺茂)가 노비 사급건과 공신 후예로서의 가격(家格) 유지를 위해 지원을 요청하는 문서이다.

영당에는 한계군 이공기와 한풍군 이영남의 영정이 있다.

6) 본소새 마을 고문서

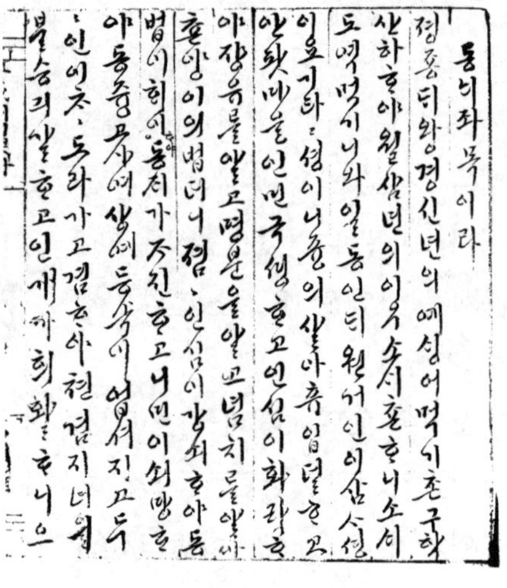

제천시 왕암동 본소새 마을과 관련된 계, 사환, 등장, 훈시 등 15점의 자료를 소새 대동계의 김영복(金榮福)이 소장하고 있다.

『소사동좌목(素沙洞座目)』(1책 17장. 30.0×39.5cm)은 마을 대동계의 좌목이다. 1838년에 작성한 한글 서문에 의하면 정조 24년(1800) 마을이 생겨나면서 사람들이 많이 모여들고 인심이 화락했으며, 장유와

〈그림 214〉『소사동좌목』(개인 소장)

명분과 염치를 알았으나, 차츰 풍속이 퇴폐해져 악촌이 되어가므로 풍속을 되찾기 위해 계를 조직한다고 적고 있다. 표지에 "道光十八年戊戌十月"이라고 적혀 있다.

『절목(節目)』(1책 10장. 20.8×28.5cm)에는 1867년 구폐전(救弊錢)·식리전(殖利錢)의 각면 분급에 관한 규정을 적은 것으로, 표지에 "近右

墨只少沙"와 "丁卯二月 日"이라는 기록이 있다.

『군국지규(郡國之規)』(1책 5장. 18.5×19.0cm)에는 표지에 "甲辰六月"이라는 표기가 있다. 묵지리(墨只里) 도장이 있다. 향촌 자체 방위를 위한 규약이다.

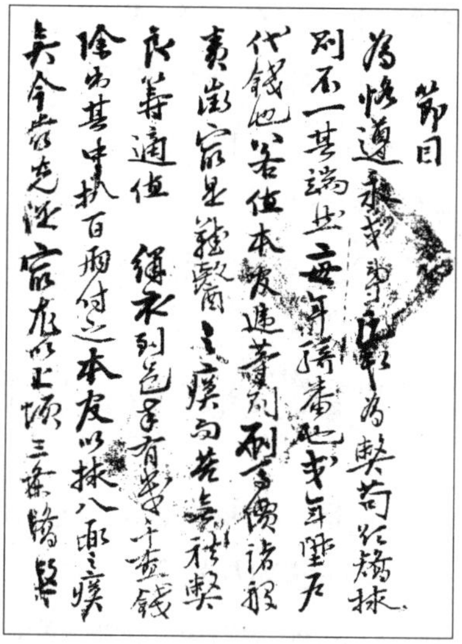

그 외 마을에 내려진 각종 훈령들을 모은 문서가 있다. 『사환조례(社還條例)』(1책 4장. 19.4×31.4cm)는 탁지부령(度支部令) 3호로, 1895년 탁지부대신 어윤중(魚允中)의 명

〈그림 215〉『절목』(개인 소장)

의로 작성되었다. 종래의 환곡을 사환으로 삼아 각 면에 분치토록 하고 시행에 따르는 19조의 사환 운영에 관련된 조칙을 내려보낸 것이다. 한편 1898년 각종 보초류를 정리한 「전령(傳令)」(1책 6장. 28.0×31.0cm), 풍속 교화와 관련해 1895년 내부아문의 금릉위(錦陵尉) 박영효(朴泳孝)가 내려 보낸 「훈시(訓示)」(1책 12장. 20.0×30.5cm), 1895년 전정(田政) 운영 대해 각 동의 존위에게 고지한 제천군수 김익진(金益振)의 「고시(告示)」(91.0×29.1cm), 1898년 분계와 관련해 묵지리에 내린 「완문(完文)」(209.0×24.0cm) 등의 문건이 있다.

그 외 토지 매매 문기 1점과 등장 6점이 있다. 토지 문기는 1859년(함풍 9, 38.0×39.0cm)의 매매를 기록한 것이나, 문건의 내용 사이에는 1886년(광서 12)의 매매도 기록하고 있다. 「근우면묵지리민인등등장(近右面墨只里民人等等狀)」 등의 문서는 성황제 제사와 관련해 군수의 지원, 소의 도살 등을 청하는 것이다. 1881년 신사(리임 南鳳伊, 27.5×47.5cm), 1893년 계사(존위 金某, 38.5×93.5cm), 1895년 을미(李花春 외, 36.0×53.0cm), 1896년 병신(부존위 金白文, 37.0×56.0cm), 1898년 무술(동임 李大健 외, 37.5×61.0cm), 1900년 경자(동임 李大根 외, 36.0×57.0cm)에 작성되었다.

7) 강원대학교 박물관 소장 고문서

의암 유인석의 종형인 외당(畏堂) 유홍석(柳弘錫, 1841~1913)의 증손자인 유연익(柳然益)의 기증에 의해 강원대학교에 소장된 문서이다. 총 4,446점에 달하며, 강원대학교에서는 『유연익씨 기증 유물목록』이라는 간이 목록을 작성했다.

이에는 유중교(柳重教)-의석(毅錫) 부자와 그 가문에 관련된 문서가 많다. 시기는 유중교가 가정에서 1889년 제천 장담마을로 이거하기 전의 것이 대부분이다. 따라서 유중교의 개인적 배경, 사상 형성 과정, 춘천 가정에서의 생활, 화서학파 내에서의 위상 등을 엿볼 수 있는 자료이다.

서간류는 3,200여 점으로 전체의 약 70%에 달하고 있다. 이들 서간류는 대부분 1850년대에서 1900년대에 이르는 시기에 작성된 것이다. 서간 내용은 심성·심즉리·인심도심설 등의 철학 논의, 사서오경의 강의, 선사 문집 간행건 뿐만 아니라 개인적인 안부·조문 서간 등에 이르기까지 광범위한 내용을 담고 있다. 제천의 의병전시관 소장 서간류 가운데 유의석 관련 서간들이 대체로 1900년 이후의 것이라면, 강원대 박물관 소장 서간류는 그 이전 것이므로 두 자료를 연결해 보아야 할

것이다. 또한 200여 점의 제문류, 100여 점의 시문류가 있으며, 그 외에
도 상소문, 토적문, 보고서, 일기문, 초록, 잡록, 수문록, 강의초 등 여러
다양한 문서로 이루어져 있다.

유중교의 강회 활동과 관련된 강록류로는『용문강록(龍門講錄)』,『가
정강록(柯亭講錄)』,『장담강록(長潭講錄)』 등이 있으며, 이에는 당시
행한 강학 내용과 강학 참가자의 인적 사항 등이 기록되어 있어 화서학
파의 초기 인적 계보를 알 수 있는 자료이다.

강원대박물관 소장 고문서류는 한국정신문화연구원에서 MF로 촬영
해 열람할 수 있도록 했으며, 이 때 자료조사실 주관으로『의암유인석
고문서목록』(정문연, 1985)을 별도로 만들어 관련 자료의 현황과 세부
목록을 알 수 있도록 했다.

8) 경주 이씨 소장 고문서

제천 구곡리 거주했던 석포(石浦) 이종국(李鍾國)과 확재(確齋) 이
원우(李元雨) 관련 자료로, 후손인 이성희(李聖熙)가 소장하고 있다.
이성희 소장 고문서류는 일괄적으로 한국정신문화연구원에서 수집하여
MF로 촬영했다.

경주 이씨는 입향 시기가 늦지만 제천의 대표적인 사족가문으로 성
장한 집단이다. 경주 이씨는 이공린의 넷째 아들인 이타(李鼉)[143]가

---

143) 이타(李鼉) 15세기 말엽 : 자는 해수(海叟)·중어(仲魚), 호는 모산(茅
山), 본관은 경주. 이공린(李公麟)의 아들, 박팽년의 외손으로 재덕이 겸
비하여 현량과에 천거되어 생원이 되었다. 묘는 제천 장락동에 있다. 〈참
고문헌『벽오유고』,『조선환여승람』,『제천군지』〉
　이타의 배위 의흥 박씨(義興朴氏)는 호군(護軍) 박지홍(朴之鴻)의 딸이

1519년(중종 14) 기묘사화 때 화를 당하고서 처향(妻鄕)이었던 제천에 이거하면서 자리잡았다. 재사당 이원(李黿)의 아들 이발은 출계해 이타에게 입양되었으며, 연산군 때 통례로서 간쟁하다가 사망했다. 이후 이타(李鼉)계는 송학면 송한리를 중심으로 번성했다. 특히 이경윤(李憬胤)144)의 아들 대수(大遂),145) 대건(大建), 대적(大迪) 삼형제가 사마시에 입격함으로써 족세를 크게 떨쳤다. 경주 이씨는 사화를 거치면서 지역에 내려왔지만 통혼과 임진왜란 때의 공훈을 통해 조선 중기 지역의 대표적인 재지사족으로 성장했다.

다. 이타와 배위 박씨의 묘는 제천 장락동에 있다. 장락동은 조선전기 의흥 박씨의 세거지였으며, 의흥 박씨는 조선후기에 제천 송학과 청풍 구룡리로 퍼져 나갔다. 의흥 박씨는 고려 멸망 후 정치적 박해를 피해 제천으로 이거해 왔다고 알려져 있다.

144) 이경윤(李憬胤) 1526(중종 21)~1578(선조 11) : 자는 군소(君紹), 본관은 경주(慶州). 이발(李渤, ?~1560)의 아들이다. 이발은 이원(李黿)의 아들이나 숙부인 이타(李鼉)에게 입적되었다. 이경윤은 임진왜란 때 의병을 일으킨 이대수(李大遂)의 아버지이다. 죽은 후 이조판서(吏曹判書)로 추증되었다. 묘는 제천시 송학면 송한리(松寒里) 북쪽에 있다. 〈참고문헌 『벽오유고』, 『조선환여승람』〉

145) 이대수(李大遂) 1547(명종 2)~1603(선조 36) : 자는 여성(汝成), 호는 금산(錦山), 본관은 경주. 이경윤의 아들이다. 제천 진야리(陳夜里: 현 신월동)에서 태어났으며 장락리에서 사망했다. 통덕랑 이시진(李時振, 1569~1592)의 아버지이다. 1570년(선조 3) 사마시에 입격했으며, 천거로 조지서 별좌를 거쳐 상의원 직장을 역임했다. 1592년(선조 25) 임진왜란이 일어나자 제천에서 의병을 일으켰다. 이대수 의병은 충주와 원주에서 왜적을 습격하여 적에게 많은 타격을 주었다. 벼슬은 내자시 직장, 지평현감, 금산군수 등을 역임했다. 후에 승정원 좌승지에 증직되었다. 묘는 제천시 송학면 송한리에 있다. 동생인 이대건(李大建)과 이대적(李大迪)도 1573(선조 6) 각각 사마시에 입격했다. 〈참고문헌 『벽오유고』, 『사마방목』, 『제천지』, 『제천군지』〉

이대수의 배위 칠원 윤씨(1547~1606)는 찰방 윤신(尹信)의 딸로서 윤덕형(尹德亨)의 손녀이며, 윤석보(尹碩輔)의 증손녀이다.

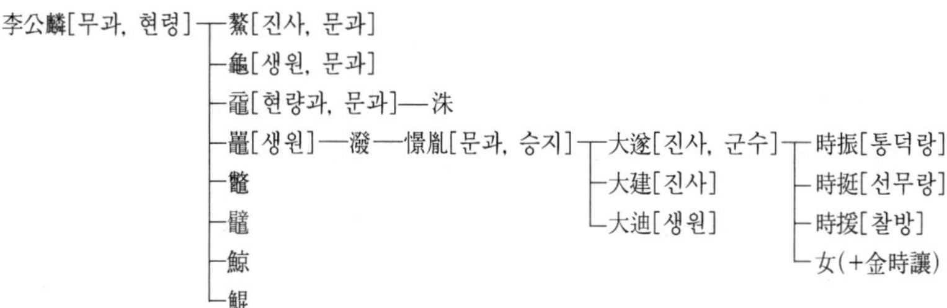

이종국은 청주와 진천에 자리 잡은 이대건(李大建)의 후손으로 가계
표는 다음과 같다.

李大建┬時發[문과, 판서]
　　　└時得[무과, 부사]─慶會─寅貞┈┈┈錫侑─樹源─集澤─春榮─圭壽─鍾國─元雨

　　경주 이씨 고문서에서 석포 이종국과 확재 이원우는 의당 박세화와
회당 윤응선의 제자이므로 의당학파 관련 자료가 많이 남아 있다. 위에
서 별도로 소개한 책 외 집안 관련 문서로는『이광우효행록(李光雨孝行
錄)』(필사본, 1책 44장. 25.0×32.0cm)과 이종국과 이원우의 수연(壽
筵)을 기념하여 지인들이 보내온 글을 정리한『수시첩(壽詩帖)』(필사
본, 1책 26장. 21.5×31.0cm), 확재 이원우가 사망하고 나서 지인들이 보
낸 제문과 만사를 편집한『만사집(輓詞集)』(필사본, 1책 22장. 28.5×
30.0cm), 석포 이종국이 금호(錦湖) 이기홍(李基弘) 등 여러 친우와 운
에 맞추어 지은 시를 편집한『신미중양아회(辛未重陽雅會)』(필사본, 1
책 6장. 17.0×25.0cm), 시문류를 모은『풍화월로(風花月露)』(필사본, 1
책 19장. 14.0×20.0cm) 등이 있다.

　　의당학파 관련 문서로는 의당 박세화의 글씨를 첩장으로 편집한『의
당선생필첩(毅堂先生筆帖)』(필사본, 1책 30장. 21.0×32.0cm), 회당 윤

응선이 준 서증(書贈)을 편집한『회당선생증첩(晦堂先生贈帖)』2종(필사본, 1책 8장. 19.5×28.0cm·필사본, 1책 10장. 19.5×28.0cm), 스승인 회당을 비롯하여 여러 친우와의 간찰류를 정리한『간첩(簡帖)』(필사본, 1책 45장. 20.0×24.0cm),『간초(簡抄)』(필사본, 1책 11장. 20.6×20.5cm) 등이 있다.

그리고 민요를 수록한 것으로『화전가(花煎歌)』(필사본, 1책 6장. 30.0×24.0cm)와『몽유가(夢遊歌)』(필사본, 1책 70자. 14.0×21.0cm)가 있다.『화전가』의 표지에는 1959년 등사했으며, 책주는 이재영(李在英)이라는 기록이 있다.

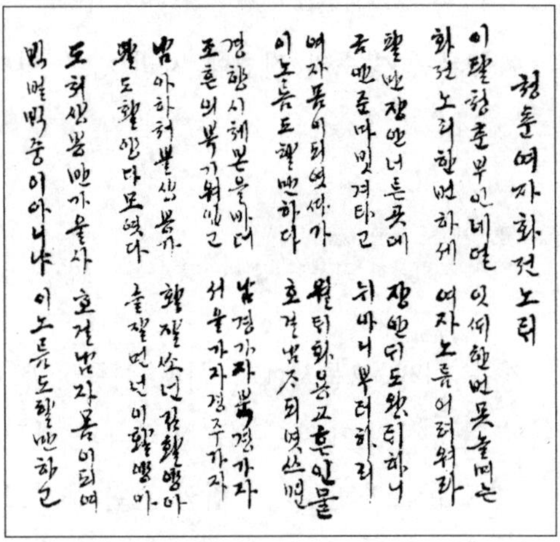

이원우가 소장하고 있는 책의 목록을 정리한『서책

〈그림 216〉『화전가』(개인 소장)

목록(書冊目錄)』(필사본, 1책 16장. 17.0×23.0cm)이 있다. 이에는 이원우가 쓴 서문과 발문이 있다. 경전과 성리서는 내편으로, 고금의 사실과 제가의 잡집은 외편으로 나누어 정리했다.

9) 연안 이씨 소장 고문서

연안 이씨 명암(鳴巖) 이해조(李海朝, 1660~1711)가는 서울에 세거하던 집안이었으나, 순조 연간 이겸우(李謙愚) 대에 충주 살미면 공이

곡을 거쳐 1842년 청풍 노촌리에 자리잡았다.

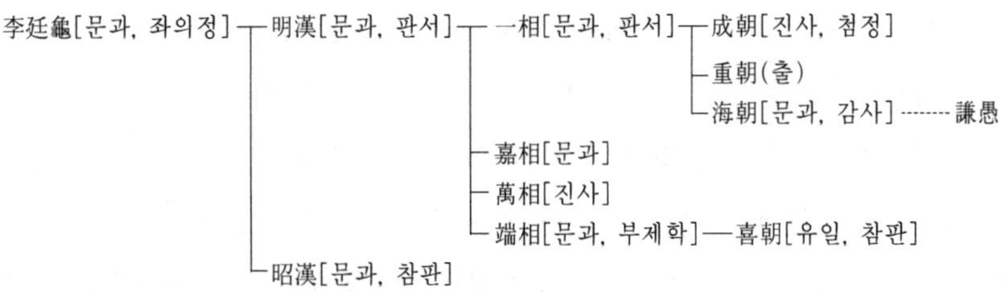

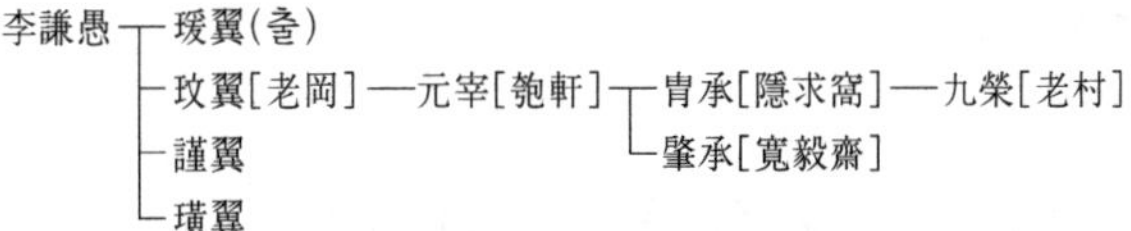

연안 이씨 종손인 이구영(李九榮)이 소장하고 있는 고문서는 약 4,500여점, 성책 고문서는 84점이다. 교령류에는 교서·윤음·유지·고신·차정첩 등이 있으며, 소차류에는 소·계·상서·소지·단자·호적 등이 있다. 통보류에는 첩보·사통·망기 등이 있다. 증빙류에는 입안·완의 등이 있다. 명문류에는 토지와 임야 명문이 있다. 그 외 많은 서간류와 장부류가 있다. 이들 문서류는 일괄적으로 한국정신문화연구원에서 수집하여 MF로 촬영했으며, 그 가운데 사료 가치가 높은 것을 선별하여 2001년 『고문서집성』 55로 간행되었다.

이구영 소장 고문서 가운데 이해조 이하 집안 관련 문건을 제외한 이주승과 이조승에 관련된 의병관련 문헌들은 대부분 독립기념관에 기증되었다. 대략적인 문헌의 내용은 1993년 간행된 『호서의병사적』(수서원, 1994 제천문화원)에 번역 수록되어 있다.

10) 영일 정씨 소장 고문서

영일 정씨는 봉화에 거주했던 정양(鄭瀁, 1600~1668)의 후손이 금성면 월림리 일대에 뿌리를 내렸다. 영일 정씨는 정양 때 월림에 정착했다는 이야기도 전하나, 정양의 아들 정보연(鄭普衍)146)이 백운의 여흥 민씨와 혼인하면서 지역에 정착한 것으로 추정된다. 그 뒤 이 집안에서는 불천위인 정익하(鄭益河)147)가 나왔으며, 과거와 관직 등을 통해 조선 후기까지 유력 족세를 유지했다.

```
鄭瀁[진사, 진선]─普衍─涑[진사, 집의]┬泰河[도사]─棃─猷煥[진사]─在瓚
        ‖                         ├觀河[생원]
     閔光勳─女                      ├益河[진사, 문과, 판서, 불천위]
                                  └復河
```

---

146) 정보연(鄭普衍) 1637(인조 15)~1660(현종 1) : 자는 만창(晩昌), 호는 태백산인(太白山人), 본관은 영일. 정양(鄭瀁)의 아들이며, 민광훈(閔光勳)의 사위이다. 송시열의 문인으로, 자질과 품성이 뛰어나고 학문에 조예가 깊었으나 24살의 나이로 사망했다. 아버지 정양과 처남인 민시중(閔蓍重)은 처음 제천에 장사지냈으나 1662년 봉화의 사천리 어머니 묘 앞쪽에 개장했다가 후일 다시 금성면 월림리로 옮겼다. 이조참판에 추증되었다. 송시열(宋時烈)이 쓴 묘지명과 민진후(閔鎭厚)가 쓴 묘갈명이 있다. 〈참고문헌 『포옹집』, 『송자대전』, 『조선환여승람』〉

147) 정익하(鄭益河) 1686(숙종 12)~1758(영조 34) : 자는 자겸(子謙), 호는 회와(晦窩)·겸재(謙齋), 본관은 영일(迎日)이다. 정보연(鄭普衍)의 손자이며, 정천(鄭涑)의 아들이다. 1717년(숙종 43) 사마시를 거쳐 1721년(경종 1) 증광문과에 급제했다. 벼슬은 좌참찬, 참찬, 형조판서 등을 역임하고 1758년(영조 34)에 기노소에 들어갔다. 묘는 부평 수탄면에 있었으나 1975년 금성면 월굴리로 이장했다. 불천위로 명을 받았다. 시호는 충헌(忠獻). 〈참고문헌 『문과방목』, 『조선환여승람』, 『영일정씨문청공파세보』〉

鄭在瓚[壺山]┬澤鉉 ─ 海箕 ─ 一源[健齋] ─ 雲灝[桂陵] ─ 九澤 ─ 元泰
　　　　　└濟鉉 ─ 海準 ─ 義源 ─ 雲慶[松雲] ─ 元澤 ─ 麟泰

　이 가운데 호산(壺山) 정재찬(鄭在瓚), 건재(健齋) 정일원(鄭一源),[148] 계릉(桂陵) 정운호(鄭雲灝) 등은 유고를 남겼다. 송운 정운경(鄭雲慶) 은 의병에 참여했으므로 후손가에 의병관련 문건이 다수 남아 있다.

　정운경 후손가에는 의병거의 당시의 문건으로 1896년 3월 의병대장 유인석이 정운경을 전군군사(前軍軍師)와 전군장사(前軍將事)에 임명 한 차첩 2점, 1896년 2월 11일 의병대장 유인석이 전군장(前軍將) 정운 경에게 출동을 명하는「명령서」, 1896년 2월 14일 호좌소토대장 서상열

이 보낸「회통(回通)」, 1896년 3월 20일 중군 장 안승우가 전군장에게 보낸「사통(私通)」, 1896 년 4월 2일 유격장 이 강년이 보낸「사통」, 1896 년 4월 10일 전군장 정 운경이 의병대장 유인석 에게 올린「첩보서」, 정 운경이 쓴 북도(北渡)

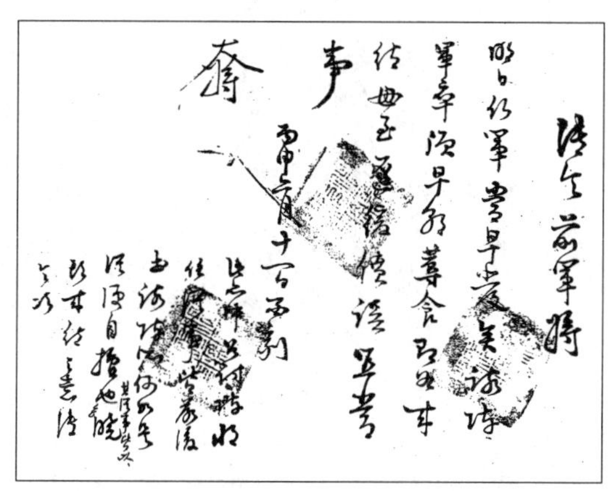

〈그림 217〉 유인석이 정운경에게 내린「명령서」(개인 소장)

---

148) 정일원(鄭一源) 1827(순조 27)~1889(고종 26) : 자는 도이(道以), 호는 건재(健齋)·임정(林汀), 본관은 영일(迎日). 정택현(鄭澤鉉)의 손자이 며, 정해기(鄭海箕)의 아들이다. 정양의 후손이며, 의병에 참여했던 정운 호(鄭雲灝, 1862~1930)의 아버지이다. 1870년(고종 7) 사마시에 입격하 여 숭릉령을 지냈다. 문장에 능하여 많은 시문을 남겼다.〈참고문헌『사마 방목』,『조선환여승람』〉

의병장 명단 등이 있다.

그 외 1896년 박정수(朴貞洙)·이종호(李鍾浩) 등과 연명하여 금주(錦州) 현관·지부·부도통 등에게 올린 편지, 1908년 정운경이 충북관찰사에게 보낸 편지, 유인석·안승우·김화식·박정수가 정운경에게 보낸 편지 등이 있다.

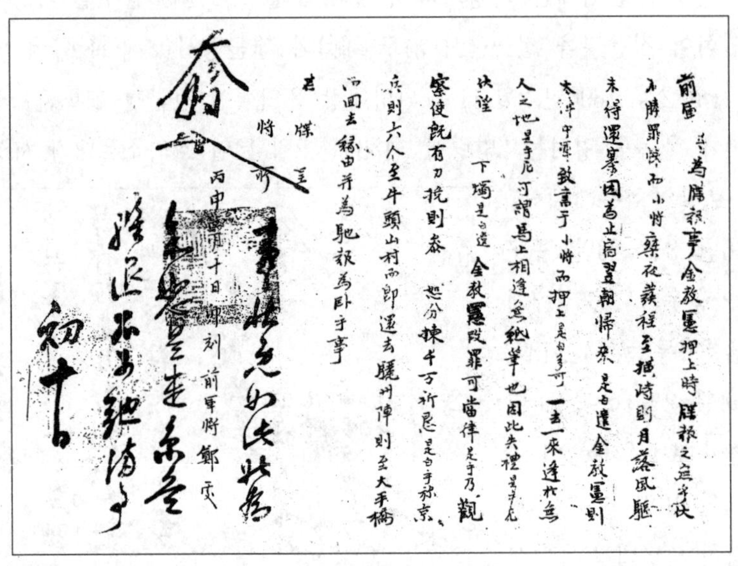

〈그림 218〉 정운경 명의의 「첩보서」(개인 소장)

찾아보기

인명별

□ 박인호(朴仁鎬)

　1978년 경북대학교 사학과에 입학하여 1982년 졸업하였다. 1986년 한국학중앙연구원 한국학대학원에 한국사전공으로 입학하여 한국사학사를 공부하였으며, 1996년 2월 동대학원에서 문학박사학위를 취득하였다. 여러 대학에서 강의하였으며, 제천 세명대학교 교양과정부 교수를 거쳐 2004년부터 금오공과대학교 인문사회과학부 교수로 있다. 저서로는 『한국사학사대요』, 『조선후기 역사지리학 연구』, 『조선시기 역사가와 역사지리인식』 등이 있다.

제천 관련 고문헌 해제집

2005년　3월　25일　제1판 1쇄　인쇄
2005년　3월　30일　제1판 1쇄　발행

지은이 ｜ 박인호
발행인 ｜ 송미옥
발행처 ｜ 이회문화사

주　소 ｜ 서울 동대문구 답십리동 488-338 부영빌딩 503호
전　화 ｜ 02-2244-7912~3
팩　스 ｜ 02-2244-7914
전자우편 ｜ ih7912@chol.com
등　록 ｜ 제6-0532호(1992. 5. 2)

ISBN 89-8107-284-1　93090

정가 19,000원